中国社会历史评论

Chinese Social History Review

第十九卷·二零一七

常建华 主编

天津出版传媒集团
天津古籍出版社

图书在版编目（CIP）数据

中国社会历史评论. 第十九卷，2017 / 常建华主编
. -- 天津：天津古籍出版社，2017.11
 ISBN 978-7-5528-0654-0

Ⅰ. ①中… Ⅱ. ①常… Ⅲ. ①史评－中国 Ⅳ.
①K207

中国版本图书馆CIP数据核字(2018)第020852号

中国社会历史评论
（第十九卷）

常建华/主编

出版人/张玮

天津古籍出版社出版

（天津市西康路35号　邮编300051）

http://www.tjabc.net

三河市冠宏印刷装订有限公司印刷

全国新华书店发行

开本 787×1092 毫米 1/16　印张 15.5　字数 358 千字

2017 年 11 月第 1 版　2017 年 11 月第 1 次印刷

ISBN 978-7-5528-0654-0　　定价：62.00元

编 辑 委 员 会
（以汉语拼音为序）

顾　问

冯尔康　刘泽华

委　员

常建华　杜家骥　江　沛　李金铮　李治安　刘　毅
王利华　王力平　王先明　许　檀　阎爱民　余新忠
张分田　张国刚　张荣明　张　思　朱凤瀚　朱彦民

编辑部

夏　炎　张传勇

主　编

常建华

目 录

【宗族与社会】

地方大族与王朝扩张:论汉隋间陇西辛氏之发展 ………………………… 牛敬飞(1)
金元交替华北地方家族及其在元代的发展
　　——以河南巩县张氏家族为例 ……………………………………… 于　磊(28)
近世山东宗族的重构与地域开发
　　——以清代以降鲁中地方志为中心 ………………………………… 周晓冀(40)
宗法与国法:从高谊看民国族谱编纂的现代性 …………………………… 朱新屋(48)
王朝制度、地方传统与宗族形态:闽南客家地区的"复合姓"宗族研究 ……… 朱忠飞(60)

【宗教与信仰】

激变中的承续:两宋间道教空间格局的变迁 ……………………………… 谢一峰(69)
"生为烈妇,死为明神":博山颜文姜信仰考论 …………………………… 赵树国(95)
社会史视阈下的天津居士林 ………………………………………………… 侯亚伟(123)
从兴唐观到玄真观:中晚唐长安一个道教师门的沉浮 …………………… 管俊玮(135)

【其他】

休咎之征:中国古代多胞胎生育探微 …………………………… 王凤翔　岳云艳(151)
历史剖面:《中国土地法大纲》的华北乡村实践 ………………… 马维强　白　卉(160)

【研究述评】

范式引导与记忆整合:魏晋南北朝日常生活史研究的回顾与展望 ………… 夏　炎(171)
20世纪以来明代卫所制度研究述评 ……………………………………… 吴才茂(195)
"中古社会史研究再出发——第三届古史新锐南开论坛"会议综述 ……… 李　潇(214)

【书评】

近代中国民族主义思潮建构下女性身体之重塑
——周春燕《女体与国族:强国强种与近代中国的妇女卫生(1895—1949)》介评
.... 徐晨光(221)

编后语 .... (234)
英文摘要 .... (235)

CONTENTS

【Clan and Society】

The local partriarchal clan and the expansion of empires: A research on the development of the Xins of Longxi from the Han Dynasty to the Sui Dynasty ················· Niu Jingfei(1)

The Local Family of North China in Jin – Yuan Transition and Its Development in Yuan Dynasty—Focusing on Zhang Family of Gongxian in Henan Province ············ Yu Lei(28)

The Reconstruction of Shandong Lineage and Regional Development in Modern Times—on the Basis of Luzhong Local Chronicles Since Qing Dynasty ················· Zhou Xiaoji(40)

Patriarchal Clan System and National Law: the Modernity of Compiling the Genealogy During the Period of the Republic of China From the Perspective of Gao Yi ············ Zhu Xinwu(48)

Imperial Institutions, Local tradition and the Lineage pattern: a study on Joint lineages in southern Fujian Hakka area ················· Zhu Zhongfei(60)

【Religion and Faith】

The Continuity in Changes: The Transformation of Spatial Distribution of Daoism in Song ················· Xie Yifeng(69)

Lived as a filial piety woman, after death she became god: A study on the faith of god Yan Wenjiang ················· Zhao Shuguo(95)

The Tian jin Lay Buddhists Study in Social History Perspective ············ Hou Yawei(123)

From Xingtang Daoist Temple to Xuanzhen Daoist Temple: a Story about a Branch of Taoist in Chang'an ················· Guan Junwei(135)

【The Others】

Research on the Procreation and Nurture Multiple Births in the Ancient Time ················· Wang Fengxiang Yue Yunyan(151)

Historical Perspective: The Practice of the Chinese Land Law Outline in North China ················· Ma Weiqiang Bai Hui(160)

【Research Review】

Paradigm Guidance and Memory Integration: Review and Prospect of the Study of the History of Daily Life in Wei Jin and Southern and Northern Dynasties ·················· Xia Yan(171)

Review on the Study of Ming Dynasty Wei – Suo System since the 20th Century
·· Wu Caimao(195)

The Research of the Chinese Society of Mediaeval Times Sets Out Again: a Systematic Review of the Third "New Promising Researchers of Ancient History" Nankai Forum ··· Li Xiao(214)

【Book Review】

The Modern Chinese Nationalism has Constructed the Reconstruction of Women's Bodies: Review on Zhou Chunyan "Women's bodies and Nation: Strong Nation and Race and Women's Health in Modern China 1895 – 1949" ································· Xu Chenguang(221)

From the Editor ··· (234)

Summary of Articles ·· (235)

【宗族与社会】

地方大族与王朝扩张:论汉隋间陇西辛氏之发展

牛敬飞

【摘　要】陇西辛氏作为地域性较强的地方大族,它的初次崛起得益于西汉向河西一带开疆拓土。辛氏第二次崛起是在十六国诸政权扩张时期,此时辛氏成员在北方各国中出现了自西向东的地缘性递减。至北朝末期,东迁辛氏在北魏实现了官僚化转变;与此相对,陇右和关中辛氏则凭借地方实力,成为缔造西魏北周的重要元素。陇西辛氏的发展历程表明:聚族而居的地域性是地方大族葆有政治主体性的必要条件,这种主体性往往在王朝扩张时期表现突出。

【关键词】陇西辛氏;十六国;王朝扩张;地方大族;地域性

引　言

对于古代王朝乃至现代国家来说,它们都或多或少面临地方性带来的离心力;同时与作为政治大共同体的王朝或国家相对,家族小共同体也有其自利性。在古代社会,人们的政治经济活动多受地理环境限制,家族小共同体(相对于王朝大共同体)与地方政治(相对于中央王朝)往往结合在一起,于是出现了所谓的地方豪强、地方大族。一个庞大王朝的稳定必然要处理好它与地方及地方大族的关系。西周依靠王室的血缘宗族建立了封建国家,血缘宗族有亲疏之别,理想的王朝地理布局遵循着宗族亲疏关系从内向外展开,这便是《禹贡》等文献鼓吹的"五服制"。从西周封建制利用王室宗族统摄诸国,到东周四方诸侯坐大、宗主之王权式微,可以看出:将宗族与地方政治捆绑的做法是一把双刃剑,随着时间推移,地方与中央天子的关系会因宗族关系的疏远而疏离分裂。[①] 西周宗法封建制之弊端同样出现在各诸侯国中,比如春秋时代出现了大夫、陪臣执国命的现象。有学者指出,从春秋到战国,强宗巨室已逐渐退出了统治舞台[②],但更具制度性的转变还是发生在秦汉时代。秦始皇正是看到了周朝统治技术的弊端,才创造了皇帝于中央集权各地施行郡县的彻底排斥血缘宗族的统治策略。对于理想的秦汉式郡县制王朝来说,实现对帝国各个角落的均质性控制是其统治目标,无论远近任何地方绝不允许有地方性政治,任何地方最好也不要有能对地方统治构成威胁的大姓豪族。因此,自秦汉时代开始,打击地方豪强几乎成了历朝关

---

① 参见管东贵:《从宗法封建制到皇帝郡县制的演变》,北京:中华书局,2010年,第145—164页。
② 参见许倬云:《求古编》,北京:商务印书馆,2014年,第249页。

乎政治正确的常见口号。①

学界对古代中国地方大族、豪族的研究汗牛充栋，总体来说有两个特点：一是在地方大族（豪族）的定义上都注意到了大族的地域性②；二是在地方大族（豪族）发展上，不少研究者认为士族是地方大族的发展方向。③ 这两种思路落实到具体研究中难免有不足之处。首先就地方大族（豪族）地域性而言，历史上很多大族会因各种原因离乡离土，由于其迁徙信息的缺失或研究者过分看重史书所记家族郡望，于是依据郡望祖籍所定大族地域性往往只是一种伪地域性。④ 以东汉南阳邓氏为例，其因与东汉王朝结合紧密，早已成为洛阳官僚世家，连《后汉书》也称其为"东京莫与为比"，所谓"南阳豪族"不过仅仅是一种历史记忆而已。⑤ 其次，如果说地方大族（豪族）的异地发展容易导致研究者脱离实际地域谈地方大族，那么认为士族是豪族发展的高级阶段，这种指向性则是从根本上解构了地方大族（豪族）的主体性（agency）。⑥ 因为就与中央集权王朝之对立程度来讲，地方大族（豪族）显然是区别于过分依赖皇权的官僚化士族的。笼统地依据一些家族发展个案，便先验地认为士族是豪族发展的高级阶段，这种简单推论有将历史经验上升为历史必然规律的嫌疑，它从

---

① 徐复观先生多次指出专制与宗族的对立，参见氏著《两汉思想史》，上海：华东师范大学出版社，2001年，第85页，第197—203页。

② 近期崔向东的《汉代豪族地域性研究》（北京：中华书局，2012年）几乎将两汉豪族搜罗殆尽。日本学者对汉代豪族有长达百余年的关注，尤重视豪族的地域性，包括日本学者在内的国内外豪族研究之学术史回顾详见崔向东《汉代豪族地域性研究》（第12—20页）；崔向东《汉代豪族研究》（武汉：崇文书局，2003年，第2—13页）；马彪《秦汉豪族社会研究》（北京：中国书店，2002年，第3—4页）；韩树峰指出南北朝缓冲地带的边境豪族有其独特性，参见氏著《南北朝时期淮汉迤北的边境豪族》，北京：社会科学文献出版社，2003年，第193—214页。中村圭尔也关注到了南朝大族的地缘情况，参见氏著《关于南朝贵族地缘性的考察》，《回望如梦的六朝——六朝史论文集》，南京：凤凰出版社，2009年，第11—39页。当然，这里所说的大族、豪族，在组织构成上依然采用杨联陞先生的定义，即指以同姓家族为中心而不局限于同姓同宗的共同体。（参见杨联陞：《东汉的豪族》，北京：商务印书馆，2011年，第10页。）在历史作用上，唐长孺先生已指出"从东汉以至魏晋最基本的统治势力是地方大族。"参见氏著《魏晋南北朝史论丛》，北京：生活·读书·新知三联出版社，1955年，第168页。

③ 参见韩树峰：《南北朝时期淮汉迤北的边境豪族》，第176—177页；崔向东：《汉代豪族地域性研究》，第179—180页。

④ 伊佩霞（Patricia Buckley Ebrey）在研究汉唐间博陵崔氏时已非常注意大族的地方基础及家族居住地之变化。参见氏著，范兆飞译《早期中华帝国的贵族家庭：博陵崔氏个案研究》，上海：上海古籍出版社，2011年，第95—98、153页。

⑤ 参见崔向东：《汉代豪族地域性研究》，第215—218页。

⑥ 主体性一词多用于哲学领域，一般认为人的主体性是随着近代人类改造自然能力增强而被发现的。参见李楠明：《价值主体性》，北京：社会科学文献出版社，2005年，第2页。

根本上忽视了地方大族(豪族)在不同历史际遇拥有的政治选择能力。① 鉴于此,笔者认为从地域流变角度,客观地审视地方大族在各种历史际遇中的政治选择,或许才能发现它们作为"地方大族"的主体性。

就逻辑来说,在一个稳定的秉承秦汉制度的王朝之内,地方大族面临的要么是参与官僚体系被帝国缓慢消化,要么是被帝国以暴力手段迅速消灭,基本不具有严格的政治意义上的主体性。如果非要寻找地方大族作为政治小共同体的主体性,便只能将目光投向王朝紊乱时期,特别是新旧王朝交替之际。因为在这些历史的缝隙中,强势的王朝大共同体暂时萎靡,地方大族才逐渐有了政治上的选择权。② 众所周知,东汉至隋四百年间,虽然曾有过西晋短暂统一,但历史表象主要呈现为一统王朝的分裂,胡汉政权频繁更迭。这一时期可谓是诸小王朝的竞争期、扩张期,此时地缘政治相当活跃,这为地方大族等政治小共同体的发展提供了契机;同时汉隋间地方州郡长官自辟僚属制度也给地方大族获得政治实力提供了制度保障。本着以上认识,笔者拟以汉隋间中国西北陇西辛氏为中心,以诸辛在历朝的发展为线索,考察诸辛氏家族的地域迁转,发现他们在王朝扩张时期的政治动向,并希望能在具体的历史情景中揭示王朝大共同体与地方大族小共同体的结构性权力关系。③

关于中古世家大族与政权关系,很多研究已有涉及,比如陈爽就探讨了范阳卢氏、太原王氏、荥阳郑氏三家在北朝的政治沉浮④,韩树峰论述了豫、雍两州豪族以及河东柳氏在南朝的发展,二人研究都注意到地域性与大族势力消长有一定联系。⑤ 与中古大族研究多将

---

① 需要指出,很多持地方大族(豪族)士族化论者往往过于宽泛地将历代豪族儒学化、文吏化、官僚化等同于士族化,此种作法不足取。这里不可避免地涉及"士族"定义,笔者以为唐长孺先生等前辈限定士族形成的前提是魏晋之九品中正制,实为灼见。(参见唐长孺先生:《士族的形成和升降》,《唐长孺文存》,上海:上海古籍出版社,2006年。)关于"士族"之内涵,史学界未有共识,大体有两类理解。一是持宽泛"士族"概念者,代表有余英时、毛汉光等人。如余英时强调东汉开国诸臣的士族性,甚至说"创造东汉政权的主要分子多为士人"(参见氏著《士与中国文化》,上海:上海人民出版社,2003年,第224页)。毛汉光认为中古士族可作为社会势力与政权政治力相对(参见氏著《中国中古社会史论》,上海:上海书店出版社,2002年,第9页)。日本京都学派在强调中古士族(贵族)主体性(相对于皇权)上走得更远,甚至认为六朝就是贵族政治。这些看法偏重从社会层面理解"士族",可视为"士族"本位主义或泛士族主义。第二类是对"士族"一词作谨慎理解者。这以田余庆及日本东京学派为代表,他们偏重从政治权力层面理解"士族"。如田余庆指出士族门阀政治只存在于东晋时期,士族与皇帝共治是皇权政治的变态。(参见氏著《东晋门阀政治》自序,北京:北京大学出版社,2012年。)日本学者越智重明、矢野主税等针对魏晋贵族、豪族的演变提出了"寄生官僚化"、"寄生官僚论",(参见[日]谷川道雄著,马彪译:《中国中世社会与共同体》,北京:中华书局,2002年,第142、146页;以上学术史主要参考范兆飞《中古太原士族群体研究》,北京:中华书局,2014年,第2—18页。此外,陈爽与仇鹿鸣对士族与士族研究的反思也非常深入,参见陈爽:《近20年中国大陆地区六朝士族研究概观》,《中国史学》第11卷;仇鹿鸣:《士族研究中的问题与主义——以〈早期中华帝国的贵族家庭——博陵崔氏个案研究〉为中心》,《中华文史论丛》2013年第4期。)这两类认识士族的路径各有优劣,受其启发,笔者认为:"士族"内涵在历史上可能有一个从偏政治层面到偏社会层面的转变,即士族在魏晋南朝因与九品中正等选官制度结合紧密,其政治色彩突出;而至北朝隋唐,士族因与选官制度逐渐疏离,皇权对其认可也逐渐局限在社会文化层面。本文研究重心在于探讨大族与王朝的政治关系,故对"士族"倾向于第二种理解,即士族权力依赖于官僚体系,"士族"天生就有对皇权的依附性。

② 秦晖提出了对中国传统社会的结构性认识;即秦代以来中国社会是以皇帝为中心的"大共同体本位"社会,大共同体施展一元化统治,而宗族等小共同体遭受压抑。参见氏著《"大共同体本位"与传统中国社会》(上、中、下),《社会学研究》1998年第5期、1999年第3期、1999年第4期。

③ 人类学家萨林斯(Sahlins)主张打破历史与结构的对立,在历史中考察文化结构之变迁,这对本文有一定启示。参见氏著《历史之岛》,上海:上海人民出版社,2003年,第3—18页、325—332页。

④ 陈爽:《世家大族与北朝政治》,北京:中国社会科学出版社,1998年,第81—151页。

⑤ 参见韩树峰《南北朝时期淮汉迤北的边境豪族》相关章节。

地域性作为大族发展背景相对,章义和在解释南朝政治时重点突出了"地域集团"这一概念。① 具体到辛氏研究,由于史料所限,学界关注甚少,过去三十年内只有两三篇专论,杜斗城曾初步勾勒出汉唐间辛氏一族的发展②,袁延胜依据汉简对西汉辛武贤事迹做了相关考述③,丁宏武的《辛德源生平著述考》考察了北朝后期文士辛德源的相关事迹。④ 近期北朝辛氏墓志多有问世⑤,这为深入研究该族在中古之发展提供了坚实基础。鉴于陇西辛氏初次崛起于西汉,因此笔者的研究也从西汉开始。

一 地方大族的兴衰模式:对《汉书·辛庆忌传》的政治解析

在与中央王朝合流之前,任何一个世家大族的崛起几乎都离不开其地域性,一定的地理环境不仅为大族精英整合各种资源、建立政治共同体提供了活动空间,在以农业、畜牧业为基本生产方式的古代,一方水土更是一个族群赖以生存发展的根本。历史上广义的陇右可泛指陕甘界山六盘山以西的广大地带,包括今甘肃省大部。然而广义的陇右又以黄河或乌鞘岭即今兰州一带分为东西两部分,以东大体是秦统一后的陇西郡,以西为西汉开拓之河西四郡。本文因需要关注陇西辛氏在不同地域之发展,故采用狭义的"陇右"概念,以黄河以东地区为陇右,与河西相对。继秦在陇右设陇西郡后,西汉元鼎三年(前114)分陇西郡置天水郡,二郡之地西北至黄河与河西相隔,东至陇山与关中相隔,南有岷山、西秦岭诸庞大山脉,北有连绵的陇中高原,其地较为封闭。幸而陇右境内有渭、洮两水系,河畔稍宽阔的谷地为人们提供了定居及耕作条件,两河沿岸也成为交通要道。从战略角度来看,陇右之地东、南两面背据雄山,内有河谷经济带,向西向北直面西羌与匈奴,虽极易受外族袭扰,但又为东方诸王朝向西开疆拓土的绝好跳板。

陇右之地本为羌戎所居,后渐次被秦人征服。如自秦武公十年(前688)征邽、冀戎于渭水之南设邽、冀两县为始⑥,至秦昭王三十五年(前272)秦灭义渠立陇西郡⑦,这一征服耗时四百多年。《元和郡县图志》"成州"条概言:"秦逐西羌,置陇西郡。秦末,氐、羌又侵

---

① 参见氏著《地域集团与南朝政治》,上海:华东师范大学出版社,2002年。关于中古世家大族研究甚多,此不赘述。
② 杜斗城:《汉唐世族陇西辛氏试探》,《兰州大学学报》(社会科学版)1985年第1期。
③ 袁延胜:《悬泉汉简所见辛武贤事迹考略》,《秦汉研究》2010年第4辑。
④ 丁宏武:《辛德源生平著述考》,《西北师大学报》(社会科学版)2014年第1期。此外涉及陇西辛氏的论文有周伟明《论北魏平凉户》,湖南师范大学硕士学位论文,2005年。
⑤ 近出北朝辛氏及相关墓志主要有十三方:《辛谦墓志》(碑林博物馆藏,2004年)、《辛苌墓志》(赵力光主编:《西安碑林博物馆新藏墓志汇编》,北京:线装书局,2007年)、《隋寇夫人辛怜墓志并盖》(齐运通编纂:《洛阳新获七朝墓志》,北京:中华书局,2012年)、《辛穆墓志并盖》、《辛术墓志并盖》、《辛瑾墓志》、《辛澄墓志并盖》(四志俱见北京大学图书馆金石组:《1996—2012北京大学图书馆新藏金石拓本菁华》,北京:北京大学出版社,2013年)、《辛琛墓志》、《辛匡墓志》、《辛韶墓志》(三志俱见王连龙《新见北朝墓志集释》,北京:中国书籍出版社,2013年)、《隋辛辉兰墓志》(王其祎藏拓)、《辛璞墓志》、《辛侃墓志》(两志俱陕西师范大学藏拓)。搜集辛氏墓志得陕西师范大学周晓薇老师襄助,谨此致谢。
⑥ 《史记》卷5《秦本纪》,北京:中华书局,1982年,第182页。
⑦ 《后汉书》卷87《西羌传》,北京:中华书局,1965年,第2874页。

据之。"①对陇右漫长的征服与迅速的失守表明中原王朝强盛时可以跨越陇山,以武力据有该地,一旦王朝衰落陇右便极易失去。西汉前期,陇西与北地、上郡诸边郡一样为防御匈奴前线,晁错曾言"自高后以来,陇西三困于匈奴矣"②。至武帝元狩二年(前121),随着匈奴浑邪王降汉,"陇西、北地、河西益少胡寇"③,自此陇西获得稳定,成为汉朝经营河西、抵御匈奴西羌的后方基地。陇西辛氏的崛起就恰逢这一具有转折意义的王朝扩张期。

狄道在汉陇西郡西北洮水东岸,即今甘肃临洮县,在汉初相当长一段时间里,狄道就是汉帝国最西之边县,其地汉羌杂居。从狄道沿洮水北上可至黄河,通金城,向东又接渭水上游,地连陇西、天水,为区域内交通枢纽。辛氏定居狄道始自汉初,《元和姓纂》记:"秦有将军辛腾,家中山苦陉,曾孙蒲……辛蒲以名家,汉初徙陇西。至破羌将军武贤生庆忌,左将军、光禄大夫、常乐公。"④辛武贤、辛庆忌父子是西汉陇西辛氏代表人物,也是后世辛氏认祖归宗之对象,辛庆忌在《汉书》有传。作为中古大姓,辛氏既然初兴于西汉,那么分析其家族与西汉王朝之关系便不仅具有历史意义,在汉隋六百多年这一长时段内也具有可供参照的结构性意义。

西汉中前期特别是汉武帝时,制定了征召六郡良家子扩充军备的方略,将相李广、赵充国、上官桀等陇西人士皆因此发迹。陇西辛氏作为地方大族也当难免卷入这场持续的从军运动中,其家族精英辛武贤至汉宣帝时已官至酒泉太守,同时辛武贤诸兄弟也因谙熟边事成为朝廷统治河西、西域的后备人才,如《赵充国传》记:

> 诏举可护羌校尉者,时充国病,四府举辛武贤小弟汤。充国遽起奏:"汤使酒,不可典蛮夷。不如汤兄临众。"时汤已拜受节,有诏更用临众。后临众病免,五府复举汤。⑤

辛汤兄弟所任护羌校尉,旨在控制西羌,作为狄道土著,辛氏兄弟并有武略,这成为该族与处在扩张期的西汉王朝展开权力博弈的砝码。辛武贤首次为中央王朝注意是在配合赵充国治理西羌时他提出了主动伐羌之论,这一主张得到汉宣帝的肯定,于是"即拜酒泉太守武贤为破羌将军","即拜"即"就其郡而拜之"⑥。辛武贤出自边郡大族,其被朝廷任命为酒泉太守稳固新拓边疆,此是中央王朝对地方大族之利用;他不用至长安而就地拜为将军,更见致力于扩张的朝廷与边郡大族在双赢合作状态中的关系相当融洽。辛庆忌与其父亲一样,从戎起家,他早年在西域作战、驻守,至元帝初年首次赴长安为郎中令下宿卫属官,之后再出为张掖、酒泉太守,始为地方长吏。⑦ 从这段仕宦经历来看,朝廷视辛氏为治理边疆人才,征其宿卫宫廷不过是欲增强其对中央王朝之向心力,同时也使其褪去地方大族色彩。汉成帝时,辛庆忌从地方再次进入长安,与早期仕宦在长安短暂"镀金"不同,这次他位至

---

① 《元和郡县图志》卷22《山南道三》,北京:中华书局,1983年,第571页。
② 《汉书》卷49《晁错传》,北京:中华书局,1962年,第2278页。
③ 《史记》卷110《匈奴列传》,第2909页。
④ (唐)林宝:《元和姓纂》卷3《辛》,北京:中华书局,1994年,第355页。
⑤ 《汉书》卷69《赵充国传》,第2993页。
⑥ 《汉书》卷69《赵充国传》及颜师古注,第2977—2979页。
⑦ 《汉书》卷69《辛庆忌传》,第2996页。

九卿、进入中朝。《汉书·辛庆忌传》载:

> 成帝初,征为光禄大夫,迁左曹中郎将,至执金吾。……辛氏至庆忌为执金吾,坐子杀赵氏,左迁酒泉太守。……乃复征为光禄大夫、执金吾。数年,坐小法左迁云中太守,复征为光禄勋。……其后拜为右将军诸吏散骑给事中,岁余徙为左将军。①

受外戚大司马王凤兄弟提拔,公元前十四年辛庆忌终至左将军。② 左将军为大司马之副,乃中朝重要成员③,辛庆忌升至此位进入权力中枢已达仕宦顶峰。值得注意的是,在辛庆忌中央官僚化④的同时,其家族也不得不"中央化":

> 庆忌本狄道人,为将军,徙昌陵。昌陵罢,留长安。⑤

以皇权之下的官爵、财产为代价,换取各种政治小共同体放弃其家族或地方本位主义,这本是中央王朝设计得非常有效的博弈规则。然而即使在这种强弱对比明显的权力博弈中,仅仅通过柔性的官僚化策略并不一定能充分消解地方大族等小共同体。作为博弈的参与者,小共同体成员会用其最低限度的主体性谋求更多的利益(用社会学的话说,就是行动者具有"权变性"⑥),地方大族在官僚化的同时可能难舍其地方性,于是官僚化与地方性更容易出现相互助长态势。西汉王朝为避免这一情景,对已官僚化的地方大族还采用了刚性的徙陵政策,即高官家庭必须离乡离土,迁至皇帝周围,辛庆忌家如是,赵充国官至后将军亦举家迁至杜陵。⑦

然而即使强制将官宦之家与地方本宗分离,朝廷也无法完全斩断它们之间的联系,《辛庆忌传》记录了辛氏子弟的仕宦情况:

> 长子通为护羌校尉,中子遵函谷关都尉,少子茂水衡都尉出为郡守,皆有将帅之风。宗族支属至二千石者十余人。⑧

辛庆忌三子当然随其父徙陵并定居长安,而其余官至两千石的辛氏宗族支属则未必,他们多数应仍居于狄道。如此可以看出,辛氏确实在与皇权的政治博弈中,保持并发展了狄道本部的家族势力,而这却是集权专制王朝难以容忍的。汉平帝元始年间(1—5)辛氏遭到灭门之祸,事发导火线便来自辛庆忌的老家狄道:

---

① 《汉书》卷69《辛庆忌传》,第2996—2997页。
② 参见《汉书》卷69《辛庆忌传》,第2996页;《汉书》卷19下《百官公卿表下》,第836页。
③ 参见安作璋、熊铁基:《秦汉官制史稿》,济南:齐鲁书社,1984年,第243—244页。
④ 此概念受越智重明等人的"寄生官僚化"影响(见前引文),称"中央官僚化"意在从地域角度彰显地方大族与中央王朝的融合。
⑤ 《汉书》卷69《辛庆忌传》,第2998页。
⑥ 参见[法]埃哈尔·费埃德伯格(Erhard Friedberg)著,张月等译:《权力与规则》,上海:格致出版社、上海人民出版社,2008年,第252—258页。
⑦ 参见《汉书》卷69《赵充国传》,第2995页。
⑧ 《汉书》卷69《辛庆忌传》,第2997页。

于是司直陈崇举奏其宗亲陇西辛兴等侵陵百姓,威行州郡。莽遂按通父子、遵茂兄弟及南郡太守辛伯等,皆诛杀之。辛氏繇是废。①

这里可以清晰地看到,远在长安的辛庆忌一家对陇西本宗既形成了政治庇护也附有一定的连带责任,两者一荣俱荣一损俱损。需要指出的是,辛庆忌族诛事件有着更大的政治背景:

平帝即位,王莽秉政,阴有篡国之心,乃风州郡以罪法案诛诸豪桀。②

王莽为谋篡汉而铲除诸世家大族,这本质上是一种强化集权的手段,辛氏一族此时的突然败亡虽表现为偶然,但也是历史之必然。

以上通过对西汉辛庆忌家族政治命运的剖析,可以概括出中央集权王朝与地方大族的诸种权力关系:其一,在王朝扩张期,朝廷会争取地方大族合作,充分发挥其地方政治功能,这具有暂时性偶然性,然而正是在此时期,地方大族才可能葆有较大主体性。其二,任何一个王朝都会力图保持并发展它与地方大族之间不平衡的强弱权力关系,它们主要以柔性的官僚化策略来消解大族的政治主体性。其三,朝廷对官僚化策略失效也十分警惕,为在与地方大族的博弈中获得单赢,它们不惜用暴力彻底消灭诸大族。《汉书》保留了王莽清洗辛氏的一点细节:

时名捕陇西辛兴,兴与宣(鲍宣)女婿许绀俱过宣,一饭去,宣不知情,坐系狱,自杀。③

辛兴遭到全国通缉,鲍宣未与辛兴谋面竟连带至死,此案之酷可见一斑。

二 东汉魏晋时期陇西辛氏的复苏及政治动向

西汉末年,辛庆忌一家虽遭族诛式打击,但陇西辛氏的发展并未彻底断绝,或许辛庆忌

---

① 《汉书》卷69《辛庆忌传》,第2998页。
② 《汉书》卷72《鲍宣传》,第3094页。
③ 《汉书》卷72《鲍宣传》,第3094页。

家族的一些远房疏族未受太大影响。① 东汉初年,在割据河西的窦融集团中就有一位敦煌都尉辛肜②,后被东汉封为"扶义侯"③。虽没有直接证据表明辛肜与辛庆忌一族有血缘关系,但窦融集团由河西陇右地方精英联合而成,辛肜作为该集团五郡首领之一,为"州郡英俊"④,极有可能出自陇西辛氏。东汉统一后,并未像西汉一样大肆打压地方大族,史学界早已注意到东汉政权与地方大族(豪族)之间呈现的更多是双赢关系,有学者直接称"东汉王朝是建立在豪族社会基础之上的"⑤。在东汉宽松的政治环境下,地方大族自然滋生,陇西辛氏应得到喘息恢复之机。

东汉两百年间,陇右一带始终面临羌患,《后汉书》载:

> 中元元年(56),武都参狼羌反,杀略吏人,太守与战不胜,陇西太守刘盱遣从事辛都、监军掾李苞,将五千人赴武都,与羌战,斩其酋豪,首虏千余人。⑥

平定边患需要地方大族支持,引文中辛都已官至凉州从事,从其听命于陇西太守来看,其出身应为陇西太守属吏⑦,辛都应来自陇西辛氏。辛都带领五千人马与羌人作战,这足见辛氏作为地方大族其政治动员能力已相当强大。

在羌人、匈奴的长期袭扰下,凉州已日渐残破,永初四年(110),大将军邓骘欲弃凉州保并州,此时虞诩提出反对:

> 凉州既弃,即以三辅为塞;三辅为塞,则园陵单外。此不可之甚者也。谚曰:"关西出将,关东出相。"观其习兵壮勇,实过余州。今羌胡所以不敢入据三辅,为心腹之害者,以凉州在后故也。其土人所以推锋执锐,无反顾之心者,为臣属于汉故也。若弃其境域,徙其人庶,安土重迁,必生异志。如使豪雄相聚,席卷而东,虽贲、育为卒,太公为将,犹恐不足当御。议者喻以补衣犹有所完,诩恐其疽食侵淫而无限极。弃之非计。⑧

---

① 《元和姓纂》记"(辛庆忌)五代孙孟兴,二子:恩、殷",而《新唐书》(卷73上《宰相世系表三上》,北京:中华书局,1975年,第2879—2880页)更详细地记录了辛武贤一族世系"秦有将军辛腾……曾孙蒲……曾孙柔……四子:临、众、武贤、登翁。武贤,破羌将军。生庆忌,左将军、光禄大夫、常乐公。生子产,豫章太守。曾孙茂,后汉成义将军、酒泉太守、侍中。三子:缄、述、孟孙。孟孙生长水校尉伯真。伯真二子:孟兴、叔兴。孟兴二子:恩、殷"。《新唐书》补录了辛庆忌之父辛柔、辛庆忌诸兄弟、庆忌之子辛产以及辛产一支世系,但岑仲勉已指出:据《新唐书》,辛孟兴应为辛庆忌七世孙,此与《元和姓纂》矛盾。(参见(唐)林宝撰,岑仲勉校记:《元和姓纂》卷3《辛》,北京:中华书局,第355页。)又据上引《赵充国传》,辛庆忌两兄弟名为辛临众、辛汤,此与《新唐书》有出入;《辛庆忌传》记庆忌三子而无官至豫章太守的辛产,此又是《新唐书》辛氏世系表之疑点;特别是辛氏族诛一案异常严酷,辛庆忌直系子孙应被杀尽。综合以上分析,笔者认为《新唐书》辛氏世系表东汉以后之诸辛应存在附会辛庆忌之嫌。
② (东晋)袁宏撰:《两汉纪·后汉纪》卷3《光武皇帝纪》,第46页。《后汉纪》作"辛肜",今从《后汉书·窦融传》,作"辛肜"。
③ 《两汉纪·后汉记》卷6《光武皇帝纪》,第103页。
④ 《两汉纪·后汉记》卷6《光武皇帝纪》,第46页。
⑤ 陈苏镇:《两汉魏晋南北朝史探幽》,北京:北京大学出版社,2013年,第40页。
⑥ 《后汉书》卷87《西羌传》,第2879页。
⑦ 严耕望先生指出州从事"其职本以郡国卒史曹掾从事者",参见严耕望:《秦汉地方行政制度》,上海:上海古籍出版社,2007年,第306页。
⑧ 《后汉书》卷58《虞诩传》,第1866页。

虞诩之言点出了凉州土著与汉朝的合作关系：即凉州人以武力见长，有较强的政治自为能力，他们臣属汉朝这个政治大共同体后，抵御羌胡就从保家变成了卫国。如果汉朝单纯放弃凉州，让凉州政治进入自然状态，这本不是多大问题。而要强制徙凉州之民，这就不仅仅是对既有政治契约的破坏，更是对凉州政治生态的根本性破坏。因此与"以三辅为塞"而招致外患相比，虞诩更加担心的是强制移民会招致凉州人反叛，祸乱关中。他提出的策略是："诚宜令四府九卿，各辟彼州数人，其牧守令长子弟皆除为冗官，外以劝厉，答其功勤，内以拘致，防其邪计"，朝廷从其计，"辟西州豪桀为掾属，拜牧守长吏子弟为郎，以安慰之。"①通过虞诩反对徙凉州之事，可以看出：同样是将地方大族、豪强的精英分子吸纳入中央王朝，对于强盛外向的西汉来说，下一步可能就是强势的消化或消灭；而对于衰落内向的东汉来说，其运用官僚化这一手段时显得极为被动，这当然为包括辛氏在内的凉州大族获得更多的政治主体性提供了博弈空间。

中平元年（184），北地羌胡与边章等寇乱陇右，叛军围凉州刺史左昌于冀县（今甘谷县），左昌与汉阳长史盖勋不睦，史载："勋初与从事辛曾、孔常俱屯阿阳，及昌檄到，曾等疑不肯赴。"②阿阳属东汉汉阳郡，而汉阳郡在秦、西汉属陇西郡，从活动范围来看，笔者依然怀疑这位凉州从事辛曾出自陇西辛氏。③从这条史料更可以看出：在不稳定的帝国边疆上，盖勋④、辛曾等地方大族精英多获领兵之权，面对代表中央王朝权威的上级刺史，他们可以与之变得疏离，甚至违抗其命令，陇右地方大族的政治主体性确实在逐步提升。最后，综观东汉年间活跃在河西陇右的辛肜、辛都、辛曾诸人，此三人族缘虽都可能来自狄道，但诸家也可能已散居各地。"陇西辛氏"不过是诸家族缘记忆上的归属，诸辛实际上可能并未因族缘而联合，但大族的支散疏离并不妨碍各支在不同地域形成小的政治共同体，也不妨碍我们将各支作为各地大族来考察它们与集权王朝之关系。

魏晋时辛氏名人首推曹魏侍中辛毗，辛毗祖先虽来自陇西，但其家自东汉初徙居颍川已多年，遂为"颍川阳翟人"⑤，与陇西已无实质联系。三国政权主要围绕中原展开争夺，对边缘地区疏于控制。河西陇右地区延续了东汉以来羌汉杂居、战乱频繁的局面，特别是东汉末年凉州建置一度取消⑥，这更加放任了西北形势自然发展。以河西为例，曹魏初期这里的实际统治者即地方大族，"是时，武威颜俊、张掖和鸾、酒泉黄华、西平曲演等并举郡反，自号将军。更相攻击"⑦。后曹丕欲重立凉州，此时地方大族便举兵反抗：

> 文帝即王位，初置凉州，以安定太守邹岐为刺史。张掖张进执郡守举兵拒岐，黄

---

① 《后汉书》卷58《虞诩传》，第1866页。
② 《后汉书》卷58《盖勋传》，第1880页。
③ 据《元和姓纂》，汉至北周辛氏郡望尽出陇西，其间西北诸辛，史料虽未指明地望，盖不出陇西。
④ 盖勋出自凉州官宦世家，参见《盖勋传》，第1879页。
⑤ 《三国志校笺》卷25《辛毗传》，成都：巴蜀书社，2001年，第918页。
⑥ 《后汉书》卷9《孝献帝纪》，第387页。
⑦ 《三国志校笺》卷15《张既传》，第604页。参见齐陈骏：《陇上学人文存·齐陈骏卷》，兰州：甘肃人民出版社，2012年，第299—301页。

华、曲演各逐故太守,举兵以应之。①

在西晋短暂统一时期,陇西辛氏的个别精英及时完成了官僚化历程,其代表为辛洪、辛勉父子。辛洪官至左卫将军,辛勉官至侍中,辛勉族弟辛宾为晋愍帝尚书郎。② 然而陇右与定鼎河洛的晋朝毕竟重关阻隔,洛阳对西北大族的吸引力远不及长安。如赵王伦镇长安时,其谋主孙秀交游之人有辛冉。③ 狄道辛谧的出仕经历更直接证明了这一点:

> 辛谧字叔重,陇西狄道人也。父怡,幽州刺史,世称冠族。……召拜太子舍人、诸王文学,累征不起。永嘉末,以谧兼散骑常侍,慰抚关中。谧以洛阳将败,故应之。④

西晋末年,时为秦王的愍帝为天水阎鼎拥至长安,关陇大族纷纷进入朝堂⑤,其中肱股之臣有金城曲允⑥、敦煌索𬘡⑦以及安定梁芬⑧等人,辛氏有上文提及的辛宾和大鸿胪辛攀⑨,此时的司马氏王朝俨然成了关陇大族扶持的小朝廷。可惜好景不长,这些关陇大族伴随着长安的陷落沦为了屠各匈奴的俘虏,《晋书·列女传》有一则故事:

> 纬妻辛氏,陇西狄道人也。纬为散骑常侍,西都陷没,为刘曜所害。辛氏有殊色,曜将妻之。辛氏据地大哭……乃自缢而死。曜以礼葬之。⑩

梁纬夫妇之死堪称晋末关陇大族与长安皇权短暂狂欢后即遭灭顶之灾的残酷写照。

三 十六国时期的王朝扩张与陇西辛氏的再崛起

东汉以来,地方大族势力未得到有效遏制;魏晋祚短,北方各地大族还未来得及被中央王朝的集权政治所消化,就匆匆涌入了十六国长达近一个半世纪的战乱纷争之中。上文已论及晋末关陇大族对长安政权发生了浓厚兴趣,那么在小王朝林立的十六国时期,作为已

---

① 《三国志校笺》卷15《张既传》,第604—605页。黄华所逐太守名为辛机(《三国志校笺》卷16《苏则传》,第631页),辛机可能出自陇西狄道。
② 《晋书》卷89《辛勉传》,中华书局,1974年,第2311页。《晋书》乃唐人所作,有将诸辛氏笼统归为"狄道"之嫌;又,三国辛毗一族从魏入晋,如此易使人怀疑辛勉一族或与辛毗有所关联。但考虑到辛毗之子辛敞"咸熙(264—265年)中为河内太守"(《三国志校笺》卷25《辛毗传》,第922页),与辛洪、辛勉几乎同时,而史传不言其关系,故笔者仍依《晋书》,以辛洪一支为魏晋时新徙至洛阳为官者,其或未在关东定居落籍。
③ 《晋书》36《张华传》,第1073页。
④ 《晋书》卷94《隐逸传》,第2447页。
⑤ 《晋书》卷5《孝愍帝纪》,第125—126页。
⑥ 《晋书》卷89《忠义传》,第2307页。
⑦ 《晋书》卷60《索靖传》,第1648页。
⑧ (清)汤球辑,严茜子点校:《九家旧晋书辑本》,《二十五别史》第10册,济南:齐鲁书社,2000年,第38页。
⑨ 《晋书》卷86《张轨传》,第2226页。
⑩ 《晋书》卷96《列女传》,第2512—2513页。

拥有较多政治主体性的小共同体,他们与诸扩张政权的权力关系又如何呢?下面继续以陇西辛氏为中心,考察辛氏诸族在十六国北方诸政权的发展,鉴于各王朝国祚长短不一且多并存,考察不以时间顺序而按地域自西向东分析。

(一)河西陇右诸政权中的辛氏

十六国时期,河西陇右之地先后有五凉、西秦诸政权,它们之间相互征战,本质上都属于正在扩张中的王朝。相对于稳定的大一统王朝来说,成长中的王朝更需要地方大族的支持,更需要吸纳大族精英。先从前凉说起,其奠基人张轨虽出自陇右安定,但与河西关系甚少,其入主凉州后甚至曾遭当地大族排斥。① 张氏父子努力经营,对百姓施以仁政,任用地方大族之精英,故其政权得以稳定。② 其实张轨自求刺史凉州也并非毫无家族政治背景,如其兄弟张肃当时可能已在凉州为官,后官至西海太守(今额济纳旗附近)。③ 此外,张轨之母为陇西辛氏④,安定张氏与陇西辛氏结合显系地方大族联姻。在张氏政权几十年中,辛氏活动频繁,此或是其源头。辛氏与张氏政权的紧密联系主要表现在两点。第一,张、辛联姻再次出现。张轨曾孙张祚之妻为辛氏,张祚立辛氏为后。⑤ 联系张轨之母为辛氏,可以推断,陇西辛氏随着张辛联姻关系已上升为前凉政权的当朝贵戚。《十六国春秋》"辛绵"条记:"绵弟理,美姿貌。(张)骏欲夺其妻以寡妹妻之,理割鼻自誓。骏大怒,徙理炖煌。遂以忧死。"⑥张骏乃张轨之孙,此事可从反面反映出张、辛二姓联姻确实门当户对。第二,张氏政权多重用辛氏人物。以下是前凉政权中诸辛及其职务:辛韬(带军将领)、辛岩(姑臧令、武兴太守)、辛晏(枹罕护军)、辛挹(带军将领)、辛章(广武太守)⑦、辛凭(敦煌太守)、辛攀(晋大鸿胪,入凉仕宦不详)、辛绵、辛理(后二人仕宦无考)⑧。以上诸辛都是前凉的中坚力量,这更加见证了辛氏与前凉政权之关系非同一般。当然,诸辛应多有亲缘关系,如辛攀一家,"兄鉴、旷,弟宝、迅,皆以才识知名,秦雄(雍)为之语曰:五龙一门,金友玉昆"⑨。前凉诸辛中辛岩、辛晏事迹较详。辛岩官至姑臧令,姑臧乃前凉首都,辛岩职位之重可见一斑;之后其以武兴太守领军南略秦州,在狄道一带大败而归,但并未获罪,仍带军征战。与徙居河西的诸辛相比,陇右的辛晏与张氏关系游离,他起初占据枹罕与张氏并立,后归顺张氏以护军衔驻守枹罕。枹罕为金城(兰州)西平(西宁)以南洮、黄之间重镇,故史载:"陇西人辛晏以枹罕降之,骏遂有河南之地,至于狄道,与石勒分境。"⑩之后前凉军队在洮河战败,"张阆、辛晏率众数万降于曜,皆拜将军,封列侯"⑪。无论与张氏亲密之河西辛岩,还是

---

① 《晋书》卷86《张轨传》,第2223页。
② 参见齐陈骏:《陇上学人文存·齐陈骏卷》,第321—322页。
③ 《晋书》卷86《张轨传》,第2228页。
④ (清)汤球辑,王鲁一等点校:《十六国春秋辑补》卷67《前凉录一》,《二十五别史》第11册,第481页。
⑤ 《晋书》卷86《张轨传》,第2246页。
⑥ 《十六国春秋辑补》卷74《前凉录八》,第529页。
⑦ 参见《晋书》卷86《张轨传》,第2229、2231、2234、2238、2242、2251页。
⑧ 汤球《十六国春秋辑补》(广雅丛书本)于《前凉录》目录有"辛攀、辛凭、辛绵、弟理"条目,而仅辑录辛绵事迹,其余未辑补。据宋本《太平御览》(卷418《人事部五十九》,北京:中华书局,1960年,第1928页),辛凭作"幸凭",辛字当是。
⑨ 《太平御览》卷495《人事部一百三十六》,第2265页。
⑩ 《魏书》卷99《张寔传》,北京:中华书局,1974年,第2194页。按,此处石勒有误,应为前赵刘曜。
⑪ 《晋书》卷103《刘曜传》,第2700页。

与张氏若即若离之陇右辛晏,他们都表明当时陇西辛氏已成为西北地区炙手可热的大族势力,对于欲在当地有所作为的王朝来说,诸辛氏家族的向背非常关键。

西凉李氏与辛氏关系类似前凉。西凉建国之李暠虽托籍"陇西成纪",实际世代居于狄道①,与辛氏为乡党。史载李暠一族"世为西州右姓。高祖雍,曾祖柔,仕晋并历位郡守。祖弇,仕张轨为武卫将军、安世亭侯"②。李暠与陇西辛氏联姻,娶"同郡辛纳女",同时李暠又与辛景、辛恭靖"同志友善"③。虽然如此,因史料所限,目前只发现一位明确参与李氏政权的辛氏,即辛渊,史载辛渊为:"私署凉王李暠骁骑将军。暠子歆亦厚遇之。歆与沮渠蒙逊战于蓼泉,军败失马,渊以所乘马援歆,而身死于难,以义烈见称西土。"④辛氏既与诸凉政权颇有渊源,那么河西政治中心姑臧城自然是辛氏精英活动之地,南凉接管姑臧时所收入才即有号称"秦陇之冠冕"的辛晁。⑤ 五凉时期,辛氏的发源地狄道一度为西秦管辖,辛氏在该政权中的地位堪称举足轻重。乞伏乾归时代,"西秦以金城太守辛静为右丞相"⑥。西秦在乞伏炽盘时一度强盛,更加依靠陇右大族,如其近臣有散骑常侍辛进⑦,地方有大族首领辛澹⑧。永弘二年(429),乞伏暮末时代,"其尚书陇西辛进曾随炽盘游于后园,进弹鸟丸,误伤暮末母面,至是杀进五族二十七人"⑨。可以看出,辛氏作为地方大族,如在前凉时代一样,积极与新兴的西秦政权配合;辛进为暮末之父炽盘所提拔之西秦元老,暮末族诛辛氏可谓自毁长城⑩,不久西秦灭亡。

综上可以发现,陇西辛氏与河西陇右诸割据政权关系相当紧密,他们在前凉、西凉两国为国戚,其精英分子在各国也多出将入相。这表明在王朝扩张时期,在皇权—大族这一强弱权力关系之下,王朝与大族更趋向于一致对外的共赢合作,此时地方大族的主体性增强并能为国所用。这一时期疆土局促的王朝一般不会着力推行旨在使大族离乡离土的寄生型官僚化措施,大族精英分子的官衔体现更多的是双方双赢合作之内涵。前凉在西北诸政权中国祚最长,政治最稳定,这与张氏一贯与地方大族合作的国策有直接联系,相比之下未能充分吸纳大族精英的王朝往往国祚较短,比如后凉吕氏。⑪ 而西秦暴君对陇西辛进的族诛又会让人联想起西汉辛庆忌家族的经历:皇权总是有种打破它与大族既有权力关系的冲动,这似乎是集权王朝们(无论是萌芽中的王朝还是大一统王朝)的集体无意识。此外,还能注意到十六国时期陇西辛氏很多分支已经逐渐从陇右扩展到河西,他们与其说是陇西辛氏,还不如说是河西辛氏。

---

① 《晋书》卷87《凉武昭王李玄盛传》,第2257页。
② 《晋书》卷87《凉武昭王李玄盛传》,第2257页。
③ 《晋书》卷87《凉武昭王李玄盛传》,第2267—2268页。
④ 《魏书》卷45《辛绍先传》,第1025页。
⑤ 《晋书》卷126《秃发傉檀传》,第3149页。
⑥ 《资治通鉴》卷111《晋纪三十三》,安帝隆安三年,第3499页。
⑦ (清)汤球辑:《十六国春秋辑补》卷87《西秦录三》,第603页。
⑧ 《资治通鉴》卷120《宋纪二》,文帝元嘉三年,第3790页。
⑨ 《魏书》卷99《乞伏国仁传》,第2199页。
⑩ 参见周伟洲《南凉与西秦》,桂林:广西师范大学出版社,2006年,第120、129、154页。
⑪ 参见齐陈骏:《陇上学人文存·齐陈骏卷》,第336—339页。

(二)陇西辛氏与关中、关东政权的关系

与陇右仅一山之隔的长安历来对西北大族充满了诱惑。西晋灭亡后,前赵、前秦、后秦先后定都长安,下面试钩稽出辛氏与诸长安政权的关系。

公元319年前赵刘曜定都长安,如果说东方强大的石勒集团是该政权的正面之敌,那么陇西天水一带的武装势力则是它的腹背之患。直到323年灭陇上陈安、定仇池,前赵才算勉强据有陇右之地。陇右地区数年的战争显示出该地大族与长安前赵政权的关系非常紧张,而前赵对陇右的两次强制移民也充分说明了这一点:

> 曜后复西讨杨韬于南安,韬惧,与陇西太守梁勋等降于曜,皆封列侯。使侍中乔豫率甲士五千,迁韬等及陇右万余户于长安。……杨伯支斩姜冲儿,以陇城降。宋亭斩赵募,以上邽降。徙秦州大姓杨、姜诸族二千余户于长安。①

刘曜在洛阳之战被石勒俘后,"关中扰乱,将军蒋英、辛恕拥众数十万,据长安,遣使招勒,勒遣石生率洛阳之众以赴之"②。这足见刘氏政权未得关陇人心,入长安十年后终至覆亡。

前秦苻氏本为陇右氐人,后赵灭亡前夕,苻洪在关东枋头谋据关中时已大量任用关陇僚佐,其中:

> 天水赵俱、陇西牛夷、北地辛牢皆为从事中郎。③

这里需要注意的是"北地辛牢"。两汉北地郡本在今甘肃庆阳及宁夏北部,东汉后期内徙冯翊,寄治关中,后代因之。④ 故此处"北地辛牢"实际即雍州关中之辛氏,这显示出陇西辛氏最晚至东汉末年已逐渐越过陇山向长安靠近,并且定籍关中,上文提及的前赵辛恕或与辛牢家族类似。后来辛牢曾以吏部尚书与关陇诸贵被苻健任命为顾命大臣,官至尚书令,位极人臣。⑤ 除辛牢外,前秦苻坚时还有尚书郎辛劲。⑥

后秦政权内也有辛氏成员活动,史载:

> 敦煌索卢曜请刺苻登……曜曰:"臣死之后,深以友人陇西辛暹仰托。"苌遣之。事发,为登所杀,苌以暹为骑都尉。⑦

---

① 《晋书》卷103《刘曜载记》,第2691、2694页。
② 《晋书》卷103《刘曜载记》,第2701页。
③ 《资治通鉴》卷98《晋纪二十》,穆帝永和六年,第3102页。
④ 钱林书编著:《续汉书郡国志汇释》,合肥:安徽教育出版社,2007年,第351页。
⑤ 《资治通鉴》卷100《晋纪二十二》,穆帝永和十一年,第3147、3150页。
⑥ 《资治通鉴》卷102《晋纪二十四》,海西公太和四年,第3219页。
⑦ 《晋书》卷116《姚苌载记》,第2968页。

此时陇西天水一带为西秦乞伏氏和仇池杨氏控制①,这位陇西辛谧实际应活动在关中。综合钩沉出的前赵辛恕、前秦辛牢、后秦辛谧,可以发现他们尚能在长安政权中获得发展机会,他们有的家族甚至早已徙居关中。当然,对比上文提及的辛攀,他先在长安辅佐晋愍帝后又入前凉,可见对陇西辛氏来说,河西陇右政权比长安政权更有吸引力。

前秦、后秦两长安政权中少有辛氏活动,这与它们的前朝后赵有一定关系。后赵以河北为根本,视关陇、凉州为边地。329年石虎灭前赵残余势力于上邽,姚弋仲献策曰:"陇上多豪,秦风猛劲,道隆后服,道洿先叛,宜徙陇上豪强,虚其心腹,以实畿甸"②,于是:

> 季龙执其伪太子熙、南阳王刘胤并将相诸王等及其诸卿校公侯已下三千余人,皆杀之。徙其台省文武、关东流人、秦雍大族九千余人于襄国,又坑其王公等及五郡屠各五千余人于洛阳。③

正是看到了关陇地区大族势力之强,往往能左右地方政权,自此后赵石氏开始了对关陇地区长达二十年的残酷统治,整治策略即强制迁徙大族。石勒在位时曾"徙秦州夷豪五千余户于雍州"④,将陇右人徙至关中,其政并不严苛。而石虎则不然,他一直迷信姚弋仲徙陇上豪强实河北之策,每次讨伐关陇都要强制移民。如333年石虎伐苻洪,"徙秦、雍民及氐、羌十余万户于关东"⑤;334年,伐郭权"徙秦州三万余户于青、并二州诸郡"⑥。很多秦雍大族迁至河北后地位低下,不得重用,史载:

> 镇远王擢表雍、秦二州望族,自东徙已来,遂在戍役之例,既衣冠华胄,宜蒙优免,从之。自是皇甫、胡、梁、韦、杜、牛、辛等十有七姓蠲其兵贯,一同旧族,随才铨叙,思欲分还桑梓者听之;其非此等,不得为例。⑦

这一矫枉之举主旨在于恢复秦雍大姓之社会地位。然而远离乡土、宗族离散的著姓早已失去了组织小共同体的能力,失去了与石赵博弈的砝码,于是在石赵政权中鲜见流寓关东的关陇人士。石赵既视关陇之民为草芥,其治理关陇效果可想而知。石鉴镇守长安,"役烦赋重,失关右之和。其友李松劝鉴,文武有长发者,拔为冠缨,余以给宫人",石虎命石苞代之,但仍"发雍、洛、秦、并州十六万人城长安未央宫"。⑧继镇关中的石苞"性贪而无谋,雍州豪右知其无成,并遣使告晋梁州刺史司马勋。"⑨石氏在关陇不得人心,以致当地大族只得寻求东晋庇护。

---

① 参见周伟洲《南凉与西秦》,第118—119页。
② 《晋书》卷116《姚弋仲载记》,第2960页。
③ 《晋书》卷103《刘曜载记》,第2701—2702页。
④ 《晋书》卷105《石勒载记下》,第2747页。
⑤ 《资治通鉴》卷95《晋纪十七》,第2989页。
⑥ 《晋书》卷105《石勒载记下》,第2755页。
⑦ 《晋书》卷106《石季龙载记上》,第2770页。
⑧ 《晋书》卷106《石季龙载记上》,第2776—2777页。
⑨ 《晋书》卷107《石季龙载记下》,第2789页。

回到本文关注的辛氏,在后赵政权中目前能找的有两位辛氏。一位是长安的辛钦,一位是河北平原郡的辛谧。辛钦本活动于陇右,后赵时为"吏部尚书、雍州刺史,子孙因家焉"①,其子孙较为兴旺。吏部尚书为国之要职,后赵权臣张豺曾以此官为顾命大臣②,因后赵一般不重用汉臣③,故笔者对辛钦实任此职表示怀疑;辛钦既有后赵高级官衔,则其从陇右迁徙至关中可能出于自愿,因为当时一旦被强制徙民便可能沦为社会底层。总之,在汉人入仕颇为坎坷的后赵,辛钦一支因仕宦在长安定居,此实属幸运,也可见长安对陇右辛氏的吸引力。至于辛谧,其在西晋末年从陇右入长安欲有所作为,但很快陷于刘聪,之后又沦入后赵,历石勒、石虎、冉闵,辗转至河北,终其一生未任胡族政权官职。④ 直到石虎欲缓和与东迁关陇士人关系时,才"赐征士辛谧几杖衣服,谷五百斛,敕平原为起甲第"⑤。辛谧的结局是在冉闵时期"因不食而卒"⑥。辛谧的经历虽有强烈的个人色彩,但失去乡里、宗族庇护的关陇大族在河北政权难以得志,这似乎又是大势所趋。

综上所述,陇西辛氏自西汉受打击后,并未销声匿迹,而是在东汉宽松的政治环境以及西北抗羌运动中恢复起来。进入十六国时期,北方诸小王朝多汲汲于扩张征战,这为地方大族提供了更多的政治选择,陇西辛氏在这一时期大量涌现。比较有趣的是,辛氏在各政权中的活跃度自西向东有一种地缘性递减。作为西北地区大族,辛氏成员最热衷参与河西陇右诸政权,典型的案例便是辛氏以外戚或重臣身份与前凉张氏联合,这种选择本质上是一种地方精英联盟"化家为国"的建国策略。其次,辛氏也愿意以更宽泛的关陇大族身份参与陇山之东的长安政权,毕竟在长安这个西部政治中心,他们还能够瞻前而顾后。如晋末辛谧就曾伺机而出仕长安的愍帝朝,辛攀仕愍帝后又入前凉。而在遥远的河北政权,失去地缘、族缘优势的东迁关陇大族,面临着王朝的高压控制,其主体性几乎丧失殆尽,再也不能有所作为,"征士"辛谧老死于平原便是明证。不难看出,在此期间陇西辛氏自身也在扩散发展,随着诸辛向河西、关中政权靠近,他们也逐渐以河西凉州大族、关中大族身份出现在历史舞台上。当然,几乎没有证据表明陇右土著辛氏与河西辛氏、关中辛氏还有任何实质性联系,他们早已不是关系紧密的血缘家族,甚至可能难以叙谱认宗。毕竟,所谓"地方大族",一旦人地分离,旧的家族共同体便难以维持,新的家族共同体便因新地而生。总之,在十六国诸小王朝的扩张战争中,陇西辛氏们又再次崛起了。

四 北朝凉州辛氏东迁与关陇辛氏的第三次崛起

(一) 北魏凉州辛氏东迁及其官僚化

公元439年,北魏灭北凉,黄河流域进入近百年的统一时期,如诸多活跃的地方大族一

---

① 《周书》卷39《辛庆之传》,北京:中华书局,1971年,第700页。
② 《晋书》卷107《石季龙载记下》,第2786页。
③ 参见潘云勇《后赵民族政策研究》,西北师范大学硕士学位论文,2009年。
④ 《晋书》卷94《隐逸传》,第2447页。
⑤ 《晋书》卷106《石季龙载记上》,第2771页。
⑥ 《晋书》卷94《隐逸传》,第2447页。

样,分布在中国西北的陇西辛氏开始面临一个日渐成熟强大的王朝。魏太武帝平凉后,曾大肆徙河西之人至平城周围,即俗称"平凉户",其中就有辛绍先一支。①

除《魏书·辛绍先传》外,北朝隋代正史中有《魏书·辛雄传》、《北齐书·辛术传》(后据《北史·辛雄传》补)、《隋书·辛德源传》。②《北史·辛雄传》更是将辛雄、辛琛(术父)、辛术、辛德源、辛珍之等汇总于一卷,诸辛联系是:辛琛为辛雄"族祖",辛德源为辛术"族子",德源又有"族叔"辛珍之③,辛珍之又是辛琛"族子"④。同时辛德源又是辛绍先曾孙⑤,如此则北朝诸辛便皆有同族之关系。辛珍之一系只有父子二人有传,故可以简单地说:北魏诸辛主要分为辛绍先、辛雄、辛琛三大支。得益于史传及近出墓志,现以这三支辛氏为中心,对北魏东部诸辛世系、仕宦情况列表如下:

表1 北魏东部诸辛世系、仕宦表

姓名	世系	仕宦信息(以卒官为准)	资料来源
辛绍先	怡(五世祖)……渊—绍先—凤达、穆	魏下邳太守,赠并州刺史	《魏书·辛绍先传》《辛穆墓志》⑥
辛凤达	绍先—凤达—祥、少雍	魏京兆王常侍、并州中正	《辛绍先传》《辛祥墓志》⑦
辛祥	绍先—凤达—祥—琨、怀仁、贲、烈、匡	魏华州征虏府长史	《辛绍先传》《辛祥墓志》
辛琨	绍先—凤达—祥—琨	济州征虏府长史	《辛绍先传》
辛怀仁	绍先—凤达—祥—怀仁	东魏长乐太守	《辛绍先传》
辛贲	绍先—凤达—祥—贲	东魏太守	《辛绍先传》
辛烈	绍先—凤达—祥—烈	梁州镇南府长史	《辛绍先传》
辛匡	绍先—凤达—祥—匡	通直散骑侍郎	《辛绍先传》《辛匡墓志》⑧
辛少雍	绍先—凤达—(祥弟)少雍—元植、士逊	魏给事中	《辛绍先传》
辛元植	绍先—凤达—少雍—元植	东魏仪同府司马	《辛绍先传》
辛士逊	绍先—凤达—少雍—士逊	开府功曹参军	《辛绍先传》
辛穆	绍先—(凤达弟)穆—子馥、子华	魏平原相	《辛绍先传》《隋书·辛德源传》《辛穆墓志》

---

① 《魏书》卷45《辛绍先传》,第1025—1029页。参见周伟明:《论北魏平凉户》,湖南师范大学硕士学位论文,2005年。
② 《魏书》卷77《辛雄传》,第1691—1702页;《北齐书》卷38《辛术传》,北京:中华书局,1972年,第501—503页;《隋书》卷58《辛德源传》,北京:中华书局,1973年,第1422—1423页。
③ 《北史》卷50《辛雄传》,北京:中华书局,1974年,第1817—1825页。
④ 《魏书》卷77《辛雄传》,第1702页。
⑤ 据《隋书·辛德源传》,德源父为子馥,又据《魏书·辛绍先传》,子馥为辛绍先孙。
⑥ 何俊芳:《北魏辛穆墓志铭考释》,《洛阳理工学院学报(社会科学版)》2011年第1期。
⑦ 王天庥:《北魏辛祥家族三墓志》,《文物季刊》1992年第3期。
⑧ 《新见北朝墓志集释》,第84—85页。

续表

姓名	世系	仕宦信息(以卒官为准)	资料来源
辛子馥	绍先—穆—子馥—德维、德源	东魏尚书右丞(一说左丞)、清河太守	《辛绍先传》《隋书·辛德源传》《辛骥墓志》①
辛德维	绍先—穆—子馥—德维	东魏司徒行参军	《辛绍先传》
辛德源术族子	绍先—穆—子馥—德源—正臣—骥	北齐中书舍人,入仕周隋	《隋书·辛德源传》《辛骥墓志》
辛子华	绍先—穆—子华	东魏右光禄大夫	《辛绍先传》
辛凤麟	绍先(父辈)……凤麟—元景—(继孙)贡(辛祥子)	魏东安太守	《辛凤麟妻胡氏墓志》②
辛珍之	德源族叔、辛琛族子	东魏行平州事	《魏书·辛雄传》《北史·辛雄传》
辛恿	珍之—恿	东魏开府铠曹参军	《北史·辛雄传》
辛雄	畅—雄—士璨、士贞	魏左仆射、侍中	《魏书·辛雄传》
辛畅	畅—雄	魏汝南乡郡二郡太守	《魏书·辛雄传》
辛纂	雄从父兄	东魏西荆州刺史	《魏书·辛雄传》
辛子炎	纂—子炎	东魏博陵太守	《魏书·辛雄传》
辛昙护	雄从祖	魏并州州都	《魏书·辛雄传》
辛炽	昙护—炽	东魏卫将军、右光禄大夫	《魏书·辛雄传》
辛琛③ 雄族祖	敬宗—树宝—琛—悠、俊、术	魏征南长史、南梁太守、代郡太守	《北史·辛雄传》《辛衡卿墓志》④
辛敬宗	敬宗—树宝、灵宝	魏代郡太守	《北史·辛雄传》
辛树宝	敬宗—树宝—琛—悠、俊、术	魏代郡太守	《北史·辛雄传》
辛悠	敬宗—树宝—琛—悠	魏侍御史、扬州监军	《北史·辛雄传》
辛俊	敬宗—树宝—琛—俊	魏山南行台郎中	《北史·辛雄传》
辛术	琛—术—阇卿、衡卿	北齐吏部尚书	《北史·辛雄传》
辛阇卿	琛—术—阇卿	北齐尚书郎	《北史·辛雄传》
辛衡卿	琛—术—衡卿	北齐开府参军事,入隋	《北史·辛雄传》《辛衡卿墓志》
辛季庆	敬宗—灵宝—徽—季庆—公义—融	东魏或北齐青州刺史(实、赠不明)	《隋书》⑤《元和姓纂》⑥
辛达	达—胥伦—苌	魏辟州主簿、行桑干郡事	《辛苌墓志》⑦

---

① 周绍良:《唐代墓志汇编》,上海:上海古籍出版社,1992 年,第 369 页。
② 王天麻:《北魏辛祥家族三墓志》,《文物季刊》1992 年第 3 期。
③ 近有《辛琛墓志》问世,然志文字体、内容颇多疑点,故不取。如该志称志主"都督南秦胶部三徐岐雍八州诸军事",胶部二州一在极东,一在极西,南秦岐雍又与三徐各分东西,都督区过大且不相连,此为疑点一;又径称志主为"八州刺史",此又与南北朝都督一般只兼任一州刺史之习惯不符,此为疑点二;言志主籍贯"陇西都乡狄道里",似县乡颠倒,此为疑点三。参见《新见北朝墓志集释》,第 81—83 页。
④ 《唐代墓志汇编》,第 108 页。
⑤ 《隋书》卷 73《辛公义传》,第 1681 页。
⑥ 《元和姓纂》卷 3《辛》,第 357 页。
⑦ 《西安碑林博物馆新藏墓志汇编》,第 22 页。

续表

姓名	世系	仕宦信息(以卒官为准)	资料来源
辛胥伦	达—胥伦—苌	魏怀荒镇征虏府长史	《辛苌墓志》
辛苌	达—胥伦—苌	西魏南秦州刺史	《辛苌墓志》
辛瑾	韶—瑾—产之—月相	魏齐州刺史(实、赠不明)	《辛月相墓志》①
辛产之	韶—瑾—产之—月相	齐散骑	《辛月相墓志》
辛宝贵	不详	北魏宣武朝太史令	《魏书》②
辛永	不详	北魏前废帝安东将军	《魏书》③
辛景威	不详	东魏谯郡太守	《北齐书》④
辛光	不详	侯景伪署刺史	《北齐书》⑤
辛公正	不详	东魏豫州别驾	《北齐书》⑥

以上诸辛,只有辛绍先一支东迁有明确记载:"世祖之平凉州,绍先内徙,家于晋阳。"⑦既然辛绍先家族与其他两个家族都有同族关系,那么其他两支辛氏是否也是平凉户?是否也居于恒代之地呢?笔者认为所谓"族叔""族子"并不意味着诸族一定聚居,它只表明家族世系发展多年后诸家仍能叙谱认宗。

下面结合《元和姓纂》,先分析一下诸家辛氏的族缘。首先是辛琛为辛雄之"族祖"。据《魏书·辛雄传》,辛纂为辛雄从父兄⑧;据《元和姓纂》,辛纂、辛术两支始同祖为辛子焉,子焉为辛纂十一代祖,为辛术(辛琛子)十代祖⑨,如此辛纂、辛雄兄弟确实为辛琛孙辈。这里需要指出,关于辛琛祖先,《魏书·辛雄传》与《北史·辛雄传》有别,《魏书》言辛琛"父敬宗,延兴中代郡太守"⑩,《北史》言辛琛"祖敬宗,父树宝,并代郡太守"⑪,《北史》较详;同时《元和姓纂》记"敬宗曾孙术",与《北史》敬宗为辛琛(辛术父)祖相合,两者互证,似《北史》记载较为可靠。其次,检验辛德源为辛术"族子"。据《元和姓纂》,二人始同祖为辛孟兴,辛孟兴为辛术十二代祖,也为辛德源十二代祖,辛术、辛德源应为平辈,《元和姓纂》与《北史》抵牾。最后,检验辛珍之为辛德源"族叔"、辛琛"族子"。辛珍之子辛憩见于《元和姓纂》⑫,据此可推知辛珍之与辛德源始同祖为辛孟兴,辛孟兴为珍之十二代祖,辛珍之应与辛德源平辈;辛珍之与辛琛始同祖为辛子焉,子焉为珍之十代祖,为辛琛九代祖,辛珍之确为辛琛"族子"。至此可以发现,在辛子焉一系中,正史所记辛雄、辛琛、辛珍之辈分与《元

---

① 《唐代墓志汇编》,第3页。
② 《魏书》卷107上《律历志上》,第2659页。
③ 《魏书》卷11《后废帝纪》,第281页。
④ 《北齐书》卷20《宋显传》,第270页。
⑤ 《北齐书》卷20《慕容俨传》,第280页。
⑥ 《北齐书》卷14《阳州公永乐传》,第182页。
⑦ 《魏书》卷45《辛绍先传》,第1025页。
⑧ 《魏书》卷77《辛雄传》,第1698页。
⑨ 参见《元和姓纂》,第355—357页、361页。
⑩ 《魏书》卷77《辛雄传》,第1701页。
⑪ 《北史》卷50《辛雄传》,第1821页。
⑫ 参见《元和姓纂》,第356页。

和姓纂》切合,一涉及辛德源(辛绍先)家族,则《元和姓纂》比正史所本谱系皆高出一辈。需要说明的是,以上计算皆不连本身。若皆连本身,因辛纂、辛术、辛德源世系皆有笼统言几代孙者,故三支辈分关系与计连本身结果一致;而辛珍之一系代际明确,如其他三支按连本身计,则珍之便为辛琛族孙,珍之竟为辛德源子辈。如此错漏更多,故计算皆未连本身。①对于北朝繁盛的辛绍先一族,《元和姓纂》仅言"殷十代孙子馥,生德源"聊聊数字,《元和姓纂》疏漏,因此对于辛绍先(辛德源)一系与他族族属辈分应以正史记载为准。

在通过《元和姓纂》检验辛雄、辛琛、辛绍先之族属关系时,可以发现诸辛在相隔十代以上历时几百年仍能叙谱论辈,这在战乱纷仍的中古实为难得。联系三国辛毗家族迁徙后即以颍川为籍,则北朝诸辛确实极有可能作为平凉户共处同一地域。结合《姓纂》与《北史·辛雄传》,可知辛琛之祖为辛敬宗,曾祖为"辛晁"②,辛晁即前文提到的五凉时代活动在姑臧城的"秦陇之冠冕";据上表可知辛晁的子孙辛敬宗、辛树宝已相继为魏"代郡太守",由此已可判定辛敬宗(辛琛)一族应为平凉徙民。据《辛衡卿墓志》,辛琛也如其父祖一样获"代郡太守"之衔,而《北史》明言辛琛卒于征南府长史③,"代郡太守"应为赠官,平城即代郡、恒州治所,由辛琛及其父祖之"代郡太守"衔或可推测辛琛一族就定居在平城一带。虽然《姓纂》及诸史对辛雄家族谱系的记载较为简略,但笔者仍能钩沉出其为平凉户的间接证据。如辛雄从兄辛纂与秘书丞李伯尚为"同郡"旧友④;据《李伯钦墓志》,伯钦(伯尚堂兄)之母为"同郡辛氏"⑤。李伯尚、李伯钦兄弟为西凉李宝之孙,李宝于北魏平北凉后不久,太平真君五年(444)"因入朝,遂留京师"⑥,举家徙居平城,属于广义的平凉户。史文所言"同郡"固然是指李、辛二姓郡望"陇西",辛纂能与从小长在平城的李伯尚有旧,这表明辛纂(辛雄)一族也活跃在平城周边。此外,从辛雄从祖辛昙护有"并州州都"衔来看,辛雄祖父辈(与李伯尚祖父李宝类似)确实已徙居并州⑦,极有可能是徙居到晋阳一带的平凉户。⑧ 正是在北魏平凉的大背景下从河西迁徙到山西,诸辛在时间与地理上才有可能保持联络叙谱认宗,这时便更能体会《北史》将辛雄、辛琛、辛德源三支合为一编的良苦用心。

由上表来看,除辛雄等三支外,活跃在北魏帝国东部的还有数位辛氏,其中略有世系可查的是辛达、辛瑾两家,其余家世均难考证。由辛达辟恒州主簿、行桑干郡事,可判断该辛氏也极有可能为平凉户,而其他几位辛氏或多出自辛雄等三大家族,亦为平凉户后裔。

通观上表诸辛所任官职可以看出,他们迁到北魏核心区域后就开启了官僚化历程,积极融入到北魏政权。他们多为中层文治之臣,或是郡守、军府僚佐,或在朝廷任郎丞等职。辛雄位至台鼎,辛术执掌选曹,在诸辛之中实为凤毛麟角。只是到了魏末东西分立之际,才

---

① 参见尹波涛《北魏时期杨播家族建构祖先谱系过程初探——以墓志为中心》,《中国史研究》2013 年第 4 期。
② 《元和姓纂》,第 357 页。
③ 《北史》卷 50《辛雄传》,第 1821 页。
④ 《魏书》卷 77《辛雄传》,第 1698 页。
⑤ 罗新、叶炜著:《新出魏晋南北朝墓志疏证》,北京:中华书局,2005 年,第 58 页。
⑥ 《魏书》卷 39《李宝传》,第 885 页。
⑦ 参见严耕望:《魏晋南北朝地方行政制度》,第 640 页。
⑧ 前文已述及石虎时代曾徙秦州之民至并州,但考虑到这与北魏平凉相隔百年,而辛雄家族能与辛琛等叙谱认宗,故推断辛雄一支亦为平凉户。

有辛纂等个别精英担任专制一方的刺史之职。不难发现,东迁辛氏后代绝大多数从北魏过渡到了东魏北齐,继续供职于新的王朝。更为有趣的是,北魏迁洛后官僚体系南北分化问题也体现在了诸辛仕宦履历上。以辛达一支为例,辛达之子辛胥伦开始供职于怀荒镇。胥伦之子辛苌大概已沦为镇民,他"恂于乡党,自家御国",至二十八岁才"解褐奉朝请",他的从戎经历与魏末大多数军事将领无异:因元灏之乱加入尔朱荣集团,后入关陇平乱为贺拔岳幕府,最后以迎立孝武帝西迁为西魏元勋,封"真定县开国公"①。辛苌父子盘踞于代北,他们的仕宦经历迥异于南入洛阳进而官僚化文臣化的辛雄诸家,正因如此,拥有部曲的北镇将领辛苌才如高欢、宇文泰一样,成为缔造新王朝的权力精英而不是逢迎新朝的职业官僚。

作为已斩断乡土资源的平凉户,东迁诸辛这些已经充分官僚化的大族其实也会有构建家族共同体的诉求,上述诸辛努力叙谱之事便是见证。辛术为尚书时曾举荐族子辛德源②,足见认宗叙谱有时也会促进家族共同体之成长。除此之外,还可以找到另一些蛛丝马迹。如辛绍先家族墓地就在绍先始迁之地晋阳,《辛祥墓志》载辛祥卒于洛阳,"迁葬并州太原郡看山之阳"③,辛祥父辈辛凤麟也葬在"晋阳之北山"④。然而无论叙谱还是归葬故地,东迁的辛氏家族再也无法如他们的祖先在陇右那样依托地方形成有势力的大族,他们越来越随着东方政权的变化而漂泊起伏。如辛绍先之子辛穆就葬在了洛阳⑤,这是第二代平凉户被官僚化的标志。至今,在隋唐墓志中仍能发现定居在洛阳、邺城的辛氏,它们要么说祖上"后魏因宦内迁"定居洛阳⑥,要么说"远祖仕魏,遂为邺城人焉"⑦。

(二)魏末关陇辛氏的崛起

与在北魏历史上留下浓墨重彩的辛雄、辛术等人相比,关陇地区特别是陇右大本营的辛氏几乎没在《魏书》中留下任何痕迹。然而,因未充分融入东方的中央政权而不见诸史传,并不意味着关陇辛氏在地方已销声匿迹。随着北魏分裂,他们终于在西魏北周政权中崭露头脚甚至成为这些新生王朝的中流砥柱。

作为一个以中国东部为根据地的帝国,北魏对历来诸族杂居、战乱纷扰的关陇地区仍难以展开有效控制。⑧ 以秦州为例,直到孝文帝时:

> 秦人恃险,率多粗暴,或拒课输,或害长吏,自前守宰,率皆依州遥领,不入郡县。(刘)藻开示恩信,诛戮豪横,羌氏惮之,守宰于是始得居其旧所。遇车驾南伐,以藻为东道都督。秦人纷扰,诏藻还州,人情乃定。⑨

---

① 《西安碑林博物馆新藏墓志汇编》,第22页。
② 《隋书》卷58《辛德源传》,第1422页。
③ 王天麻:《北魏辛祥家族三墓志》,第82页。
④ 王天麻:《北魏辛祥家族三墓志》,第82页。
⑤ 何俊芳:《北魏辛穆墓志铭考释》,第79页。
⑥ 周绍良、赵超主编:《唐代墓志汇编续集》,上海:上海古籍出版社,2001年,第362、373页。
⑦ 《唐代墓志汇编》,第1736页。
⑧ 如侯旭东指出,北魏针对关中胡族采取了编户化和镇成制两种策略,这种刚柔相济的做法持续了很长时间。参见氏著《北魏境内胡族政策初探——从〈大代持节豳州刺史山公寺碑〉说起》,《中国社会科学》2008年第5期。
⑨ 《魏书》卷70《刘藻传》,第1550页。

在进入北魏版图后五十年中,秦州仍长期处于地方豪强控制之下。刘藻的努力更似昙花一现,之后秦州叛乱不断,直至莫折大提趁北镇之乱自立为王。① 在魏末关陇大乱的形势下,孝昌三年(527),"南秦州城民辛琛(显)自行州事"②,唐长孺先生虽指出北魏城民名隶军籍,但也认为各地城民身份也不尽相同,此处辛琛显应是以西北大族身份驻守州城,故能有夺权之号召力③。这似乎是诸正史对北魏陇右本土辛氏的最早记录。不久,诸多关陇大族很快加入到宇文泰组建的新王朝中,其中辛氏代表人物有辛威、辛彦之、辛庆之,三人正史有传。④ 现据正史、近出墓志将西魏北周政权中辛氏主要仕宦人员之信息列表如下:

表2 西魏北周辛氏主要仕宦人员表

姓名	出仕前家族居住地	仕宦信息	世系	资料出处
辛威	金城	周上柱国	大汗—生—威—永达	《周书·辛威传》《庾子山集注》⑤
辛彦之	狄道	周少宗伯,入隋	辛晏(七代祖)……世叙—灵辅—彦之—仲龛	《隋书·辛彦之传》《元和姓纂》⑥
辛仲景	长安	周内史下大夫(中书侍郎)⑦	钦(曾祖)……欢—仲景(昂族人)—衡	《周书·辛庆之传》
辛庆之	长安	西魏秘书监	巨明—显崇—庆之(元忠弟)—加陵	《周书·辛庆之传》《元和姓纂》⑧
辛术	长安	西魏留守大都督府长史	巨明⑨—虬—术(虬第二子,兄璞,弟瑜、涣、会、瑞、邕、韶)—伯儒、仲远、叔玮	《辛术墓志》⑩

---

① 《魏书》卷8《世宗纪》,第201页、209页;卷9《肃宗纪》,第236页。
② 《魏书》卷9《肃宗纪》,第247页。据《魏书》(卷75《尔朱天光传》,第1676页)记:"南秦渭城人谋害刺史辛琛显,琛显走赴天光。"二辛氏同时代,应为一人。
③ 参见唐长孺:《山居存稿》,北京:中华书局,2011年,第100—101页。
④ 《周书》卷27《辛威传》,第447—448页;《隋书》卷75《辛彦之传》,第1708—1709页;《周书》卷39《辛庆之传》,第697—700页。
⑤ (北周)庾信撰,(清)倪璠注:《庾子山集注》,北京:中华书局,第879—894页。
⑥ 《元和姓纂》,第357页。
⑦ 参见王仲荦:《北周六典》,北京:中华书局,1979年,第174页。
⑧ 《元和姓纂》,第356页。
⑨ 西安近出《辛术墓志》记其祖名"巨明",整理者以为"臣明"。(参见《新见北朝墓志集释》,第110页。)按,一般墓志"臣"字不省框内上竖笔,又墓志此字字形紧凑,不似"臣"字形。另,北朝墓志中有"巨"字多竖笔者,如《豆卢实墓志》"言归巨室","巨"字作(北京图书馆金石组编:《北京图书馆藏中国历代石刻拓本汇编》第10册,郑州:中州古籍出版社,1989年,第84页),鉴于此,笔者定辛术之祖乃"巨明"。
⑩ 《新见北朝墓志集释》,第110页。

续表

姓名	出仕前家族居住地	仕宦信息	世系	资料出处
辛韶①	长安	周硖州刺史	巨明—虬—韶—爽恺、赞世、侃诚(侃)	《辛韶墓志》②《辛侃墓志》③
辛昂	或为关东	周骠骑大将军、潼州总管、繁昌公	仲略④—昂(庆之族子)	《周书·辛庆之传》《元和姓纂》
辛瑾	长安	周大将军,入隋	灵安—景亮—瑾—公度	《辛瑾墓志》⑤
辛弁	冯翊郡	周开府仪同三司、开国侯	辛伯鸾—弁—谦	《辛谦墓志》⑥
辛宝	长安	周凤州刺史、灵武公	辛宝—兴—□—澄	《辛澄墓志》⑦《元和姓纂》⑧
辛对	长安	魏或周雍州主簿⑨	辛对—不详—荣—辉兰	《隋辛辉兰墓志》
辛韶	不详	周凉城公,隋柱国	辛遵弟	《周书·武帝纪下》《隋书·田仁恭传》
辛遵	不详	周大义公,隋柱国	辛韶兄	《隋书·田仁恭传》
辛道宪	不详	周柱国长史	不详	《周书》⑩
辛粲	不详	周河东郡丞	不详	《周书》⑪
辛超	不详	隋都督雍华秦渭,倪城郡太守	超—辛氏(裴通妻,543—615)	《裴通墓志》⑫
辛苌	恒州	西魏南秦州刺史	达—胥伦—苌	《辛苌墓志》⑬

① 西魏北周政权有二辛韶。据《周书》(卷6《武帝纪下》,第95页),建德五年伐齐时,"凉城公辛韶步骑五千守蒲津关";又据《周书》(卷35《薛慎传》,第625页),宇文泰选诸生侍读时,"慎与李璨及陇西李伯良、辛韶……并应其选"。两处辛韶一武一文,不似一人。《隋书》(卷54《田仁恭传》,第1365页)记隋文帝建国功臣有"大义公辛遵及其弟韶,并官至柱国",此辛韶似为伐齐之凉城公。据近出《辛韶墓志》,志主辛韶文质性较浓,曾"侍魏恭帝及八王讲读",卒于建德四年,故志主辛韶应与《薛慎传》"辛韶"为一人;又据《辛术墓志》称志主弟辛韶字"僧伽",不称其名,此或避当朝将军辛韶之讳,文臣辛韶仅以字行。(参见《新见北朝墓志集释》,第110页、第186页。)此外,结合正史墓志,诸辛氏颇多重名者,如《辛月相墓志》(《唐代墓志汇编》,第3页),辛月相祖辈有辛韶、辛瑾,如此似北魏也有一"辛韶",加北周两"辛韶"则"辛韶"有三;《辛瑾墓志》,辛瑾仕于周隋,而辛月相之祖辛瑾仕于北魏,则辛瑾有二;据《辛术墓志》,可知志主仕于西魏,与北齐辛术非一人,如此则"辛术"也有两人。此种现象殊为有趣,待考。
② 《新见北朝墓志集释》,第186页。
③ 《辛侃墓志》,陕西师范大学藏拓。"侃"即《辛韶墓志》之"侃诚"。
④ 据《元和姓纂》(第356页),辛昂之父为辛豁,《周书》"仲略"或其字。
⑤ 李宗俊:《隋大将军辛瑾墓志考释》,《唐史论丛》第18辑,第206页;辛瑾(字明瑾)见《隋书》卷60《于仲文传》,第1454页。
⑥ 柳秀芳:《唐〈辛谦墓志〉考略》,《碑林集刊》第12辑,第27页。
⑦ 杜海斌:《唐〈辛澄墓志铭〉考释》,《唐史论丛》第18辑,第308页。
⑧ 《元和姓纂》,第358页。据《辛澄墓志》,辛澄"曾祖宝""祖兴",不言辛澄之父;而《姓纂》,"阐元孙宝刚,生兴、鼍。兴生澄、良"。按,《辛澄墓志》之"曾祖宝"应即《姓纂》之"宝刚",墓志较《姓纂》应更为准确,故此处从《辛澄墓志》。
⑨ 据《隋辛辉兰墓志》,志主卒于开皇二年,故判断其曾祖及父应活跃于西魏北周时代。
⑩ 《周书》卷31《韦孝宽传》,第539页。
⑪ 《周书》卷45《乐逊传》,第814页。
⑫ 陕西师范大学新藏墓志拓片。
⑬ 《西安碑林博物馆新藏墓志汇编》,第22页。

这里要指出,表2未像表1那样将关陇辛氏所有仕宦人员列入表中,而是仅列入诸家辛氏最有代表性者。从纵向发展来看,关陇土著辛氏从北魏的"默默无闻"至西魏北周出现井喷,人才济济。从横向比较来看,以中央台省长贰、将军开府、地方刺史为标准,东迁诸辛只有辛雄、辛术、辛纂、辛珍之(行刺史)四人,其中除辛雄供职于北魏,其余三人达仕宦顶峰皆在东魏北齐之时,这足见东迁辛氏仕宦发展之缓慢。① 而在西魏北周短短四十年内辛氏出将入相的有辛威、辛彦之、辛庆之、辛韶、辛昂、辛仲景、辛瑾、辛弁、辛宝、辛袭、辛韶(遵弟)、辛遵十二位,其中辛威为北周仅次于宗王之重臣,辛彦之、辛遵辛韶兄弟更是历仕周隋,为两朝显宦。

与《魏书》的忽视相对,入魏以后不少辛氏家族可能一直以地方大族身份,在中央控制薄弱的关陇地区发挥着重要作用。下面对表2中诸辛出仕前家族居住地及其家族成员仕宦信息再略作补充说明,以发现关陇诸辛浓厚之地方性。辛威、辛彦之可确定为陇右土著。辛威"祖大汗,魏渭州刺史。父生,河州四面大都督"②,威死后归葬"河州金城郡之苑川乡"③,由其父祖之官可判断辛威出自金城豪族,魏末他们在洮渭地方握有实权。辛彦之"祖世叙,魏凉州刺史。父灵辅,周渭州刺史。……与天水牛弘同志好学。后入关,遂家京兆"④,彦之亦出自陇右土著大族,所谓"入关"盖指越陇山之关;据《元和姓纂》,辛彦之乃辛晏七代孙,辛晏即前凉降前赵之枹罕护军,此见辛晏虽投靠长安政权,但仍世代族居于陇右。与辛晏一支固守陇右相对,陇右之辛氏在十六国时期已陆续有东迁至关中者,至魏末分裂之际,他们又以关中大族的身份参加到西魏北周政权中。如后赵辛钦一支定居长安后,其曾孙辛欢为"魏陇州刺史、宋阳公"⑤,此"魏"应为西魏;其玄孙辛仲景则官至北周内史下大夫。

长安一带除辛钦后裔较为显赫,辛巨明一支亦是关中世家大族。《元和姓纂》记辛巨明为"后魏侍中"⑥,《辛术墓志》记巨明为"司州大中正、宁远将军、陇西太守"⑦,"侍中"应为赠官。辛巨明有二子,一为辛显崇,一为辛虬。据《周书·辛庆之传》,显崇官至冯翊郡守,赠雍州刺史;据《辛术墓志》,辛虬官至相州刺史。从此父子三人宦迹仅能发现该家族与关陇地区有某些联系,确定他们族居长安还是得益于西安近出辛璞、辛术、辛韶、辛侃等辛虬子孙墓志。据四人墓志,其家族墓地在长安东南乐游原附近。《辛璞墓志》有"归葬于乐游之南,石赵郡府君之旧域中"⑧,志文"石赵郡府君"表明此支辛氏在石赵时已徙居长安⑨;《辛术墓志》载辛术为雍州刺史元苌"辟为中正"⑩,此更是辛术为长安土著之明证;至

---

① 甚至有人指出东迁辛氏在官僚化过程中政治地位在逐渐下降,参见周伟明:《论北魏平凉户》,第26页。
② 《周书》卷27《辛威传》,第447页。
③ 《庾子山集注》,第889页。
④ 《隋书》卷75《辛彦之传》,第1708页。
⑤ 《周书》卷39《辛庆之传》,第700页。
⑥ 《元和姓纂》,第356页。
⑦ 《新见北朝墓志集释》,第110页。
⑧ 陕西师范大学藏拓。
⑨ 此支辛氏与上文提及的石赵时因官宦定居雍州的辛钦一族经历类似,不知有无族属关系。
⑩ 《新见北朝墓志集释》,第110页。

辛璞、辛术子侄辛侃,其墓志不再言陇西狄道郡望,直言"京兆大兴人也"①。据《元和姓纂》,辛显崇二子是辛元忠和辛庆之,元忠官至"青州刺史、平阳伯;生迪,隋陇州刺史"②,元忠长于庆之,其官爵或属北魏或为赠官。辛庆之"少以文学征诣洛阳,对策第一,除秘书郎",可惜辛庆之时逢魏末丧乱,未能融入洛阳集团就随贺拔岳返回关中,终以宇文泰僚佐至西魏秘书监③。与辛显崇相比,辛虬子孙枝繁叶茂。辛虬八子,其中长子辛璞为北魏末年西讨大行台长史、冯翊太守获赠华州刺史、次子辛术死后获赠西魏东雍州刺史、三子辛瑜为散骑侍郎、四子辛涣任本州主簿、六子辛瑞为银青光禄大夫、七子辛邕为金紫光禄大夫、八子辛韶官至硖州刺史;辛术二子一为"治洋州刺史",一为"秦州刺史"④。长安辛巨明家族为西魏北周所重,可谓家无余"才"。另据《周书·辛庆之传》,北周官至一方总管的辛昂为辛庆之"族子",此似可推论辛昂家族也居于长安。但正如笔者上文所说,所谓"族子"、"族叔"并不意味着二族共居。据《元和姓纂》,辛昂与辛悫乃同一高祖辛宗⑤,据表1可知辛悫家在关东,其父辛珍之与辛德源叙谱,而辛昂与辛庆之则共祖辛颜(昂之六代祖、庆之五代祖),论亲缘关系辛昂与关东辛悫更为紧密。史载辛昂起家侯景行台郎中,"景后来附,昂遂入朝"⑥,此表明辛昂家族确实应在关东,辛昂是后来入关降于西魏。辛昂家族迁转的复杂性可能还不止于此。辛昂既与关东的辛珍之(昂之族父辈)家族最具血缘关系,又能与长安辛庆之(昂之族父)叙谱,考虑到表1中辛珍之、辛悫父子与其他关东辛氏家族联系不紧,"珍之"与"庆之"似叙谱而名,且辛庆之一家自后赵便定居长安,则辛珍之父子与辛昂或皆出自长安辛巨明家族,只是因仕宦迁才迁居关东,而辛昂终因魏末纷乱又回到关中祖籍之地,因此能与长安辛庆之叙谱认宗。

此外,若以归葬地定家族居住地,则关中辛氏还有辛瑾、辛弁、辛宝三家。据《辛瑾墓志》,其家族墓地在"长安县合交乡高阳原",辛瑾祖辛灵安获赠"秦州刺史",瑾父辛景亮则官至仪同三司(疑为西魏官),爵为"云阳县开国子","威震边夷,誉勋簪绂",辛瑾起家为周孝闵帝直寝,继而为冯翊郡功曹⑦。从祖孙三代官爵,亦可判断辛瑾家族居于关中。据《辛谦墓志》,辛谦家在高陵县(北周冯翊郡高陆县),其父辛弁先为西魏大将军府长史,后被赐姓宇文,一度为东部边境勋、绛、建三州刺史,显系宇文泰笼络之关中大族。据《辛澄墓志》,辛澄葬于在京兆"洪源乡之旧茔",澄曾祖辛宝为周凤州刺史、祖辛兴曾任鄠县令⑧,结合家族墓地与曾祖、祖父职官,亦可大致判定辛澄一族世居长安。与以上较为显达的三家辛氏相比,辛对一家多为雍州属吏,辛对为雍州主簿,其孙辛荣为雍州治中,其地方大族色彩依然鲜明。⑨此外,曾为周隋立下汗马功劳的辛遵、辛韶两兄弟,以及辛道宪、辛粲、辛超

---

① 参见《辛侃墓志》。
② 《元和姓纂》,第 356 页。
③ 《周书》卷 39《辛庆之传》,第 697—698 页。
④ 参见《新见北朝墓志集释》,第 110—111 页;《辛璞墓志》。
⑤ 《元和姓纂》,第 356 页。
⑥ 《周书》卷 39《辛庆之传》,第 698 页。
⑦ 李宗俊:《隋大将军辛瑾墓志考释》,《唐史论丛》第 18 辑,第 206—207 页。
⑧ 杜海斌:《唐〈辛澄墓志铭〉志考释》,第 308—309 页。
⑨ "辛对"还见于北周《辛洪略造像记》,或与"隋辛辉兰墓志""辛对"为一人,该记为关中辛氏家族造像,所造为释迦像,可聊补地方辛氏之信仰情况。参见韩理洲《全北齐北周文补遗》北周部分,西安:三秦出版社,2008 年,第 95 页。

等人也极有可能为关陇土著辛氏,甚至可能与辛威等人有一定族缘。

总的来看,以上诸辛无论有无谱系可叙,有无籍贯可属,他们都有一个共同点,即:无论来自何处,他们都在西魏北周政治中发挥了实际作用并获得高官厚禄,比如从北镇辗转到达长安的辛荟。这里应注意的是,关陇诸辛大都不是被成熟强大的王朝卷入官僚化,而是以地方精英身份与北镇势力及西迁魏帝势力等共同缔造新的王朝。① 西魏北周建国的政治联盟特点极为鲜明,宇文泰作为联盟领袖,为了最快最有效地组建新王朝,对关陇及其周边的地方大族,他给予了极为宽厚的政治条件,比如刺史、郡守本土化②,赐免死铁券等③。以令狐整、休兄弟为例:

> 时诸功臣多为本州刺史,晋公护谓整曰:"以公勋望,应得本州,但朝廷藉公委任,无容远出。然公门之内,须有衣锦之荣。"乃以休为燉煌郡守。④

西魏北周建国之时国力弱小,为尽可能扩大王朝版图,积极吸纳地方资源以与东魏北齐抗争,它充分保障地方大族的政治利益,以便实现对地方的管控。北周留令狐整于长安可视作是中央王朝使地方大族精英实现(中央)官僚化,朝廷便因此剥夺了令狐整对家乡瓜州的控制权,为此中央付出的代价是将一郡之权再交给令狐家族。一部分家人留京侍奉天子,另一部分家人掌控家乡政治,这极似周代诸侯既为天子卿士又为一国之君的政治模式,足以称得上是一种类封建制的权力组织形式。

令狐家族握有的州权降为郡权,这表明新兴的宇文氏早已着手削弱西北地区大族的根基。随着北周中后期皇室不断加强中央集权⑤,至隋代统一关陇大族地位也相对下降⑥,西北辛氏也迅速淹没在了宦海沉浮中。如兴盛一时的长安辛巨明家族,辛韶之子辛侃在隋代仅官至宗正寺丞⑦;据《元和姓纂》,辛彦之、辛庆之等后代在唐代多为中层官僚,辛氏(包括关东辛氏)后代为相者仅一人即辛昂从孙辛茂将⑧。而对堪称北周辛氏第一精英的辛威,《姓纂》仅载"孙弘亮,右武卫大将军。堂弟有道,秘书郎"⑨,其后代仕宦仅两人,辛威一支甚至已不见于《新唐书·宰相世系表》。

最后,结合正史、《元和姓纂》与墓志,还可以发现北魏东迁诸辛与关陇诸辛的谱系详略不一。充分官僚化且失去地域性的东迁诸辛,其族属关系非常明确,谱系也较为详细。

---

① 参见吕春盛《关陇集团的权力结构演变》,台北:稻乡出版社,2002年,第29—42页。
② 比如关中王罴、韦孝宽、陇上李贤兄弟、陇西辛威等皆为本州刺史,参见钟盛:《西魏北周"作牧本州"考析》,《魏晋南北朝隋唐史资料》第25辑,第85—104页。
③ 《周书》卷30《李穆传》,第527页;卷44《杨乾运传》,第794页;卷44《任果传》,第799页。参见王雪玲:《铁券制度考略》,《中国典籍与文化》2003年第1期。
④ 《周书》卷36《令狐整传》,第644页。
⑤ 参见吕春盛《关陇集团的权力结构演变——西魏北周政治史研究》,第220—222、259页。
⑥ 参见黄永年《六至九世纪中国政治史》,上海:上海书店出版社,2004年,第66页;史睿:《北周、隋、唐初的士族政策与政治秩序的变迁》,《首都师范大学学报》(社会科学版)1998年第3期,第45页。
⑦ 参见《辛侃墓志》。
⑧ 《新唐书》卷73上《宰相世系表三上》,第2883页。
⑨ 《元和姓纂》,第361页。

从某种程度上说,《元和姓纂》所载辛氏谱系主要就是作为平凉户的河西辛氏诸家的族谱。而作为坚实的地方大族,拥有政治实力的关陇诸辛似乎并不注重家族之间的叙谱认宗。这或许暗示,对于"地方大族"这一概念而言,聚族而居并在地方具有政治影响力才是关键因素,纸帛上的叙谱认宗并不那么重要,有时它可能只是一种滞后的文化回忆而已。

结　语

社会学家吉登斯(Anthony Giddens)指出,在向现代社会过渡时需要让社会关系从地域性关联中脱离出来(即脱域)[①],正是鉴于传统社会对地理环境之依赖,社会学才将"脱域"视为现代性之重要议题。相比之下,虽然不少关于古代大族的史学研究都注意到了地域对家族发展的影响,但地域何以如此重要,这仍值得去论证。通过对陇西辛氏长达七百年的个案分析,可以深刻了解到:地方大族作为政治小共同体,其核心是家族与地方政治之结合,相对于作为变量的具有文才或武略的家族成员,地域性作为一种客观存在,它是地方大族天然的更具长久意义的政治资本。随着历史的发展,大族诸家散布各地也会形成新的地方大族。比如辛氏就从陇右地区逐渐向河西、关中发展,北魏平凉户辛氏其实是以河西大族身份徙往东方,北魏末年关中辛氏更是与陇右土著辛氏同时以地方大族身份进入西魏北周政权。

周秦之变后,作为周代政治组织内涵的血缘宗族虽远离了庙堂,但却浸入了民间社会。自此,大姓大族与地方政治自然融合这种具有原初意义的权力元素,便成为秦汉式中央集权制度的治理对象。然而,逻辑上的对立并不意味着两千年以来地方大族与各色王朝的政治关系总是此消彼长。在历史现实中,地方大族的兴衰对内依赖于自身成员的素质,有着诸多的或然性;同时每个王朝也有其萌芽、发展、成熟的曲折历程。正是这些具体历史情景的复杂性让地方大族与王朝政治有了博弈与合作的空间,于是地方大族这一本处于弱势的政治小共同体得以不断地涌现并留名史册。就本文关注的陇西辛氏来说,自汉代至隋,它大致崛起了三次。第一次是在西汉前期,在长安政权着力西拓疆土的大背景下,陇西辛氏因擅长武力初次登上历史舞台。第二次是在十六国时期,这一时期中国北方长期分裂,诸地方王朝因扩张本性而激烈竞争,此时辛氏在河西陇右及关中政权中扮演了重要角色,特别是在河西凉州,辛氏几乎是地方王朝不可或缺的盟友。第三次是西魏北周时期,北魏的东西分裂再次给地方大族加盟地方政权提供了机会,此时关陇诸辛成为构建西魏北周的权力精英。可以发现,辛氏的这三次崛起无一不是在新王朝的扩张时期。在这种时期,新王朝的版图还未定型,它们对外扩张的兴趣往往超过对内控制的兴趣,它们与权力范围内(或权力边缘)的地方大族的矛盾暂时位居次要;同时由于旧王朝的衰落或者其他历史原因,这时的地方大族往往已获得了较强的政治主体性,这就要求新生王朝应对之采取权宜之策甚至要与之结为权力联盟。此外,从十六国政权中辛氏因素自西向东递减现象以及北朝辛氏的

---

① 参见吉登斯《现代性的后果》,南京:译林出版社,2000年,第18页。

东西分化,可以看出:地域性既是地方大族的灵魂,更是地方大族与扩张王朝博弈的砝码。

从国家—社会对立视角研究中古大族是近年来的常见思路。笔者以为,社会与政治对立的现象主要是伴随着西方近代国家的产生而出现,因此国家—社会对立视角更适合观察近代或向近代转型的国家与社会。① 当然,以此视角审视中国古代社会本无可厚非,但它极易让人忽视古代中国强有力的皇权专制体制而过分强调所谓的与皇权对立的社会元素。这方面的典型例证便是学界对"士族"概念过于宽泛的理解与应用,如余英时说"士与宗族的结合,便产生了中国历史上著名的'士族'"②,可照此逻辑,古代士人几乎无不与宗族有紧密联系,难道可以说明清也有"士族"乎?宽泛的"士族"概念还带来另一种认识倾向,即研究者多注意到"士族""世家大族""豪强"的类同却难以辨析其异。于是"士族"这个本属于中古史研究的概念工具,往往不仅没有发挥辨明历史的作用,在某种程度上反而让历史变得更加含混。问题的症结就是研究者未用"主体性"去限定"士族"而先验地将其视作能与皇权角力的元素,于是在士族与皇权关系中,无论进退得失,似乎都无损于其"士族"身份。笔者以为无论是"士族",还是"地方大族"、"豪族",它们之所以作为一种历史角色而存在,乃是因为它们在与专制皇权的权力关系中都葆有一定的能动性即主体性,它们有所区别乃是因为它们与皇权的权力关系有所不同。作为已充分官僚化的士族,他们对以皇权为核心的王朝大共同体的依赖,要远远大于那些毫无官职或世仕州郡的地方大族(豪族),虽然从经验角度讲官僚大族(士族)与地方大族(豪族)往往会发展出很多交集。正是这一差别让地方大族拥有更强的政治主体性,他们的政治选择更多,作为一种政治博弈角色,其对政治的影响也往往不亚于那些囿于中央的士族官僚。

在汉隋数百年间,西北各地辛氏家族正是因为时常葆有地方大族的政治主体性,他们才能在王朝扩张时期特别是十六国北朝时期积极主动地参与新王朝建设,他们的政治实力与所获官爵也绝不亚于当时东方任何一个世家大族。同时,反观北魏后期东迁辛氏家族的官僚化,特别是其家族成员建树远不及关陇同姓,这告诫研究者不能想当然地认为官僚化、士族化就是地方大族或者豪族的发展方向。即便在历史经验中地方大族往往或被动或主动地实现官僚化、士族化,我们也应当在他们与集权王朝的权力关系中去理解这些现象,而不是笼统地将其视为地方大族的内在属性。

随着大一统王朝的恢复与稳定,以皇权为中心的王朝大共同体不能再容忍其他小共同体,地方大族也凸显为皇帝对内专制的主要对象,陇西辛氏在西汉的官僚化、徙陵与族诛便说明了这一点。徙居河西、关中的辛氏,他们崛起后的命运与西汉陇西辛氏类似,要么是被东方政权强制移民,要么是消解在王朝庞大的官僚体系之中。可以说,陇西辛氏在汉隋七百年间如昙花一现般的三起三落,验证了王朝大共同体与家族小共同体这一结构性矛盾,也验证了中国古代专制政治的循环性,其中既有中央集权的残酷性,也有古代宗族的韧性与妥协性。

作者简介:牛敬飞,陕西师范大学历史文化学院副教授。

---

① 参见许倬云:《中国古代社会与国家之关系的变动》,《许倬云自选集》,济南:山东教育出版社,2009 年,第 81—112 页。
② 余英时:《士与中国文化》,第 195 页。

金元交替华北地方家族及其在元代的发展

——以河南巩县张氏家族为例*

于 磊

【摘 要】 本文着眼于金元交替之际地方家族及其在元代的动向,以河南巩县张氏家族为个案,以期勾画出元朝统治稳定后,地方家族的发展轨迹。巩县张氏原居山西解州,后徙河南巩县。蒙古灭金征服河南后,同蒙古政权合作,初步成长为地方上的"军功家族"。同时,在地方社会中,该家族的儒学传统不绝,并以此维护地方秩序。至元代中后期,该家族成员由吏入仕的成员辈出,成功转型为"仕宦家族"。这其中,嵩洛书院的创设便是值得特书的事件。同宋、金时代的科举社会不同,巩县张氏家族积极利用其自身的人脉等资源优势,在仕进多歧化的条件下,有意识地实现了由"军功家族"向"仕宦家族"的成功转型。

【关键词】 河南巩县张氏;儒学传统;由吏而官;仕宦家族

近年来,有关元代家族①的研究引起了越来越多的关注。② 其研究多将元代视作宋、明之间的过渡期,以此考察宋、明家族发展的连续性以及某些相异的特征③,或将"宋元明过渡期"④视为一个总进程,将元代视作其中的一个环节。但总体看来,其研究成果所呈现出

---

* 基金项目:本文系 2015 年度国家社科基金青年项目"元代江南知识人群体的社会史研究"(项目批准号:15CZS024)研究成果。

① 近年,在家族史研究中,关于"家庭""家族""宗族"等概念的使用,国内外学界一直存在诸多分歧。本文考虑到所处理的金元时期具体史实同时兼顾累世同居共财、祠堂、族谱的编纂以及士人与地方社会的关系等因素,仍使用"家族"来指代当时通过累世共居而形成的大的"家庭"单位。关于这三者之间概念上的区分等相关学术史的整理参见[日]远藤隆俊:《家族宗族史研究》,[日]远藤隆俊、平田茂树、浅见洋二编:《日本宋史研究的现状与课题—1980 年代以降を中心に一》,汲古书院,2010 年。同时关于宋代以后宗族形成相关的族谱编修,祠堂、墓地祭祀等问题并参见常建华:《宋以后宗族形态的形成及地域比较》,人民出版社,2013 年。

② 关于元代江南士人以及家族相关问题的研究动向,参见拙文:《元代江南社会研究的现状与展望—元代江南知识人を中心に一》(《九州大学东洋史论集》40,2012 年)及《元代徽州家族与地方社会秩序的构建》(《中国史研究》待刊)。

③ 参见在"中国宋明时代的宗族"学术研讨会(2003 年 8 月 9 日 - 10 日,于日本高知县)基础上结集而成的《宋 - 明宗族の研究》([日]井上彻、远藤隆俊编,汲古书院,2005 年)。特别是其中分别由远藤隆俊和井上彻所执笔的概说部分《总论—宋元の部》和《总论—元明の部》。

④ "宋元明过渡期"的提法源自 1997 年 6 月于美国加州大学洛杉矶分校召开的 The Song – Yuan – Ming Transition:A Turning Point of Chinese History 国际会议,而后由[美]PaulJakov Smith(史乐民)和[美]Richardvon Glahn(万志英)编辑成 *The Song – Yuan – Ming Transition in Chinese History*,Cambridge:Harvard University Asia Center,2003。另参见[日]中岛乐章:《宋元明移行期论をめぐって》,《中国—社会と文化》20,2005 年。

的面貌特征则较为含糊。由此可见,以元代为本位、对某一家族演变的全过程进行动态考察乃是研究的薄弱环节所在①,特别是元朝(大蒙古国,Yeke Mongol Ulus)同地方家族间的联动关系更没有引起应有的关注。本文即着眼于金元交替之际地方家族及其在元代的动向问题,以河南巩县张氏家族为个案,对上述研究的薄弱环节进行初步响应,进而勾画出元朝统治稳定后,地方家族的发展轨迹。

同本文问题意识相近,饭山知保亦曾以山西定襄县稷山段氏为例,考察了汾河下游地区金元之际知识阶层的动向问题②。但本文对于金元之际地方家族动向的分析更为侧重于元代中后期的变化及其家族的转型,与之相异。

本文所利用资料主要是张氏家族现存碑刻,即所谓"张氏三碑"("张恩神道碑"、"张思忠神道碑"、"张思忠墓碑")以及地方志资料。"张氏三碑"的录文见于《民国巩县志》(民国二十六年泾川图书馆刻本),本文则据"中研院"历史语言研究所傅斯年图书馆藏拓片③做进一步细致研究。

一 "张氏三碑"及巩县张氏家族

"张氏三碑"是研究元代巩县张氏的基本资料,至今仍存,各类文献皆有著录。现分类整理如下表一"元代'张氏三碑'"。

表一:元代"张氏三碑"

	大元故巩县尹赠嘉议大夫礼部尚书轻车都尉追封清河郡侯张公神道碑(略称"张恩神道碑")	元故赠中奉大夫河南江北等处行中书省参知政事护军追封清河郡公张公神道碑铭(略称"张思忠神道碑")	元赠清河郡公张思忠碑④(略称"张思忠墓碑")
撰文者	曹元用	欧阳玄	宋本
书写者	张珪	嶢嶢	吴炳
篆额者	郭贯	张起严	泰不华
立石者	张毅		张毅
立石年代	致和元年	至元六年	至元三年

---

① [日]中岛乐章:《元朝统治と宗族形成—东南山间部の坟墓问题をめぐって—》,[日]井上彻、远藤隆俊编:《宋-明宗族の研究》,汲古书院,2005年,第315—320页。其中对元代家族史研究视角以及相关方法论问题进行了较为全面的讨论。

② [日]饭山知保:《稷山段氏の金元代—11-14世纪の山西汾水下流域における"士人层"の存续と变质について—》,《宋代史研究会研究报告第9集宋代中国の相对化》,汲古书院,2009年,后收入氏著:《金元时代の华北社会と科举制度—もう一つの"士人层"》,早稻田大学出版部,2011年。

③ 感谢台湾赵琦博士提供拓片影印件,谨致谢意。

④ 该墓碑碑题不明,"中研院"傅斯年图书馆藏拓片中亦未见。此处姑以《民国巩县志》所定为据。

续表

原碑形制（据《民国巩县志》，民国二十六年泾川图书馆刻本）	碑高五尺二寸 宽三尺三寸八分 厚八寸额高二尺八寸	碑高九尺 宽三尺五寸 厚一尺零一分	碑高六尺六寸八分宽三尺七寸五分 厚一尺一寸
原碑	原在巩义市站街镇大黄冶村西岭,后移至巩义市文物管理所。	现藏河南省博物院石刻馆	原在巩义市站街镇大黄冶村西岭,后移至巩义市文物管理所。
拓片	"中研院"历史语言研究所傅斯年图书馆藏碑拓	"中研院"历史语言研究所傅斯年图书馆藏碑拓	"中研院"历史语言研究所傅斯年图书馆藏碑拓
著录	《民国巩县志》卷十八《金石三》,民国二十六年泾川图书馆刻本	《民国巩县志》卷十八《金石三》,民国二十六年泾川图书馆刻本	《民国巩县志》卷十八《金石三》,民国二十六年泾川图书馆刻本
影印/介绍		《洛阳名碑集释》,朝华出版社,2003年 《邙洛碑志三百种》中华书局,2004年 吴茂林、冷涛《元康里巎巎书〈张思忠神道碑〉》,《文物》1990年第8期	

由该表可知,现存巩县张氏家族三碑,实际上主要反映的是该家族迁居河南巩县后张恩和张思忠二人的情况。三碑之所以最终得以立石,缘由则在于其后人张毅官至江浙行省参知政事,追赠其祖先所致。故不论是撰文者、书写者还是书丹者,皆为当时一时之选。这也是三碑为各类地方志书、金石著作等文献所重视并留存至今的重要原因,特别是"张思忠神道碑",其书写者为元代著名书家康里人巎巎,作为重要的书法作品,历来受到特别的重视。下文即据此"三碑"追踪巩县张氏在元代发展的历史脉络。

巩县张氏祖居山西解州,至张恩之父时,为解州盐官。"张思忠神道碑"载"清河公(张思忠)姓张氏,其先解人也,今家河南巩县。"并未明言其人。而"张恩神道碑"和"张思忠墓碑"则分别提供了稍具体的信息:"考(张恩之父)于金季尝司解醯,今逸其名。""(张思忠)大父,金时为解之盐官。"但仍难以追索得更为详尽。张恩之父所任之解州盐官,笔者查阅(嘉靖)《解州志》(嘉靖四年吕楠纂,康熙四年乔庭桂续纂,上海图书馆藏)、(康熙)《解州志》(陈士性修、马淑援纂,康熙十二年刻本,中国国家图书馆藏)及其后各时期的方志,《河东盐政汇纂》(苏昌臣撰,康熙二十七年刊本)、《敕修河东盐法志》(朱一凤等纂辑,雍正五年刊本)等各类解州盐政专志资料[1],皆未见关于张恩之父的具体记载。而金代河东盐业的管理机构设置又有解盐使司、管勾、巡捕使等[2],再结合立石于元代中后期的"张氏三碑"对其祖先的分别叙述来看,张恩之父当为解州盐池的低层官职,否则亦不至于"逸其名"。

---

[1] 相关研究、介绍参见柴继光:《关于运城盐池的著述考略》,氏著《运城盐池研究》,太原:山西人民出版社,2004年,第220—229页。

[2] 参见李三谋、王贵洪:《金代的解盐经济》,《盐业史研究》2010年第1期,第5—6页。并见瞿大风:《有元一代的解州盐业》,《暨南史学》第4辑,2005年。

关于该族在元代的发展世系,请参见文后附录"元代河南巩县张氏家族世系图"。

此外,关于张恩之父同蒙古政权间的关联,目前仍难觅踪迹。解州地区自成吉思汗(Činggis Qan)时代即已受到蒙古军队征讨。① 特别是金朝贞祐南迁之前,山西地区更成为蒙古政权同金朝的屡屡争夺之地。作为河东盐利重地的解州,在其后已基本为蒙古政权所有,对金朝的军政也产生了较大威胁。② 尽管此后仍战事不绝,但整体已趋平稳。故"太宗庚寅年,始立平阳府征收课税所,从实办课,每盐四十斤,得银一两。癸巳年,拨新降户一千,命盐使姚行简等修理盐池损坏处所。"③同时,山西地区多为成吉思汗诸子封地,解州一般认为是封于末子拖雷(Tolui),但窝阔台汗(Ögödei Qan)即位后,其赋税多归于大汗。④ 故金元交替之际解州地区形势较为复杂,既有蒙金的争夺,同时还交织蒙古诸王的势力。综合后文关于张恩的记述来看,张恩之父当在蒙古政权稳定接管解州地区前即已解任或去世,同蒙古政权当无直接关联,否则元代中后期在追溯其祖先事迹,不可如此省略。

二 金元交替与巩县张氏

张氏家族同蒙元政权的结合始自张恩。"张恩神道碑"载:

(张恩)生于承安二年(1197),仕至嵩州安抚使,豪猾惮服,州境为清,以直言忤时贵退处乡里。天兵定河南,主帅闻其名,俾仍故职,辞不获,乃起视事。嵩人稍稍来归,改尹巩县。剪榛棘以立县治,抚摩雕瘵,政简役均,遂益以富庶。使者旁午,驿舍或不能供亿,则罄家赀为具以进。民有讼者,辄谕之曰,尔不孝弟力田,乃哗竞若是耶,其人多惭沮而退。传相告戒,弗敢易以速讼。或不得已而刑,人则对之泣下,人目为张佛。以年四月十九日殁,享年七十有八。以至大元年二月望祔葬巩县南青龙山北,先茔之次。后以孙毅贵,赠嘉议大夫,礼部尚书,轻车都尉,追封清河郡侯。

"张思忠神道碑"和"张思忠墓碑"对此亦有相似记载,但较简略。该神道碑叙其官历首自嵩州安抚使,其前所任皆不明。但亦如"张思忠神道碑"中所言自此"张氏宦业在嵩州矣"。亦即,张氏家族于河南之兴则始自张恩仕任嵩州安抚使。

蒙古政权确立在河南的统治后,则就地起用旧政权官员来安抚地方。这一做法,在蒙元政权的历次战争中屡屡使用,特别是征服南宋之际,更为常见。⑤ 张恩作为主政嵩州地方

---

① 《元史》卷151《杜丰传》载:"从国王按察儿攻平阳,先登。克绛州、解州诸堡,招集流民三万余家。"
② 刘泽民等主编:《山西通史卷4 宋辽金元卷》第七章《蒙元山西统治的建立》,太原:山西人民出版社,2001年,第237—238页。
③ 《元史》卷94《食货二》"盐法"条。
④ 邱轶皓:《元宪宗朝前后四兀鲁思分封及其动向》,《"中研院"历史语言研究所集刊》第八十二本第一分,2011年3月,第92页。
⑤ 从蒙元政权地方官任命角度的整体研究参见[日]植松正:《元代江南的地方官任用について》,《法制史研究》第38号,2009年,后收入氏著:《元代江南政治社会史研究》,汲古书院,1997年。

军民事务的安抚使,在蒙古军队于窝阔台汗时期灭亡金朝、平定河南之际为蒙古政权所起用,也是具体例证之一。尽管从记载来看,张恩同蒙古政权的合作略显牵强,"辞不获",不得已而为之,其后改任巩县尹。但作为王朝交替之际知识人阶层的正常反应予以理解的同时,也侧面反映出了他同蒙古政权积极合作的态度。① 毫无疑问,张恩的这种选择也对其家族在元代的发展奠定了重要基础。具体表现即在于其诸子在金元之际几乎趋于一致的选择。这一地方家族成长的模式,在元代极常见,也颇为典型。下文即对其诸子的情况分别论述。

首先来看张思敬。"张恩神道碑"载:

> 思敬初袭尹巩,改莅鄢陵、沁水、洛阳、大名、邹平凡六县,升江陵总管府判官,知均州、知醴陵州、同知扬州路总管府事,皆以善治显大名。岁饥辄发廪以赈,谓同列曰,救饥如解倒悬,若需郡报,则道其殣矣。苟以专擅获戾,吾其独坐。先是江陵水涨则漂没,濒江庐舍乃急筑防,防完而水大至,民免于昏垫。均州壤瘠民寠,谆切劝之耕耨,遂为乐土。醴陵俗健讼诬讦人罪,率以贫富为胜负。乃先屏豪横而后理其馀,其为政大率多类此。享年八十一。

很明显,张思敬承袭了其父张恩的巩县尹,后又历任鄢陵、沁水、洛阳、大名、邹平六县,升江陵总管府判官,知均州,知醴陵州,而后任扬州路总管府同知,从四品。作为归附蒙元政权,一生于地方官任上迁转的汉族官僚,"张思忠神道碑"中称其"所至称良吏"颇具声名。但其仕宦生涯几或即止于同知扬州路总管府事之职。

其次来看张思信。"张恩神道碑"载:

> 思信始以百夫长从攻蜀,攻钓鱼山,冒矢石陷阵,授忠翊校尉,管军总把。攻襄阳,擐甲先登,坠而复上者三。矢贯甲中股,竟执俘以还。迁昭信校尉,佩金符,管军上千户。行师不妄杀,得赏赐以分族。江南平,屯田洪泽二十泽,以寿终。娶杨氏,生诩,嗣职。

由此,张思信一生从身行伍,其事迹记载始于以百夫长身份从攻四川合州②,参与钓鱼山之战授正七品忠翊校尉。众所周知,作为蒙哥汗(Möngke Qan)时期攻伐南宋的重要战争,钓鱼山之战极具象征意义。而张思信于宪宗蒙哥时期即已在军中崭露头角,故其最初从军时期当远早于此,应该在蒙哥汗之前。脱列哥纳(Toregene)当政期及贵由汗时期皆无

---

① 据饭山知保对金元之际山西定襄县地方知识人动向的研究,亦大致如此。参见[日]饭山知保:《蒙元支配与晋北地区地方精英层的变动——以山西忻州定襄县的事例为中心》,《元史论丛》,第10辑,2005年,后收入氏著《金元时代的华北社会与科举制度—もう一つの"士人层"》,早稻田大学出版部,2011年。笔者亦曾对蒙元政权灭宋过程中徽州地方知识人阶层的动向做过考察,其中元代徽州著名理学家郑玉之祖父郑安,也与此相似。参见笔者前揭《元代徽州家族与地方社会秩序的构建》一文。此外,关于江西地方的南宋旧官员同蒙元政权合作的情况,可参见周鑫:《出处进退必有道:宋元之际的江西抚州儒士》,《元史论丛》第10辑,2005年。

② "张思忠神道碑"载:"(张思信)以百夫长从征合州、襄阳,以功拜管军总把,迁上千户,佩金符,屯洪泽田以老。"

大战事,而窝阔台汗时代曾以其子阔端南征南宋。同时结合张恩归附蒙古政权也大致在窝阔台汗时代,并参照下文张思信洪泽屯田的论述推算,他有可能在其祖父归附蒙古政权不久即已从军。

其后,他又参加忽必烈时代征伐南宋的襄阳之战,以军功升至正六品昭信校尉。而忽必烈(Qubilai)在平定南宋之后,作为处置军队的重要措置,于各地驻军屯田即是其中之一。忽必烈时代的屯田自攻宋之初作为筹措军粮的手段,既已在南阳设屯田总管府。① 南宋降伏后,又分别于河南江北行省设置德安等处军民屯田总管府、芍陂屯田万户府及洪泽屯田万户府等各地屯田所,以江淮新附军为之。在回复当地生产的同时,也担负平定叛乱、盗贼的任务。② 这也是张思信作为蒙古新附军行伍生涯的最终归宿。

再来看张思忠。"张氏三碑"中张思忠"神道碑"和"墓碑"都比较完整,资料相对丰富得多。当然这同其子张毅后任江浙行省参知政事相关,父以子贵。两碑内容相差不大,但"神道碑"更为全面,引之如下:

> 公讳思忠,字诚之。幼静重简默,群儿靳之不为动。侍立长者,进退如成人。稍长,从诸舅入学舍,先生见其蚤惠,授以孝经,使仿书。公受教即能无苟且意,先生谓其父曰,孺子他日必以儒起家。浸长,果日嗜学不倦。弱冠,王师围襄阳,调庾吏,给营中粮备不匮,改司嵩州竹课。甫壮年,独不乐为苛征,弃去不复仕。性孝友,亲病,昼夜不解带。兄从军襄樊,三月书不达,亲忧之,公徒步至兵闲,不避锋镝,卒获安耗,归宁其亲。然或道遇蝼蚁,必迂步以辟之,惟恐其践及。一日,谓其兄弟曰,古人有十世共举火者,今何为不然,得非俗之不古欤。兄弟感其言,不敢谋析处。乡邻族姓贫不能婚葬,视疏戚为施,无不有所周恤。人有归其贷贲者,付之量衡,使自均其轻重,隆杀为报其不能者,辄致之剂。远近以急争见质,随以理譬析之,往往弭怨。家居隆师教子,尤好眉山苏公文,尝手钞百馀篇,授诸郎,使矜式。暇日,从宾朋觞咏自乐,耽视世态,泊如也。至元廿七年四月廿七日终于正寝,年四十有九,以至大元年二月望葬洛南青龙山之阴之先陇。

相较前述张思敬和张思信,张思忠的行迹则大有不同。他最初也在蒙宋襄阳之战时被任以管理粮仓的吏员,负责供应军中粮饷,而后又承担任嵩州竹课之职,亦即其"墓碑"所言"调嵩州司竹监"。据载,"竹之所产虽不一,而腹里之河间、怀孟,陕西之京兆、凤翔,皆有在官竹园。国初,皆立司竹监掌之,每岁令税课所官以时采斫,定其价为三等,易于民间。"③ 同时,元代嵩州亦是重要官竹园地之一,张思忠所任之嵩州司竹监主要职责即是负责官竹交易,同时抽取课税。④ 其中自不免存在官苛民利的情况,故张思忠自此"弃去不

---

① 《元史》卷100《兵志三》"屯田"条。
② 参见[日]矢沢知行:《大元ウルスの河南江北行省軍民屯田》,《"社会科"学研究》第36号,1999年,第23—34页。
③ 《元史》卷94《食货二》"岁课"条。
④ 关于元代竹园地及竹课等问题,参见[日]井ノ崎隆兴:《元代の竹の専売とその施行意义》,《东洋史研究》16-2,1957年。

复仕"。

　　简单提及张思忠早年的任职外,其"神道碑"和"墓碑"中则重点突出笃重儒学、维持家族的同居共财以及周急乡里之困等方面,俨然宋元以来成长于知识人阶层的地方士绅形象。尽管其中不无夸大阿谀之词,但将其定位于金元交替之际维持金代以来儒学传统于不堕的地方知识人则无大过。他们作为地方精英,具备一定的影响力,往往起到维持地方社会秩序的作用。饭山知保曾聚焦山西定襄县,根据散见于金石资料中带有"进士"、"乡贡进士"等头衔的知识人阶层来推测其在地方社会所产生的影响力。① 而本文中张思忠的事迹则更为具体、明确。既往研究中论述金元交替华北儒学传统的延续多提及蒙金战争的破坏、耶律楚材的努力、蒙元政权的招揽以及理学的北传等问题②,而忽略地方社会中知识人阶层在维持儒学传统、家族及地方秩序等整体方面的积极努力。尽管现存资料多有缺失,呈现断片性特征,但着眼整体,这类地方知识人的存在当不在少数。这也是本文具体考察巩县张氏的意义之所在。

　　最后关于张思孝的情况,现存资料包括"张氏三碑"皆无甚着墨,仅于"张恩神道碑"和"张思忠神道碑"分别提及"乡邦以善人称","(张)思孝不仕,以善人称于乡"。尽管他生有"七男",但当多不显,故以致此。根据"乡善人"此类称谓,或可推测,尽管未如张思忠般于地方社会发挥全面的影响,但或近于元代文献中频繁出现的"乡先生"、"处士"等,即具备一定的儒家教养,亦热衷于地方社会事务者。③

　　至此,金元交替之际巩县张氏家族的情况即已大具。蒙古政权在灭金并征服河南后,该家族入元第一代皆积极同蒙古政权合作。在伐宋战争中,从军攻四川、襄阳,获军功,并协助围攻襄阳,为蒙古军提供粮草。尽管在地方社会中,该家族的儒学传统不绝,并以此维护地方秩序。但整体看来,在当时特定时代环境下,或可以将该家族初期的发展视作同蒙古政权积极合作而得以成长的"军功家族"④阶段。

三　元代中后期巩县张氏家族的演变

　　元代初期通过同蒙古政权合作而发展起来的巩县张氏"军功家族",至元代中后期则发生了较大转变。概而言之即是,由"军功家族"发展为"仕宦家族"。这一特征,在张思敬承袭其父张恩巩县尹,并历任地方职官之时即已具备。至元代中后期,从张思忠之子张毅

---

① 参见前揭[日]饭山知保:《蒙元支配与晋北地区地方精英层的变动——以山西忻州定襄县的事例为中心》一文。
② 对该问题的集中研究参见赵琦:《金元之际的儒士与汉文化》,北京:人民出版社,2004年。
③ 相关研究参见[日]片山共夫:《元代の乡先生について》,《モンゴル研究》15,1984年。并参见[日]森田宪司:《モンゴル支配下の汉民族知识人》,氏著:《元代の社会と文化》,私家版,2005年。
④ 需要说明的是,此处所谓"军功家族"并非如藁城董氏、真定史氏般早期即归顺成吉思汗,逐渐成长为控制一方的汉人世侯军功家族,本文所强调的巩县张氏家族之"军功"更多是指,于王朝交替的战乱之际,同蒙古政权积极合作,参与一定军事活动的下层汉人家族。他们是特定历史环境下由于原初具备一定地方政治影响而为蒙古政权所选中。整体看来,"仕宦"的特征或许更为明显,而在特定时期由于战争等因素的存在便呈现出一定的"军功家族"因素。这个特征只有同其后完全转为"仕宦家族"的对比才有意义。

及其家族同代诸人的仕宦经历中则显露无遗。

首先即考察张毅的仕宦情况。前文业已有所提及,之所以张恩、张思忠分别追封清河郡侯和清河郡公以及"张氏三碑"最终得以奉敕撰文、篆额、立石,皆张毅仕至江浙行省参政所致。即如"张思忠墓碑"中所言,"前二代得封,皆以毅贵也"。关于张毅的资料,除却"张氏三碑"中直接提及,其他记载皆较分散。《民国巩县志》卷十八《金石三》在收录"张氏三碑"录文的同时,亦记载如下内容:

> 元张忠肃公墓碣
> 高三尺五寸五分,宽二尺一寸二分,厚七寸。
> 圆首,正书二寸许,四行,行八字,在龙尾岭
> 　故考推诚翊政赞理
> 　功臣正奉大夫河南
> 　行省参政追奉河南
> 　郡公张忠肃公之墓
>
> 元张忠肃公先茔碣
> 圆首,在龙尾岭,距其碑碣半里。
> 高七尺,宽三尺四寸,厚八寸五分。
> 　　赠推成翊正赞理功臣正
> 　大奉大夫河南江北等处行
> 　中书省参知政事追封河
> 　元南郡公谥忠肃张公先茔
> 至正二十七年岁次丁未九月吉日集贤学士中奉大夫次男□□建立李良才镌
> 右碣正书四行,行十字,字二寸许,年月一行,行三十四,字大寸余

其中"张忠肃公"即张毅。上碑为张毅墓碣,下碑为张氏先茔碑。惜仅有碑额及碑刻本身形制信息,未有正文内容。亦或是留存下来的碑刻情况本身即如此,未可知。众所周知,至正二十七年乃元朝结束在中原汉地、江南统治之时,南方局面已基本为朱元璋政权所定。在此形势之下,生前官至江浙行省参知政事的张毅仍能获元廷封赠,树碑立石,亦可想见其生前之荣。

此外,关于张毅的情况,曾廉《元书》曾为之立传[①],但其行迹、仕宦的叙述或有遗漏及讹误,可以确定曾廉当时未见相关碑刻所载。下文即在此基础上重新加以梳理。现存史料对其仕宦的记载皆始自绩溪县尹:

> 徽之绩溪人程燧走京师致其邑之老之言曰:今江浙等处行中书省参知政事张公当

---

① 曾廉:《元书》卷90《张毅传》,宣统三年层漪堂刻本。

大德十年尹吾邑,有善政,去二十二年未尝忘。……夫尹是邑尝有善政治,阅二十二年来为参知政事。以耳听目视相接,固可劝官东南者。而朝廷拔循良至位宰执,使天下后世知黜陟以道,不既美乎。予初第时已闻公廉直,精吏事,为闻人。入翰林,则又知公以左司郎中鲠亮,言天下事,积忤权奸为仇恨,至得祸不避,遭中废。士大夫翕然高之。及起,而参议都省事。予为兵部员外郎,则又见其临事刚特,不少憸以替。……泰定四年二月奉政大夫中书省左司都事宋本记。①

宋本所撰该文,为张毅已任江浙行省参政后追记其早年尹绩溪县时的"善政",某种程度上属于地方的阿颂之文。但由于宋本同张毅仕官颇有重合之处,并多亲见,故其所记较为可信。曾廉《元书》本传内容也多本此。据该记可大致还原张毅仕官经历:大德十年任徽州路绩溪县尹,而后升任中书省左司郎中,其主要执掌相当吏、户、礼诸部的内容。② 其后因开罪权臣③,一度罢免。后又起为参议中书省事,终至江浙行省参知政事。"张思忠神道碑"中称其"伟器雅望,历践华贯,为时名卿。引年闲居,福寿鼎盛"。据植松正对元代江南行省宰相研究④,由于元代后期出于南北官员相互监督的需要,而较多起用汉人(旧金朝统治下)官员来担任江南行省宰相。想必张毅出任江浙行省参政也是该情形之下的具体例证。而另据"张恩神道碑"载,"河南廉访使张毅将赴江浙行省参知政事,为其祖清河郡侯征铭于(曹)元用",神道碑后署"致和元年月日中奉大夫江浙等处行中书省参知政事嗣孙张毅等立石"。由此可知,在致和元年(1328)升至江浙行省参知政事前,他还曾任河南廉访使。如此,张毅生前的仕宦经历基本清晰。

尽管囿于资料所限,未知其绩溪县尹前之仕宦,但结合下文其家族其他成员任官情况看,亦当出身于吏员。元代官、吏之别同前代区别较大,由吏而官者(即吏员出职)⑤亦极为普遍。如果该推论成立的话,参照前述张思敬的经历及其家族于金元交替之际同蒙元政权所构建起的密切关系,那么张毅仕宦成功的背后所反映出的即是其家族至元代中后期成功转型并获得进一步发展的事实。对此,如果再考察其子张惟敏的仕宦情况则更为明显。

致和元年立石的"张恩神道碑"曾提到"(张)惟敏,中书省掾"。其后再次提及张惟敏任官情况的则是"张思忠墓碑"所载"(张)惟敏,至元三年,亚中大夫、河北河南道肃政廉访副使"。至元六年立石的"张思忠神道碑"则载"惟敏即吏部侍郎,博学擅辞藻,居官练达,国务有父风。……碑未立,惟敏由吏部迁中书左司郎中。"而《至正金陵新志》"治书侍御史"条⑥下则载"张惟敏,至正二年上"。亦即,至正二年张惟敏开始担任江南行御史台的治书侍御史。其中肃政廉访副使及左司郎中之任,从宋褧分别所作的两首送行诗《送张孟功

---

① 宋本:《绩溪县尹张公旧政记》,《国朝文类》卷三十一,四部丛刊影元至正本。
② 《元史》卷85《百官一》。
③ 曾廉径言为"铁木迭儿",不知何据。
④ 参见[日]植松正:《元代江南行省宰相考》,《香川大学教育学部研究报告》第1部第83号,1991年,后收入氏著《元代江南政治社会史研究》,汲古书院,1997年,第211—213页。
⑤ 参见许凡:《元代吏制研究》第二章《吏员出职制度》,北京:劳动人事出版社,1987年。
⑥ 《至正金陵新志》卷六《题名》,中华再造善本据中国国家图书馆藏元至正四年集庆路儒学溧阳州学溧水州学刻本影印。

江淮觐省就赴河南幕》、《呈张孟功左司》①中亦可得到证明。将张惟敏之任官经历同其父张毅加以比较可以发现，两者大致相似，甚至还是完全重合者。

此外，张惟敏之弟张惟贤亦起自吏员，颇具声名。"张思忠神道碑"中称"（张）惟贤有文声，尤工诗，辟掾礼部，蚤卒。御史宋褧为作张才子传"。而较早的"张恩神道碑"则又提及张惟贤曾任"家令司令史"。此处之"家令司"即执掌太子饮膳、供帐、医药、宝货等的詹事院。② 实为不易得之职。宋褧《张才子传》③更明确记载：

（张惟贤）应乡贡进士，举不中，游吴中。<u>亲且老，而急其仕。属河南宪府辟为掾</u>，勉从之。使以下咸礼敬，不以吏待。泰定元年，入补家令司令史。未几，转礼部令史。

下划线部分之"河南宪府"当为河南廉访司，从上文分析可知，张惟贤之父及兄皆曾任职于此。同时结合张毅和其子张惟敏相似的任官经历加以考虑，亦可概知巩县张氏积极利用其家族资源促其子弟从仕入宦的态度。但通过宋褧《张才子传》的记述，张惟贤似乎更为钟情于文学诗歌和名士山水，典型的文学之士，"稍知学，即苦吟。博览强记百氏之言，悉以为诗。知所宗，尚派流晋、宋、齐、梁间"。但不得不继承其家族仕宦的传统，终因"才子（张惟贤）素以清简自处，而寺署、曹局猥冗，丛脞酬接，挠败人兴趣。每忽忽不乐，且少读书，致心疾，居常羸瘦"。而"竟以是病卒，年二十九，实泰定丙寅也"。

最后张惟敏同嵩洛书院的创设问题也是元代中后期张氏家族演变中颇为值得注意的。先来看《元创设嵩洛书院文牒》④，笔者对其抄录文格式整理如下：

<u>元大定四年四月</u>，皇帝圣旨里，中书礼部。
　据奎章阁学士院参书厅呈，承奉学士院札付，蒙古文字译说该：
　至正五年七月别儿怯不花大学士奏：左司郎中张惟敏是河南人，自备己财，储书欲为义学，延师教授，将书舍名作嵩洛书院。奉圣旨，那般者。钦此。钦遵外，使院就呈该部分款依施行。
　承此。具呈照详，得此。本部议得，左司郎中张惟敏自备己财，储师延师，作养后进。建文昌祠，春秋从祭。奎章阁大学士奏准名嵩洛书院，宣都省，移咨河南行省。钦依施行。除已具呈中书省，照详本部合行，宜关请照验施行。右关左司郎中张惟敏。

从该文书往来格式可知，该件文书乃是奎章阁大学士别儿怯不花对张惟敏自备己财创建嵩洛书院事以蒙古文上奏奎章阁，经译史翻译后由学士院札付本院参书，而后上呈中书省礼部。对此，礼部准呈，并同意张惟敏创建嵩洛书院后下发公文。

由于该件文书是地方志所抄录，抬头"元大定四年"则存在明显讹误。忽略该件的文

---

① 皆载宋褧：《燕石集》卷六，文渊阁四库全书本。
② 《元史》卷89《百官五》。
③ 宋褧：《燕石集》卷十五，文渊阁四库全书本。
④ 《民国巩县志》卷二十《丛载》，民国二十六年泾川图书馆刻本。

书的年代错误,仅就其内容看,张惟敏在其任职中书省左司郎中时提议自备己财创建嵩洛书院之事当无问题。综观巩县张氏在元代中后期的任官情况,可以说该家族成功转型为典型的"仕宦家族"。这其中,嵩洛书院的创设便是值得特书的事件。尽管在书院史研究中,河南嵩洛书院皆有所提及①,但将该书院的创设置于金元交替以来张氏家族的发展中加以考察则别具意义。也可以说,如果仕官情况作为评判家族成功与否的标准的话,那么自金末元初以来即有意识地坚守儒学传统的张思忠及其后代在元代中后期的发展中要远较其他各支子孙突出。当然,由于对张氏家族的考察所利用的"张氏三碑"主要是以张思忠—张毅为核心,故撰写者自然不可避免地对该系子孙的情况多所着墨。但相较而言,"张恩神道碑"所涉及的传主张恩的内容较少,而对其家族自张恩以下三代的记载基本较为平均。仅以此碑的情况来看,仍然可以发现张思忠—张毅这一支的在积极培养其后代跻身仕宦,逐渐在元代中后期的政坛崭露头角。如果深入追溯其背后的深层原因,应当还是与张思忠有意识地在地方社会中坚持金代以来儒学传统有关,这毫无疑问也影响到张惟敏创建嵩洛书院的动机。

四 代结语

本文对河南巩县张氏家族自金末元初至元代中后期的发展脉络进行了初步探讨,基本理清了该家族由早期的"军功家族"至其后积极向"仕宦家族"转型的线索。

如果将该家族的发展放到当时整个历史时期来看,上不足以同汉地世侯这类家族相比,而下又不同于大量完全仅活动于地方社会的家族,基本上可以定位于中间的类型,也具有一定的代表性。一方面同王朝交替之际积极同蒙元政权合作的各地家族的选择相似,以此为其家族发展奠定初步基础。但另一方面,与宋、金以来科举在家族发展中发挥较大作用的情况不同,元代科举长期未行(1276—1313),而即便仁宗重新开科,实际对当时社会产生多大影响,仍难遽下定论。② 故在此局面下,蒙元政权长期以来所形成的"仕进有多岐,铨衡无定制"的选官制度便值得重视。一方面重视"跟脚"出身,同时又增加了出仕的机会,特别是"吏道杂而多端者"③。对此,华北知识人阶层较之南方有着较大的优势。本文所论之巩县张氏即完全把握这一途径,在元代中后期"仕宦家族"的转型中取得较大成功。这也是近年来不少学者对于像藁城董氏这种此前普遍视作世侯的家族在忽必烈时代以后逐步"官僚化"想象较为重视的原因。④

---

① 参见王颋:《元代书院考略》(《中国史研究》1984年第1期);徐梓:《元代书院研究》(社会科学文献出版社,2000年)。

② 相关研究参见姚大力:《元朝科举制度的行废及其社会背景》(《元史及北方民族史研究集刊》第6期,1982年,第55—58页)及萧启庆:《元代进士辑考》导论《元代的科举制度及文献》("中研院"历史语言研究所,2011年,第28—30页)。

③ 《元史》卷81《选举一》。

④ 参见萧启庆:《元代几个汉军世家的仕宦与婚姻:元代统治菁英研究之二》(《中国近世社会文化论集》,"中研院"历史语言研究所,1992年,后收入氏著《蒙元史新研》,允晨文化实业股份有限公司,1994年);罗玮:《世侯还是官僚:元代藁城董氏家族性质的初步思考》(未刊稿)。

最后对本文做简单结论：

1. 本文通过元代"张氏三碑"的分析,明确了金末元初巩县张氏家族积极同蒙古政权合作,一方面安定了当时的地方社会秩序,同时也为其家族的发展奠定了基础。

2. 与既往研究多关注蒙金战争对河南地方造成的破坏及对知识人阶层产生的震动不同,本文认为巩县张氏在维持地方秩序安定的同时,笃重儒学,使得金代以来的儒学传统在地方家族得以接续和发展,并对其家族在元代中后期的发展产生较大影响。

3. 同宋、金时代的科举社会不同,巩县张氏家族积极利用其自身的人脉等资源优势,在仕进多歧化的条件下,有意识地实现其家族由"军功家族"向"仕宦家族"的成功转型。

附录：

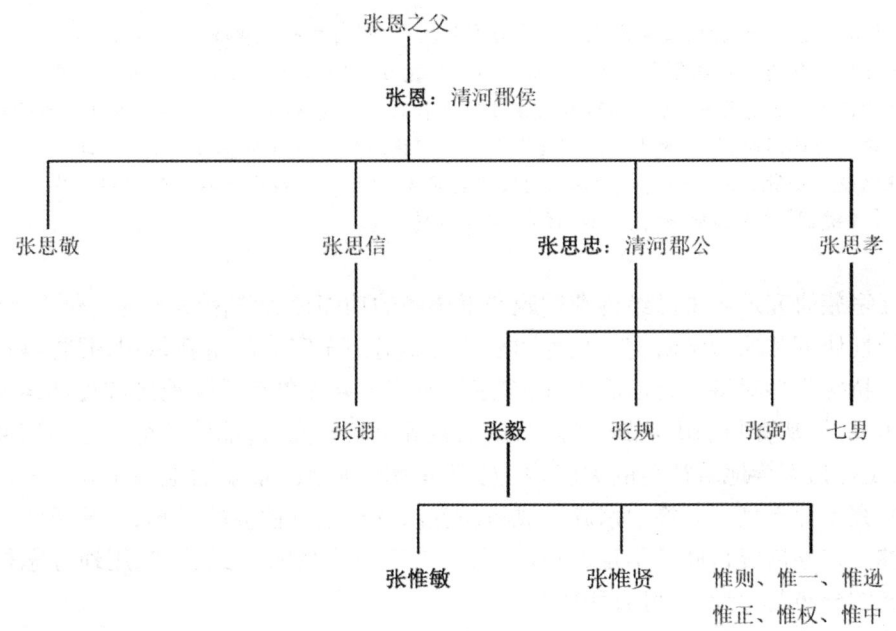

元代河南巩县张氏家族氏世系图

作者简介：于磊,南京大学历史学院助理研究员。

近世山东宗族的重构与地域开发

——以清代以降鲁中地方志为中心

周晓冀

【摘　要】金元时期山东庶民宗族势力有所扩大,利用墓祭尊祖收族,形成以石刻世系为特征的谱牒传统。到明清时期鲁中宗族逐渐进入组织化过程,宗族的反复重建成为普遍现象。通过光绪末年鲁中山地乡土志资料,可知当地移民宗族依靠农业生产或科举入仕,参与地方社会的开发,不断壮大起来。与此同时,原先的土著大族逐渐衰落。宗族组织的分布倾向于分散型,血缘纽带之外的社会联结较为松散。最终形成一种想象的宗族共同体,即以世系观念为核心的宗族范畴。

【关键词】鲁中山地;移民宗族;谱碑;宗族范畴

华北宗族研究近年来已经逐渐摆脱费里德曼的功能论和华南学派的文化人类学范式,进入区域性研究和典型学研究。最为明显的就是对山东宗族的重新认识,并将其作为华北宗族一个特殊类型对待。目前看来,山东宗族研究主要在鲁东丘陵地区和鲁西运河地区取得了突出成果,从青州邢氏宗族、东阿苫山宗族等个案研究看,地域环境变迁与宗族组织化的契合,是探讨宗族地域社会的关键。① 然而作为山东地区重要的地理单元——鲁中山地的宗族研究十分不足。对鲁中宗族形成与演变以及对地方社会的影响,尚缺乏大量实证材料的支撑。在族谱资料尚显不足的情况下,参考南方宗族研究经验,利用地方志材料探讨鲁中宗族的分布与生计,当可有所作为。

清代学者章学诚是第一位提倡将族志载入地方志者。乾隆以降,各地所编方志不独在"风俗篇"中描述宗族祠堂田产和礼仪活动,更辟"氏族"专章记录姓氏由来、聚居分布和分支衍化。光绪末年朝廷饬令各地方编写乡土志,其中对于宗族叙述更详。近年来,乡土志已经成为宗族研究最为重要的参考文献。相对华南地区,大多数华北的乡土志十分简略,仅简要介绍当地各支大姓的由来和世系长短,学者大多认为这与华北宗族聚居现象较少有

---

① 主要有常建华:《晚明华北宗族与族谱的再造——以〈山东青州邢氏宗谱〉为例》,《安徽史学》2012 年第 1 期;《近世山东莒地宗族探略——以民国〈重修莒志·民社志·氏族〉为中心》,《安徽史学》2014 年第 1 期;王日根、张先刚:《从墓地、族谱到祠堂:明清山东栖霞宗族凝聚纽带的变迁》,《历史研究》2008 年第 2 期;吴欣:《明清京杭运河区域仕宦宗族的社会变迁——以聊城"阁老傅"、"御史傅"为中心》,《东岳论丛》2009 年第 5 期;《村落与宗族:明清山东运河区域宗族社会研究》,《文史哲》2012 年第 3 期;王春花:《明清时期东阿秦氏家族的合族与婚姻》,《农业考古》2014 年第 1 期。

关。① 常建华根据民国《重修莒志》,论述明清时期山东宗族的聚居形态,试图说明当地宗族组织存在的普遍性。② 然而相对于《重修莒志》(有196个宗族的详尽资料),山东其他地区的地方志不尽然表现出宗族资料的丰富性。本文依据处于鲁中山地之中的清代泰安府县方志和乡土志,力求还原明清时期宗族的移民、定居与地域开发的个性化,从中考察不同地域宗族在具体时空范围内的适应、转换和发展。

鲁中山地是指山东省中部一片隆起的地理单元,泰山山脉以及鲁山、沂山、蒙山等中山和岱崮地貌形成半包围状,中间宽阔的大汶河流域为徂徕山、莲花山所隔开,形成南北两路,泰莱平原和汶阳平原横亘东西。鲁中山地大体上是明代济南府泰山以南的地区,到清代大体同泰安府政区范围,今属泰安市和莱芜市(惯称泰莱地区),其边缘还及济南、淄博、济宁和临沂的部分县区。从文化习俗上看,鲁中山地的主体部分自先秦以来,就构筑了相对稳固的文化共同体。司马迁曾说,"泰山之阳则鲁,阴则齐……邹鲁滨洙泗,犹有周公遗风,俗好儒,备于礼,故其民龊龊"③。从文化地理角度而言,鲁中山地接受南部地区"邹鲁之风"的影响甚深。至少在宋代以前,鲁中山地在区域文化上基本上保持了鲁国旧地的礼俗传统。乾隆《泰安府志》在"风俗"篇中就写道,"泰安府,当古齐鲁之交,书传所纪,彬彬称盛"④。受传统文化和环境的影响,该地宗族与社会的发展具有独特的历史路径。

一 金元统治时期的鲁中宗族

山东地区自古是世家大族频出之地,但唐五代以来社会转向下层,大族势力衰微。北宋一朝平民社会和商品经济迅速发展,土地私有化催生了新的地主官僚宗族。这些宗族从性质上看属于庶民宗族,世系的传承和保持只能依赖自身的发展,私人资本成为新宗族维持和发展的前提和基础。北宋末年尤其是金元之际的战乱和灾荒,对山东宗族的发展冲击很大。北宋时期开始发展起来的宗族思想和实践,也没有给残破的北方社会留下更多的文化遗产。宋明时期山东地方志资料十分贫乏,关于宗族的资料更为少见,但是田野发现的大量民间谱系碑刻可以从更为直观的角度反映当地宗族的重建。

如据日本学者饭山知保研究,元代益都(青州地区)39个先茔世系碑的例子中有军功家族24个,外来宗族22个。似乎说明,这一碑刻形式有其特殊的政治意味。据饭山君推断,蒙元统治者利用碑铭奖励汉人军功,新兴宗族第一次确立世系就将其刻在石碑上,急于表达对蒙元的归附,也借此在地方社会树立起权势。尽管难免不受金代就流行于当地的文化传统影响,但也显示出动荡社会背景下人们对世事无常的忧虑,石刻成为凝固家族世系的唯一媒介。他认为金代将系谱刻在石碑是一种刚刚开始流行于地方社会的新型墓葬方

---

① 陈其南:《家族与社会——台湾与中国社会研究的基础理念》,台湾:联经出版事业公司,1990年,第229—238页。
② 常建华:《近世山东莒地宗族探略——以民国〈重修莒志·民社志·氏族〉为中心》,《安徽史学》2014年第1期。
③ 司马迁:《史记》卷一百二十九《货殖列传》六十九。
④ 颜希深纂:《泰安府志》卷二《方域》,清乾隆二十五年刻本,第25页。

式,也是汉人平民和中下层官僚宗族一种变通的尊祖之礼。① 鲁中山地的宗族较早即开始刻立"石谱",因而也可以看做是当地宗族较早产生积极的收族意识的反映。从鲁中山地的例子看,刻立"石谱"的是生活在乡村的庶族,而且是早至五代迁来的土著宗族。② 在当时族谱尚不发达的情况下,用传统的碑刻记录世系不能不说既是一种创造,又是宗族组织化初露端倪的一种表现。战后余生的宗族通过碑刻记录家族历史和宗派世系,反映了平民宗族追求自我发展的主动意识,而政府也予以积极支持——泰安《许氏坟林宗族之记》就是泰安州学学正安升卿所撰。显然这一进步性,足以同南宋地区宗族发展相媲美。

常建华先生认为,元代山东宗族已经开始建立祠堂,但族谱编纂和家法制定方面尚显粗糙。元代宗族活动的核心是墓祭和祖茔的建设,大量出现刻有世系的先茔碑发挥了族谱的作用。这种墓地碑刻有逐渐向族谱发展的趋势,反映了元代山东宗族利用先茔碑尊祖收族的尝试。也许围绕墓地进行的宗族活动才是整个中国宗族的最主要特征,华北宗族与南方宗族的分野就是从金元时期开始的。③ 元代刻有世系的先茔碑最早也是最多出现于今济宁地区的曲阜、邹县等地,北面临近的宁阳也有零星发现的记载。④

金元时期的山东都曾短期被汉人伪政权管理过,而且由于军事位置重要,长期有女真和蒙古军队重兵把守,从而暂时获得稳定的社会秩序。另外金代统治者也积极推行儒学,尊奉孔孟并为之家族刻立世系碑。到金世宗以后也比较重视山东地区的农业生产。蒙元的统治者在统一全国后也逐渐采取了发展农业的政策。总之,明代以前,在山东地区的中部和南部就具备宗族发展的一般社会环境,但这种有利条件很快被元末战乱和连年的水旱灾害所破坏。

二 明清宗族的发展与区域开发

元末明初,山东地区人口变动剧烈,村落不断经历破坏与重建,各姓各族杂居现象十分普遍。由于洪武和永乐年间移民对社会生态的重构,山东地区的宗族发展开始出现新的特点。明代中后逐渐发展起来的一些大族,就是移民的后代。这些移民宗族修建祠堂,编纂族谱,制定族约,组织化、乡约化过程十分活跃。但这些组织化较为明显的宗族主要分布在东三府和鲁西运河地区。相对于移民活跃的上述两个地区,明初土著人口占优势的鲁中山地并没有表现出一致性的宗族组织化进程。一是元末明初,原先的土著宗族再次遭受兵祸冲击,世系断裂,族人离散。金元时代的土著宗族还没有普及刻石为谱,一旦族人离散就再也无法接续世系,因而宗族处于重新成长的阶段。二是明初的外来宗族,多数是从山西农户抽调人丁(分丁耕种),并不是家户型或族群性迁移。移民宗族立足未稳,因而在短时期

---

① [日]饭山知保:《金元时期北方社会演变与"先茔碑"出现的意义》,"宋都开封与十至十三世纪中国史"国际学术研讨会暨中国宋史学会第十五届年会论文,河南开封,2011年。该文另收入《第十四届中国社会史学会年会论文集》,第78页。
② 泰安岱岳区许家庄金大定二十九年《许氏坟林宗族之记》,碑已毁,文载2010年10月20日《泰安日报》。
③ 谭景芳:《元代山东宗族研究》,山东师范大学硕士学位论文,2008年,第2页。
④ 吴式芬:《金石汇目分编》卷十二《兖州府》,清海丰吴氏文录堂刊本,第33页。

内不能形成长世系的宗族。目前见到的鲁中地区的族谱和谱碑,少见修于明代中期以前者,无论是移民宗族还是土著宗族大多只能将世系追溯到元末或明初。宗族意识的强弱与宗族组织化的程度有关,而谱牒类型是宗族生态的反映。鲁中地区十分常见的碑谱既是谱牒的一种特殊类型,也是其发展的一个阶段,一个环节。当然,谱碑只是鲁中山地宗族表象的一部分,其反映的宗族属性肯定也不是其全部。明清以后,作为地方官修重典的方志文献,以其权威性记载,对基层社会的宗族分布和发展作了精炼概括,应当成为我们研究的重要依据。

鲁中山地的已知宗族多数为明代移民发展而来,但也有少数为土著宗族,他们至少在宋代以前就活动于当地。嘉靖年间,鲁中山地的宗族也开始建祠修谱,但根据目前的资料,这些宗族数量还比较少。关于泰安地区的宗族资料,民国《重修泰安县志》云,"若夫氏族之祥,六朝以降言之维艰。古者谱牒有专司,魏晋之尚九品中正以门阀为高下有以也。自典午南渡五胡云扰,故藉散落钩稽莫由。赵宋儒者能为唐宰相世系表而顾不复表氏族,盖难之也。自郑渔仲为通志,氏族有略,于是绝学复起,后之为方志者间亦及之。吾泰安邑泰山下……氏族则明以上之著姓不多见,而谱之征集至者尚可撷其略也,今以次著于篇"①。明代以来泰安宗族变化巨大,谱牒修撰也不甚发达。该志共载"采访所及"的姓氏之族304个,但确有谱籍可考只有22个,其中提及明代即修谱的仅1例。该县志《氏族志》所载有谱的宗族仅占全部调查宗族的6%,足以说明族谱的编纂在泰安并不普及。至少整个明代,泰安宗族并没有明显表现出组织化特征。县志所载谱系多为光绪以后所续修、重修,计16部,其中光绪朝就有11部。应该注意到族谱中追溯到明代中叶以前的有11个,明末2个,距离修谱时间多至数百年。如果没有其他的世系记录方式,这么长的时间还能保持完整准确的世系记录是不可能的。光绪以后的谱多为续修,一定依靠了之前的族史资料,但记录中很少提及前代的修谱情况,在此之前一定有某种形式的谱牒存在,或者干脆就是对移民传说的附会。另外在这22个宗族中大多是移民宗族,其中始迁祖来自山西洪洞或河北枣强的有8个,其他省市的5个,本省移民宗族7个,还有2个不能确定。在移民宗族发展的同时,土著宗族相对衰落。上述移民大族中有4族出了进士,1族出了举人,还有各类文武生员若干。光绪《泰安乡土志》所记氏族一共3个,两个为先秦古族"展氏"和"林放一族",但"后裔均以式微";一个为明初枣强移民后裔赵宏文之族,"至今子孙繁衍,为本县之著姓焉"②。赵原为崇祯进士,后为清朝招受广东道监察御史,其家族的兴盛当与其影响直接相关。

明清以来,鲁中山地的宗族以农业为主要生计,大部分生活在河谷平原或盆地之中,少数分布于丘陵山地,各自形成有所差别的宗族生态。鲁中山地内部黄土厚积的阶地以及山间盆地和河谷平原地力十分肥沃,是明清时期典型的农牧业文化区。③而在山地丘陵区土层浅薄,水土流失严重,蓄水保肥力差,生态环境十分恶劣。宗族的发展伴随着地域的开

---

① 葛延瑛修,孟昭章等纂:《重修泰安县志》卷一《氏族》,民国十八年泰安县志局排印本,第33—40页。
② 杨承泽纂:《泰安乡土志》不分卷《氏族》,光绪二十三年刻本,第234页。
③ 山东省土地开发整理工程建设标准研究课题组:《山东省土地开发整理工程类型区划分研究(征求意见稿)二〇〇八年四月》。

发,清代以来山东省一直位于各省田地数量的首位①,田地占比在13%以上,也为各省之首②。嘉庆十七年人均可耕地3.41亩③,说明农业开发已达到很高的程度。在鲁中山地许多宗族也"以农致富"而名扬一时。如汶阳平原的"城宫汪氏善治田,家资累巨万"。汪氏洪武年间自徽州迁来,入乡随俗致力于田亩稼穑,一举而成为当地大族。至今在汶阳镇的汪城宫村,依然可以看见汪氏家族鹤立鸡群般矗立的石构楼房。身处"徂徕硗区"的"张家户张氏以农世其家,祖传选择谷种之法",竟然也成为县中望族。泰山西麓的樱桃园鲁氏开荒山、兴水利,使原本的"穷谷"变得"宜麦、宜稻、宜竹、宜麻",鱼池、荷塘、菜园、果林俨然"晋人武陵",引得"春夏之交,游屐接踵"。④

光绪年间乡土志是山东地方志中记载宗族资料较多的文献,但是所记宗族一般为当地望族或巨族。除泰安县以外的其他鲁中山地区域宗族材料亦在其中有所记载。如《肥城县乡土志》记载氏族20姓,22族。其中土著大姓如孔、展、有、冉、邱均为先秦苗裔,除孟氏为邹县迁来,其余都是"世居",而且都传了70多代。不管这些姓氏到底与先秦诸子有没有关系,他们很早就居住于此当为事实。另外的土著氏族还有汉代、隋代和元代的,元代的一为张起岩后裔,一为元朝宗室篯厥氏"国变后流于肥",氏族志言其"世居(肥)东南乡"。明初移民宗族有11个,其中洪武年间8个。来自洪洞县的有6个,其他来自枣强、北平、莆田、淮安等地。⑤

《东平州乡土志》记载宗族18个,除了3个"东平旧族"之外,多是移民宗族。⑥ 移民宗族的来源比较复杂,省内有5个,莱芜1个、东阿1个、邹县1个、益都(在青州府)2个。省外有10个,洪洞最多,为4个,枣强、太原、淮安、南京、苏州和河南某地各1个。该志还提及回族"十数姓","城居者八十户,四乡分居者一百十一户,展氏、白氏最著,代有传人"。⑦

《宁阳县乡土志》共记大姓9个,而且将其著名人士放在"耆旧"篇详录。3个"宁阳旧族"分别为唐宋居此的宁氏和元代居此的刘氏、张氏,刘氏"系出彭城陶唐之后",张氏则原籍"江南泗州临淮县桃源垄巴版村"。"宁阳旧族"中均出现入仕高官,无疑对宗族的发展起了关键作用。元末明初的移民宗族有6个,出自山西洪洞县的4个,其余为江苏徐州、河北通州各1个。⑧

《莱芜县乡土志》共记大姓14个,全为移民宗族。除姚氏于"康熙二十年由历城迁入",其余均为元末明初迁入。其中明初洪武年间为12个,冀州迁来的就有4个。济南府北面的历城和章丘迁来2个,考虑到明初枣强移民的入鲁路线,也许这两支宗族也来源于

---

① 梁方仲:《中国历代户口、田地、田赋统计》,乙表61."清代各朝各直省田地数",上海:上海人民出版社,1980年。其中江南省、湖广省于康熙初年各分为二省,计为四省,第380页。
② 同③,乙表62."清代各直省田地占其总计的百分比",第382页。
③ 同③,乙表76."清嘉庆十七年各直省人口、田地及其平均数",第391页。
④ 葛延瑛修、孟昭章等纂:《重修泰安县志》卷四《政教志·农业》,民国十八年泰安县志局排印本,第30页。
⑤ 钟树森纂:《肥城县乡土志》卷六《氏族》,清光绪三十四年石印本,第36页。
⑥ 所谓东平旧族其实也是五代或宋迁来的移民宗族,按曹树基在《中国移民史·明代卷》中的划分,元末以前迁来的即可称为土著,这是相对于明代移民而言。
⑦ 王鸿瑞纂:《东平州乡土志》不分卷《氏族》,清光绪三十三年石印本,第47页。
⑧ 曹倜纂:《宁阳县乡土志》不分卷《氏族》,清光绪三十三年石印本,第23页。

冀州。这样看,莱芜移民宗族的枣强特性的确十分显著。①

以上光绪乡土志所载因为都是当地所谓"大姓"、"巨族",尚不能代表鲁中山地宗族的全貌。但我们也可从中得到一些信息。

一是从明初以来的宗族发展看,移民宗族占有上风,成为大族的可能性更大。而土著旧族则日渐式微,唐宋及以前的大族十分罕见,唯有一些儒家大姓因为统治者的有意保护而得以延续,元代定居的大族则因为累世而出的高官而兴盛。移民宗族的兴起似乎有外来文化因素的影响,表现出与土著宗族不一样的发展路径,成为明清鲁中山地宗族发展的样本。移民宗族来自山西洪洞县或河北枣强县的比例较大,结合元代山西宗族兴盛的情况,当有族群意识的继承性。元末明初山东旧族遭受破坏严重,移民宗族在当地融入社会与地域开发,面对人群与环境的双重压力,展现出自我组织的必然性。

二是从分布来看,肥城和宁阳的土著大族比例稍高,而泰安县的移民宗族占绝大多数,基本符合上节对鲁中山地各区域明初土著与移民人口比例的分析。泰安县移民宗族以山西和河北为多,省内宗族迁来的也不少。莱芜地区也是以移民宗族为主,而且枣强移民宗族占有很大比例。宗族区域分布的差异性必然表现出各地不同的宗族文化差异。在土著比例较高的地区开发程度也较高,而移民比例较高的地区,土地利用率高,人均耕地少,部分山地和丘陵也得到开发。例如目前的莱芜地区人均耕地0.8亩,低于全省1.1亩的平均水平②。

三是对大族传承世系的分析。明初移民宗族至光绪修乡土志时,一般都有20多代世系,最少的为13代,最多的25代,平均19.6代(38个样本)③。以540年计,平均每代27.5岁,应该说鲁中山地的大族生殖活跃,日渐昌盛。另外宗族一般在5世至6世左右开始分支分派,按1个世代30年左右计,则需要150年到180年。一个5口之家,如果年均人口增长率为10‰,160年只能有25口人;增长率为20‰则可以发展为120人。分支的前提必定是人口数量达到一定规模,在明代人口的平均自然增长率达到20‰基本不可能,10‰算是比较高了。能够在200年以内实现由家庭到大族的变化,说明鲁中山地的大族也许在移民时就拥有较大规模的家庭,而且在明代中叶之前一直能保持较高的自然生长率。城宫汪氏即为一例,该族明洪武二年因避兵乱,一世用和"率子孙、曾孙四世同迁山左泰安州城宫村"。汪氏自五世分为十支,十七世宝树以进士起家,至光绪二十三年续修家乘时已发展到20世。④

四是鲁中山地移民大族多是二次甚至多次迁居后才定居下来。民国《重修泰安县志》所载22个宗族中有13个从外地迁来,其中首次即在泰安定居的有8个,另外5个为二次迁居才落户。省内迁移的有6个,其中1个也是经过了二次迁居才落户泰安。这些省内迁

---

① 何联甲纂:《莱芜县乡土志》不分卷《氏族》,清光绪三十三年石印本,第19页。
② 山东省城乡规划设计研究院、莱芜市城市规划局编:《莱芜市统筹城乡一体化发展总体规划(2008-2030)》,2009年5月。
③ 据常建华研究民国莒县宗族的分衍世代一般在17至21世,在此范围之外的宗族对其明初迁移历史的构建可能性更大。莒县处于鲁中山地的东部边缘,移民和宗族发展上与鲁中山地内部的泰莱地区有相似性。见常建华:《近世山东莒地宗族探略——以民国〈重修莒志·民社志·氏族〉为中心》,《安徽史学》2014年第1期。
④ 葛延瑛修,孟昭章等纂:《重修泰安县志》卷一《氏族》,民国十八年泰安县志局排印本,第37页。

移的宗族多半不是当地土著,以其迁出地分析,4 个在鲁中山地周边的移民集中区,1 个为宁阳的女真人后裔。宗族的频繁迁移并非人口多造成的压力,而是原本生存空间和土地资源有限,使得移民宗族每多出一代人就增加几何倍数的环境压力。如泰安张家户张氏二世、四世、六世都经过分支迁移,"均居本县,几遍六十七村",亦有附近外县支系若干。高北庄赵氏永乐年间自枣强迁来,始居史家庄,二世迁居高北庄。三世后分四支,除师孟支留居高北庄外,另外三支则迁往附近谷家庄、孟家庄、祝阳集等 25 个村庄和集镇。每一支各自又有多次迁移经历。① 另外,从移民性质看,一些宗族恰在元末明初或明末清初迁来,在谱中言明是"避兵乱",说明鲁中山地在乱世中也不啻为僻静之地。② 据清咸丰元年重修《宁阳县志·王贤传》记载:"王贤,字惟善,其先通州人,元季避兵山东,明初遂占籍宁阳,世居邑北戴村。"③同样的证据在《新泰县地名志》也中有所体现,沈家庄乡 49 个自然村中有 26 个以上为天启和崇祯时期所建,移民在明末大量涌入鲁中山地东部高地以力求自保④。

三 鲁中宗族的聚居与迁徙

在鲁中山地,明清时代的宗族聚居性不强,并没有体现出族群控制,也没有转变为维护封建统治的基层社会组织。由于环境压力,人口的短途迁移比较频繁,有些宗族在二世或三世就分支迁移外地,而修谱时间更在定居以后的 200 年以上。鲁中山地宗族的散居情况与移民宗族占当地人口的比例有关。在土著人口占大多数的平原地区,移民宗族的生存空间本来就有限,经过几代的繁衍,人地矛盾就开始激化。而在山地丘陵为主的地区,世系的稳定性明显增强,族谱对于明初迁移历史的记忆也比较可靠。根据世系分衍的情况估计,来到鲁中山地的宗族很有可能是经过了多次迁移后才定居下来。这些移民宗族中人口规模较大的可能在短时间内就发展为多个核心家庭,而更多的家庭则始终处于直系家庭的发展链条之中,很难进一步发展为宗族。人口与耕地的矛盾贯穿移民宗族的发展史。总体来看,鲁中山地的宗族很难聚集足够的财富,而是不断地分家与分支,频繁的迁移也使得宗族凝聚力大为减弱。因而,与传统的中国东南宗族的一般形态不同,拥有祠堂、族产和族谱的鲁中宗族并不普遍,多数宗族的族产主要是祖林墓地以及有关世系碑刻(墓碑、先茔碑或谱碑)。⑤ 由于鲁中山地宗族的族产匮乏,在人才培养和捐贡上力不能及,所以也未能形成强有力的士绅阶层。而士绅的作用得不到发挥,宗族在地方社会的合法权威就不能有效建立。这种不依赖于族产而形成的宗族实际上是一种以世系观念为核心的宗族范畴

---

① 葛延瑛修,孟昭章等纂:《重修泰安县志》,卷一之三十四、三十五。
② 如民国《重修泰安县志》氏族志中的城宫汪氏、青州张氏、杨家桥张氏等。
③ 宁阳县地名委员会办公室编:《宁阳县地名志》,鲁泰出内部资料(93)N-18,第 132 页。
④ 新泰市地名委员会办公室编:《新泰县地名志》,北京:新华出版社,1992 年,第 216—224 页。
⑤ 杜靖认为,一般说来,华北社会里的宗族绝大部分拥有族谱和一定数目的族产,但大部分是没有家庙的宗族世系群。见氏作:《闵氏宗族及其文化的再生产——一项历史结构主义的民族志实践》,中央民族大学博士学位论文,2005 年。

(category),证明了宗族构成的基本条件是系谱关系,而不是经济因素。[①] 靠系谱关系在观念上形成的宗族必然也要选取抽象化的宗族纽带,祖先崇拜及其墓祭仪礼就是鲁中山地宗族最为常见的宗族组织形式。

对鲁中宗族前几个世代的迁居情形分析,该地宗族主要是继承性宗族,一旦形成依附式宗族也不愿意轻易脱离,所以合同式宗族在鲁中地区并不发达。大宗的各个分支一般均分散在附近村庄,远迁的宗支也有较为明确的世系来源。宗族组织主要是特定区域的血缘世系群,很少形成大跨度的地域联合体。由于外界经济和地理环境的变化较小,自然资源较为贫乏,宗族各支发展也较为均衡。没有大规模的宗族组织,也没有形式完备的宗族组织,宗族集体活动限于每年少数几次祭祖,宗族的共有财产更是不普遍。由于族谱的修订时间是宗族组织规模的一个发展指标,以此来看鲁中宗族形成实体组织普遍较晚。

明代宗族的发展在清初应该受到比较大的破坏,许多宗族对于明代宗族历史都是依靠记忆和传说建构的。鲁中山地宗族组织化的跳跃性十分突出,许多明代移民宗族到清代初期,甚至同治以后才修谱。反映出世系因战乱和不断迁移而时有打断,宗族的反复重建成为该地的普遍现象。近代以来特别是民国以后,北方社会利益方向和取利方式发生大的变革,工业化导致农民身份和居住形态变化,宗族组织又面临解体的危机和新生的挑战。

宋金以后,鲁中山地绝大部分纳入到独立的行政体系之中,其文化的整合作用得以加强,对外也显示出较为一致的文化风貌。这种统一的文化风貌正是明清时代鲁中山地宗族发育的历史背景。宋代以来的北方社会就是一幕幕历史剧,不断重复上演着毁灭与重建的故事。宗族就是这些历史剧的主角之一,在一个个历史循环中重复着世系的断裂与再生。在每一个历史时期,展现在我们眼前的是似曾相识,但又各有风景的画面。从宋金的石谱到蒙元的先茔碑再到明清的谱碑,宋元以来山东地区的宗族发展,似乎经历了一条与南方宗族旨趣相异的路径。

作者简介:周晓冀,泰山学院助理研究员。

[①] 陈其南:《家族与社会——台湾与中国社会研究的基础理念》,台湾:联经出版事业公司,1991 年,第 217 页。

宗法与国法:从高谊看民国族谱编纂的现代性

朱新屋

【摘　要】宗法作为宗族建立的基础,随着时代的变化而变化。在清末民初现代民族国家建立的情况下,原有宗法系统如何与现代国家法律体系相接榫,体现出某种程度的宗族现代性成为重要问题。通过对乐清乡绅高谊的族谱编纂活动进行分析,可以看到由于高谊将族谱视为"实为一方文献所关"的乡邦文献,并提升到与国史和方志等量齐观的高度,因此在编纂族谱时扬弃古法,推陈出新,并将现代国法引入到宗族宗法中,具体表现在庶子、遗产继承、养子及私生子和配偶等方面。这种因时制宜的谱例创制,在客观上体现出民国族谱编纂的现代性特征,在主观上反映了高谊由爱乡而爱国的文化逻辑。

【关键词】高谊;宗法;国法;族谱;现代性

宗法作为宗族建立的基础,随着时代的变化而变化。比如学界对明清宗族的研究指出,随着士庶观念的变化,逐渐形成了近世宗族制度的新规范,即呈现出"宗法庶民化"的倾向。① 这种新规范下的地方宗族,在实践层面上成为建立正统化地方秩序的基本方式。② 具体到宗法理论来看,最迟到清代就发展出"礼以义起,权不反经"的宗法变革理论,在原大宗法的宗族礼制下产生出小宗法制,形成大小宗法相结合的宗族形态。③ 然而清末民初时期,中国宗族的发展面临新的时代环境——尤其是随着现代民族国家的建立,宗法与国法之间如何接榫,或作为理论基础的宗法如何随着这种时代环境进行自我调适等问题,却迄今为止尚未引起学界的重视。④ 盖因学界对明清宗族的研究较多,对近代宗族的研究较

---

① 郑振满:《明清福建家族组织与社会变迁》,北京:中国人民大学出版社,2009 年,第 172—182 页。
② 科大卫、刘志伟:《宗族与地方社会的国家认同——明清华南地区宗族发展的意识形态基础》,《历史研究》2000 年第 3 期。
③ 冯尔康《清代宗族制的特点》《清人"礼以义起"的宗法变革论》,《顾真斋文丛》,北京:中华书局,2003 年,第 268—286 页、317—353 页;冯尔康《18 世纪以来中国家族的现代转向》,上海:上海人民出版社,2005 年,第 91—130 页。
④ 张佩国和刘立新《中国古代家法与国法的相关性探析》(《山东法学》1997 年第 2 期)曾宏观讨论中国古代的家法(实与宗法有别)与国法的关系,但未涉及近代(特别是民国)民族国家建立以后的情形。另外杜正贞曾以新发现的龙泉司法档案为材料,围绕当地季氏家族 1929—1932 年修谱前后所发生的诉讼档案,展现了宗族在近代社会、法律演变背景下的主动调适和转变,可见其讨论主题与本文庶几近接。参见杜正贞《民国时期的族规与国法——龙泉司法档案中的季氏修谱案研究》,《浙江大学学报(人文社会科学版)》2014 年第 1 期。

少,故相关论述付诸阙如。① 为此本文拟以乐清高谊为例,通过分析其族谱编纂等活动,讨论民国时期宗法与国法的交织互动及其背后的现代性。

一 宗谱与史志

高谊(1868—1959),字步云,号心博(一作性朴),晚号薏园,温州乐清北白象镇人。其一生经历晚清(1868—1911)、民国(1911—1949)和共和国(1949—1959)三个时期,虽然高谊自谦"予自念生平行踪不广,文章不足以惊人"②,然揆诸其生平亦并非乏善可陈。据《高谊集》编注者高益登论断,"(高谊)先生一生事业,荦荦大端者有三:教书育人、整理乡邦文献、著述"③,此说虽稍嫌简略而颇切中肯綮,于高谊生平差足论断。概言之,高谊虽生于晚清而科名不高:自光绪十三年(1887)补县学生员后,至光绪二十五年(1899)始补廪生。期间与黄式苏(1874—1947)同入梅溪书院从陈黻宸(1859—1917)求学。光绪二十九年(1903)以官费留学日本,进入早稻田大学,不料"一月东渡,府君(指高谊父高美东[？—1903])于九月亡"④,高谊闻讯急归,留学事业遂告中断。光绪三十二年(1906)应陈黻宸之聘,高谊赴两广方言学堂任教,前后凡四年(1906—1910)。此后长期居乡,参与创办学堂、讲授国学、整理乡邦文献等地方公共事务。

从生平经历可以看出,高谊是中国近代"过渡时代"(梁启超语)典型的地方乡绅。这类乡绅不仅在自然时间上生于清末民初,而且其在清末时期的功名/科名、民国时期的职位乃至共和国时期的经历,都介于官、民之间。尤其是在清末民初,先后经历了科举制度的废除、新式学堂的建立等转折性事件,使得这些传统士绅不断被边缘化,而被边缘化后的知识分子又借助参与地方公共事务的契机,成为影响那个时代的重要力量。⑤ 高谊甚至在家族文献——《高氏族谱世传》中,也毫不隐瞒自己的心曲,认为"夫士生斯世,上既不能为国效劳,下亦当为地方殚其义务,以公之所能者推而大之,其设施必有可以自见者,是足为一族

---

① 中国宗族研究的学术史可参见:常建华《二十世纪的中国宗族研究》,《历史研究》1999 年第 5 期;常建华《近十年晚晴民国以来宗族研究综述》,《安徽史学》2009 年第 3 期;常建华《近十年明清宗族研究综述》,《安徽史学》2010 年第 1 期。中国近代宗族的概述性研究可参见程维荣:《中国近代宗族制度》,上海:学林出版社,2008 年,尤其第 259—280 页。
② 高谊著,高益登编注:《高谊集》,北京:线装书局,2013 年,第 66 页。
③ 高谊著,高益登编注:《高谊集》,"前言",第 2 页。
④ 高谊著,高益登编注:《高谊集》,第 166 页。
⑤ 罗志田《近代中国社会权势的转移——知识分子的边缘化与边缘知识分子的兴起》,《开放时代》1999 年第 4 期。高谊《送钱实秋大令叙》很能体现这种"边缘性"特征:"国家革新以来,天下崇尚武力,士往往有白身起为官吏,故其时知县事者,皆出自行伍,而读书积学之儒,或不得宰一邑自效。然当兵革未息,山海僻县,非得强悍之能吏,不足以资镇摄。迨时局稍定,县令既由考选,然后儒吏可以显其才。顾儒吏之得民,恒不如能吏之得民为较易易也,是何故哉?"很显然,高谊在这里是以"儒吏"或"读书积学之儒"自况。参见高谊著,高益登编注《高谊集》,第 143 页。

之矜式焉"①。后来更在《洪潜园先生八十寿言》中明确地说,"士有怀抱异材,每思储所学以见之用,而困于知遇,既不获大用于时,惟是役志盐车,但于乡邑间小试其技。盖生值危邦,不得已寄寓于此"②。说人兼带言己,"生值危邦"正是高谊及其同时代乡绅的共同命运。

在"生值危邦","上既不能为国效劳"的情况下,高谊将目光转向"为地方殚其义务"。以往学界普遍强调其参与许蟠云(生卒年不详)③组织设立的"征辑乡哲遗著会",如孙延钊(1893—1983)为《蒉园文钞》所作序言中指出,"窃叹身丁革代而能力扶桑梓文献于存亡绝续之交"④,编注者高登云亦对此高加褒扬,谓"其时先生以望七之年负此重任,每集会虽风雨必渡江而往……对温州地区文献网罗,和今日乐清文献的整理,贡献实大"⑤。这种论断当然符合实情。然而对于高谊参加"征辑乡哲遗著会",整理乡邦文献之事,不能就事论事,忽略其背后更为深刻和细致的观念脉络,即高谊参加此事背后的学理因素需要被解释。为此需要从高谊自身的论述出发。在《石船刘氏宗谱序》中,高谊在比较完自己对史、志和谱的参与程度之后,不无自豪地表示,"邑中故家旧牒,经予编订,不下数十家"⑥。因此参与地方宗族建设活动,实际上最能体现高谊的学行。

为便于叙述,兹将高谊参加宗族建设活动情况整理列表如下:

表1 高谊参加各种宗族建设活动简表

年份	活动	出处
民国甲寅(1914)	撰写《赵蔚斋先生重修三重间家谱序》	《高谊集》第346—347页
民国乙卯(1915)	撰写《蟾屿黄氏房谱序》	《高谊集》第62—63页
民国庚申(1920)	撰写《溪头孙氏小宗祠记》	《高谊集》第234—235页
民国癸酉(1933)	编纂《高氏贵六公房谱》	《高谊集》第51—56页
民国癸酉(1933)	重修高氏宗祠	《高谊集》第397页
民国丙子(1936)	撰写《重修西门傅氏宗谱叙》	《高谊集》第60—62页
民国丙子(1936)	撰写《油车郑氏小宗祠记》	《高谊集》第232—233页
民国丁丑(1937)	修纂《瑶川朱氏宗谱》	《高谊集》第323页
民国丁丑(1937)	撰写《朱氏姓源世系记》	《高谊集》第287—290页

---

① 高谊著,高益登编注:《高谊集》,第176—177页。高谊曾多次表达这种观点,如在《〈厚庄续集〉跋》中写道:"夫士生斯世,上既不获经邦论道,以奏吁谟;下又不获交当代名公巨卿,以征谠论。而惟是僻处荒江,杜门著述,龈龈焉服从经训,以表章先哲为事,其志亦足哀已";在《〈乐园吟草〉叙》中写道:"窃谓人生为学,既不获大显其用,而仅仅托于诗词以自见,固已厄矣";在《〈街南吟草〉叙》中又说,"盖茂才有远志而厄于科第,无所发泄,乃托之于是,以为花被风吹,吾身不能自主,长叹之歌,醉尉之呵,古人同兹恨事"。参见高谊著,高益登编注:《高谊集》,第129、138、350页。
② 高谊著,高益登编注:《高谊集》,第296页。
③ 刘国铭主编:《中国国民党百年人物全书》(上册,北京:团结出版社,2005年,第585页)载:许蟠云,浙江黄岩人。1936年6月29日任浙江省第八区行政督察专员,1937年1月15日兼任保安司令。1937年11月26日至1946年5月7日任浙江省政府委员。1948年当选立法院立法委员、立法院海事委员会委员。
④ 高谊著,高益登编注:《高谊集》,第5页。
⑤ 高谊著,高益登编注:《高谊集》,"前言",第3页。
⑥ 高谊著,高益登编注:《高谊集》,第351页。

续表

年份	活动	出处
民国戊寅(1938)	撰写《重修横春张氏房谱叙》	《高谊集》第139—140页
民国己卯(1939)	撰写《重修前黄杨氏谱叙》	《高谊集》第343—344页
民国甲申(1944)	撰写《石船刘氏宗谱序》	《高谊集》第351—352页
民国乙酉(1945)	修纂《湖横刘氏族谱》	《高谊集》第398页

资料来源:高谊著,高益登编注:《高谊集》,北京:线装书局,2013年。

从表中(表1)可以看出,高谊最为集中参加乐清地方宗族建设活动,是从民国三年(1914)开始的。对于那个时代的乡绅来说,正是"国家革新"的时代①。此后虽历经三次国内革命战争和抗日战争,高谊的宗族建设活动从未终止,尤其体现在族谱编纂上——虽无法逐一核实高谊自称的"不下数十家",但仅《高谊集》就可见十三处,因此族谱编纂成为理解高谊的(最)重要事件。

检视《高谊集》中的相关论述,高谊之所以不厌其烦、坚持不懈地参与地方宗族建设活动,与他"以谱虽为一族生齿所系,而实为一方文献所关"的族谱定位和"将以备修方志者之采择"的修谱目的有关。②对此前引《石船刘氏宗谱序》有更为详细的论述:

> 士不获弭笔于朝,充史馆之选,以纪国家之掌故,降而修举方志,表章一省之文献,国家犹倚赖之。虽然国有史,省有志,族有谱,一也。修一国之史,而不采各方之志乘,则史无所依;修一方之志,而不采族姓之谱牒,则史志无所稽。是故史体竖而志体横。惟竖,故贵简;惟横,故贵详。而谱则具史之要,修志之征。③

由此可见,因为认识到"知制度由上而下,采撷必由下而上"④,因此高谊将谱牒与方志、国史等量齐观,以国—史、省—志、族—谱的结构,对应为"一方文献"从高到低三个层次,而且这种对应结构及其构成的层次关系又并非各自独立,而是彼此互为基础,相辅相成,所谓"修一国之史,而不采各方志志乘,则史无所依。修一方之志,而不采族姓之谱牒,则史志无所稽"。学界或通常会认为,类似"家之有谱,犹国之有史"的话语是族谱编纂中的模式化表达,并不具有实际意义。然而于高谊而言貌似并非如此。在《高谊集》中,"一方文献"或类似的提法前后出现过六次。⑤高谊甚至对清代章学诚(1738—1801)极为推崇,前后曾两次引用章学诚《答戴东原书》中"一方文献不与及时搜罗,他日将有放失难稽,湮没无闻者"语,并表示"予之于谱事亦复如是"⑥。因此如果说参加"征辑乡哲遗著会"是

---

① 高谊著,高益登编注:《高谊集》,第143页。
② 高谊著,高益登编注:《高谊集》,第55页。
③ 高谊著,高益登编注:《高谊集》,第351页。
④ 高谊著,高益登编注:《高谊集》,第291页。
⑤ 高谊著,高益登编注:《高谊集》,第55、55、117、136、298、351页。
⑥ 高谊著,高益登编注:《高谊集》,第55、291页。章学诚原话是:"若夫一方文献,及时不与搜罗,编次不得其法,去取或失其宜,则他日将有放失难稽,湮没无闻者矣。"参见章学诚《记与戴东原论修志》,《文史通义》,第8卷,北京:中华书局,1985年,第277页。

高谊史志观念下的整理性总结,那么参加地方宗族建设活动,就应当视为高谊宗谱观念下的创造性实践。①

二 古法与新例

既然高谊将族谱编纂视为"一方文献所关",可"备修方志者之采择"的重要事业,那么高谊在创造性实践中以"一方文献"的标准,参加民国乐清地方族谱的编纂活动就值得详细考察。考诸学术史可知,中国族谱编纂的范例向有欧(阳修)式和苏(洵)式两种典范,即元人高纳麟(1281—1359)所谓"士大夫家谱牒之书,所以识源流、纪本末、别同异……谱牒之名,则起于嘉祐时欧阳永叔公、熙宁时苏老泉之手也"②。此后"欧苏遗式"成为历代文人族谱编纂的圭臬。其中"欧法五派起横图,有讳字、官爵、无生聚卒葬;苏法六派起直图,有讳、有寿数、卒日、有传、有娶、无葬所",由此可见"欧未善,苏亦未广"③。学者对欧、苏两种谱法的优劣有所论述,谓"欧式"虽然可直观展现家族传承次序,"但往往由于兄弟众多而产生大量空行,增加族谱篇幅";"苏式"虽然没有空页,同辈关系一目了然,但父子往往相隔很远,家族世系传承并不清楚。因此历来族谱编纂并不单纯用欧氏或苏式,而往往兼而用之,各避其短而能用其长。

高谊的族谱编纂也不例外。只是到了高谊生活的年代,又出现了三种较有代表性的族谱编纂体例,虽总体上不出欧式、苏式两种,但在某些细节的处理方面表现出自身的特点,即明代张璁(1475—1539)、清代法坤宏(1699—1785)和纪晓岚(1724—1805)。其中张璁为温州龙湾人,尝于明代正德元年(1506)编纂《普门张氏族谱》,强调族谱编纂应"溯源本以黜其窃冒,图宗支以明其嫡庶,分妻妾以严其嫡媵,正名讳所以别尊卑,列行第所以次少长,纪什作以示无泯祖父之善行,识祠墓以谨岁时无忒于享纪"④;法坤宏为山东胶州人,尝于乾隆中期修建祠堂和编纂族谱,在《胶西法氏宗祠记》和《叙次宗谱例言》中,对祠堂和族谱编纂中的大宗、小宗之法进行详细论述,再次强调《礼记》"别子为祖,继别为宗,继祢者为小宗。有百世不迁之宗,有五世则迁之宗"的正统含义,规定"干犯名义者不书,逃入二氏者不书,螟蛉抱养者不书,不详所出者不书,防乱宗也"⑤;纪晓岚尝于雍正癸丑年(1733)修辑族谱,并在《景城纪氏家谱序例》中对欧式、苏式谱例进行了详细品评,在此基础上增

---

① 高谊曾说同乡刘绍宽(1867—1942)"先生之学,多造就于其乡,故乡人观念尤深",未始不是高谊的夫子自道。参见高谊著,高益登编注:《高谊集》,第314页。
② 转引自杨冬荃:《中国家谱起源研究》,中国谱牒学研究会编《谱牒学研究》(第1辑),北京:书目文献出版社,1989年,第49页。欧式参见欧阳修《欧阳氏谱图序》,欧阳勇、刘德清编著:《欧阳修文评注》,南昌:江西人民出版社,2012年,第247—251页;苏式参见苏洵《谱例》,苏洵著,曾枣庄、金成礼笺注:《嘉祐集笺注》,上海:上海古籍出版社,1993年,第14卷,第373—378页。
③ 寻霖、刘志盛:《湖南刻书史略》,长沙:岳麓书社,2013年,第527—529页。
④ 张璁:《族谱序》,张璁撰,张宪文校注:《张璁集》,上海:上海社会科学院出版社,2003年,文稿第2卷,第407—408页。
⑤ 法坤宏《叙次宗谱例言》,贺长龄辑,魏源编次:《皇朝经世文编》,魏源全集编辑委员会编校《魏源全集》,第16册,第58卷《礼政六·宗法上》,长沙:岳麓书社,2004年,第279页。

益了《族居记》《茔墓图》和《联名纪世图》,原因是"益以族居记,惧浃也;益以茔墓图,惧湮也;益以联名纪世图,惧紊也"①。作为"邑中故家旧牒,经予编订,不下数十家"的族谱编纂专家,高谊自对欧式、苏式、张式、纪式和法式的族谱编纂体例相当熟稔,"顾予观谱例之善者,宋有欧阳氏、苏氏,至清则有纪氏、法氏、吾瓯张氏,义例精详,久为世人所采取"②,这五种谱法也就构成高谊所谓的"古法"。

尽管如此,高谊也不时对这五种古法表示不满。如对于"欧式",高谊认为"夫欧氏固所称精于谱牒之学者,而犹不免拘于俗见,则何怪后之治谱牒者欲尊其氏族,皆妄引前代达官以相夸耀,此盖非一日之故也",并引曾国藩(1811—1872)言予以评述,"曾涤生氏尝言:欲重订家乘,述其可知而差其可疑者,区为别录,不求尽合于欧氏,宁无深意耶"③。可见熟悉古法而又不拘泥于古法,而是"或遵宋欧、苏氏与清纪氏之法,或参以近时之律例,务求可以施行,不泥于古,亦不背于今"④,因时制宜,从"古法"中参出"新例",成为高谊族谱编纂体例形成的基本过程。在民国己卯年(1939)所撰《重修前黄杨氏谱叙》中,高谊对杨听胪、杨传化、杨岩彬和杨邦金等重辑族谱的方法深表赞同:

> 其与习惯例不肯者,或从欧氏,或从苏氏,或从纪氏,或从法氏,或从张氏,绝无所容心于其间,之所安于其间。所谓述其可知而差其可疑者,务求吾心之所安,不苟从古人之非,不偏信今人之是。予于兹谱如实焉而已。⑤

"予于兹谱如实焉而已"一语,似道出高谊自身编纂族谱的体例,与杨听胪毋宁颇为相似。其最相似之处在于"能阙众疑",所谓"惟本曾氏阙疑之旨,于其不疑者易其名而从其义;其旧阙者则详采而增订之;其有在所表彰而未经表彰者,特表而彰之"⑥。可见高谊综合古法并从中参出新例,故对《西门傅氏宗谱》"参用欧、苏,而其例与纪氏、法氏、张氏暗合者"深表褒扬。显然这种办法也被高谊用来高氏族谱上。这点从《高氏贵六公房谱》的文本结构即可看出:

表2 《高氏贵六公房谱》的文本结构

文类卷数	具体内容
谱目弁言一卷	为叙、为宗规、为例言

---

① 纪晓岚《景城纪氏家谱序例》,纪晓岚著,孙致中、吴恩扬、王沛霖、韩嘉祥校点:《纪晓岚文集》,石家庄:河北教育出版社,1991年,第1册,第8卷,第173—178页。同时收入贺长龄辑,魏源编次:《皇朝经世文编》,魏源全集编辑委员会编校:《魏源全集》,第16册,第58卷《礼政六·宗法上》,第269—271页。
② 高谊著,高益登编注:《高谊集》,第61页。
③ 高谊著,高益登编注:《高谊集》,第343页。
④ 高谊著,高益登编注:《高谊集》,第54—55页。
⑤ 高谊著,高益登编注:《高谊集》,第344页。
⑥ 高谊著,高益登编注:《高谊集》,第344页。高谊对欧式谱例的不满,原因之一就在于欧阳修(1007—1072)对阙疑部分不加考证,所以高谊批评道"夫欧氏固所称精于谱牒之学者,而犹不免拘于俗见,则何怪后之治谱牒者欲尊其氏族,皆妄引前代达官以相夸耀,此盖非一日之故也。曾涤生氏尝言:'欲重订家乘,述其可知而差其可疑者,区为别录,不求尽合于欧氏。'宁无深意耶"?参见高谊著,高益登编注:《高谊集》,第343页。

续表

文类卷数	具体内容
图象一卷	为原系图、为祖象、为宗祠图、族居图、茔墓图、坊表图、学塾图
表九卷	为世系表、支系表、户口表、生齿兼人寿表、居民职业表、共产表、私产表、科举表、始祖以下职官表、学系表、功绩表、迁徙表
志一卷	为宗祠志、茔墓志、祭祀志、宅里志、迁徙志、田产志、学塾志、阙疑志
世传二卷	余修《贵六族谱》,于族人不问尊卑男女,凡有事行可传,必求其征实者,为立传以表之。采其旧而增其新,务在绝浮夸而无溢美。为《世传》二卷,亦纪功录贤之意尔。
附刊二卷	

资料来源:高谊著,高益登编注:《高谊集》,北京:线装书局,2013年,第55、174页。

显然《高氏贵六公房谱》与明清时期的许多族谱表现出明显的体例差异,如族居图、茔墓图、迁徙表、茔墓志、迁徙志、阙疑志等,都带有高谊个人的明显印记。① 这些印记又来自高谊拟定的《盘谷高氏贵六公房谱例言》。

《盘谷高氏贵六公房谱例言》共有十五条,其中有九条直接与前述欧式、苏式、张式、纪式和法式五种古法对话。从对话中可以看出哪些遵从了"古法",哪些又生出了"新例"。如第四条对人物生卒年的记载,"谱详生卒于名下",是遵苏式法的古法;"兹定生存者不限年岁,死亡者惟下殇摈不之书",则是时代新例;第十三条对家族科名/功名的记载,"士子以入庠有贤田,乡会试给宾兴,登甲第魏科则建坊,庶人行孝妇女贞节,则有旌,所以褒贤也",是为遵张氏法的古法;"列《学系表》于《科举表》之后,并议定贤田不分男女,凡已入门之妇及未嫁之女,如系毕业中学,均得收贤租。宾兴亦然。而《学系表》不论男女虽高小毕业,皆得附列,亦奖学之意也",则是时代新例②。由于高谊将宗谱作为文章(学术)之一种,并且提升到"一方文献所关"的高度,因此在创新吸收欧式、苏式、张式、纪式和法式五种古法的过程中,对族谱编纂细节的调整和修正不厌其烦,同时对族谱中的阙疑详加考证,所谓"搜探不厌其详,篇幅不嫌其冗",陈谧(1902—1966)谓高谊之学"其言盖深于史者也"③,信然。

同时还要指出,高谊从古法到新例的族谱编纂,绝不仅仅局限于《盘谷高氏贵六公房谱》,对其所编订的"不下数十家"谱牒亦复如是。特别明显地表现在对大宗、小宗的论述方面。在《溪头孙氏小宗祠记》中,高谊开篇即言:

昔先儒有四宗之说:凡宗其为高祖后,宗其为曾祖后,宗其为祖后,宗其为父后者,皆谓之宗。是故有百世之宗,即有四世、三世、两世之宗。盖自周设太宰,"以九两系邦国之民……五曰宗,以族得民",是知民之有族者,皆得有宗。若族既别迁,则立其大宗

---

① 这些体例中有不少来自张璁的启发,如《迁徙表》来自张璁《迁徙谱》,《茔墓图》来自张璁《祠墓谱》等等,参见高谊著,高益登编注:《高谊集》,第58—59页。
② 高谊著,高益登编注:《高谊集》,第59页。
③ 高谊著,高益登编注:《高谊集》,"陈谧序",第9页。

以为宗者,自不得不立小宗以为宗焉。①

这种"民之有族者,皆得有宗"的看法并不新鲜,早在此前梁启超(1873—1929)《先秦政治思想史》中就已提出。② 所可贵者出于"族虽徙,而宗自存"的目的,提出"既有大宗,尤不可不立小宗"的看法。如以溪头孙氏家族为例,"自迁居车头以来百余年,族中子孙日繁,今立小宗为宗,徼独妥厥先灵,使轮祭者知所尊,以以示别于大宗而宗其所亲,庶族属之情日固",原因无非是"古宗法虽久不行而子孙散处于他方,要自有相系相维之道",而实行小宗法很显然就是"相系相维之道",从而能"各知得所宗而以收族为事"③。可见即使对于大宗、小宗的论述,高谊亦能不拘泥于古法(这里指"三礼")而能综合创新。

三 宗法与国法

前此从《盘谷高氏贵六公房谱例言》的部分分析中,可以看出高谊从欧式、苏式、张式、纪式和法式五种古法中,综合创制出新例,并更为具体细致地运用到《盘谷高氏贵六公房谱》的编纂中来。然而这种"新例"只是高谊参酌己意的结果,带有强烈的个人偏好,与张璁、纪晓岚和法坤宏之调整和修正欧式、苏式谱例并无本质上的差别,因此也很难说体现了高谊所处的时代境况。④ 然而实际上《盘谷高氏贵六公房谱例言》(共十五条)所涉及的宗法其内容非常全面,范围非常广泛,高谊所谓"或遵宋欧、苏氏与清纪氏之法,或参以近时之律例",颇能体现那个时代的参照,也是高谊族谱编纂的现代性的体现。其中所谓"或参以近时之律例",当然并不是清末民初族谱编纂中所采用的(新)"宗法",而是带有现代民族国家色彩的政府律法。或者说将族谱编纂的"宗法"与现代国家的"国法"相结合,才是高谊族谱编纂的时代意义所在。毋庸置疑,这里所说的"国法"(或"近时之律例")指的是《中华民国民法典》。

在高谊《盘谷高氏贵六公房谱例言》十五条中,有四条(长条)与国法直接相关,主题依次涉及庶子、遗产继承、养子及私生子、配偶。为便于行文论述,兹将《盘谷高氏贵六公房谱》中的宗法和国法对照列表如下:

---

① 高谊著,高益登编注:《高谊集》,第234页。"以九两系邦国之民……五曰宗,以族得民"原文是:"以九两系邦国之民:一曰牧,以地得民。二曰长,以贵得民。三曰师,以贤得民。四曰儒,以道得民。五曰宗,以族得民。六曰主,以利得民。七曰吏,以治得民。八曰友,以任得民。九曰薮,以富得民。"参见吕友仁译注:《周礼译注》,郑州:中州古籍出版社,2004年,第31页。
② 梁启超:《先秦政治思想史》,天津:天津古籍出版社,2003年,第45—48页。
③ 高谊著,高益登编注:《高谊集》,第234—235页。
④ 如高谊对大宗、小宗的看法,与明代项乔(1493—1552)并无不同,均是因时制宜的结果。参见朱新屋、裴氏清香:《宋明宗法庶民化的历史形态——以项乔的家族建设为例》,曹凌云主编:《明人明事——浙南明代区域文化研究》,北京:人民出版社,2012年,第100—116页。

表3 《贵谷高氏贵六公房谱》中的宗法与国法

主题	宗法	国法
庶子	古法尊嫡而卑庶,纪氏于庶子不书所生母;妇改氏者,或书庶氏之母。今法禁重婚而不禁娶妾,至对于庶子女,法定与婚生子女无异。兹于旧系庶出之子,必书所生母,示与嫡出无别。晋王氏之婚,不讳离婚。妇虽改适,应于其夫名下直书改适某,或于其子名下直书母某氏改适某。	有配偶者不得重婚。（第985条）
遗产继承	旧律遗产之继承,惟限于直系卑亲属之男子,而妇女不获有继承权。今法定为顺序继承人:一直系亲卑亲属,二父母,三兄弟姐妹,四祖父母。此外,配偶有相互继承遗产之权。兹谱于本房遗产之不能解决者,特酌参现时趋势,依民法一一三八条及一一四四条立继承通例,庶与法定相符。案:本房有子姓出继他姓或他房者,向例仍混给本房祭享之酒食与丁银,甚有离乡已逾数十年,其亲属仍来冒领丁银。兹经议定:自廿四年起,凡出继出亡之子姓,既与继承权无关,于本房应一律停给酒食与丁银。	遗产继承人除配偶外依左列顺序定之:一、直系血亲卑亲属。二、父母。三、兄弟姊妹。四、祖父母。（第1138条）配偶有相互继承遗产之权,其应继分依左列各款定之:一、与第一千一百三十八条所定第一顺序之继承人同为继承时,其应继分与他继承人平均。二、与第一千一百三十八条所定第二顺序或第三顺序之继承人同为继承时,其应继分为遗产二分之一。三、与第一千一百三十八条所定第四顺序之继承人同为继承时,其应继分为遗产三分之二。四、无第一千一百三十八条所定第一顺序至第四顺序之继承人时,其应继分为遗产全部。（第1144条）
养子及私生子	古法养子及私生子例不入谱。法坤宏氏所谓"螟蛉抱养者不书,不详所处者不书,防乱宗也"。今法非婚生子女经抚育或认领者,于继承财产与婚生子女同。近世张氏于鞠子特汇为一卷,分别支派,冠以某翁鞠子,详世配生卒茔墓于表中,附事实、艺文于卷末,于世系但识以尖圈,示与亲子有别。此法颇可采用。本房于鞠子外,有典妻之子,实类乎私生子。兹特揆度人情,参酌国法,拟拼用张氏鞠养谱例,准其入谱。惟于本人名上用圆圈内加以圆点,于名下注明养子,以免再传之淆乱也。至对于祀产与丁银则议从习惯例,仍不得与亲生子女一律享受,但该房愿归轮收或给与者听便。	收养他人之子女为子女时,其收养者为养父或养母,被收养者为养子或养女。（第1072条）养子女与养父母之关系,除法律另有规定外,与婚生子女同。（第1077条）
配偶	谱重配偶。古法凡属宗亲,禁止结婚,而并不禁辈分相同之姻亲。法氏于干犯名义者不书,张氏于服属未绝而干犯名义则革其后夫之行次,于改适无服之族则革其姓,加方空曰□氏,恶渎乱也。今法亲属结婚之限制,惟直系血亲,姻亲与旁系血亲,姻亲辈分不同者,例在禁止。至于旁系血亲在八亲等以外,姻亲在五亲等以外,不在此限,取解放之意也。兹拟旁系血亲在八亲等以内结婚,则仿张氏例,革其后夫之行次,作方空,所谓服属未绝而干犯名义也;其旁系血亲在八亲等以外结婚,但于世系名上圆圈内加以方形,示与宗亲结婚有别,盖参用善良之习惯也;至于旁系姻亲,在五亲等以内结婚,在谱例未施行以前发生者,不加惩诫。自谱例定,违者亦拟张氏惩诫宗亲结婚之例,革其名字作方空。至于渎伦以外,若犯劫盗之罪,伤人性命,应于世系名上圆圈识以尖角,以昭惩戒。	与左列亲属不得结婚:一、直系血亲及直系姻亲。二、旁系血亲及旁系姻亲之辈分不相同者。但旁系血亲在八亲等之外,旁系姻亲在五亲等之外者,不在此限。三、旁系血亲之辈分相同,而在八亲等以内者。但表兄弟姊妹,不在此限。前项姻亲结婚之限制于姻亲关系消灭后亦适用之。第一项直系血亲及直系姻亲结婚之限制于因收养而成立之直系亲属间在收养关系终止后亦适用之。（第983条）

资料来源:(1)高谊著,高益登编注:《高谊集》,北京:线装书局,2013年,第56—60页;(2)上海文明书局编《中华民国民法》,上海:文明书局,1931年。

两相比较,可知高谊在编纂族谱时,其所采用的宗法吸收了国法的合理因素,其结果当然也为宗族发展赢得了合法性。对于《盘谷高氏贵六公房谱例言》中参酌国法以修正宗法的做法,高谊后来在民国丙子年(1936)撰写《重修西门傅氏宗谱叙》中有所总结:

> 予尝修《高氏谱》,于继承遗产及非婚生子女,例引现行民法。而于本人名下必注明事实,于名上则识以尖圈,以示别于宗亲或姻亲;结婚例引现行民法,而于七亲等五亲以内,则作方空以革其名;于七亲等五亲等以外,则识以长方圈,以示别从习惯例也。①

这种自我于他族族谱中自我展演的做法,显示出高谊对遗产继承、非婚生子女(养子及私生子)和结婚(配偶)等做法不无自满。《盘谷高氏贵六公房谱例言》正因其不论男女、不分嫡庶,仅区分养子私生子、禁止近亲结婚等做法,昭示了传统宗族(宗法)的现代性调适,拿高谊的话来说,是"取解放之意也"。②

案《中华民国民法》酝酿于 1928 年南京国民政府成立立法院时,至次年初始组织民法起草委员会,准备起草民法典。有感于清末立法中存在"醉心欧美,步武东瀛,所撰民律草案大半因袭德日,与本国固有的民事习惯考证未详,十余年来不能施行适用"的弊病③,这部民法典的起草接受胡汉民(1879—1936)和林森(1868—1943)"惟亲属、婚姻两编,对于本党党纲及各地习惯所关甚大"的提议④,"先行制定亲属、继承以解燃眉之急,在物权法与债权法制定完成之后,再将各个单行法组合成民法典。"⑤因此《中华民国民法》的编纂有意对宗族的宗法做出调整。经过一年多的酝酿,南京国民政府于 1929 年 5 月开始陆续公布、施行了民法典总则编、债编、物权编、亲属编、继承编。至 1931 年 5 月,民法典的五编全部公布施行,成为中国历史上第一部民法典。⑥ 高谊编纂《盘谷高氏贵六公房谱》是在民国癸酉年(1933),正值《中华民国民法》颁行两年左右时间。其时南京国民政府在形成以宪法、民法、商法(行政法)、刑法、民事诉讼法和刑事诉讼法为主体的《六法全书》以后,曾三令五申地训令各省广为印发,督促省、市、乡村各级官员,依托由政府设立的民众教育馆进行学习宣传。⑦ 举例而言,当时由阎锡山(1883—1960)主政的山西省,即不遗余力地发布训令和文告,专门培训及考核法律宣讲人员,甚至要求各杂志"选载切于实用之法令,期各省、县、区、村办公人员检阅方便"⑧。除了政策性因素以外,各地法律人也积极参与法律知识的传播。浙籍法律人的宣传活动尤为显著,如汪有龄(1879—1947)、梅仲协(1900—1971)、阮毅成(1904—1988)等甚至"以灌输法律新思想为己任"⑨。所有这些外在环境,都

---

① 高谊著,高益登编注:《高谊集》,第 61 页。
② 高谊著,高益登编注:《高谊集》,第 58 页。
③ 胡旭晨、夏新华等点校:《民事习惯调查报告录》,北京:中国政法大学出版社,2001 年,第 11 页。
④ 转换自程维荣:《中国近代宗族制度》,第 261 页。
⑤ 朱勇主编:《中国民法近代化研究》,北京:中国政法大学出版社,2006 年,第 154 页。
⑥ 叶孝信主编:《中国法制史(第二版)》,上海:复旦大学出版社,2008 年,第 372 页。
⑦ 周慧梅:《近代民众教育馆研究》,北京:北京师范大学出版社,2012 年。
⑧ 山西省史志研究院编:《山西通志》,北京:中华书局,1998 年,第 34 卷,第 61 页。
⑨ 吴斌:《法苑撷英——近代浙籍法律人述评》,武汉:华中师范大学出版社,2012 年,第 160—171 页。

一再影响到高谊对国法的认识。

然而如果将高谊对《中华民国民法》的认识理解为被动性或外生性接受,就大大低估了温州地方士绅的时代意识和国是关怀。要而言之,高谊的学行是在"生值危邦"的大背景下,"德与功不易立"而"不得已而以言见",在这种情况下,高谊认为"其言之所著,有足为人警戒者,而德与功亦往往借是以见。故与其多诔墓之文,不如多为醒世之文。其人所言者仅关于一人一家,则有言不如无言。其人所言者果系于风俗人心、社会国家,则言虽琐碎而可采"①。而究其"所言者"不能"仅关于一人一家"的观念,又根植于其"实一方文献所关"的宗谱与史志观念,所以即使是在《庄松圃先生七十寿言》中,高谊也不忘表达这种观点:

予尝谓文章之撰录要略于一人一家,而详于国家社会。纪一人一家言而与乡政国是相关,则其言自足以存;存其言即以备一方之文献,苟其言可存,而不为保存也,日必至于湮没而难稽。故搜探不厌其详,篇幅不嫌其冗。②

因为文章(包括史志和宗谱等)"实一方文献所关",所以"要略于一人一家,而详于国家社会",由此乃可将"乡政"与"国是"勾连起来。其之所以醉心于地方宗族事务,亦与这种观念密切相关,认为"夫国之本在家,家之本在身,不治其身,安能治其家。自民族之说倡,谈新学这辄鄙家族为隘,于是家不治而族不联,任恤之义不讲,而空言救国,坐至根本丧失,人心一散而不可收拾"③。这种强烈的时代意识造就了高谊强烈的时代自觉,于是"以维一族之人心以资人信仰,此虽施设于小村,而其所规抚者,推广以治乡国,自绰有馀裕焉"④,与同为温州籍士绅王毓英(1852—1924)毋宁具有同样的自治观念。⑤ 这种"求用于世"⑥的学行倾向成为影响高谊接受《中华民国民法》进而引之入谱的内在因素。

四 结 语

高益登指出,高谊(主要指《原民》)"有浓厚的民本思想,阐明民重君轻之义"⑦,私意以为这也是理解高谊族谱编纂的起点。由于高谊将宗谱与史志等量齐观,三者同为非仅"关乎一人一家",而是与乡政国是密切相关的学术/文章,同时"宜乎兹志所书,以民之职

---

① 高谊著,高益登编注:《高谊集》,第134页。
② 高谊著,高益登编注:《高谊集》,第298页。
③ 高谊著,高益登编注:《高谊集》,第339页。
④ 高谊著,高益登编注:《高谊集》,第339页。在这种观念主导之下,高谊认为"夫民俗之美恶,关乎治化之淳漓,而实关乎学术之得失"(高谊著,高益登编注:《高谊集》,第47页),又说"国学之兴隐,与政教相关系,能振一方之学风,以鼓励其士气,则他方必为响应。而即以此转移一代之政俗,且使后之闻风而起者,更递振作而未有已时"(高谊著,高益登编注:《高谊集》,第47页)。
⑤ 朱新屋:《由爱乡而爱国——从王毓应看晚清民初的地方自治》,《唐都学刊》2013年第2期。
⑥ 高谊著,高益登编注:《高谊集》,"刘绍宽序",第4页。
⑦ 高谊著,高益登编注:《高谊集》,"前言",第5页。

业为重"①,"若以齐民所萃之业,所产之品物,所居之地域,不详为捃摭,又向贵有此志,所以备修史者之裁择。为民而修此志,则兹志者,即国史亦谓民史。若集诸县之实录为一朝之史,即一朝之国史,为一朝之民史"②,因此族谱的编纂,就与国史和方志的编纂一样——如果说编修方志的目的是"以备修史者之裁择",那么编纂族谱的目的就是"以备修方志者之采择",这种族谱编纂观念影响了高谊的族谱编纂。

由于熟知历史上的各种谱例,高谊对欧式、苏式、张式、纪式和法式五种古法均有所扬弃。在体例方法和编纂内容诸方面,都既有对古法的继承,也有参酌时代因素而推出新例。恰因高谊编纂《盘谷高氏贵六公房谱》正值南京国民政府颁行《中华民国民法》并广为宣传之际,基于自身对族谱"实为一方文献所关"的价值定位,加上"立言"须从"一人一家"进而关乎"乡政国是"的学术观念,高谊在《盘谷高氏贵六公房谱》的编纂中(体现为《盘谷高氏贵六公房谱例言》)将宗族的宗法与现代民族国家的国法相结合,创造出新的族谱编纂范式,具体表现在庶子、遗产继承、养子及私生子和配偶等方面,从而吸收了国法的合理性因素也为宗族赢得了合法性。这种因时制宜的谱例创制,在客观上体现出民国族谱编纂的现代性特征,在主观上反映了高谊由爱乡而爱国的文化逻辑。

作者简介: 朱新屋,福建师范大学马克思主义学院讲师。

---

① 高谊著,高益登编注:《高谊集》,第291页。
② 高谊著,高益登编注:《高谊集》,第291页。

王朝制度、地方传统与宗族形态：闽南客家地区的"复合姓"宗族研究

朱忠飞

【摘　要】 在闽南客家地区存在大量复合姓氏的宗族存在形态，其产生的原因：一方面是明政府为了加强闽粤边界的控制，设置大量新县，越来越多的人群通过各种办法取得户籍，纳入到王朝国家的体系中，成为国家的编户齐民；另一方面，"复合姓"又是处于帝国边陲的人群，利用地方的文化传统，套用当时流行的制度，采取的一种文化策略。因此，"复合姓"这种文化现象是王朝制度逐渐渗透地方过程中同地方社会原有的文化传统结合的产物。

【关键词】 复合姓；王朝制度；地方传统；宗族形态

早期宗族研究认为，中国宗族制度注重血缘，重视血缘的纯正性。① 研究客家的学者，也强调客家血缘的纯正性。② 但在闽南客家地区却有大量两个姓氏组合而成的宗族存在形态，尤其是诏安二都最为突出，仅二都就存在张廖氏、王游氏、黄游氏、涂游氏、陈蔡氏等多个复合姓氏的宗族形式。学术界也注意到了"异姓联宗"或"复合姓"现象。③ 就这一现象存在的原因，钱杭概括为两个方面：其一为各姓间存在一定程度上的历史渊源；其二则是因为历史上发生过出继、兼祧或入赘等关系，而形成的松散性的地缘联盟。④ 这一分析解释了普遍性的异姓联宗与复合姓氏的问题，但对于具体历史时空中存在的复合姓问题，还需回归到地域社会的历史进程与文化传统中进行考量，才能找出更深层次的原因。笔者借助田野调查和族谱资料，把"复合姓"这种现象放到闽南客家这个特定的区域，从地方社会自身发展的脉络去考察"复合姓"产生的原因。

---

* 基金项目：2013年教育部人文社科项目（13YJCZH285）；2013年江西省高校人文重点研究基地招标项目（JD1327）。

① 冯尔康：《中国宗族社会》，杭州：浙江人民出版社，1994年。
② 罗香林：《客家源流考》，北京：中国华侨出版公司，1989年。
③ 钱杭：《血缘与地缘之间：中国历史上的联宗与联宗组织》，上海：上海社会科学院出版社，2001年，第358—387页；黄素龙：《生死异姓：潮汕姓氏中的奇特现象》，《寻根》2011年第5期；周荣：《百里洲的双姓谱与联姓地——明清两湖地区垸田开发和堤垸水利中的宗族关系探析》，收入饶伟新主编：《族谱研究》，北京：社会科学文献出版社，2013年，第250—270页。
④ 钱杭：《血缘与地缘之间：中国历史上的联宗与联宗组织》，上海：上海社会科学院出版社，2001年，第358—387页。

一 "生廖死张"与官陂张廖氏

在诏安二都的官陂镇,张姓占全镇总人口的96%,而张姓,又称为张廖氏,并在该地流传着"生廖死张"的说法。在官陂镇光亮村的张廖大宗祠禋成堂里,供奉着"始祖考廖三九郎公、妣邱氏三七娘之神主"和"正祖考元子张公、妣廖氏大娘之神主"的牌位。那么,为什么祠堂里的牌位既有始祖又有正祖?始祖姓廖、正祖姓张,他们又是什么关系呢?

清乾隆年间,十二世廖朝玉在《正祖张元仔传》中有记载:

> 元仔公,原姓张,字再辉……云霄和尚塘人也。幼读诗书,长知礼义,承先人之志事,欲光大之……藉游学以遍历都邑,择其尤者。至官坡,仰观土田胜景,山高而水清,平原浅草之间,一大都会也。低徊留之,不能去云。有廖三九郎者,见其英姿特达意,为非常之人,延至其家,尊为西席,稔知其行事,遂赘以女廖氏,田产财宝付公收管。公忠心义气,以婿而当子,岁在乙卯,生男友来公,即张廖之二世祖也。居无何,廖家有为恶、为大逆者,国法欲捕若人而诛之。时若人业已脱逃,累及通族,众相告语,以为此事谁敢出身?惟友来公一人,系张当廖,胆略过人,谋之捕兵,欲将友来公执之以塞其祸。公乃对众云:"事势至此,不有人以当其任,族诚不得安。第吾之一生得此血脉,实以一身而肩张廖之任,今欲以吾儿塞责,吾安能忍?公等毋庸多议,吾请从此逝矣。"于焉不避艰险,挺身作廖姓之人,到官辨直,终已不顾,彼临难苟免避祸偷生者,闻公之风,亦可以少愧矣。不料官事拖累多年,回至中途,染病沉重,临危之下,亲书嘱友来公曰:"父感外祖之恩,舍身图报,未尽其义。我殁之后,尔生当廖姓,代父报德,死当姓张,以存子姓,生殁不忘张廖两全,后乃克昌。"书毕而卒。灵柩运回,卜葬于石子墓。廖姓阖族感公代难鸿恩,劝廖公立友来公为亲孙,对天而誓曰:"得我业而承我廖者昌,承我业而忘我廖者不昌。"友来公能继祖父业,而元仔公以张承廖之志,已绵绵蕃衍于无穷矣。①

上述记载说张元仔原名张再辉,元霄县和尚塘人,游学各地,至官陂,被廖三九郎看中,选为女婿,乙卯年生友来公。根据其友来公的生卒(1375—1444),可以推断乙卯年为洪武八年(1375)。张元仔去世之后,廖三九郎立廖友来为其亲孙,并说:"得我业而承我廖者昌,承我业而忘我廖者不昌"。故事到此,并没有结束,廖朝玉在《二世友来公传》中,接着讲述"生廖死张"的故事:

> 友来公者,元仔公仝廖妣所生也,性行至孝,以元仔公之志为志,以元公之事为事,谨奉廖妣之命,无忝子职,而其所尤致意者,莫如以张承廖之念。自廖公立作亲孙后,

---

① (清)廖朝玉:《正祖张元仔公传》,载(清)佚名:《官陂张廖氏上祀堂族谱》,同治七年(1868)玉田楼抄本,不分卷。

礼之无异亲祖父母焉。为盟誓以嘱后嗣:"凡我子孙作祖官陂,生则姓廖,殁乃书张,不可有背遵父临危之命,以报廖公之德也。若移居外省,姓廖姓张,听其自便,张廖之姓,分派昌盛,永不易矣。"廖公殁,邱祖妣卒,公当承重之任,丧奠葬祭,尽情尽礼。廖姓之人咸相谓曰:"此仁人也,愿立公为户长。"公辞焉。未几,廖姓又遭奸人含沙射影,密相议以为我辈愚蠢,此处难以久居,随将田产密卖乡富,让宅于公,一夜挈眷而去。次早公往视之,但见竹篱茅舍,不见故人,感泣久之。奔告母氏,起而视哭,欲倒于地,公扶而立。公自感伤,数日不止。廖祖妣恐为过痛,温谕之曰:"廖家诸戚既已让宅于尔,尔可节哀,保身励志,继尔母廖姓,一酬尔祖知遇之恩,一慰尔父九泉之怀。"公跪而答曰:"予小子友来敢不凛遵母训,但见无知,世事不谙,何以克振?"廖祖妣曰:"《国风》首咏《关雎》,旋歌《螽斯》,可多述淑女,而宜尔子孙也。"公乃承命娶吕、柳、江、章氏,各生一男,共有四子,超群出类。时二都官坡原属漳邑,山陬僻处,人多顽梗,逋粮抗役。公教子淹哈诗书,敦豪强为醇厚。邑侯闻之,推公之四子为粮长,于是粮完盗息。二都六社遂成仁里,张廖门户自此昌矣。①

《二世友来公传》中,有三点值得注意。第一,廖友来发誓"生则姓廖,殁乃书张",这就是"生廖死张"的来历。第二,廖姓族人,遭奸人陷害,将田产密卖于乡富,让宅于廖友来,一夜之间挈眷而去。这也就是说,现在生活在官陂的张廖氏都是友来公的后裔。第三,廖氏族人推廖友来为户长,廖友来推辞。后廖友来生四子,漳浦知县推四子为粮长。"推四子为粮长"这个信息表明张廖氏取得了廖氏的户籍,这也是理解张廖氏故事的关键。

二 定居、户籍与"复合姓"宗族

"生廖死张"的故事,目前所见最早版本是顺治元年(1644)廖上驰抄写的《张廖源流》,而比较详细记载其故事始末的则是清乾隆年间廖朝玉的记载。此版本广泛收入于张廖氏族谱中,成为张廖氏认同的集体记忆。那么,我们应该如何解读"生廖死张"这个故事呢?

"生廖死张"的故事,其关键点就在于明初张元仔入赘廖家,经过二三代人,成为官陂一带的"户长"、"粮长",渐成大族。这种家族叙述的模式,在华南各地都很常见,科大卫就发现,珠江三角洲一带的大族都声称自己是来自南雄珠玑巷的移民,并且特别强调自己拥有政府颁发的合法路引,在留居地交纳赋税。② 郑锐达注意到,江西客家移民采用同姓认祖归宗的策略取得户籍。③ "生廖死张"的故事,正好反映了张廖氏定居二都,取得户籍的故事。族谱中记载,二世友来公时,廖氏族人愿立其为户长,友来公"辞焉",这就为张廖氏的

---

① (清)廖朝玉:《二世友来公传》,载(清)佚名:《官陂张廖氏上祀堂族谱》,同治七年(1868)玉田楼抄本,不分卷。
② David Faure, 'The Lineage as a Cultural Invention – The Case of the Pearl River Delta,'' *Modern China*, vol. 15, no. 1, 1989, pp. 4 – 36. David Faure, "Becoming Cantonese, the Ming Dynasty Transition," in TaoTao Liu and David Faure, ed, *Unity and diversity: local cultures and identities in China*, Hong Kong: Hong Kong University Press, 1996.
③ 郑锐达:《移民、户籍与宗族:清代至民国期间江西袁州府地区研究》,北京:生活·读书·新知三联书店,2009年。

户籍问题埋下了伏笔。接着,廖姓族人卖田产给乡富、遗房宅给友来公,使得友来公继承廖氏户籍成为顺理成章之事。接着族谱写到张廖氏成为粮长,官陂成为教化之处,张廖氏也从此发达起来。对于张廖氏的户籍情况,族谱很明确的记载为:"自友来公以张顶廖,原里班名廖良。因邑侯推公兄弟为粮长,委以二都催科之事,而公之里班改为廖日新。"①诏安建县后,张廖氏"编册应役当差"。嘉靖四十一年(1562),张廖氏经历了一次分户,族谱记载:

> 后又以廖姓丁多族大,应开两户,以备诏邑二十四路图之额。嘉靖壬戌岁(嘉靖四十一年,1562),造册编定开户添丁,公之派下开里名廖文兴,其弟三人之派,仍当廖日新。两户之名,自公之世而开,故有张廖以来,至公而扩大之,其兴也勃然。②

廖文兴、廖日新之户名,张廖氏一直沿用。道光年间,诏安知县陈盛韶(1775—1861)提到廖文兴、廖日新户:

> 国家维正之供,全重鱼鳞实征册一书。诏邑不然,官陂廖氏,附城沈氏,及为许、为陈、为林,田不知其几千亩也,丁不知其几万户也。族传止一二总户名入官,如廖文兴、廖日新、许力发、许式甫是也。更有因隐避役徭数姓合立一户,如李、林等户合为关世贤;叶、赵等户合为赵建兴是也。③

像张廖氏这样的"复合姓",在诏安二都还有王游氏、陈蔡氏、涂游氏、黄游氏等,在南靖有张简氏等。有关王游氏的来历,《王游氏族谱》有一则万历二十四年(1596)的记载:

> 公(念八公)自汀州府宁化县石壁村……元季明初永乐十二年(1414)间天下大乱,公念七公移为漳州府漳浦属,念七公居南诏所,念八公居秀篆埔礤下居住,后移井头居住。初来之时,勤工食力,铸铁营生,娶配江氏,产育一男(游先益),时方一岁,父亡,哑哑失怙,实开始基。……二世祖未婚时,有崩田游七十七公无嗣,鞠我祖为己子,娶妇陈氏,受田贰石种,住耕阿八塘尾,后移居厚积柿子树下,又移居漳溪坝,即今盘石楼是也。游七十七公,今称远祖,有田六石种,分二石种与我祖游佰十公,田在大片里,改姓为游,是嗣子矣。另田二石种分与伊亲女游细妹,嫁黄姐坑钟畔官,后改钟为游,传至今,与我共当户役。又田二石种,分与伊亲弟,住崩田,原与我共当户役,即今寨下楼房是也。④

---

① (清)廖朝玉:《三世永安公、四世元志公合传》,载(清)佚名:《官陂张廖氏上祀堂族谱》,同治七年(1868)玉田楼抄本,不分卷。
② (清)廖朝玉:《三世永安公、四世元志公合传》,载(清)佚名:《官陂张廖氏上祀堂族谱》,同治七年(1868)玉田楼抄本,不分卷。
③ (清)陈盛韶:《问俗录》,北京:书目文献出版社,1983年,第92页。
④ (清)佚名《秀篆游氏龙潭楼王游氏族谱》,清宣统稿本,不分卷。

从上文可知,王氏念八公在明初时,从宁化来到秀篆居住,生下一子,名王先益。王先益一岁时,念八公去世。相传,念八公来到秀篆后,与游七十七公结拜为兄弟。① 念八公去世后,游七十七公收王先益为养子,并分田产给王先益。后王先益改姓游,即名游先益,并与游氏共同承担户役。

在官陂陂里,有陈蔡氏。我们在官陂陂里进行田野调查时,陈蔡氏族人讲述了如下故事:

> 我们祖上本来姓蔡,七世祖时幼年丧父,兄弟几个跟随寡母回娘家居住。为了考科举,就寄名到陈姓大户下面。后来我们考中了,就不能再改名字了。这就是我们陈蔡氏的来历。②

其实,陈蔡氏族谱上记载了另一个说法,其记载如下:

> 缅维我祖,源自云霄下河,本姓蔡,名龙田。公身庠生,娶妻曹氏五娘也,曹家之季女,族居曹屋洋。归公,生有三子。公矢志科名,不第,完梦于九鲤湖仙。公云:梦出妻屏子,九代成功。公不解其梦,误执神言,遂置妻子于外族,辄自往还下河,潜硕【溯】及,罔没知。而三子亦失寻【行】繱【踪】,为母是依。比长,创建陂里,葬氏黄竹头背,时未有户籍输粮厥。③

如上所述,陈蔡氏其祖本姓蔡,原居住于云霄下河,因"梦出妻屏子,九代成功",而"置妻子于外族",其子"为母是依"在坡(陂)里创业定居。为什么又会变成陈蔡氏呢?正如传说中提到的是同户籍制度有关。族谱记载,"明朝三十一年入陈姓,吴坑陈金山老屋食福头,名陈启泰"④。其实,蔡姓是利用陈启泰这个户名取得了户籍。

南靖张简氏的来源,也是因为入赘。族谱记载:

> 德润简公,乃长教肇基之始祖,溯其本源则开华公所自出之祖,究其根因则进兴张公所赖籍之人。然则开华公固血脉相承合以天,而张公亦情谊相关合以人者也。我祖生长洪源,来梅林教读,适张公嗣君早故,而幼媳刘氏笃孝,欲终事舅姑,张公素慕我祖仁贤,因求赘焉。于是,张公得我始祖以全其家,我始祖亦赖张公而有其社,此间关系盖有焉。尊为义祖,谁曰不宜?而我祖入赘之后,入籍南靖,而户册别立简氏,而张姓仍不改焉。⑤

---

① (清)佚名《福建诏安秀篆游氏家谱汇纂》,清嘉庆稿本,不分卷。
② 讲述人:陈济宝,70多岁,时间:2009年7月2日下午;地点:诏安县官陂镇梅子岭陈济汀家中。
③ (清)佚名《族谱序》,载(清)佚名:《陈蔡氏族谱》,清抄本,不分卷。
④ (清)佚名:《陈蔡氏族谱》,不分卷。
⑤ (清)简喻三:《张简合谱序》,载《福建南靖范阳长教简氏族谱》,1999年,第53页。

有关张简氏入籍的事,族谱有较详细的记载。明洪武四年(1671),简氏"在张窑立籍姓张,为永丰里九甲里长。至洪武九年(1675),抽充兴化府平海卫莆禧千户所军一名"①。也另有记载:"洪武十四年,入赘张化孙系后裔张进兴家。"②

张廖氏、王游氏、陈蔡氏和张简氏这些"复合姓"来源故事的共同点,就是外来者来到这些地方,通过入赘、成为养子或依托大姓等方式定居下来,并最后取得户籍。刘志伟指出国家的编户齐民政策不仅是一个政治和行政的议程,更是一个文化的议程。③"复合姓"背后的动力正是明代里甲赋役制度在闽南客家地区逐步建立起来的表现形式,这个过程是一个漫长的历史过程。

三 "复合姓"的社会文化史解读

从上面的分析我们明白了"复合姓"背后的制度史因素,那么人们为什么又要通过入赘、养子等形式来讲述自己家族的祖先故事?这种家族祖先的叙述模式又同地方社会本身的历史脉络有着怎样的关系?这就必须通过社会文化史的视角,进一步分析"复合姓"背后的社会文化因素。

张廖氏、张简氏都是在讲自己祖先入赘别姓,自然继承这个姓氏的户籍、财产的故事。其实,入赘是流行于南方民族地区的一种婚姻行式。研究者认为,"在百越地区,妇子入赘女家,是种非常自然的婚姻惯例,与中原人因妻家无男养老,抑或男家无钱娶亲而不得已的入赘,有着本质上的区别"④。如《岭表纪蛮》说:"赘婿之俗,苗侗亦有之……蛮俗尚赘婿,婿改从女姓。"⑤台湾的高山族也是如此,《台湾纪略》就说:"俗重生女,不重生男;男则出赘于人,女则纳婿于家。"⑥现在看来这种并不合礼制的入赘婚俗,在很长一段时间内广泛流传于南方少数民族地区,是当地的一种较为普遍的婚姻模式。

诏安二都有不少家族的定居故事同入赘有关,如前面讲的官陂张廖氏。秀篆的游氏也是通过入赘而定居。根据族谱记载,游姓原居于永定金丰里,乐山公生三子,长子留居永定,次子六三公迁居平和秀峰,三子念四公,即游念四,为二都秀篆游氏开基祖。族谱记载:游念四"元妣曾氏大娘,及笄招婚,生一子曰五一,分居崩,派二子,而衍东昇房及王游一系。"⑦很明显,曾氏大娘"及笄招婚",游念四入赘曾家,才有游姓的东昇房、王游两房。游氏东升房族谱记载:"西洋始祖之外太祖,考曾念六公,妣翁氏三十九娘。按外太祖无嗣,招始祖念四公为婿,今外公妈全曾始祖妈共三,合葬在发里仰恩楼角……历年清明前八日众

---

① (清)佚名:《简氏家谱后序》,载(清)简醇编纂:《福建南靖长教简氏世系族谱》道光五年(1825)稿本,不分卷。
② 张明正:《张廖简渊源》,载《廖氏族谱》,2006年,第8页。
③ 刘志伟:《在国家与社会之间:明清广东地区里甲赋役制度与乡村社会》,北京:中国人民大学出版社,2010年。
④ 顾军:《朝鲜半岛"婿留归家"婚与百越"入赘"习俗的比较研究》,《民间文学论坛》1996年第3期,第39页。
⑤ 刘锡蕃:《岭表纪蛮》,商务印书馆,1934年,第76页。
⑥ (清)林谦之:《台湾纪略》,北京:中华书局,1985年,第7页。
⑦ 游有财:《游氏源流考》,《台湾游氏族谱》,1992年,第20页。

房子孙有会名者致祭,外公妈神主亦仝祀西洋祖祠。"①李亦园认为,这种在祠堂里供奉异姓牌位的现象,其实也是一种小传统社会中的一种补充。②Ahern 在台湾溪南的研究表明,祖先牌位的设立与否,系与财产继承共伴而生的,继承谁的财产就有责任为他立牌位。③ 陈祥水也认为:"一般而言,在士大夫阶级或有钱人家大都属于正统的祖先公妈牌祭祀——异姓公妈牌的出现常和招赘、财产赠予有关。"④

此外,秀篆李氏其三世祖永善公入赘江屋城游氏,娶游氏六娘,现在游氏六娘的坟还在江屋城,并且其坟属于游氏管理。⑤ 在二都南陂林氏宗族叙事中,入赘也是一个很重要的情节。南陂原名大塘尾,因原隆公之"二兄(古峰公)长孙均禄公进赘(饶平)南陂陈氏,陈氏无男,屋业遗婿官居",于是古峰公和均禄公创居饶平南陂。二都南陂原隆公,"思漳潮隔性,恐年久代易,恐忘同根之亲",遂"将大塘尾改名南陂,以永示根原同者,乡名亦同"。⑥ 林氏饶平一支,通过入赘的形式定居于饶平南陂,只不过林氏与游氏一样,并没有改变原来的姓氏。二都霞葛江氏族谱记载,江鳞仲、江迎、江英伟都入赘他姓。康熙《江氏族谱》的编纂者江鸿渐,在叙述江氏金溪派人丁稀少时说:"明清鼎革以来,屡被山寇劫杀,狼虎咬伤,止存德华一丁当差,余丁或亡、或赘、或逊、或鳏,不似先世之盛。"⑦这说明,一直到明末清初,入赘仍是当地较为普通的现象。

秀篆王游氏的由来,与养子习俗密切相关。福建历史上盛行养子之风,如《闽书》记述:"海澄有番舶之饶,行者入海,居者附资,或将赢子弃儿,养如所出,长使通夷,其存亡无所患苦。"⑧与海澄交界的同安、漳浦等县,同样盛行养子之风。⑨ 二都霞葛的涂姓,被称为"涂游氏",就是因为秀篆游氏族人游兴,"出嗣涂姓,子孙居霞葛、东山等地"⑩。东升房家谱记载:

> 老谱载杜氏妈原生四子,其前夫原系下葛涂姓,因未有子,乃归我祖为继,□生四子不认,先夫无后,乃将第四子转立为后于先夫。故当并与本族共立族名,称为涂游兴,今下葛涂及东山涂,人丁数千数万,称为盛族,附志于此,亦□祖妈存心之仁厚也。而涂姓至今咸以叔侄相呼,亦不忘本也。⑪

---

① (民国)佚名:《游氏东升房家谱》,民国抄本,不分卷。
② 李亦园:《中国家族与其仪式——若干观念的检讨》,收入氏著《文化的图象——文化发展的人类学探讨》,台北:允晨文化实业股份有限公司,1992 年,第 195—196 页。
③ Ahern, Emily M. *The Cult of the Dead in a Chinese Village*. Stanford: Stanford University Press. P145.
④ 陈祥水:《中国社会结构与祖先崇拜》,《中华文化复兴月刊》1978 年第 11 期,第 36—37 页。
⑤ 诏安龙山李氏宗亲会编:《福建诏安青龙山李氏源流》,1990 年抄本,第 35 页。
⑥ (清)佚名《饶邑族谱序》,(民国)林景山编纂《福建诏安霞葛南陂林氏以来一脉族谱》,民国十四年(1925)九修稿本,不分卷。
⑦ (清)江鸿渐《江氏族谱》康熙二十五岁抄本,二十 b。
⑧ (明)何乔远《闽书》卷三十八《风俗》,福州:福建人民出版社,1994 年,第 1 册,第 946—947 页。
⑨ (民国)林学增修、吴锡璜纂:《同安县志》卷二十二《礼俗》,民国十八年(1929)铅印本,四 a,厦门大学古籍室藏。(清)光绪《漳浦县志》卷三《风土志》,四 b。
⑩ 游有财:《游氏源流考》,《台湾游氏族谱》,1992 年,第 20 页。
⑪ (民国)佚名:《游氏东升房家谱》,民国抄本,不分卷。

发里房家谱有《涂游兴序》,记载如下:

> 我始祖原在汀州永定月留村居住,移居秀篆乡,原先娶曾氏大娘,生下一男,养育东升房。我祖妣辞世,后继娶始祖妣杜氏二娘,原先配霞葛涂姓,未有生育,后配太始祖为继室,生下四男,晚男立霞葛涂姓为男,而隆烟祀,乃是涂游兴。二家亲骨血,一脉所传,后共立同户,俱各子孙永远昌盛。①

综合上述可知,涂游兴为游氏始祖继妣杜氏所生第四子,杜氏原嫁于涂氏,无生育,改嫁于游氏,生下四子。杜氏将游兴出嗣给涂氏,改姓为涂,不过还在同一个户口之下。

在闽南客家地区,入赘、出嗣或养子都是较为普通的社会现象。如南靖和溪林姓,就是在儿子还未出世前,先抱养一个媳妇仔,再利用未有结婚对象(对头仔)的媳妇招进一个男子,由于这个男子取代了虚有的"对头仔"的位置,因此他的身份不是女婿,而是儿子。经过这样一个过程,利用媳妇仔"合法"地把异姓男子变成自己的儿子。采取这种"分"儿子的方式,使林姓家族迅速得到发展,一度形成林姓独霸的局面。这种"分"儿子的方式,在漳州的山地地区是种较为常见的事情。②

闽南客家人对于姓氏观念不强,因而有"生廖死张"、王游氏、陈蔡氏之类的"复合姓"。秀篆王游氏族谱记载"另田二石种分与伊亲女游细妹,嫁黄姐坑钟畔官,后改钟为游,传至今,与我共当户役"③。秀篆黄游氏的开基祖黄念九公,"明初奉旨黄改游姓"④。霞葛南陂的厚安、桥头等地,原为钟姓居住,后来一部分钟姓迁走,另一部分人改姓林。霞葛溪东,以前还有罗姓居住,现在全部为黄姓,其中除迁走的罗姓之外,也改为黄姓。官陂现有95%为张廖氏,其重要原因就是其他的姓氏陆续改为张廖氏。如陂头南星楼现存几通有关钟氏的碑刻,证明这里曾经是钟氏聚居区,但由于钟氏人少力微,通过各种办法纷纷改姓张廖氏。⑤

南靖的长教是张简氏的聚居区,在那里保存有两通光绪三十年(1904)和光绪三十一年(1905)的碑刻,这两通碑刻非常有意思,可以从一个侧面说明那时人们的宗族血缘观念,先将光绪三十年(1904)碑文部分内容罗列如下:

> 照本邑民风愚蛮,不知礼义廉耻为何事。查新旧各案,有甲姓已死,不为于本支择立继子,某翁姑或妇之母族强为你主招异姓人为后夫,家业田产一任为后夫者典买享用。即有本夫之同胞兄弟,亦不得过问。甚至本妇死去,前招之为后夫者,将田产归族归宗。甲族不甘,因而成讼者有之,因而争拔者有之。乱宗蔑伦,伤风败俗,莫此为苦。此等恶劣行为,他省土司中容或有之。⑥

---

① (民国)游火根纂修:《福建诏安秀篆游氏发里房家谱》,民国元年二修钞本,不分卷。
② 周翔鹤:《南靖县和溪、奎洋等地单姓区域形成的探讨》,庄英章、潘英海主编:《台湾与福建社会文化研究论文集》,中研院民族学研究所,1994年,第87—92页。
③ (清)佚名:《秀篆游氏龙潭楼王游氏族谱》,清宣统稿本,不分卷。
④ 《台湾游氏族谱》,1992年,第22页。
⑤ 林昌丈:《水利、神祇与村落——以福建诏安客家陂头村为例》,《赣南师范学院学报》2014年第1期。
⑥ 江清溪主编:《南靖石刻集》,福州:海潮摄影艺术出版社,2007年,第212页。

也就是说,直到光绪三十年(1904),南靖县还普遍存在寡妇招异姓为夫的现象。知县对于这现象出告示禁止。光绪三十一年(1905)十一月,南靖县长教监生简□甲、生员简勤参、武生简扬威又向知县禀称:"孀妇招兵赘后夫,于碍昭穆,紊乱宗支",要求严禁孀妇"招夫养子"。知县又出告示,对"招夫养子"行为进行严禁。① 长教的两通告示碑,主要是禁止宗族内的寡妇招赘外族之人,这些外族之人不仅入赘长教,还对前夫的财产具有控制权和处理权。这引起了张简氏一些乡绅的极大不满,禀告知县,要求严禁。这两通告示碑的内容,大致可以反映出直到光绪三十年左右,这种寡妇招赘的形式还在长教广泛流行。其实,张简氏自身的祖先叙述,就是通过入赘张氏寡妇家而发展出来的。这种看似矛盾的现象,正好可以反映闽南客家地方社会的历史进程。诏安县在嘉靖九年(1530)建立,而诏安的户籍系统也是在这个时间段形成的。更为重要的是,虽然读书人不断增多,但是地方社会原来的文化传统始终存在,"复合姓"应该就是这两个传统的合成。

四 结 论

从明成化年间开始,明政府为了加强对于闽粤边界的控制,先后设立了永定、饶平、平和、大埔、诏安等县。政区的调整和县治的设立,使得王朝国家对于这一地带的控制也逐步加强,越来越多的人群通过各种办法取得户籍,被纳入到王朝国家的体系中,成为国家的编户齐民。其中,诏安二都的张廖氏、王游氏、陈蔡氏等姓氏则是通过入赘、成为养子或依托大姓等方式定居下来,取得户籍,拥有了合法身份。明代户籍制度在诏安二都的推行也就成为"复合姓"宗族出现的推动力。

对于诏安二都广泛存在的入赘、出嗣、养子这一类的现象,应该同当地的文化传统密切相关,是符合当地人的"礼制",应该是他们生活中的一种常态。很显然,闽南客家地区的张廖氏、王游氏、陈蔡氏、张简氏、乃至于张廖简等"复合姓",都是在帝国边陲创造出来的一套制度,或者说是一种文化策略。这套制度的核心是利用地方的文化传统,套用当时流行的制度,而采取的一种文化策略。因此,"复合姓"这种文化现象是同明代以来闽南客家地区自身发展的历史密切相关,是王朝制度逐渐渗透地方,并且同地方社会原有的文化传统结合的产物。

作者简介:朱忠飞,赣南师范大学客家研究中心副教授。

---

① 江清溪主编:《南靖石刻集》,第211页。

【宗教与信仰】

激变中的承续：两宋间道教空间格局的变迁

谢一峰

【摘　要】两宋间道教空间格局的变迁，体现出某种因变中的承续。从全国性的宏观层面而论，两宋之际北方以开封为中心的大型官修宫观群的丧失，确实在一定程度上使南宋初年之道教，失去了其"中心"之所在。然而，江南东路、江南西路和川陕四路之道教信仰的三大核心区域，却并未在两宋之际的政治变局中发生根本性的变化。又《舆地纪胜》所呈现之南宋各路的道教空间分布格局中，道观数量较为集中的区域，除却三大道教中心（茅山、龙虎山、青城山）和若干区域性的道教神圣空间（如武当山、武陵桃花源等）外，仍与政治中心有着颇为密切的关系。较之于具有全国范围之辐射力的北宋都城东京而言，南宋临安的道教辐射力似乎有所衰减。然而，这种辐射力的减弱，却并不能简单地等同于所谓的道教"地方化"，也绝非意味着道教与国家政权的"分道扬镳"。

【关键词】道教；空间格局；《舆地纪胜》；地方化

绪　　论

有宋一代，真宗和徽宗可以称得上是最为崇道的两代君主。这两位帝王同道教之间的关系,一直是宋代道教史研究领域的焦点和热点。① 而在本文所希望探讨的宗教地理方面,真、徽二宗在位期间全国规模的道观营建工程,则在很大程度上奠定了宋代道教的空间格局。

根据《续资治通鉴长编》的记载:

> (大中祥符二年十月)甲午,诏诸路、州、府、军、监、关、县择官地建道观,并以"天庆"为额,民有愿舍地备材创盖者亦听。先是,道教之行,时罕习尚,惟江西、剑南人素崇重。及是,天下始遍有道像矣。②

政和(1111—1118)、宣和(1119—1125)年间,徽宗又在全国范围内兴起了遍建神霄宫的工程。根据《皇宋通鉴长编纪事本末》的记载:"天下天宁万寿观改作神霄玉清万寿宫。如小州、军、监无道观,以僧寺充,即不得将天庆观改。仍于殿上设长生大帝君、青华大帝君圣像。"③此番营建,显然与林灵素、王文卿等神霄派道士的推动不无关系,正如刘克庄所云:"及林灵素辈出,神霄宫遂遍天下。"④又据唐代剑的说法:"徽宗朝有州、监、府三百五十一个,军五十八个,仅此,当时全国神霄玉清万寿宫至少有四百所。"⑤

---

① 关于真宗与道教的关系,可参考 Suzanne E. Cahill. "Taoists at the Sung Court: The Heavenly Text Affair of 1008", *Bulletin of Sung and Yuan Studies* 16(1980), pp. 23 – 44;大谷照裕:《真宗とタオイズム》,《印度学仏教学研究》40.1(1991),第 212 – 214 页;《真宗とタオイズム(その二)》,《印度学仏教学研究》41.1(1992),第 223—227 页;《真宗とタオイズム(その三)》,《印度学仏教學研究》42.1(1993),第 97—99 页;汤其领:《涤耻封禅与北宋道教的兴盛》,《河南大学学报(社会科学版)》1995 年第 3 期,第 9—13 页;蓝克利(Christian Lamouroux)著,顾良译:《礼仪、空间与财政——11 世纪中国的主权重组》,载《法国汉学》丛书编辑委员会编:《法国汉学》第三辑,北京:清华大学出版社,1998 年,第 129—162 页;韩希超:《宋真宗崇道研究》,华中科技大学硕士学位论文,2010 年等。至于徽宗与道之关系,则可参考金中枢:《论北宋末年之崇尚道教(上)》,《新亚学报》第七卷第二期(1966),第 323—414 页;《论北宋末年之崇尚道教(下)》,《新亚学报》第八卷第一期(1967),第 187—257 页;宫川尚志:《宋の徽宗と道教》,《東海大学紀要(文学部)》23(1975),第 1—10 页;〈林灵素と宋の徽宗〉,《東海大学紀要(文学部)》24(1975),第 1—8 页;Michel Strickmann. "The Longest Taoist Scripture", *History of Religions* 17(1978), pp. 331 – 353(中译本为刘屹所译,载《法国汉学》丛书编辑委员会编:《法国汉学》(第七辑:宗教史专号),北京:中华书局,2002 年,第 188—211 页;羊华荣:《宋徽宗与道教》,《世界宗教研究》1985 年第 3 期,第 70—79 页;《佞道昏君宋徽宗》,《文史知识》1987 年第 5 期,第 81—85 页;Patricia Buckley Ebrey and Maggie Bickford eds. *Emperor Huizong and Late Northern Song China: The Politics of Culture and the Culture of Politics*, Cambridge, MA: Harvard University Press, 2006(相关之评述,可参考包伟民:《宋徽宗:"昏庸之君"与他的时代》,《北京大学学报》(哲学社会科学版)2009 年第 2 期,第 115—120 页);李丽凉:《北宋神霄道士林灵素与神霄运动》,香港中文大学博士学位论文,2006 年;Patricia Buckley Ebrey. *Accumulating Culture: The Collections of Emperor Huizong*, Seattle & London: University of Washington Press, 2008; *Emperor Huizong*, Cambridge MA. & London: Harvard University Press, 2014(相关之评述,可参考方诚峰书评,载《汉学研究》32 卷 4 期[2014],第 339—346 页;谢一峰:《重访宋徽宗》,《读书》2015 年第 7 期,第 40—48 页)等。有关宋代道教与政治关系之综合性研究,则可参考汪圣铎:《宋代政教关系研究》,北京:人民出版社,2010 年;向仲敏:《两宋道教与政治关系研究》,北京:人民出版社,2011 年;方诚峰:《北宋晚期的政治体制与政治文化》,北京:北京大学出版社,2015 年等。

② (宋)李焘:《续资治通鉴长编》卷七二,北京:中华书局,1980 年,第 1637 页。事又见陈均:《皇朝编年纲目备要》卷七,北京:中华书局,2006 年,第 150 页;脱脱等:《宋史》卷七,北京:中华书局,1977 年,第 142 页。

③ 杨仲良撰,李之亮校点:《皇宋通鉴长编纪事本末》卷一二七,哈尔滨:黑龙江人民出版社,2006 年,第 2139 页;另可参《宋大诏令集》卷一七九,北京:中华书局,第 649 页,然并未强调"不得将天庆观改"。

④ 刘克庄:《后村先生大全集》卷九一,载《四部丛刊》(正编)62—63,台北:台湾商务印书馆,1979 年,第 782 页。

⑤ 唐代剑:《北宋神霄宫及其威仪钩稽》,《中国道教》1994 年第 3 期,第 47—48 页。有关神霄宫的规式与管理、分布等,可参考李丽凉:《北宋神霄道士林灵素与神霄运动》,第 138—166 页。

然而，两宋之际的靖康之变，却在很大程度上改变了上述两次全国规模的道观兴建高潮所形成的空间格局。高宗于应天府称帝之际，便在登极敕书中明确地下达了罢天下神霄宫的命令。① 而在一月之后的建炎元年(1127)六月四日，他又诏令各州军还神霄派占僧尼寺院。② 同年七月一日，高宗继续推进：依礼部言，括神霄宫钱财充国用，令温州、处州籍没了道士林灵素、郑知微、傅希烈的家资，以平民愤，补充军费开支。③

与神霄宫昙花一现般的悲剧命运有所不同的是，真宗朝奠定的天庆观系统却在两宋之际的风云激荡中较为完整地保存了下来。于是，南宋初道教空间体系的基本格局，便可归纳为对于天庆观体系的全面继承和对于神霄宫体系的全盘否弃。

从总体上来看，对于这一领域的研究多将宋代作为一个整体的时段来考察，且尤重北宋，而于南宋时期道教空间格局的新变则措意无多。

程民生的《宋代地域文化》，便是此一方面较早具有开创性的研究成果。该书第五章"宗教文化的地域分布"之第二节，便从各地道教概况和洞天福地的分布两个层面，集中讨论了宋代道教的空间格局。④ 而在宋代洞天福地的研究中，较具代表性的成果则有萧百芳的博士学位论文——《南宋道教的"洞天福地"研究》，全面解析了作为道教神圣空间之一的洞天福地在南宋时期的发展变化。⑤

另一个重要的研究向度，则是区域性的道教研究成果。仅以南宋境内为限，即有李远国之《四川道教史话》，赵亮、张凤林与仝信常合著的《苏州道教史略》，杨世华、潘一德合著《茅山道教志》，黎志添著《广东地方道教研究——道观、道士及科仪》，任林豪、马曙明合著《台州道教考》，樊光春著《西北道教史》，孔令宏、韩松涛合著的《江西道教史》，朱封鳌著《天台山道教史》和孔令宏、韩松涛、王巧玲合著的《浙江道教史》等颇具代表性的成果相继

---

① "天下神霄宫并罢，舍屋、什物、钱粮、田产州县拘收，具数申尚书省。"(徐梦莘：《三朝北盟会编》卷一〇一，上海：上海古籍出版社，1987年，第742页下引建炎元年五月一日引高宗登极敕书。)
② 据《宋会要》礼五载："光尧皇帝建炎元年六月四日，尚书省言：'近降敕文内，天下神霄宫并罢，舍屋、什物、钱粮、田产州县拘收，具数申尚书省。' 诏：'江宁府神霄宫原系保宁寺，镇江府系龙游寺，泗州系普照寺，洪州系上蓝寺，并给还。其余州军内，有元系古寺改建者，令本州开具以闻，应创建去处依敕施行。'"(徐松等辑录，刘琳、刁忠民、舒大刚、尹波等校点：《宋会要辑稿》第2册，上海：上海古籍出版社，2014年，第566页下。)
③ 参考李心传：《建炎以来系年要录》卷六(六月辛未)；熊克著，顾吉辰、郭群一点校：《中兴小纪》卷一，福州：福建人民出版社，1985年，第13页；徐松等辑录，刘琳、刁忠民、舒大刚、尹波等校点：《宋会要辑稿》第2册，第566页下。
④ 参见程民生：《宋代地域文化》，开封：河南大学出版社，1997年，第278—290页。然而，正如笔者在前文中所强调的那样，程书的局限，正是在于其是将宋代的道教空间格局以一种近乎于静态的方式呈现出来，而未能注意到其变化的层面。
⑤ 萧百芳：《南宋道教的"洞天福地"研究》，成功大学博士学位论文，2006年。单篇论文方面的研究成果，还可参考龚剑锋：《宋代浙江地区的洞天福地》，《中国道教》1994年第2期，第49—51页；萧百芳：《南宋会稽地区洞天福地的特质》，载连晓鸣主编：《天台山暨浙江区域道教国际学术研讨会论文集》，杭州：浙江古籍出版社，2008年，第56—82页等。

问世①。2013年,黎志添发表的《宋代地区道教的个案研究——广州道观、道堂及道院》一文,则不再局限于都市中的道观,而是将讨论的范围扩展到县一级和乡村社会,并将规模较小的道堂、道院纳入论域。此外,该文充分注意到道教同地方经济、文化、人口数量等方面的联系,增加了社会史的向度。②然而,上述研究全都是以某一特定区域(很多时候还是现代的行政区域)为中心展开的,又在时段上拉得很长,集中于区域道教由古至今的纵向发展,而未能对两宋之际这一特定的时代予以横断式的动态解析,亦多是将宋代作为一个整体来展开论述的。

当然,我们在此并无意否定宋代道教中的延续性,然则靖康之难所带来的领土变迁及其导致的一系列变化,也是宋代道教空间研究中不可忽视的变量。从这一点上而论,将宋代视为一理所当然之整体,或只关注其辖境内某些区域的纵向研究,都是不能很好地处理这一变量的。在此问题上,段玉明的《南宋杭州的开封宫观——宗教文化转移之实例研究》一文③,可谓难得的研究范例。其所论两宋之际道教文化在开封和临安之间的转移,揭示了其变化与延续的层面,确有其创新之处。需要说明的是,临安道教在两宋道教空间格局变迁的过程中虽系最为重要的环节之一,却仍是局部而非整体,并不能完整地体现出这一历史变迁的全姿。换言之,如果说两宋的政治变迁确实对杭州的宗教空间产生了决定性的影响的话,这种影响之程度如何,又如何延于两浙,仍是未能得到全面探索的问题。而这一政治和领土变迁于两宋全境道教空间格局之影响与局限,则非进行一横断面之整体剖析不可。正因如此,我们似乎有必要在以北宋末年之情形为基本参照系的前提下,对南宋道教空间格局的整体情形进行一个全面的考察和分析,方可见其端倪。

---

① 参见李远国:《四川道教史话》,成都:四川人民出版社,1985年;赵亮、张凤林、負信常:《苏州道教史略》,北京:华文出版社,1994年;杨世华、潘一德编著:《茅山道教志》,武汉:华中师范大学出版社,2007年;黎志添:《广东地方道教研究——道观、道士及科仪》,香港:中文大学出版社,2007年;任林豪、马曙明:《台州道教考》,北京:中国社会科学出版社,2009年;樊光春:《西北道教史》,北京:商务印书馆,2010年(该书主要讨论的是西北地区的道教史,而南宋时期西北地区主要是在西夏、金统治之下,故于南宋道教所论无多。);孔令宏、韩松涛:《江西道教史》,北京:中华书局,2011年;朱封鳌:《天台山道教史》,北京:宗教文化出版社,2012年;孔令宏、韩松涛、王巧玲:《浙江道教史》,北京:中国社会科学出版社,2015年等。单篇之论文,尚可参考刘锡涛:《宋代江西道教发展状况》,《井冈山学院学报》(哲学社会科学)2007年第1期,第35—38页;阚鑫华:《宋代福建路道观经济》,厦门大学硕士学位论文,2009年等。郭武的《道教与云南文化:道教在云南的传播、演变及影响》(昆明:云南大学出版社,2000年)和萧霁虹、董允的《云南道教史》(昆明:云南大学出版社,2007年),则讨论之范围已处于宋代国境范围之外,只略涉大理国与宋代道教之互动,兹不赘述。

② 参见黎志添:《宋代地区道教的个案研究——广州道观、道堂及道院》,《"中研院"历史语言研究所集刊》,第八十四卷第二分(2013),第235—276页。而在个案考释方面,还可参阅黎志添:《广州元妙观考释》,《"中研院"历史语言研究所集刊》,第七十五卷第三分(2004),第445—514页,后收入氏著《广东地方道教研究——道观、道士及科仪》,第21—56页。广州府相关资料整理方面的研究成果,则可参考黎志添、李静:《广州府道教庙宇碑刻集释》(上、下),北京:中华书局,2013年。

③ 段玉明:《南宋杭州的开封宫观——宗教文化转移之实例研究》,《四川大学学报》(哲学社会科学版)2006年第3期,第33—39页;《南宋杭州的开封宫观》,载连晓鸣主编:《天台山暨浙江区域道教国际学术研讨会论文集》,第42—55页。二文略有差异。宋代杭州道教之情形,尚可参考陈涛:《南宋临安御前宫观建筑研究》,东南大学硕士学位论文,2003年;王仲尧:《南宋临安及元明清杭州道教宫观考》,《杭州师范学院学报》(社会科学版)2005年第6期,第42—46页(又载连晓鸣主编:《天台山暨浙江区域道教国际学术研讨会论文集》,第91—102页);鲍志成:《宋室南渡与神祇随迁》,载何忠礼编:《南宋史及南宋都城临安研究》卷下,北京:人民出版社,2009年,第735—760页;林正秋:《杭州道教史》,北京:中国社会科学出版社,2011年,第八章至第十四章,第71—150页等。

一 北宋道教空间分布格局的基本特点

在我们对南宋道教空间格局之情形展开具体的分析之前,欲明其较之北宋之演变与存续,则必先于北宋道教之空间分布格局有一较为明晰的了解,方可引为参照。令人遗憾的是,在道教宫观、遗迹的记载方面,现存几部保存较为完整的北宋地理总志,如乐史《太平寰宇记》、王存《元丰九域志》和欧阳忞之《舆地广记》①,则均未能有效而全面地反映此一方面的信息。或则撰成年代偏早,且厚古薄今,所记多唐以前事,无从反映有宋一代之情形;或则偏重于历史沿革地理,而少佛寺道观之记录。② 由此而论,通过地理总志了解北宋道教之空间格局,恐非上善之选。

而在《宋会要辑稿·道释》部分中,却保存了一份有关宋真宗天禧五年(1021)各路道士、女冠数量之分布情形的详细记录。兹罗列如下(表1):

表1 真宗天禧五年(1021)各路道士、女冠数量及所占比例统计表③

各路名称	道士、女冠人数	所占比例
东京	959	4.85%
京东	560	2.83%
京西	397	2.01%
河北	364	1.84%
河东	229	1.16%
陕西	467	2.36%
淮南	691	3.49%
江南	3557	17.98%
两浙	2547	12.87%
荆湖	1716	8.67%
福建	569	2.88%
川峡	4653	23.51%

---

① 可参考乐史:《太平寰宇记》(点校本),北京:中华书局,2007年;王存:《元丰九域志》(点校本),北京:中华书局,1984年;欧阳忞著,李勇先、王小红校注:《舆地广记》,成都:四川大学出版社,2003年。

② 有关上述三部地理总志之修纂过程、体例特点与史料价值,可参看王文楚、魏嵩山:《元丰九域志》(点校本),前言,第1—6页;郭声波:2000年第6期,第85—92页;欧阳忞著,李勇先、王小红:《舆地广记》,前言,第1—34页;王文楚:《太平寰宇记》(点校本),前言,第1—11页;郑利锋:《两宋纂修地理总志、专志及其流传考》,《天中学刊》2011年第6期,第116—119页等。

③ 参见徐松等辑:《宋会要辑稿》卷一四七〇六,道释一之一三,北京:中华书局,1957年,第7875页上;郭声波点校:《宋会要辑稿·蕃夷道释》,成都:四川大学出版社,2010年,第618页。又程民生《宋代地域文化》中亦曾列表说明,然其东京记为919人,京东记为960人,总计数量亦不符,参照上述诸本原文,恐误。(程民生:《宋代地域文化》,第279页。)

续表

各路名称	道士、女冠人数	所占比例
广南	3079	15.56%
总数	19788（此系统计数据，原文所载道士19606，女冠731，共计20337）	各路总和占总数的97.30%

又及于同期佛教僧尼数量之分布情形，则如下表所示（表2）：

表2　真宗天禧五年各路僧尼数量及所占比例统计表①

各路名称	僧尼人数	所占比例
东京	22941	5.00%
京东	18159	3.96%
京西	18219	3.97%
河北	39037	8.51%
河东	16832	3.67%
陕西	16134	3.52%
淮南	15859	3.46%
江南	54316	11.85%
两浙	82220②	17.93%
荆湖	22539	4.92%
福建	71080	15.50%
川峡	56221	12.26%
广南	24899	5.43%
总数	458456（此系统计数据，原文所载僧397615，尼61239，共计458854）	各路总和占总数的99.91%

由此而论，真宗天禧五年全国各路中道士、女冠人数排名靠前的当属川峡、江南、广南和两浙路，各占《宋会要》所记总数之23.51%、17.98%、15.56%和12.87%，总计高达69.92%。比例之高，可见集中程度之甚。《续资治通鉴长编》中所谓"惟江西、剑南人素崇重"③的说法，看来在真宗一朝，实未有大的变化。值得注意的是：道士、女冠人数最多，几

---

①　参见徐松等辑：《宋会要辑稿》卷一四七〇六，道释一之一三，第7875页上；郭声波点校：《宋会要辑稿·蕃夷道释》，第618—619页。

②　两浙路宋时佛教兴盛，寺院林立，然《宋会要辑稿》中所载之僧尼数仅为2220人，显有误。据《嘉定赤城志》所载，仅两浙东路台州境内五县志僧即已达1932人，尼320人，共计2252人，已近《宋会要辑稿》中所载两浙路全境僧尼之人数。参见陈耆卿：《嘉定赤城志》卷一五，载浙江省地方志编纂委员会编：《宋元浙江地方志集成》第11册，杭州：杭州出版社，2009年，第5255页。程民生在其《宋代地域文化》一书中将两浙僧尼之人数增补为82220人（程民生：《宋代地域文化》，第260页），恐有其合理之处，此虽据理而改，非有其他史料作为依据，然加上八万之数后，全国僧尼总数则为458456人，已近原文中所记458854人之总数。因此，在缺乏更多有效材料支持的情况下，笔者权依程书之见，将两浙路之僧尼人数补为82220人。

③　（宋）李焘：《续资治通鉴长编》卷七二，大中祥符二年十月甲午，第1637页。

占大卜之半的川峡和江南,正是青城山和有"三山"之谓的茅山、阁皂山和龙虎山之所在。其与这些道教圣地之间的相关性之高,便可豁然明朗。

而在僧尼的分布情形方面,似以两浙、福建、川峡、江南、河北为多,亦呈南多北少之势。在此诸路之中,两浙佛教之发达,显与吴越国主的崇佛政策相系;福建僧尼数量之众,则是同五代十国时期闽国统治者王审之父子对于佛教的推崇有关的①;河北佛教之隆盛,则与当地道士、女冠之寡少(仅 364 人)形成鲜明对照,显示出佛教势力在黄河以北地区百倍于道教的绝对优势。

为了更有效地比较真宗天禧年间全国各地佛、道人数分布的总体规律和各路的平衡程度,我们再以表 1.1 和 1.2 中右侧的百分比数为准,计算两组数据的标准差②。经统计,道士、女冠一组路均所占比例为 7.69%,标准差为 7.10%;僧尼一组路均所占比例为 7.69%,标准差为 4.84%。由此而论,从各路分布情形来看,佛教僧尼不仅在数量上占据绝对优势,为道士、女冠总数的 23.17 倍③;在其各路分布的均衡程度上,也明显高于道教(即其各路所占总数之比例的标准差大大低于道教)。换言之,较之于高度集中的道教分布情形而论,北宋佛教的分布则更为广泛而均衡,甚至在道教势力极为薄弱的河北地区亦有较为密集的分布。

然上述分析虽能在一定程度上反映北宋各路之道教分布的总体情形,却在很大程度上忽视了各路间户数的巨大差别。有鉴于此,增入户数这一参数,进而讨论各路道士、女冠/僧尼人数同主客户数之比率,则能够在很大程度上避免前文分析中可能产生的片面性,更为客观和全面地把握北宋时期各路的道教分布情形。

从现存史料来看,北宋时期分府、州、军详载的主客户数,当以修纂于太宗时期的《太平寰宇记》和大体成书于神宗元丰三年(1080)的《元丰九域志》最为全面和系统。④ 然上述有关全国各路之道士、女冠和僧尼人数的记录,则是真宗天禧五年的统计结果。有鉴于此,在《太平寰宇记》和《元丰九域志》所载户数中择一作为参考,便是一个亟待解决的技术问题。

若从时间间距来看,《太平寰宇记》的成书年代约早于天禧五年四十年左右,《元丰九域志》则晚于其将近六十年。照此而论,似以《太平寰宇记》中所载户数统计为当。然而,若从数据的稳定性和可靠性角度着眼:《太平寰宇记》"有二十余个府、州、军,或缺少户数,或只有主、客户数的某一部分,或只有丁数而没有户数"⑤,又值北宋立国未久,边远地区(如广南路)户口统计数据或有较大疏漏之可能;《元丰九域志》之户口数据则较为全面,仅齐州缺少户数,另可用《宋会要辑稿》之数据加以修正,因而更为合理。除此之外,天禧五

---

① 有关五代十国时期闽政权之佛教方面的研究成果,可参考王荣国:《福建佛教史》(第三章"五代时期福建佛教"),厦门:厦门大学出版社,1997 年,第 141—206 页;Benjamin Brose. *Patrons and Patriarchs*:*Regional Rulers and Chan Monks During the Five Dynasties and Ten Kingdoms*,Honolulu:University of Hawaii Press,2015,pp.48 – 70.
② 标准差,在概率统计中最常使用作为统计分布程度上的测量。它反映组内个体间的离散程度,即其分布的均衡程度。
③ 此据《宋会要》所记各路之和统计;若依总数统计,则为 22.56 倍。参见徐松等辑录,刘琳、刁忠民、舒大刚、尹波等校点:《宋会要辑稿》第 16 册,道释一,第 9979 页上—9980 页上。
④ 相关之讨论可参考吴松弟:《中国人口史 第三卷·辽宋金元时期》,上海:复旦大学出版社,2000 年,第 117—119 页。
⑤ 吴松弟:《中国人口史 第三卷·辽宋金元时期》,第 117 页。

年道士、女冠和僧尼人数,均系真宗大中祥符年间(1008—1017)之崇道高潮后的统计结果,且在之后的数十年间保持了相当大的稳定性。① 有鉴于此,本文遂以《中国人口史》中所得之元丰元年(1078)各路的主客户数为准,分别将道士、女冠和僧尼人数与每路主客户数之比,依次罗列如下(表3、4)

表3 北宋中期各路道士、女冠数量同主客户数比例表②

各路名称	每路道士、女冠人数	每路主客户户数(采用《元丰九域志》中所记元丰元年数据)③	每路道士、女冠人数与主客户户数之比
东京	959	235599	1:246
京东	560	1420079	1:2535
京西	397	880459	1:2218
河北	364	1234929	1:3393
河东	229	574208	1:2507
陕西	467	1354604	1:2901
淮南	691	1351063	1:1955
江南	3557	2414457	1:679
两浙	2547	1778963	1:698
荆湖	1716	1528747	1:891
福建	569	1043839	1:1835
川峡	4653	1969364	1:423
广南	3079	817643	1:266
总数(右栏为平均数)	19788	16603954	1:923

综合来看,道士、女冠人数与主客户户数之比最高的区域是都城东京,为1:246。紧随其后的四个地区,则是广南、川峡、江南和两浙;处于北方地区的河东、京东、陕西、河北诸路,道士、女冠人数与主客户户数之比均在1:2500以下,仅及平均数的1/3左右。由此而论,增入户数参数后的北宋各路之道教分布情形,仍大体同之前的分析保持一致,惟广南路则道士、女冠人数较多而户数偏低,更为明显地体现出这一区域道教繁荣的情况。

---

① 据《宋会要辑稿》,景祐元年(1034),道士19538人,女冠588人,合计20126人;僧385520人,尼48742人,合计434262人。庆历二年(1042),道士19680人,女冠502人,合计20182人;僧348108人,尼48417人,合计396525人。参见徐松等辑录,刘琳、刁忠民、舒大刚、尹波等校点:《宋会要辑稿》第16册,道释一,第9980页上。
② 以天禧五年之道士、女冠人数同元丰元年之主客户数相较,从而大体上反映北宋中期的情形。僧尼之处理方式与此相同。
③ 参见吴松弟:《中国人口史 第三卷·辽宋金元时期》,第122—137页。东京即开封府,京东包括京东东路、西路,京西包括京西北路、南路,河北包括河北东路、西路,陕西包括永兴军路、秦凤路,淮南包括淮南东路、西路,江南包括江南东路、西路,两浙包括两浙东路、西路,荆湖包括荆湖北路、南路,川峡包括成都府路、梓州路、利州路、夔州路,广南包括广南东路、西路。

表 4　北宋中期各路僧尼数量同主客户数比例表

各路名称	每路僧尼人数	每路主客户户数（采用《元丰九域志》中所记元丰元年至数据）	每路僧尼人数与主客户户数之比
东京	22941	235599	1∶10.27
京东	18159	1420079	1∶78.20
京西	18219	880459	1∶48.33
河北	39037	1234929	1∶31.63
河东	16832	574208	1∶34.11
陕西	16134	1354604	1∶83.96
淮南	15859	1351063	1∶85.19
江南	54316	2414457	1∶44.45
两浙	82220	1778963	1∶21.64
荆湖	22539	1528747	1∶67.83
福建	71080	1043839	1∶14.69
川峡	56221	1969364	1∶35.03
广南	24899	817543	1∶32.84
总数（右栏为平均数）	458456	16603954	1∶36.22

而在佛教方面,人数与主客户户数之比最高的区域也是东京。除此之外,比率较高的地区依次为福建、两浙、河北和广南;比率偏低的地区则为淮南、陕西、京东等地,在很大程度上体现出佛教在原闽、吴越政权统治范围内和河北区域的优势地位。据此而论,在加入了各路户数这一重要的参照指标之后,佛教和道教在路一级层面的空间分布格局均未发生根本性的变化,仅东京"孤岛"性的核心地位得以强化,从而进一步证明了我们之前对于北宋宗教空间格局之分析的有效性。

需要注意的是,上述数据是基于路一级行政区划框架下所进行的统计,由于各路辖境范围有别、下辖州府的数量不一,这一统计在对于北宋各地佛道人数之密度方面的效度,显有局限之处。因是之故,将上述数据除以各路州府、县一级行政单位所得之平均数,或能更好地反映北宋时期全国僧道人数在其分布密度方面的特点。例如东京开封府,仅辖一府十七县,若依上表中之统计方法,将其与辖府二、州二十三、军十二,县一百四十一的河北路相较①,显然是有失准确的。

于是,我们参考与上述数据统计资料年代最近之真宗天禧四年(1020)宋境州县区划作

---

① 上述数据据李昌宪:《中国行政区划通史·宋金夏卷》,上海:复旦大学出版社,2007年,第181、184页。

为基础①,重新统计如下(表5):

表5 真宗天禧五年各路、府州军监、县道士、女冠数量统计表

各路名称	各路道士、女冠总人数	每府州军监道士、女冠人数之平均数	每县道士、女冠人数之平均数
东京	959	959	56.41
京东	560	28	7.09
京西	397	20.89	4.01
河北	364	9.84	2.58
河东	229	9.16	2.62
陕西	467	15.06	3.51
淮南	691	32.9	10.01
江南	3557	177.85	38.25
两浙	2547	169.8	31.84
荆湖	1716	85.8	20.67
福建	569	71.13	12.64
川峡	4653	86.17	22.37
广南	3079	68.42	26.32
总数(右二栏为平均数)	19788	62.42	15.83

由是可知,在州府军监一级,道士、女冠人数最多的非北宋都城东京莫属,达到了平均数值的15.36倍,可谓冠绝天下;居于其后的,则是江南路和两浙路,分别超平均数之1.85和1.72倍;在分路道士、女冠人数中排名第一的川峡四路,则因此一级别的行政区划较多,仅屈居第四位,仅超平均数之38%,而与前述三地有较大差距。至于东京周边的京东、京西二路,则州府一级的平均道士、女冠人数较之东京,可谓天渊之别,不足平均数之半。又及北方的河北、河东二路,则每府州平均道士、女冠人数竟不足十人,可见其寡少之甚。显而易见,较之于道教兴隆的南方地区,尤其是江南、两浙、川峡诸路,东京可谓是北方地区的一座道教"孤岛",而与其周边诸路道士、女冠寡少之整体情势全然不同。

至于县一级的统计数据,仍以东京府辖十七县道士、女冠之平均人数为最,达56.41人之多,高于平均数2.56倍。其后则为江南、两浙地区,亦高于平均数一倍以上。而在此一行政级别上,川峡四路的平均道士、女冠人数则优势稍挫,不但不敌东京、江南、两浙之盛,较之广南路,亦稍有不及。而在北方的京西、陕西、河北、河东四路,县均道士、女冠人数仅

---

① 将各路府、州、军、监、关合并计算之后可知:东京路一府十七县;京东路府、州、军合计二十个,辖七十九县;京西路府、州、军合计十九个,辖九十九县;河北路府、州、军合计三十七个,辖一百四十一县;河东路府、州、军、监合计二十五个,辖八十六县;陕西路府、州、军合计三十一个,辖一百三十三县;淮南路州、军合计二十一个,辖六十九县;江南(东、西)路府、州、军合计二十个,辖九十三县;两浙路州、军合计十五个,辖八十县;荆湖(北、南)路府、州、军、监合计二十个,辖八十三县;福建路州、军合计八个,辖四十五县;川峡四路府、州、军、监、关合计五十四个,辖二百零八县(包括一直属京县);广南(东、西)路州四十五个,辖一百一十七县。合计凡州、府、军、监、关三百一十七;直属京县、县一千二百五十。参见李昌宪:《中国行政区划通史·宋金夏卷》,第二编第四章,第181—199页。

有四人或四人以下,最少的河北路,仅为 2.58 人,尚不及平均数的 1/5。从这一层面上而论,东京的"孤岛"情形和南方江南、两浙集中于地区的优势仍旧明显,川峡四路的县均道士人数则较之其在路一级统计数据中的绝对优势,已显然不同了。换言之,川峡四路之道士、女冠的人数优势主要在其总数;各县之平均人数,则并不居于绝对优势地位。

而在佛教方面,由于两浙路数据之可疑,又非本文之主旨核心所在,此不再重制表格,一一解析。权以程民生的分析为据,引述如下:

> 北方地区的僧尼,以东京开封府和河北为多。若论密度,北方仍以开封府为最,以一府僧尼人数,比许多路的僧尼人数还多,足以说明开封府是宋代佛教中心的地位。①

由是而论,无论佛道,开封府的煊赫地位都可谓是毋庸置疑的。这种政治上的优位属性,除见之于州府和属县僧道人数的平均数量方面,亦集中体现在大型宗教建筑的修建层面。

从某种程度上而言,如果说道士、女冠的数量更多反映了道教文化的重心之所在的话,具有强大幅射力和宗教神圣感的大型宫观的兴建,则成为了衡量北宋道教中心最为重要的指标。

有趣的是,有宋一朝国家级大型宫观的兴建,虽是以东京开封为核心,却是以陕西凤翔的太平兴国宫为始的。根据李焘的记载:"(太平兴国二年(977)五月)庚辰,诏修凤翔府终南山北帝宫,宫即张守真所筑以祀神者也。"②而依李攸所记,"凡二年,宫成"③。而在此宫的规模、建筑方面,同据李攸的记载:

> 宫中有通明殿玉皇三十二天帝、大游、小游、五福、四太乙、紫微帝君并二十八宿,七元殿,黑煞殿,并灵官童子、六丁神、岁星、辰星,又有天蓬、九曜、东斗三官、玄武十二元辰、西斗天曹殿、南斗阁、灵官堂、龙堂。④

依此来看,上清太平宫的规模和建制,应是相当宏伟的。"太平"之名号与"太平兴国"年间之间的关系,也揭示出其皇家宫观的独特属性。依照笔者的看法,如此规模的宫观,在天禧年间州府平均道士、女冠人数仅 15.06 人,县均仅 3.51 人的陕西路,应是首屈一指的,也充分体现了道教自北宋伊始,便已具有了鲜明的皇家性格,而与当地之实际信众人数并无多少直接的对应关系。颇为值得一提的是,这座大型宫观的辐射力,已远远延及于陕西路之外,甚至影响到了远在广南东路,相隔数千里之外的韶州(今广东韶关)。据《舆地纪胜》的记载,韶州天庆观系大中祥符元年(1008)置,"常取终南山太平宫、玉皇殿,法紫霄之

---

① 程民生:《宋代地域文化》,第 260 页。
② (宋)李焘:《续资治通鉴长编》卷一八,太平兴国二年五月庚辰,北京:中华书局,1979 年,第 406 页。
③ 李攸:《宋朝事实》卷七,上海:商务印书馆,1935 年,第 117 页。
④ 李攸:《宋朝事实》卷七,第 117 页。

样,于是楼阁廊庑,实皆奇壮"①。

京师方面,太宗在位时期宋廷又连续兴建了(东)太一宫、上清宫、寿宁观、洞真宫等一系列大型官方宫观②,从而大体奠定了首都开封的道教空间格局。即如(东)太一宫,据《续通鉴长编》的记载,凡千一百区③,于太平兴国八年(983)十一月己未建成④。又若上清宫,则依李焘所载:"(至道元年[995]正月)丙辰,宫成,总千二百四十二区。上亲为书额,车驾即日往谒焉。"⑤而后,太宗又以位于兴道坊的宣祖(太祖、太宗之父)旧第和舍宅为观之王得一的处所为址,于至道元年正月和二年七月,相继建成了同位于京师的洞真宫和寿宁观。⑥

而在京畿之外,太宗于太平兴国七年(982),"诏舒州修司命真君祠,黄门蔡政敏往督其役,总成六百三十区,号曰灵仙观"⑦。又据王应麟所载,太宗还在淳化四年(993)至至道元年(995)间重修了位于亳州的太清宫。⑧从此观重修工程的时间跨度来看,其规模之盛,当不在其他大型皇家宫观之下。

而在真宗一朝,随着天书下降、东封泰山等一系列"神道设教"之事的推进,北宋道教官修宫观的规模也超迈于乃父太宗之上,达到空前未有的规模和气象。仅以位于首都开封最为重要的玉清昭应宫为例,即已达2610(或3610)区之盛⑨,数倍于太宗时期京城内外所兴修的任何一座大型宫观。而在京畿之外,真宗也在孔子故里——兖州曲阜兴建了一座供奉圣祖与圣祖母的道观,即兖州景灵宫。与此同时,京师景灵宫太极观亦开工兴建,并同于大中祥符九年(1016)竣工。⑩然而,与居于陕西路的凤翔太平兴国宫类似,位于京东路的兖州景灵宫,也可称之为一座道教"孤岛"。其所在的京东路之府州和县一级的平均道士、

---

① 王象之原著,李勇先校点:《舆地纪胜》(第6册)卷九〇,成都:四川大学出版社,2005年,第3128页。
② 参见汪圣铎:《宋代政教关系研究》,北京:人民出版社,2010年,第31—33页。
③ 此处之"区",应理解为"间"。据《中国古建筑术语辞典》的解释,"间"系"房屋平面宽、深的度量单位。在中国古代建筑中,单体建筑正面通长一般称面阔,而每四根金柱(外金柱)内所围的面积又称为间。"(王效清主编:《中国古建筑术语辞典》,北京:文物出版社,2007年,第215页。)值是之故,"间"或"区"数不仅能够衡量单体建筑的体量大小,对于建筑群的总体规模亦可提供有效之参考数据。
④ 参见(宋)李焘:《续资治通鉴长编》卷二四,太平兴国八年十一月乙未,第557页。
⑤ (宋)李焘:《续资治通鉴长编》卷一八,至道元年正月丙辰,第806页。有关此宫之具体情形,尚可参考徐松辑,陈智超整理:《宋会要辑稿补编》,北京:全国图书馆文献缩微复印中心,1988年,第22页下;高承撰,李果订,金圆、许沛藻点校:《事物纪原》卷七《真坛净社部三十六》引宋敏求《东京记》,北京:中华书局,1989年,第365页;王应麟:《玉海》(第三册)卷一〇〇,南京、上海:江苏古籍出版社、上海书店,1987年,第1824页上。
⑥ 参见(宋)李焘:《续资治通鉴长编》卷三七,至道元年正月乙丑,第808页;钱若水修,范学辉校注:《宋太宗皇帝实录校注》卷七八,北京:中华书局,2012年,第714页;王应麟:《玉海》卷一〇〇(第1824页下)、脱脱等:《宋史》卷五(第99页)亦载寿宁观事。详细之考订与分析,还可参考汪圣铎:《宋代政教关系研究》,第32—33页。
⑦ (宋)李焘:《续资治通鉴长编》卷二三,太平兴国七年六月丁卯,第522页;另可参考王应麟《玉海》卷一〇〇,第1822页下。
⑧ 根据王应麟的原始记载:"亳州濑乡老子宅,唐天宝为太清宫,淳化四年修,至道六年八月功毕。"(王应麟:《玉海》卷一〇〇,第1823页上)然太宗之至道年号仅使用三年,故此处"六"恐为"元"字之误,当做至道元年(995)。
⑨ 参见(宋)李焘:《续资治通鉴长编》卷八三,大中祥符七年十月甲寅,第1899页记为2610区;卷一〇八,天圣七年六月丁未,第2515页则记为3610区,或有扩建。
⑩ 至于两座道观的规模方面,则以传为圣祖诞生地的兖州太极观为胜,总一千三百二十二区。京师的景灵宫,也达七百二十六区之数。参见(宋)李焘:《续资治通鉴长编》卷八六,大中祥符九年二月壬辰;卷八七,第1973页;大中祥符九年五月庚申,第1991页。

女冠人数,均不及平均数之半,显非道教昌隆之地。

而在仁宗天圣七年(1029)玉清昭应宫遭雷火焚毁之后,宋廷虽然接受了范雍的建议,未再耗费民力重修此宫,却并未因此而停止对道教的推崇。① 根据苏轼所撰之《上清储祥宫碑》所记:在太宗时期兴建之上清宫于庆历三年(1043)十二月"一夕而烬"的三十七年之后,"元丰二年(1079)二月,神宗皇帝始命道士王太初居宫之故地,以法箓符水为民禳禬,民趋归之,稍以其力修复祠宇。诏用日者言,以宫之所在,为国家子孙地,乃赐名上清储祥宫,且赐度牒与佛庙神祠之遗利,为钱一千七百四十七万,又以官田十四顷给之,刻玉如汉张道陵所用印,及所被冠佩剑履以赐太初,所以宠之者甚备。宫未成者十八,而太初卒,太皇太后闻之,喟然叹曰:'民不可劳也,兵不可役也,大司徒钱不可发也,而先帝之意不可以不成。'乃敕禁中供奉之物,务从约损,斥卖珠玉以巨万计,凡所谓以天下养者,悉归之储祥,积会所赐,为钱一万七千六百二十八万,而宫乃成。"②

由是而论,即便是在我们通常所重之真宗、徽宗崇道高潮之间的神宗、哲宗两代,此种不惜举国之力,将道观营建上升为国家工程的行动,也未曾停止。哲宗朝之太皇太后高氏将上清储祥宫的营建工程提升至"先帝之意",而"不可以不成"的高度,正体现出此种官修道观工程对于宋廷的极端重要性。而在刘延世编《孙公谈圃》中,又有所谓"神宗以其地属震,欲新之"的记载。《易·说卦》中有云:"帝出乎震,齐乎巽……万物出乎震,震,东方也。"③上清储祥宫兴于属震之地,正符"帝出乎震"之意,的确在很大程度上体现出宋廷将其作为政权合法性与帝室延绵不断、长兴永祚的根本之所在。颇具讽刺意味的是,正是这位声称要成"先帝之意"的高后,彻底地改变了神宗熙丰变法的整体方略,全力打压变法势力,形成了"元祐更化"之政。由是而论,宋廷在其崇道上的一贯性,亦可谓是不折不扣的"祖宗之法"④,而为历朝所重,甚至在很大程度上超过了施政方针和行政体制方面的稳定程度。

及至徽宗时期,随着新一轮崇道热潮的来临,徽宗也在都城开封陆续兴建了景灵西宫、玉清和阳宫、上清宝箓宫等一系列大型宫观。⑤ 在此方面,汪圣铎、伊沛霞(Patricia Buckley

---

① 相关史实可参考(宋)李焘:《续资治通鉴长编》卷一○八,天圣七年六月丁未,第2515页。王称:《东都事略》卷五四,嘉庆三年(1798)刻本,第3a页;杜大珪辑:《名臣碑传琬琰之集》上卷二六《范忠献公雍神道碑》(台北:文海出版社,1969年,第411页),中卷一○《范忠献公雍墓志铭》等(同书第567页)亦言及此事,可资参证。

② 苏轼:《东坡后集》卷一五,北京:中国书店,1986年(据世界书局1936年版影印),第625页。另可参考徐松辑,陈智超整理:《宋会要辑稿补编》,第23页下。

③ 《易·说卦》,载王弼注、孔颖达疏:《周易正义》(标点本)卷九,北京:北京大学出版社,1999年,第327页。有关"帝出乎震"与中古时代政治文化之讨论,可参考孙英刚:《佛教对阴阳灾异说的化解:以地震与武周革命为中心》,《史林》2013年第6期,第53—63页。更为丰富之讨论可参考氏著:《神文时代:谶纬、术数与中古政治研究》,上海:上海古籍出版社,2014年,第63—100、242—284页。

④ 根据邓小南的说法:"在宋代,信守'祖宗之法'不仅是一种政治行为模式,同时也是一种思想文化模式。所谓'祖宗之法'的轨范,广泛存在于宋代君王及士大夫的理念之中,对于现实政治发生着深刻的影响。但它不是一组可以具象指称的实体,而更接近于一套行为标准、精神原则。"(邓小南:《祖宗之法——北宋前期政治述略》,北京:三联书店,2006年,第13页。)相关讨论可参考邓小南:《试论宋朝的"祖宗之法":以北宋时期为中心》,北京大学中国传统文化研究中心编:《国学研究》第七辑,北京:北京大学出版社,2000年,第115—146页,后收入氏著:《朗润学史丛稿》,北京:中华书局,2010年,第1—35页。更具系统性之研究,则可参考氏著:《祖宗之法——北宋前期政治述略》。

⑤ 可参考杨仲良撰,李之亮校点:《皇宋通鉴长编纪事本末》卷一二七,第2129—2147页;脱脱等:《宋史》卷一九至卷二二,第357—419页。

Ebrey)等人已有详细之考订与分析。① 唯一需要强调的是,徽宗崇道过程中所兴建的大型宫观,并不限于京师,也非止神霄一系,即如在茅山道士刘混康极力推动下所兴建的元符万寿宫,则依鲍慎所记,于"崇宁五年(1106)八月十日告成……总四百有余区"②。由此观之,茅山之元符万寿宫虽不及开封宫观体量之巨,亦不失为京外地区与凤翔太平兴国宫、亳州太清宫、舒州灵仙观和兖州景灵宫差可比拟之最为重要的国家级官修宫观。

综上可知,北宋时期大型官修宫观的中心系开封无疑,规模最为宏大的玉清昭应宫等国家级巨观,确可谓空前绝后。然而,此绝非意味着北宋大型官修宫观均局限于开封一地,而是在西至陕西路之凤翔,东及山东兖州,南至舒州(今安徽舒州)、茅山(位于今江苏省镇江市句容市)的广阔区域内兴建了一系列具有国家性格的道教宫观建筑群。值得一提的是,上述诸宫观虽分布范围甚广,却几乎全部位于长江以北,尤集于中原地区,而与前述《宋会要辑稿》中所见之北宋道教之空间分布格局并不相合。尤其是凤翔太平兴国宫和兖州景灵宫,实位于其时并无多少道教的信众基础,道士、女冠人数亦极少之陕西、京东二路,有如道教"孤岛",确体现出官方道教中心与道教信仰重心之间的张力。

另一个衡量北宋宫观之重要性的指标,则是其与宋朝皇室紧密关联的"神御殿"③。根据《宋会要》的记载,"元丰五年,作景灵宫十一殿,而在京(宫)观寺院神御悉皆迎奉入内"④;而在此之前,在京之太祖、太宗、真宗、仁宗、英宗等帝王神御,则是分散置于开封城内的奉先资福院、太平兴国寺、启圣禅院、景灵宫、万寿观、崇先观等佛寺、道观之中的。⑤ 值得注意的是,在此供奉诸帝神御的清单之中,也出现了大量的京外宫观、寺庙,如供奉太祖神御之南京⑥鸿庆宫、西京⑦应天禅院、西京会圣宫、扬州建隆寺、滁州端命殿;迎奉太宗神御的并州崇圣寺、凤(翔)府上清太平宫和奉有真宗神御的澶州信武殿、西京崇福宫、华州云台观等⑧,横跨北至并州(今山西太原)、南及扬州、西止凤翔、东达滁州等处的广阔区域,较之于前述之国家级的官修大型宫观,范围又有增益。然而,这些迎奉神御的寺观亦未及江南、川峡诸路,仍全部位于长江以北,尤集于西京、南京等地。概言之,这些具有资格迎奉皇帝神御的宫观,似与北宋道士、女冠人数最多的信仰中心并不相合,而是同宋代帝王所常活跃和巡幸的地区紧密相连的。

---

① 参见汪圣铎:《宋代政教关系研究》,第 140—212 页;Patricia Buckley Ebrey. *Emperor Huizong*, pp. 131 – 158, 343 – 371.
② 鲍慎:《茅山元符观颂碑》,载刘大彬编撰:《茅山志》卷二六,《道藏》第 5 册,北京:文物出版社,上海:上海书店,天津:天津古籍出版社,1987 年,第 665 页上。
③ 可参考汪圣铎:《宋代西南二京的帝后神御殿》,载暨南大学中国文史籍研究所编,张其凡、陆勇强主编:《宋代历史文化研究》,北京:人民出版社,2000 年,第 322—333 页;刘长东:《宋代佛教政策论稿》,成都:巴蜀书社,2005 年,第 381—390 页;田思思:《北宋神御研究》,厦门大学硕士学位论文,2007 年等。
④ 徐松等辑录,刘琳、刁忠民、舒大刚、尹波等校点:《宋会要辑稿》第 2 册,礼一三,第 721 页上。
⑤ 参见徐松等辑录,刘琳、刁忠民、舒大刚、尹波等校点:《宋会要辑稿》第 2 册,礼一三,第 718 页上—719 页下。
⑥ 此处之南京系南京应天府,位于今河南省商丘市睢阳区南。
⑦ 此处之西京即指洛阳。
⑧ 参见徐松等辑录,刘琳、刁忠民、舒大刚、尹波等校点:《宋会要辑稿》第 2 册,礼一三,第 717 页上—719 页下。值得注意的是,此类京外宫观多与北宋帝王之巡幸地点相关,即如并州崇圣寺之于太宗,澶州信武殿之于真宗,即循此例。

二 《舆地纪胜》等文献所见南宋道教的空间格局

由上可见,北宋时期官方大型宫观的分布,无疑是以都城东京为中心的。然而,靖康之难的兵火,却将东京的"楼台烟雨"冲得粉碎,也使原本以首都为中心,凤翔、兖州、亳州为侧翼的整个皇家宫观体系,遭到了毁灭性的冲击。除地处淮河以南、南宋辖境范围之内的舒州灵仙观、茅山元符万寿宫等少数几座在北宋时期既已具有相当影响的官修宫观得以存续和重建之外,既有之皇家宫观体系,几已涤荡无遗。从这一层面上而论,两宋间的政治变局和领土沦丧,已使南宋初的道教失去了原有的中心之所在。

然而,一个亟待追问的问题是:这是否意味着两宋道教空间格局根本性的变化,又是否能够进而成为论证南宋道教较之于北宋已大为衰落的一项重要参照指标呢?要回答这一问题,对南宋,尤其是南宋前期之道观分布的总体情形展开具体而全面的系统分析,显然是非常必要的。①

根据游彪的考辨和推算,真宗景德年间,全国有官方道观2500所,仁宗时期约为3890所,英宗时期4120所,及至于神宗时期,已达4061所之多。② 然需注意的是,由于并无单列道观之全国性的统计数据③,游彪此处仅是根据一些传世史料,尤其是现存宋代《新安志》中的道观数量所进行的推算,虽有其合理之处,似未可引为定论。

更为重要的是,由于缺乏各路府州县之具体数据,仅从宋代道观总数的变化情况,仍是无从回答南宋时期道教的空间分布格局较之靖康之难以前,是否发生了根本性之变化的。在此方面,宋人王象之所纂之《舆地纪胜》(以下简称《纪胜》),为我们提供了颇为难得的史料。

根据李勇先的考证:"王象之正式从事《纪胜》一书的编纂,当是在宁宗嘉定元年(1208)以后。"④以此为下限,《纪胜》所反映的历史讯息,当可在相当程度上体现出南宋中前期的整体风貌。需要说明的是,《纪胜》作为一部长达两百卷的皇皇巨著,虽然囊括了府州沿革、县沿革、风俗形胜、景物、古迹、官吏、人物、仙释、碑记、诗、四六等十二门,实可谓包

---

① 杨倩描在其《南宋宗教史》一书中,对南宋道教地域分布的差异进行了一些讨论。然因材料之限,杨书主要择取了一些宋人文集和方志中的材料,以为零星之讨论,而据此推测各路道观之分布情形。参见杨倩描:《南宋宗教史》,北京:人民出版社,2008年,第169—173页。
② 相关考证,参见游彪:《宋代寺观数量问题考辨》,《文史哲》2009年第3期,第135页。
③ 将道观、寺院合并计算之数据,则可参考苏颂之上书。据其所言:"臣近主判尚书祠部,窃见天下寺院、宫观计三万八千九百余所。"(苏颂:《奏启今后不许特创寺院》,载《苏魏公文集》卷一七,北京:中华书局,1988年,第240页。)与之有所不同的是,唐代官方道观数量虽也存在史料考辨和解读方面的争议,却是有多种文献可依的,参见李林甫等撰,陈仲夫点校:《唐六典》卷四,北京:中华书局,1992年,第125页;罗争鸣辑校:《杜光庭传十种辑校》(全二册),北京:中华书局,2013年,第373页;欧阳修、宋祁等:《新唐书》卷四八,北京:中华书局,1975年,第1252页。相关讨论,可参考张泽洪:《唐代道士人数辨说》,《郑州大学学报》(哲学社会科学版)1995年第6期,第88—91页;王永平:《论唐代道教的发展规模》,《首都师范大学学报》(社会科学版)2002年第6期,第5—10页;谢一峰:《实态与想象:唐代女冠研究》,浙江大学硕士学位论文,2012年,第13—14、41页等。
④ 李勇先:《〈舆地纪胜〉研究》,成都:巴蜀书社,1998年,第17页。

罗万象,却并未如稍后撰成的《方舆胜览》一书,将佛寺与道观单列①,而是将其置于景物门(尤其是"景物下")之下,分散罗列的②。另一些道教、神仙的遗迹,则被置之于古迹门之中,多仅存遗迹而已,并非其时仍存香火的宫观。

然而,这是否意味着此书对于我们了解南宋时期道教宫观的空间格局,并无统计学意义上的参考价值了呢?答案是否定的。其一,是由于我们很难在《纪胜》之外找到如此卷帙宏伟、规模庞大、考订精审的地理总志以供统计之用;其二,则是缘于王象之此书在体例上的高度一致性使其有关佛寺、道观的记载,虽难免挂一漏万之嫌,却有着较为一致的内在取舍标准,仍然能够在很大程度上较为客观地反映出各地道教,尤其是具有相当名气和影响力之道教宫观的空间分布情形,从而在一定程度上反映南宋道教的整体空间格局。从这一点上而论,以《纪胜》为核心材料所进行的分析所获得的结果,是任何仅凭一部或几部现存宋元方志来展开的抽样式个案分析所无法取代的。当然,此处并非想要夸大《纪胜》在此方面的作用,也正因如此,我们在后文中还会引入更多现存的方志文献,与其互为参证,提升其细节方面的准确性。

尚需交代的是,今本《纪胜》到了清代被钱大昕重新发现时,已经是残缺不全的本子。③清道光时,岑绍周撰《补阙》十卷;今人李勇先又在此基础上进行了辑补,附于其《〈舆地纪胜〉研究》一书中。④ 本文之讨论,便是以今本《纪胜》为主体,在增补辑佚成果的基础上展开的。因此,后文之统计数据中因材料散佚、缺漏而导致的数据不全,实恐在所难免。又考

---

① 有关《舆地纪胜》之系统研究,可参考李勇先:《〈舆地纪胜〉研究》。又及二书的成书年代方面,根据李勇先的看法:"《纪胜》成书于宝庆三年九月,书中所载之事还不及于绍定年间,而《胜览》于嘉熙三年写成刊印,若从成书时间先后来看,两书相距约十二年,祝穆是完全能够看到《舆地纪胜》一书,但从祝穆编纂《方舆胜览》的经过来看,早在王象之《舆地纪胜》成书之前,祝穆就已着手于《胜览》的资料搜集和编纂工作了。""另外,在《纪胜》中景物门的内容,在《胜览》一书中分别系于山川、堂院、楼阁、亭榭、井泉、馆驿、桥梁、道观、佛寺、苑圃等各门之中,在门类的划分上,《胜览》比《纪胜》要丰富得多……"(李勇先:《试论〈舆地纪胜〉的编纂及其与〈方舆胜览〉的关系》,载四川联合大学古籍整理研究所、四川联合大学宋代文化研究资料中心编:《宋代文化研究》[第五辑],成都:巴蜀书社,1995年,第319、321页。)又及二书的相互关系方面,亦可参考谭其骧:《论〈方舆胜览〉的流传与评价问题》,《中华文史论丛》,1984年第4辑,第1—24页。
② 值得注意的是,此处王象之是将这些宋朝境内的梵刹仙宫作为"景物"的一部分予以归类和界定的。换言之,其并非简单的宗教圣地,也是南宋史家文士心中各州各县所不可或缺的"风景"(landscape)。对此"风景"的概念,小川环树的著名论文《中国文学中的风景之意义》曾有所论;妹尾达彦在其《帝都的风景、风景的帝都——建康·大兴·洛阳》一文中也进行了系统的解析。(可参考小川环树:《中国の文学における風景の意义》,《小川環樹著作集 第一卷》,东京:筑摩书房,1997年[1967年初版],第259—275页;妹尾达彦著,郭雪妮译:《帝都的风景、风景的帝都——建康·大兴·洛阳》,载陈金华、孙英刚编:《神圣空间:中古宗教中的空间因素》,上海:复旦大学出版社,2014年,第23—105页。)由此而论:王氏是将此类佛寺道观作为整个区域之景观和古迹的一部分来看待的,未予其专门的地位;其所关注的重心,也是此类佛寺、道观的景观特质,而非各府州佛寺、道观的详细清单。正是基于这一点,王氏在相关佛寺、道观的别择方面,更多倾向于具有传奇色彩,或为文人墨客所重而留下遗篇的佛寺和道观,便是理所当然之事了。有鉴于此,我们此处据《舆地纪胜》所得之各路、府、州之道观数量,并非巨细靡遗之全部道观,而多是其中较为著名、较具影响力者,故难以如《宋会要辑稿》中所记之道士、女冠人数一般,直接同各路之户数进行比较。
③ 全书整卷全阙者共三十一卷,即温州、婺州、处州、衢州、光州、无为军、安丰军、潭州、成都府上、下、崇庆府、眉州、彭州、绵州、汉州、邛州、黎州、夔州、开州、施州、达州、珍州、忠州、沔州、阶州、成州、西和州、凤州、文州、龙州、天水军等。有阙叶者十有七卷,即临安府、平江府、饶州、扬州、楚州、黄州、濠州、宝庆府、襄阳府、均州、循州、永康军、兴元府、阆州、巴州、洋州、剑门关等。参见李勇先:《〈舆地纪胜〉研究》,第176页。
④ 可参考岑绍周:《〈舆地纪胜〉补阙》,道光二十八年(1848)刻本;李勇先:《舆地纪胜辑补》,载氏著:《〈舆地纪胜〉研究》,第192—361页。

虑到稍晚出之《方舆胜览》同《纪胜》在编纂旨趣和体裁方面的相似性,将此书所载之道观材料,以补今本《纪胜》失载府州军监之阙,也不失为一种权宜的办法。①

令人稍感遗憾的是,正如前文中所言,北宋之《太平寰宇记》、《元丰九域志》等地理总志,因其体例之别、体量之限,未能于宋境之道教宫观有较为详细之记载;故此对于《舆地纪胜》中所载道观数量的梳理和统计,只可说明其即时的空间分布格局,尚无法同北宋时期的道观数量进行直接的比对。而在本章的第二、三节中,方志材料的应用和解析则能够在相当程度上弥补《舆地纪胜》的这一缺陷,提供部分州县在北宋时期可资比较的道观数量。

由是,我们以嘉定元年宋境之行政区划为限,以现存《纪胜》为主体,增补该书辑佚和《方舆胜览》中所记之道观,去除其重复之数,可得道教宫观573座。② 当然,对照前述游彪所推定的道观数量③,此573座道观恐非南宋时存道观数量的全部。然而,在缺乏更为全面之全国性材料的情形下,将具有相当之内在统一性的《纪胜》所反映之道观数量和分布情形作为基本的参考数据,推定南宋前期道教在全国范围内的空间分布格局,仍是具有相当之合理性的。

为与前文中所析《宋会要辑稿》中所见北宋天禧年间道教分布情形相较之便,我们依照所得各路道观之多寡,依次罗列于下表(表6)第二栏。又因各路、府、州、军、监和县的数量不均之故,为更好地反映道观之密度,则以嘉定元年之行政区划为据④,统计此二级、三级行政机构之平均道观数量,单列于右侧二栏,以供比照。

---

① 然而,《方舆胜览》虽为全秩,却并不适于作为分析此一时期道教空间格局的核心文献。具体而言,或因其卷帙篇幅远小于《纪胜》之故,《方舆胜览》虽专列佛寺、道观之门(有时亦"寺观"连称,合为一门),却并非每一州府均有记载。根据笔者的统计,仅以浙西路为例,平江府、镇江府、嘉兴府、安吉州、建德府、江阴军均无任何有关道观的记载(参见卷一至卷七);即便是道观林立的临安府,也仅载四圣观一所,可见其数据缺失之甚。而在整个湖南路,则仅有郴州载苏仙、成仙、露仙三观,其他各州府,自潭州以降,则无任何有关道观的记载(参见卷二三—二六),亦可见其数据失衡之甚。而在其所载的道观总量方面,即便是将其与《纪胜》重复之道观计算在内,也仅有59座,样本量严重不足,显无法全面反映南宋道教之空间格局。值是之故,以其补《纪胜》之缺漏则可;若将其作为主体材料,则恐难竟其功。参见祝穆撰,祝洙增订,施和金点校:《方舆胜览》(上、中、下),北京:中华书局,2003年。令人稍感遗憾的是,正如前文中所言,北宋之《太平寰宇记》、《元丰九域志》等地理总志,因其体例之别、体量之限,未能于宋境之道教宫观有较为详细之记载;故此对于《舆地纪胜》中所载道观数量的梳理和统计,只可说明其即时的空间分布格局,尚无法同北宋时期的道观数量进行直接的比对。而在本章的第二、三节中,方志材料的应用和解析则能够在相当程度上弥补《舆地纪胜》的这一缺陷,提供部分州县在北宋时期可资比较的道观数量。

② 相关考订之史料,据王象之撰,李勇先校点:《舆地纪胜》(全十册),成都:四川大学出版社,2005年;祝穆撰,祝洙增订,施和金点校:《方舆胜览》(上、中、下)。

③ 参见游彪:《宋代寺观数量问题考辨》,《文史哲》2009年第3期,第135页。

④ 嘉定元年(1208),十五路凡领府二十七、州一百三十一、军三十二、监二、关一、县七百十一。两浙西路府州军合计八个,辖三十八县;两浙东路府州合计七个,辖四十二县;淮南东路府州军合计八个,辖二十一县;淮南西路府州军合计九个,辖三十一县;江南东路府州军合计九个,辖四十三县;江南西路府州军合计十一个,辖五十六县;荆湖北路府州军合计十五个,辖五十七县;荆湖南路府州军合计九个,辖三十八县;京西南路府州军合计六个,辖十三县;福建路府州军合计八个,辖四十八县;成都府路府州军合计十六个,辖六十一县;利州路府州军关十八个,辖五十八县;潼川府路府州军监十五个,辖五十五县;夔州路府州军监十四个,辖三十七县;广南东路府州十四个,辖四十县;广南西路府州军二十五个,辖七十三县。参见李昌宪:《中国行政区划通史·宋金夏卷》,第二编第八章,第260—269页。

表6 《舆地纪胜》(据《方舆胜览》增补)中所记南宋中期道观数量统计表

路	道观数量	平均道观数量(府州一级)	平均道观数量(县)
江南西路	111	10.09	1.98
潼川府路	80	5.33	1.45
江南东路	56	6.22	1.30
利州(东、西)路①	49	2.72	0.84
成都府路	49	3.06	0.80
荆湖北路	40	2.67	0.70
两浙西路	34	4.25	0.89
广南西路	32	1.28	0.44
夔州路	24	1.71	0.65
荆湖南路	23	2.56	0.61
两浙东路	16	2.29	0.38
广南东路	15	1.07	0.38
淮南东路	13	1.63	0.62
福建路	13	1.63	0.27
淮南西路	13	1.44	0.42
京西南路	5	0.83	0.38
总计(右二栏为平均值)	573	2.97	0.806

据此可知,道观数量居于前三位的路分别是江南西路、潼川府路和江南东路,分别占全国之数的19.37%、13.96%和9.77%,合计达43.1%,几占天下之半。再加上居于第四、五位,同属四川地区的利州东、西路和成都府路,则上述五路之道观总数,已及全国数的五分之三,可见其集中程度之高。又我们将川峡四路之潼川府路、利州路、成都府路和夔州路合并计算,则可知四川地区之道观数量在成都府路、利州路材料多有缺失的情况下,已达202座之多,占总数之35.25%。综此而论,南宋中前期道教的三大重心,系以龙虎山为中心的江南西路,以茅山为核心的江南东路和位于西部的川峡四路,而成三足鼎立之势。三者相加,道观数量占全国总数之64.4%,可谓"三分天下有其二"。

值得注意的是:居于京畿之地的两浙路,合计仅50座道观,占总数之8.73%。临安所在的两浙西路,仅记道观34座,占总数之5.93%。当然,这里确有某些府州材料缺失所造成的影响,然与上述之三大重心相较,临安所在的两浙路,显非南宋道教最为繁荣的区域之一。

又从道教在其他各路的分布情形来看,数量居于中游的是荆湖北路和荆湖南路所在的两湖地区,再次则是广南西路和广南东路所在的岭南之地。而处下游位次,道观数量相对

---

① 据《宋史·地理志》所载,利州东、西二路屡分屡合,于"绍兴十四年(1144),分东、西两路;绍熙五年(1194),复合为一;庆元二年(1196),复分;嘉定三年(1210),复合;十一年又分。端平三年(1236),兵乱废"。又及《纪胜》有关利州西路之记载残缺过甚,故此合并计算,视为一路。参见脱脱等:《宋史》卷八九,第2222页。

寥落的区域,则是宋金边境所在的淮南东路、淮南西路和京西南路和位于东南方向的福建路。如此而论,道教之发展似乎也在一定程度上受到了宋金边境战事和对峙局面的影响和制约。

而在府州一级的平均道观数量方面,位居前三甲的区域依然未变,依次为江南西路(平均10.09座)、江南东路(平均6.22座)和潼川府路(平均5.33座);在路一级次第中排名靠后的两浙西路,则以平均4.25座的数量,位居第四。需要说明的是,在加权了州府数量这一参数之后,广南东路和广南西路的位次则有所下降,分列倒数二、三位。其他排名靠后的区域,则仍系宋金边境地区的淮南东路、淮南西路、京西南路和位居东南的福建路等,与路一级的道观数量排名并无大的出入。

至于县一级的平均道观数量方面,则处于平均值之上的各路,依次为江南西路(平均1.98座)、潼川府路(平均1.45座)、江南东路(平均1.3座)、两浙西路(平均0.89座)和利州东、西路(平均0.84座)。由是而论,无论是在府州一级还是县一级的层面,江南西路、江南东路和四川作为南宋道教三大重心的地位都毋庸置疑。惟两浙西路之府州和县一级的道观平均数量,则高于路一级的排名次第。

综上而论,一个显而易见的事实是:较之于东京府均、县均道士、女冠人数超平均值十数倍和近三倍的超高比例而言;南宋都城临安所在之两浙路的平均道观数量,则并不显得如此突出。当然,这里分别依据的是道士、女冠人数和道观数量这两项指标;但以其参照系的内在同一性和道观数量与道士、女冠人数之相关性而论,东京超群拔擢之显著地位,则是临安所在的两浙地区所不能及的。换言之,东京之全国性道教中心的地位,并未随着两宋政治中心的转移而直接为临安所承续。

与前文中所引《宋会要辑稿》中天禧年间诸路道士、女冠数量分布情形之分析有所不同的是,笔者此番对于《纪胜》和《方舆胜览》的考察,则可超越路一级的层面,延伸至府州一级,获得一幅更为清晰和精细的图景。现依《纪胜》之次第,简析如下:

(1)两浙路:以两浙西路为多,共载道观34座;两浙东路恐因材料缺失较甚之故,可考之道观数量则相对较少,仅为16座。值得注意的是,两浙路道观集中程度均较高:西路以临安为中心,达23座之多,占西路道观总数之67.65%;东路则以天台、赤城山所在的台州为中心,亦达7座之数,占东路道观总数之43.75%,绍兴府则为5座居次,占总数之31.25%。

(2)江南东路:以茅山所在的建康府数量最多(20座),占该路总数之35.7%;排名第二的则是位于今江西北部之南康军(19座),占该路总数之33.9%。其他州府则相对较少,仅占30.4%。故而以道教在江南东路的分布情形而论,则以南京周边之建康府和洪州以北之南康军为盛,有如双峰并峙,呈现出明显的集中倾向。至于徽州、饶州、池州、太平府、宁国府等地,则数量相对较少,居于次要地位。

(3)江南西路:全境道教宫观甚多,排名前三甲者,为隆兴府(29座)、吉州(14座)和瑞州(即筠州)(12座),分别占总数之26.1%、12.6%和10.8%。然合计仅占总数之49.5%,不及其半,集中程度不似江南东路之高。由此而论,江南西路的道教重镇,似仍以路一级行政中心之所在的隆兴府为胜,体现出与政治中心在一定程度上的重合。又从其他府州军之道观数量而论,龙虎山所在之信州因材料失载,已无从知其详数。惟依江南西路之整体情形来看,恐龙虎山道教之辐射力显已不限于信州一地,而是达于其周边区域,乃至整个江南西路,遂使其成为了南宋中前期道教宫观最为集中的区域。①

(4)淮南东路:以泰州(3座)为最,真州、滁州、楚州、扬州(均为2座)其次,各占总数之23.1%和15.4%。然总量较小,道观之集中化倾向也并不显著。又及淮南西路:则以曾于北宋太平兴国七年(982)曾兴建有灵仙观的安庆府(即舒州)为最,有5座之多,占总数之38.5%,其余地区,如庐州、蕲州、和州、无为军等,则数量较少,无法与安庆府相媲。

(5)荆湖南路:以宝庆府(今邵阳一带)为最(6座),占该路总数之26.1%;其次则为永州(5座)和郴州(4座),分别占21.7% 17.4%。值得注意的是,南岳所在之衡州在《纪胜》中仅录有"宜唐观"一座②,恐于实际情形颇有出入。结合南宋陈田夫所撰《南岳总胜集》中的记载,其时南岳之道观尚有真君观、衡岳观、圣寿观、上清宫、元阳宫、凌虚宫、洞灵宫、招仙观、九真观、降圣观、九仙宫、寻真观、普贤观、玉清观、洞门观、西灵观等③,虽恐非全盛时期,仍不失为道教昌隆之地,至少可为一区域性中心之所在。由此可见,上述之统计数据作为宏观参考则可,然不可尽信,亦可能有颇多失载之处,需与其他材料相互参证。

(6)荆湖北路:则以为陶渊明笔下之桃花源所在④的常德府为最,达10座之多,占此路总数之四分之一,可视为一区域性的道教中心。而毗邻常德府的澧州(6座),则屈居次席,体现出这一地区道教分布的集中倾向。是为荆湖北路区域性政治中心的江陵府,仅记有5座道观,居于第三位,而并未显示出明显的优势。稍可留意的是,位于今鄂西、湘西的归州(今湖北秭归)和辰州(今湖南怀化、湘西土家族自治州一带),也分别记有5座和3座道观,进一步揭示出今武陵地区在道教宫观方面的集约特性。

(7)京西南路:位于北方边境地区,道观数量极少,但有一个明显的中心——均州,《纪胜》载道观三座,占总数之五分之三;随州、郢州各一,居于次席。此处之均州,系武当(即

---

① 据松本浩一的研究,整个北宋时期,处于上升期的江西龙虎山正一派尚未取得统摄整个江南道教的权势;而在张继先等人的推动下,龙虎山道教最终在南宋时期达到全盛。参见松本浩一:《張天師と南宋の道教》,载酒井忠夫先生古稀祝贺记念の会编:《歷史における民眾と文化——酒井忠夫先生古稀記念論集》,東京:國書刊行会,1982年,第337—350页。

② 参见王象之撰,李勇先校点:《舆地纪胜》第四册,卷五五,第2100页。

③ 参见陈田夫撰:《南岳总胜集》卷中,载《续修四库全书》编委会编:《续修四库全书》第725册,上海:上海古籍出版社,2002年,第454页上—473页上。南岳作为一儒释道共享的神圣空间,素为佛教、道教研究者所重,代表性之研究成果,可参考James Robson. *Power of Place: The Religious Landscape of the Southern Sacred Peak (Nanyue) in Medieval China*, Cambridge (MA.): Harvard University Press, 2009. 又及中文学界方面有关南岳道教方面的研究成果,则可参考谭岳生、旷顺年编著:《南岳名观》,海口:海南出版社,1995年;湖南省道教文化研究中心编:《道教与南岳》,长沙:岳麓书社,2003年等。

④ 在宋人叶梦得看来:"陶渊明所记桃花源,今鼎州桃花观即是其处。余虽不及至,数以问湖湘间人,颇得言其胜事。"(叶梦得:《岩下放言》,朱易安、傅璇琮主编:《全宋笔记》第二编第9册,郑州:大象出版社,2006年,第337页。)又有关桃花源之所在的讨论,可参考陈寅恪:《〈桃花源记〉旁证》,《清华学报》第11卷第1期(1936),第79—88页,后收入氏著:《金明馆丛稿初编》,北京:三联书店,2001年,第188—200页;唐长孺:《读〈桃花源记旁证〉质疑》,收入氏著:《魏晋南北朝史论丛续编》,北京:三联书店,1959年,第182—190页。新近之讨论,尚可参考李光摩:《〈桃花源记旁证〉发覆》,《学术研究》2012年第6期,第139—144页;龚斌:《桃花源原型在武陵之推论》,《天中学刊》2015年第6期,第67—75页等。石守谦之研究,则将桃花源意象延伸至整个东亚世界,可参考氏著:《移动的桃花源——东亚世界中的山水画》,北京:三联书店,2015年,第31—64页。

太和山)之所在。可见其在南宋时期虽远不如元明煊赫,却已然是区域性的道教中心了。①

（8）广南东路:有一个非常明显的中心,即广州(6座),占该路总数之五分之二。② 居于次席的则是惠州和英德府,各录道观两座。由此而论,广南东路道教的空间分布也呈现出明显的集中趋势,与其政治和经济中心保持一致。

（9）广南西路:行政区划众多,然在此之中,道观分布居于前四位的是分别是贺州(7座,占总数之21.9%)、容州、静江府和昭州(均为4座,各占总数之12.5%)。从此四府州的地域分布来看,则除容州位于该路中南部(今广东普宁、广西陆川一带),其余三府州均位于广南西部北部,与荆湖南路相接壤。贺州、静江府和昭州之间,亦相互毗邻,集中于今广西东北部、广东西北部一带,而与荆湖南路道观数量居于前两位的宝庆府和永州连成一片,构成一相对集中的区域。

（10）福建路:以福州(5座)和汀州(3座)为最,各占总数之38.5%和23.1%,呈现出较为明显的集中特点。一者与其政治中心相吻合;一者则位于此路西部的武夷山区南部,与江南西路毗邻。再加上载有两座道观的邵武军和建宁府,则整个福建路之道教核心区域,遂集中于其与江南西路、东路和两浙路相连的西部和北部区域;南部之道观数量则相对寥落。

（11）成都府路:则由于《纪胜》中成都府材料的缺失,仅辑佚出两条。即便加上据《方舆胜览》所增补之条目,其道观数量仍有可能被低估。然依现存材料来看,青城山所在的永康军可谓一枝独秀,以极大优势居于第一位(18座),占总数之36.7%,显示了其道教名山的吸引力。居于第二、三位的石泉军(9座,占总数之18.4%)和简州(7座,占总数之14.3%),也位于成都周边区域。

（12）潼川府路:道观数量最多者为顺庆府(以南充为中心),共计15座,占总数之18.75%;其政治中心所在的潼川府居次,也达10座之多,占总数之12.5%;并列处于第二位的,则是遂宁府,亦为10座。由此三府相加之和,占全路道观总数之43.75%,已几近其半。由是,潼川府路之道教分布的密集区域,似与其政治、经济中心高度重合,囊括了相互毗邻、位于该路中心区域的顺庆、潼川、遂宁三府。

（13）夔州路:夔州材料缺失,前三甲为云安军(以云阳为中心,4座)、黔州(位于今湘、渝、黔三省交会区域,4座)和涪州(以今涪陵为中心),分别占该路总数之16.7%、16.7%和12.5%,稍集中于今之重庆与宜昌之间的沿江地区。而黔州地区较多之道观数量,则与荆湖南路西北之武陵地区连成一片,构成一道教相对活跃的地区。

（14）利州东、西路:因西路材料缺失严重,仅供参考。东路之道观分布情形,则以阆州和巴州并列第一位,均为10座,各占总数之20.4%,呈现出一定的集中倾向;位居川北的隆庆府、兴元府和利州则各载6至5座道观,也可称得上道教较为昌隆的区域。值得注意的

---

① 武当山之道教研究方面,学者们则多重于明清,相关研究专著可参考杨立志主编:《自然·历史·道教:武当山研究论文集》,北京:社会科学文献出版社,2006年;梅莉:《明清时期的真武信仰与武当山朝山进香》,武汉:湖北人民出版社,2006年;《明清时期武当山朝山进香研究》,武汉:华中师范大学出版社,2007年;Chao Shin-yi. *Daoist rituals, state religion, and popular practices: Zhenwu worship from Song to Ming* (960–1644), London: Routledge, 2011, pp. 78–103 等。

② 有关宋代广州道观、道堂及道院数量之详细考证,可参考黎志添:《宋代地区道教的个案研究——广州道观、道堂及道院》,第256–257页。

是,阆州、巴州所在的川东北地区和隆庆府、兴元府和利州所在的川北地区,自东汉末年以来既已成为天师道所谓"二十四治"的核心区域①,可见其在道教方面的活跃性,也一直延续到了南宋时代。

　　以上,便是我们以《纪胜》为基础,据《方舆胜览》增补后所得之南宋中前期各路、府州道观的分布情形。从总体上来看,大致可以概括出如下三个方面的分布规律:其一,道教核心区与道教名山、圣地之间的关系甚为密切,江南西路之龙虎山、东路之茅山和成都府路之青城山,构成了这些区域道教活动的重要支点。又如两浙东路台州之天台山、赤城山,荆湖北路之武当山等,也在一定程度上成为了道观宫观分布相对较为集中的区域,是为区域性的道教中心。再如处在今鄂、湘、黔、渝四省交界之地的武陵地区,则颇有些令人意外地呈现出了道教活动相对较为活跃的情形,而与荆楚一带的桃源仙境似有关联。其二,是道教中心与区域性政治、经济中心之间的密切联系,如广南东路之广州、福建路之福州和潼川府路之潼川府,便是其明显的例证。其三,也是笔者此处想要着重说明的一点,则是南宋都城临安,虽不愧为两浙路之道教中心所在;然其所载道观之数,仅稍多于稍后将会提及之江南东路的建康府、南康军和成都府路之永康军,而低于江南西路之隆兴府,似很难如北宋都城东京一般,拥有绝对性的优势地位,可当全国性的道教中心之谓。

　　由此而论,南宋时期道教分布密集之区域,仍是以江南东路、江南西路和川峡四路的三足鼎立之局为核心的。换言之,两宋道教的信仰基盘,在靖康之难的风云变幻中并未受根本性的冲击;反倒是居于北方的道士们,则在失去了三山符箓之旧有系统的同时,开启了"河北新道教"的新纪元。②

余论　道教"地方化"了吗?

　　上述临安与东京的比较,不由令笔者联想起韩明士(Robert Hymes)在《道与庶道:宋代以来的道教、民间信仰和神灵模式》一书中所提到的这样一段话:

> 　　无论如何,宋代道士与帝国权力的关系,或者是道士对它的记载,似乎是与时俱变。王文卿的故事很有启发性。他职业生涯的前半部分是在北宋末年,似乎是必然地来到宫廷,为皇帝服务。北方陷落前,他告别宫廷生活,返回家乡。宋廷南渡后,高宗多次召他进宫,但他没有奉命前往,终其一生为乡里百姓服务。虽然他到过南方一些地区,但从未去过首都。他的后半生——作为地方法师和老师,虽四处游方却不去首都——似乎预示着南宋著名雷法道士白玉蟾的生活经历。……这和林灵素,或者其他

---

①　有关天师道"二十四治"方面的研究,可参考王纯五:《天师道二十四治考》,成都:四川大学出版社,1996年;Franciscus Verellen. "The Twenty-four dioceses and Zhang Daoling", in Phyllis Granoff and Koichi Shinohara, ed., *Pilgrims and Place*, Vancouver: University of British Columbia Press, pp. 15 - 67. (中文版由吕鹏志所译,载《法国汉学》丛书编辑委员会编:《法国汉学》[第七辑:宗教史专号],第212—253页)等。

②　可参考陈垣:《南宋初河北新道教考》,北京:科学出版社,1958年。有关全真教、大道教、太一教之讨论,因与本文所论之两宋关涉无多,此不赘述。

北宋早期的官廷道士形成鲜明对比。①

在韩明士看来,王文卿这一生活样态的转变绝非个案,而是揭示出南宋道教某种地方化的倾向。即如其在《官僚与士绅:两宋江西抚州的精英》所论,自北宋到南宋出现了以京师为中心向以地方或地区为中心的转换。② 为了进一步明晰和论证这一说法,韩明士综合《道藏》,尤其是《历世真仙体道通鉴》中所存宋代道士传记方面的材料,尤其是两宋时期在京活动之道士原籍方面的信息,得到了如下二图(图1、2):

图1　北宋时期在京师活动的道士的原籍③

---

① 韩明士著,皮庆生译:《道与庶道:宋代以来的道教、民间信仰和神灵模式》,南京:江苏人民出版社,2007年,第193页。
② 参见 Robert Hymes. *Statemen and Gentlemen: The Elite of Fu-Chou, Chiang-Hsi, in Northern and Southern Sung*, London & New York: Cambridge University Press, 1986. 中文学界之相关评述和驳论,可参考朱晓征:《断裂还是延续:这是一个问题——读罗伯特·海姆斯〈政治家与绅士:两宋抚州的地方精英〉》,《河南大学学报》(社会科学版)2004年第4期,第16—20页;包伟民:《精英们"地方化"了吗?——试论韩明士〈政治家与绅士〉与"地方史"研究方法》,载荣新江主编,邓小南、荣新江执行主编:《唐研究》第11卷,第653—671页;魏峰:《宋代社会的理想化分析——评韩明士〈政治家与绅士〉》,《西安电子科技大学学报》(社会科学版)2006年第3期,第93—99页;鲁西奇:《"小国家"、"大地方":士的地方化与地方社会——读韩明士〈官僚与士绅〉》,《中国图书评论》2006年第5期,第19—26页;周鑫书评,载常建华主编:《中国社会历史评论》(第七卷),天津:天津古籍出版社,2006年,第411—420页等。
③ 韩明士著,皮庆生译:《道与庶道:宋代以来的道教、民间信仰和神灵模式》,第195页。

图 2　南宋时期在京师活动的道士的原籍①

根据他的分析:"南宋首都似乎主要成为那些来自比北宋更狭窄的地区范围的道士,特别是两个组织道教中心的道士的聚焦点。这些中心所吸引的法师本身就特别具有地区性的,以至道教文献也不总能认可。"②由是,"道士的职业生涯和朝廷的关系从北宋到南宋确实发生了重要变化,至少在道藏中是这样。如果说在其中一个时期,或两个时期出现了朝廷—道士的'联盟',它也只可能包括1127年之后(而不是之前)帝国道士中很有限的一部分人。"③

然在笔者看来,韩氏此论的一个重要观点,与其说是道教的所谓"地方化",毋宁说是南宋都城临安,较之北宋都城东京在道教辐射力和凝聚力方面的衰减。换言之,如果说北宋东京作为全国首屈一指的道教中心,能够吸引全国各地的道士纷至沓来的话;南宋临安虽亦可谓宫观林立,却只能更多地吸引邻近地区之茅山、龙虎山和浙江南部之天台山、温州一带的道士群体;而对处于帝国中、西部的京西南路、荆湖北路、荆湖南路和川峡四路而言,南宋都城临安的吸引力和凝聚力则相对有限,已无法同北宋时期的东京相提并论。④

陈国符《道藏源流考》中所列之存有孝宗淳熙年间所颁道藏之道观处所,也在一定程

---

① 韩明士著,皮庆生译:《道与庶道:宋代以来的道教、民间信仰和神灵模式》,第196页。
② 韩明士著,皮庆生译:《道与庶道:宋代以来的道教、民间信仰和神灵模式》,第194页。
③ 韩明士著,皮庆生译:《道与庶道:宋代以来的道教、民间信仰和神灵模式》,第201页。
④ 根据韩明士的说法:"北宋进京者与不进京者都处于一个大的地理范围。南宋则相反……大部分进京者来自首都附近的几个州军。"(韩明士著,皮庆生译:《道与庶道:宋代以来的道教、民间信仰和神灵模式》,第194页。)

度上为笔者的上述推论提供了旁证。根据《淳熙三山志》的记载:"淳熙二年(1175),令(按:福州闽县九仙山巅报恩光孝观,崇宁中称天宁万寿观。绍兴中改名。)以所藏经文(按:即《政和万寿道藏》)送于行在所。"① 又据陈氏考证:"盖淳熙二年令福州闽县报恩光孝观《政和万寿道藏》五百四十函送行在所。太乙宫即抄录一藏,四年成。其后敕写录成数藏,六年成。寻分赐道观。故洞霄宫于淳熙八年请得写本道藏也。"② 然而,与《政和万寿道藏》远播福建,存之于闽县之情形相比;陈书所考之得以庋藏或可能藏有淳熙间(1174—1189)写本道藏的道观,却几乎全部集中于南宋都城临安及其周边之两浙路和龙虎山所在的江南西路。③ 这一旁证,虽或有材料不均衡方面的因素,似也在一定程度上折射出临安作为道教中心之凝聚力的衰减。

值得注意的是,余蔚在《两宋政治地理格局比较研究》一文中提出的有关南、北宋疆域内综合政治区的"圈层式"结构和"分块式"结构,也为我们对于韩明士有关道教地方化的看法提供了新的解释维度。④ 在比较两宋综合政治区划的空间布局之基础上,余氏得到了如下简图(图3):

四、两宋政治地理结构的差异

从北宋而南宋,综合政治区之间渐趋于同质化,这是整个宋代政治地理结构发展的主要特征。北宋各大区域之间,存在较为明显的区域分工,核心区、东南供馈区与北部防御区之间,所负担的职能有明显的差异,惟南方边远区并无特殊的专门职能,在全国的政治格局中的重要性——或曰政治地位——与前三者有着高下之别。因此,分划北宋的综合政治区,行政职能的地域差异是主要的标准。而在南宋,区域之间的功能差异变为次要的现象,全国大部分高层政区可划分为相同功能的几大区域,跨高层准政区的界限成为划分综合政治区的主要依据。这些跨高层准政区,是为军事目的而设置的制置或宣抚使,以及为军队提供后勤保障的总领所辖区。这些区域的功能之核心,是各自担负北向的军事攻击或防御任务。南宋各大区功能的同化,意味着南宋政权在外来压力之下,一直保持一种便于应对战争的政治地理结构。

这一推论,由两宋综合政治区划的空间布局或可得到更好的证明。我们将图1与图2进行简化,可得到图3所示的模式。

图3 两宋政治地理结构简化图⑤

---

① 陈傅良等撰,梁克家署:《淳熙三山志》卷三八,中华书局编辑部编:《宋元方志丛刊》第8册,北京:中华书局,1990年,第8239页上。
② 陈国符:《道藏源流考》,北京:中华书局,1963年,第146页。
③ 具体而言,盖有两浙路之临安太乙宫、洞霄宫、佑圣观、龙翔宫、宗阳宫、四圣延祥观、天庆观、鄞城蓬莱观,武康昇玄报德观,常州(毗陵)天庆观、通真观,天台桐柏宫;江南西路之新建建德观、奉新昭德观、庐山太平兴国宫、崇仁善修观等,参见陈国符:《道藏源流考》,第145—151页。魏了翁在《紫云山崇仙观记》言及:此观在绵州彰明县西南四十里,有经楼。参见魏了翁《鹤山先生大全集》卷三八,《四部丛刊》初编缩本,上海:商务印书馆,1936年,第327页下—328页上。陈国符据此推定其"南宋有道经"(陈国符:《道藏源流考》,第153页);然据笔者之见,是否为淳熙抄本,抑或徽宗《政和万寿道藏》之旧藏,则未可知。
④ 参见余蔚:《两宋政治地理格局比较研究》,《中国社会科学》2006年第6期,第171—183页。
⑤ 余蔚:《两宋政治地理格局比较研究》,第180页。详细之北宋、南宋政治地理结构图,参见同文第175、179页。

而据笔者之见,两宋道教空间的分布格局,似也可在某种程度上用这一图式来予以说明。具体而论,北宋时代之首都东京,虽可谓远离南方道教信仰重心的一个道教"孤岛",却系全国道教活动的中心之所在,有着相当大的凝聚力和影响力。而位居其中和分居于两翼(兖州、凤翔等地)的大型官修宫观,则为其中心地位提供了切实的支撑。与余文图式稍有不同的是,北宋道教信仰的核心区域则仍偏居于南方,尤其是以茅山为中心的江南东路、以龙虎山为中心的江南西路和位居西南的川峡四路,呈南重北轻之局,而非均匀展开的同心圆结构。

及至南宋,尤其是南宋前期,随着北方地区官修宫观的丧失,宋代道教的中心在一瞬间土崩瓦解;而处江南的临安行在,却一时间并无法承负起这一全国性道教中心的重任,从而导致了首都地区道教凝聚力的衰减。从这一层面上而论,两宋道教空间分布格局之最大的变化,便是其绝对核心的丧失,在很大程度上释放了各路道教中心和次中心的活力,而使其道教空间格局,呈现出更为分散和多元的倾向。

需要申明的是,笔者关于《舆地纪胜》所见之南宋时期道教空间格局的考察,虽然在首都道教之凝聚力的相对衰减上,与韩明士在《道与庶道》中对于两宋时期在京活动之道士原籍的分析所得出的结论适可互相印证,却不能简单地等同于所谓的道教"地方化"。换言之,这种政治中心道教凝聚力的衰减,同道教的"地方化",即其与地方社会的广泛结合之间,仍有着相当的距离。① 前述之《舆地纪胜》中所见南宋道教空间格局的分布规律,也在相当程度上证明了这一点。概言之:道教中心与区域性政治中心的联系仍然相当紧密,而并未如韩明士所言,与国家"分道扬镳",转向"地方化"。② 这一点,还会在随后的第二、三节的分析中得到进一步的证明。

作者简介:谢一峰,湖南大学岳麓书院助理教授。

---

① 包伟民曾指出:"美国宾州学派提出的所谓南宋士大夫'地方化'论,也存在被广泛借用的现象"。(包伟民:《理论与方法:近三十年宋史研究的回顾与反思》,《史学月刊》2012年第5期,第25页。)韩明士本人也将这一"地方化"的思考模式延伸至道教领域。

② 参见 Robert Hymes. *Statemen and Gentlemen*: *The Elite of Fu‐Chou*, *Chiang‐Hsi*, *in Northern and Southern Sung*, p. 212。

"生为烈妇,死为明神":博山颜文姜信仰考论

赵树国

【摘　要】博山颜文姜传说系中国古代"以孝治天下"的理念、"天人感应"学说,与当地多山多泉的地质环境结合而生,后又随着儒家思想的传播而逐渐丰富,在内涵、外延上均发生了很大变化,一直持续到今天。颜文姜传说的核心是"孝感灵泉",这一神异事件,使其很早就因"降水之能"被人崇奉,并于宋代获得中央政府的册封,其降水神角色得到政府、士人、民众的首肯。明清以降,随着颜神镇(博山)政治、经济、军事地位的提高以及地方民众的不懈努力,颜文姜逐渐由水神转化为博山地区"无所不能"的社区神。在颜文姜信仰传播中,"道德"与"灵验"实现了有机地统一,"孝行"与"降水"、"治病"等神职功能相得益彰,顺应了朝廷"神道设教"之需,得到了国家、社会的大力支持,既促进了该信仰的发展,也推动了孝文化的传播。

【关键词】颜文姜;孝妇;道德

博山孝妇颜文姜是鲁中地区非常著名的神灵信仰。该信仰由来已久,早在东晋、南朝时期,相关传说已经开始流传,至北周时开始建庙奉祀,历经隋唐、宋元、明清数朝,至今仍香火旺盛。颜文姜信仰植根于传统孝道,又"颇著灵应",将道德与功利有机地统一起来。同时,该信仰还有鲜明的地域特色,与博山多山多泉的地质环境、深受传统儒家思想浸淫的地方文化及历史上该地区特殊的政治、军事、经济地位等密切相关。因此,理清该信仰的发展演变,既可以此管窥中国古代地方神灵信仰发展之一斑,又有助于揭示博山地区的历史发展脉络。关于该信仰,学术界已经有一些研究成果[①]。本文试图从其"孝妇"身份演变与"灵验"事迹变迁两个方面入手,探讨"孝"观念在融合二者之间所起的作用,不当之处,敬请方家指正。

---

① 刘心明:《博山孝妇故事探源》(《民俗研究》2003年第1期),在孙廷铨《颜山杂记》的基础上,对博山孝妇故事的来龙去脉做了探讨;周光华:《孝文化及颜文姜祠索探》(《管子学刊》2003年第2期),探讨了博山颜文姜传说的来源,认为该信仰是姬、姜族氏联姻、宗亲发展的产物;赵树国:《明清鲁中民间信仰研究》(山东师范大学硕士学位论文,2007年)中单列《明清鲁中之颜文姜信仰》一章,探讨了颜文姜信仰的发展脉络及孝文化在其中的作用;房慧君:《博山颜神信仰研究》(山东大学硕士学位论文,2012年),探讨了颜文姜从人到神的演变、颜文姜的神职职能及该信仰与地域社会的关系等;陈杰:《颜文姜庙会研究》(中国艺术研究院硕士学位论文,2010年),主要探讨颜文姜庙会的具体情况。以上论文从诸多方面进行了探讨,但尚不够明晰,在某些方面也有待深入研究。故笔者不揣浅陋,特撰此文。

一 "生为烈妇":颜文姜传说的演变

在今天的山东博山地区,一直流传着一位因孝成神的女性形象,她就是博山孝妇颜文姜。今天的传说中是这样记载的:

> 颜文姜是青州府颜家庄人,为替丈夫冲喜而被娶进郭家,当地一直流传着,"寅时娶进颜家女,卯时死了郭家郎"之说。婚后颜文姜承担起了照顾公婆、小姑的责任。婆母对颜文姜非常苛刻,颜文姜却非常孝敬。婆婆限制颜文姜回娘家,即使偶尔同意,也会提出非常苛刻的条件,有一次,她限定颜文姜必须当日去、当日回,还需做好"七双鞋、八双袜",结果颜文姜剩一双鞋没做好,就被婆婆毒打一顿。婆婆还让颜文姜挑着尖底水桶去十里外的石马挑水,途中崇山峻岭,又不得休息,劳苦异常。一次,在挑水途中碰到了化为白胡子老汉的太白金星,在老汉的请求下,将水给老汉饮马。老人送一马鞭,并嘱咐她:回家后将鞭子放在水瓮中,取水时就提一提,千万不能提过了头,并且一定要保密。见颜文姜不再挑水,婆婆起了疑心,百般逼问,却无结果。于是,便破天荒的允许颜文姜回娘家,遣小姑去搜查,却一无所获,最后在水缸里发现了马鞭。小姑顺手一扔,水缸里涌出一股水柱,凤凰山顿成一片汪洋。颜文姜未走多远,见势不妙,迅速返回。一手拉着婆婆,一手拽着公公,用脚挑起小姑,一下坐到水缸口上。就在她坐过的地方涌起了甘甜的泉水,人们称之为灵泉,流成的河为孝妇河。①

以上所引,便是今天博山民间对于孝妇颜文姜故事的整理。除此之外,今天博山民众在祭祀颜文姜时念诵的颜奶奶经文,也能反映出传说的大概,内容如下:

> 青州府内孝妇乡,有位孝女颜文姜。自幼行聘郭家郎,孝女运命太情苦。
> 寅时娶进颜家女,卯时死了郭家郎。摊了婆婆家法严,天天打水天天担。
> 夜晚推磨五更天,尖底水筲平底罐。二十里外去打水,石马池里把水担。
> 返回四十整一天,太白金星来点化。要用筲水来饮马,孝女把水让马喝。
> 金星临走赐马鞭,马鞭叫她搭缸沿。无水提缸缸水满,不用再把水来担。
> 六月三伏好热天,孝女娘家歇三天。心烦意乱坐不安,家里好似大水淹。
> 急急忙忙回家走,家中水淹漂了天。孝女救起公婆姑,转身坐在水缸口。
> 涌涌大水立时消,水缸马鞭都不见。坐过之处变灵泉,水流成集孝妇河。②

这段经文与上述颜文姜故事同源一体,构成了今天颜文姜传说的基本面貌。仔细分析

---

① 博山民间文学集成编委会:《博山民间文学集成》之《颜文姜》,第 223—228 页。原文内容较长,本处对其进行了归纳、删减。
② 吴守论编著:《孝水古韵》,香港:香港天马图书有限公司,2003 年,第 41 页。

这两段材料,可以发现今天的颜文姜传说具有四个核心要素:

(一)颜文姜是青州府颜家庄人,嫁给博山凤凰山前郭家为媳,入门即守寡,家中有公公、婆婆、小姑。

(二)颜文姜是孝妇,对婆婆非常孝敬。

(三)婆婆对颜文姜非常苛刻。

(四)颜文姜在担水时碰到了神仙,赠以马鞭,后便不用担水,其婆婆、小姑因好奇而去观察,将马鞭扔掉,故而引起水灾,颜文姜坐在水缸之上,水流形成孝妇河。

实际上,博山颜文姜传说经历了一个较长的历史演变。清初颜神镇(今山东博山)人、大学士孙廷铨在《颜山杂记》一书中列《颜文姜灵泉庙》篇,将历史上有关颜文姜的记载加以收录,梳理了从东晋至清初颜文姜传说的发展史,有学者曾据此撰文解析[1],不过并未将颜文姜信仰的历史演变与今天博山流传的颜文姜传说结合起来,所收史料也有遗漏。故本处拟结合以上记载,并佐以碑文等资料,对其来龙去脉再做一番勾勒。

据孙廷铨《颜山杂记》记载,最早提到"博山孝妇"故事的是东晋郭缘生所撰《续述征记》:

> 梁邹城西有笼水,云齐孝妇诚感神明,涌泉发于室内,潜以缉笼覆之,由是无负汲之劳。及家人疑之,时其出而搜其室,试发此笼,而泉遂喷涌,流漂居宇,故名曰笼水。[2]

在这则故事中,"颜文姜"的孝妇形象、大致活动地域、基本事迹均已出现,尤其是该传说的灵魂"孝感灵泉"已经具备,可以视为颜文姜传说的源头。不过,该处并没有说出孝妇的名字,活动地域也仅是笼统地说"齐地"。所以说,上文所总结的今日博山孝妇故事的四个核心要素,此处只能勉强算是具备了第(二)点,即颜文姜非常孝顺。

南朝梁、陈之际的顾野王在《舆地志》中对此也有记载:

> 笼水,古名孝水。齐有孝妇颜文姜,事姑养孝,远道取水,不以寒暑易心,感得灵泉,生于室内。文姜常以绢笼盖之,姑怪其须水即得,非意相供,姜不在,私入姜室,去笼观之,水即喷涌,坏其居宅,故俗亦呼为笼水。[3]

在顾野王的记载中,传说内容日渐丰满,孝妇已有"颜文姜"之名,而且也出现了"姑"的角色。

唐代李冗撰《独异志》卷中《颜娘泉》又增添了新的内容:

> 淄川有女曰颜文姜,事姑孝谨,樵薪之外,归后复汲山泉以供姑饮。一

---

[1] 刘心明:《博山孝妇故事探源》,《民俗研究》2003年第1期。
[2] (东晋)郭缘生:《续述征记》,见(唐)欧阳询撰,汪绍楹校:《艺文类聚》卷第八《水部上》,上海:上海古籍出版社,1982年,第149页。
[3] (南朝)顾野王:《顾野王舆地志》,见(清)王谟辑:《汉唐地理书钞》,北京:中华书局,1961年,第194页。

> 旦,缉笼之下,忽涌一泉,清泠可爱。时人谓之"颜娘泉"。至今利物。①

在李冗的记载中,颜文姜的生活地域不再笼统地说是"齐地",而是具体到了淄川地区。

此外,唐代还有别的记载,宋人董逌曾于颜文姜祠中寻得唐人李阳冰所撰碑记,"按其(按:李阳冰)说,文姜姓颜,余与今庙中刻石所记无异"②。颜文姜之名早在顾野王《舆地志》中已经出现,所以李阳冰的碑记并无甚新意。

宋代流传下来的文献比较丰富,对于颜文姜的记载也相对较多,大致可分为三类:

其一,全国性志书。乐史撰《太平寰宇记》卷之十九《河南道十九·淄州、齐州》:

> 笼水,古名孝水。《舆地志》云:"齐有孝妇颜文姜,事姑孝养,远道取水,不以寒暑易心,感得灵泉,生于室内。文姜常以缉笼盖之,姑怪其须水即得,非意相供,值姜不在,私入姜室,去笼观之,水即喷涌,坏其居宅。故俗亦呼为笼水。"③

由上观之,乐史在撰写《太平寰宇记》中涉及颜文姜的内容时,直接采用了顾野王《舆地志》的说法,可见顾野王的记述在宋代还比较流行。

其二,董逌在《广川书跋》卷十《颜泉记》中,对前人的某些说法进行了梳理、辨析:

> 余见李胜做《颜泉记》,昔文姜事姑则异。一日,泉发其居,遂庙食于此。或曰:昔李阳冰尝尉淄川,刻碑庙中,今所书盖据李监说。余往来求阳冰记不得,其后得破石仅尺,盖为确。或视之,书字可读。按其说,文姜姓颜,余与今庙中刻石所记无异。尝见唐李冗作《集异记》,书文姜事姑以孝谨,樵采之外,汲山泉以供饮。一旦,缉笼之下,涌泉清泠可爱,时谓"颜娘泉"。李冗所记,后世据之。按:顾野王《舆地志》谓:颜文妻也,事姑感得灵泉生于室内,尝以缉笼盖之,姑出笼,即泉涌居宅,时号笼□水。野王所记,自是当时所传,李冗以为颜文姜,误也。今考《地志》,淄川为齐邑,唐武德分于齐郡,而为州治。当李阳冰为尉于郡邑,其事不妄,而谓颜氏文姜,则不得其实。④

董逌所言虽立足于考证,但其以所见顾野王《舆地志》中"颜文妻"之载而否定"颜文姜"之名,实属不妥。因为"妻"与"姜"本就字形相近,很可能其见到的《舆地志》恰好书写有误,也可能是其因疏忽而看错,因为别处所引《舆地志》相关记载均为"姜"而非"妻"。除此之外,董逌所言并无新意,姑存。

其三,此时的诸多碑文中,也有关于颜文姜的记载,有的因袭成说,有的提出了新看法:

1. 宋咸平六年(1003),军事判官、宣武郎试大理评事周沆撰《淄州重修颜神庙记》,其

---

① (唐)李冗撰,张永钦、侯志明点校:《独异志》卷中《颜娘泉》,北京:中华书局,1983年,第40页。
② (宋)董逌:《广川书跋》卷十《颜泉记》,商务印书馆《丛书集成初编》影《津逮秘书》本,民国二十八年(1939),第1512册,第117页。
③ (宋)乐史撰,王文楚等点校:《太平寰宇记》卷之十九《河南道十九·淄州、齐州》,北京:中华书局,2007年,第377页。
④ (宋)董逌:《广川书跋》卷十《颜泉记》,第117页。

中写道:

> 孝为天地之经,神乃阴阳不测,生当异矣,死则庙焉。颜娘之神,是其徒也。事姑至孝,汲水为劳,聿有清泉,潜生密室,当笼覆而湛处,外莫知其感通。暨源发而派流,众方骇其灵异,孝妇之水,因兹以名。①

2. 宋熙宁六年(1073),淄州州学教授商亿撰《宋熙宁六年岁次癸卯重修记》,其中写道:

> 按:《地志》:齐有孝妇颜文姜,事姑至孝,常逾历山险,汲负新泉,以奉姑之所嗜。一旦,感泉涌室内,继而派流北注,越百余里之远,故目其地曰颜神,水曰孝水,祠曰颜姜之庙。②

3. 宋宣和七年(1125),承议郎、前任顺安军州学教授陈琦在《续翁婆因地记》中提出了新看法:

> 夫人祠之左又有所谓翁婆堂者,乃夫人之舅姑也。舅姓李氏,家于邹邑李颜村,姑郭氏,故居之地今颜庙是也。舅谨愿惇厚,闾里皆敬服,娶郭氏,氏亦生而贤淑,恪修妇道,时人相与言曰:如李氏厚德,可高大其门,子孙必有兴者。后果生夫人之夫,聪明正直,克承厥家,壮室颜氏,即亚圣之裔顺德夫人也。夫人柔顺令德,天表殊行,感灵泉生室,洪流敷泽,历代尸祝。③

以上三块碑文中,第一、二块基本上因循以前史籍中的记载,并无新意。第三块碑文中,虽然传说内容大致仍为前述"孝感灵泉",但颜文姜的身世却明晰起来,被认为是复圣颜回之后。而且,其家庭成员也陆续到位,公公姓李、婆婆姓郭,公公入赘郭家后生子,儿子长大后娶颜文姜为妻。这标志着颜文姜传说开始发生变化。至此,今天博山孝妇故事中的第(一)个要素,即孝妇的家庭成员初步具备。此后这一说法开始流传,为后世一些文献所引。

伪齐阜昌四年(1133)田兴祖《谒孝妇颜文姜庙》诗中有"兖公延庆祚,烈女绍休声"之语④,兖公指的是复圣颜回,田兴祖也将颜文姜归入颜氏家族,有可能是受了陈琦的影响。

蒙元时期所撰碑文中也有提及颜文姜事迹者。蒙古乙未(1235)夏,陈雷撰《重修顺德祠记》,其中写道:

---

① (宋)周沆:《淄州重修颜神庙记》,碑现存山东省淄博市博山区山头街道北神头村颜文姜祠;又见赵卫东、王予幻、秦国帅编:《山东道教碑刻集·博山卷(上)》,济南:齐鲁书社,2013年,第223页。
② (宋)商亿:《宋熙宁六年岁次癸丑重修记》,见(清)叶先登修、冯文显纂:康熙《颜神镇志》卷三《飨祀》,《中国地方志集成·乡镇志专辑》第29册,南京、上海、成都:江苏古籍出版社、上海书店、巴蜀书社,1992年,第216页。
③ (宋)陈琦:《续翁婆因地记》,见康熙《颜神镇志》卷五《遗文》,第239页。
④ (金)田兴祖:《谒孝妇颜文姜庙》,见康熙《颜神镇志》卷五《诗集》,第253页。

唐天宝间,淄州南四十里,曰颜神镇,水曰孝妇河,祠曰颜文姜之庙,世传以孝感灵泉生室。①

元至元二十八年(1291),青州人孟诩撰《至元二十八年重修记》称:

卓哉夫人!孝行绝伦。生为烈妇,死为明神。定省之礼,夙夜殷勤。天地感应,涌泉粼粼。渐成川逝,入于海津。上下灌溉,利益斯民。②

此外,现存山东第一部省志、元代青州人于钦所撰《齐乘》卷之二《笼水》中也有相关记载:

《寰宇记》云:古名孝水,齐有孝妇颜文姜,事姑孝养,远道取水,不以寒暑易心,感得灵泉,生于室内,文姜常以缉笼盖之,姑怪其须水即得,值姜不在,入室发笼观之,水即喷涌,坏其居宅,故俗呼为笼水。今孝妇河也,出益都县颜神镇孝妇祠下。③

据此可知,元代于钦《齐乘》所载系直接来源于宋代乐史《太平寰宇记》,与顾野王《舆地志》一脉相承。

由上可见,元代文献中的颜文姜记载,基本因袭前代文献中的"孝感灵泉"说,此外并无新意。

明代是颜文姜传说发展的一个重要时期,标志有二:其一,宋代陈琦所撰碑记中有关颜文姜系复圣颜回后裔的说法得到颜氏家族的认可,在颜氏《陋巷志》中为其立了专传。其二,范一儒撰《明万历四十二年重修记》中提出了新的观点。明代史籍、碑记中关于颜文姜的记载,具体如下:

据颜氏《陋巷志》卷之三《闻达列传》记载:

晋:列女文姜:复圣裔之女也,幼许聘青州李氏,未醮,夫亡,悯翁姑失养,往事焉。尝远汲新泉以奉姑嗜,诚感神明,泉涌室内,潜以绩笼覆之,家人伺其出而发其笼,泉涌成河,故名笼水河,一名孝女河,事见《述征记》并《灵泉庙碑》。④

此处所言颜文姜事迹,与陈琦碑记所载一脉相承,想必其所谓"事见《述征记》并《灵泉庙碑》",即参考郭缘生《续述征记》和陈琦所撰碑记。《陋巷志》为颜文姜立传提高了她的

---

① (蒙古)陈雷:《重修顺德祠记》,见康熙《颜神镇志》卷五《遗文》,第240页。
② (元)孟诩:《至元二十八年重修记》,见康熙《颜神镇志》卷五《遗文》,第241页。
③ (元)于钦:《齐乘》卷之二《笼水》,《宋元方志丛刊》第1册,北京:中华书局,1990年,第537页。
④ (明)吕兆祥等重修:《陋巷志》卷之三《闻达列传》,《四库全书存目丛书》史部第79册,济南:齐鲁书社,1996年,第662页。

名声。

此外,明朝还有两块碑文涉及颜文姜生平。

1. 明弘治八年(1495),山东提学副使杨文卿撰《明弘治八年新庙记》,其中写道:

> 齐之孝妇颜文姜,养姑孝谨,姑性嗜河水,水去所居可数里,孝妇无间寒燠,日恭致以饭姑,风雨霜露,触目劳苦。久之,忽有泉涌出于室,味同于河,盖天相孝妇,以便其汲焉。孝妇没,即其地立庙以祀之。①

2. 明万历四十二年(1614),颜神镇捕盗通判范一儒撰《明万历四十二年重修记》,其中写道:

> 夫人颜姓,字文姜,复圣充公裔也。舅李公、姑郭媪,咸颜李村望族,云李公子未聘不禄,姜以栢舟自誓,归事舅姑唯谨。姑甘泉水,离宅三十里外,姜汲供之,彳行险巇,无间寒燠。一日,感神授泉如缕窦闼下,复畀麻筴,戒:汲足则塞,慎勿泄。为夫人以筐覆泉。坐是不出户而水不匮,家人异之,乘归宁,潜启扃发筐,见水浸浸从筴出,误一提而怒浪奔涛,汪洋澎湃矣。亟归,莫挽,投波,洭水即由故道派流三百余里,合清河注海,盖古所称笼水,即今之孝妇河者。②

通读上述两块碑文后可以发现,在明代颜文姜传说发生了一个重大变化。上述两块碑的史料价值都非常高。杨文卿所述基本上因循前代,主述"孝感灵泉",并无新意。但范一儒所撰碑文却有明显不同,该碑文吸取了宋代陈琦《续翁婆因地记》中对孝妇家庭状况的介绍,同时又描述了一种不同于以往"孝感灵泉"模式的故事叙述方式,即"神仙"授予泉水、并教其使用方法,后因家人操作失误,而酿成大祸。这个故事与今日传说中的神仙授予马鞭虽仍有不同,但基本可以视为一个一脉相传的体系。故可以说,今日博山孝妇传说中的第(四)个核心要素至此初步具备。此后,"孝感灵泉"、"神仙授水"两种故事叙述模式,并行不悖地流传,不过在官方记载中前者影响更大,后者可能主要流传于民间。

清朝时期,有关颜文姜生平、事迹的文献非常多,大致有三类,主要是碑记、地方志和文集。

其一,清代碑记中有数通涉及颜文姜生平、事迹,兹录于下:

1. 康熙三年(1664),青州兵备道周亮工撰《国朝康熙三年重修记》,其中写道:

> 灵泉之名,自颜文姜昉也。文姜家世不可稽,相传其事姑孝,远汲供爨,风雨不移,神锡甘醴,溢为河流,远近利之。③

---

① (明)杨文卿:《明弘治八年新庙记》,见康熙《颜神镇志》卷五《遗文》,第241页。
② (明)范一儒:《明万历四十二年重修记》,见康熙《颜神镇志》卷五《遗文》,第242页。
③ (清)周亮工:《国朝康熙三年重修记》,见康熙《颜神镇志》卷五《遗文》,第243页。

2. 康熙五年(1666),颜神镇人、大学士孙廷铨撰《修灵泉庙碑记》,其中写道:

淄长邹梁之间,有孝妇河,其源南出长城山下,则颜文姜灵泉庙也。《志》称:文姜事姑至孝,常自负远山新泉以供姑。一旦缉笼之下忽涌一泉,清泠可爱,时谓颜娘泉。……

孝水洋洋,东国是疆。介邱封麓,长城巨防。猗猗孝妇,灼灼颜姜。视远惟迩,执德惟常。克勤竭节,以奉姑嫜。于沼于沚,载雨载霜。召彼灵泉,涌此闺房。涓涓不绝,乃成谷王。河润千里,达于海邦。①

3. 道光十五年(1835),湖北巡抚、历城人尹济源撰《重修灵泉庙记》,写道:

去博山县治二里许有孝妇祠,旧为灵泉庙,庙祀顺德夫人。夫人颜姓,事姑孝,致槛泉之异,邑人思之,为立庙。其泉清驶,利灌溉,岁旱祷雨辄应,故名其泉曰"灵颜",其庙曰"灵泉"。②

4. 光绪十年(1884),博山知县王升阶撰《重修灵泉庙并永济桥碑记》,写道:

吾邑由永济桥迤西南里许有灵泉庙,奉祀顺德夫人,崇孝也。相传孝感灵泉,而庙翼然临于其上,嗣因祷雨辄应,四方人士争致虔焉。③

其二,清代方志中对颜文姜的记载基本定型。④
1. 清朝初年,比较完备的颜文姜传说故事最终定型。据康熙《益都县志》卷十《烈女》记载:

颜文姜,颜子之后。初,许聘李氏。夫亡,悯舅姑之失养也,往事焉。尝远汲新泉,以供姑嗜。诚感灵泉,生于室中。文姜常以缉笼盖之。姑怪其取水即得,值姜出,姑入室发笼观之,水即喷涌,坏其宅。俗一名笼水,今孝妇河也。⑤

2. 康熙《颜神镇志》卷一《山川·孝妇河》记载:

---

① (清)孙廷铨:《修灵泉庙碑记》,见《颜山杂记》卷三《颜文姜灵泉庙》,《景印文渊阁四库全书》第592册,台北:台湾商务印书馆,1986年,第803—804页。
② (清)尹济源:《重修灵泉庙记》,碑现存山东省淄博市博山区山头街道北神头村颜文姜祠;又见赵卫东、王予幻、秦国帅编:《山东道教碑刻集·博山卷(上)》,第247页。
③ (清)王升阶:《重修灵泉庙并永济桥碑记》,碑现存山东省淄博市博山区山头街道北神头村颜文姜祠;又见赵卫东、王予幻、秦国帅编:《山东道教碑刻集·博山卷(上)》,第262页。
④ 刘心明:《博山孝妇故事探源》,《民俗研究》2003年第1期。
⑤ (清)陈食花修,钟锷等纂:康熙《益都县志》卷十《列女传》,《中国方志丛书·华北地方·第375号》,台北:成文出版社,1976年,第634页。

在城南三里。《水经注》作:泷水,出长城中。《寰宇记》云:古名孝水。齐有孝妇颜文姜,事姑孝养,远道取水,不间寒暑,感灵泉生于室内,文姜常以缉笼盖之,自是不复出汲,姑怪其需水即得,值姜不在,入室发笼观之,水即喷涌,坏其居宅,遂以成河,故俗呼为笼水,亦名孝泉,又名孝妇河。①

3.乾隆《博山县志》卷八《列女》记载:

颜文姜:周末时人。考颜氏《陋巷志》,为复圣后裔,初许聘李氏,夫亡,悯舅姑失养也,往事焉,尝远汲山泉以供姑嗜,诚感灵泉生于室中,清冷可爱,时谓之颜娘泉,即今俗称孝妇河也。姜殁而有神,后周时立祠。②

4.民国《续修博山县志》卷十二《人物志·列女》中的相关记载,与乾隆《博山县志》卷八《列女》的记载完全相同,兹不赘引。

其三,一些士人对颜文姜传说进行反思,比较著名的是清初的孙廷铨和清后期的王培荀。

1.孙廷铨不相信"孝感灵泉"之事,特撰《笼水辨》,从人情、事理的角度,提出了诸多质疑,兹录于下:

按:《述征记》:梁邹城西有笼水。而《水经注》前文:陇水,南出长城中。后文又作泷水。异字同音,自昔无定。后人好异,独喜缉笼种种之说,更数百千年,增饰多方,违情日远,遂有如《齐乘》所言,甚矣!民之滥听也。今略按事理裁其是非:夫姑之嗜水,量非杯勺,实取餍饫,文姜既感泉生于室,当必显告于姑,以慰旦夕之求。今掩覆秘密,居为私藏,若将怀悭市重于姑者,孝者固若是乎?其谬一也;妇礼无出门之义,而文姜至以远汲为勤,则是室无多口,室无多口,则必居无广宅,环堵之间,一席之地,姑来妇往,靡日不通,曷有耳目之前可容盖藏不虞终露,虽愚者不为,其谬二也;文姜既以至孝格天,天恤其勤而生此水,恤妇也实以慰姑,又何昭示而令盖藏。慰姑也又须避姑,若其不受于天而有私覆,无端怀异不为善承,其谬三也;姑即不仁,有妇如此,宜从孝格,果疑此水当从面询,何必瞰亡乃来发覆,如其果尔,非姑顽嚚不可诚通,则妇悭深难以情得,大孝之家岂其然乎,其谬四也;天生此水,既以应姑之求,则应发之无罪,即其有罪当缘孝妇之心而恕之,何遽为殃,今勃焉凭怒坏其居宅,姑妇两无所处,美始而恶终,是祸水也,实骇人情岂名天道?其谬五也;此缉笼者当受于天乎?抑成于人耶?若受于天,则事等于虹流星贯,当有光怪先动里间,不必覆泉然后著异,若还成之于人,一栖棬婆薮耳,曷有神力、足为变征?盖则水淳、发则泉涌,其谬六也;姑嗜此水,须饮无时,妇取呈姑,日焉三发,乃妇频发而不惊,姑一发而致患,是必姑之恶毒触犯神明,忽焉降

---

① 康熙《颜神镇志》卷一《山川》,第196页。
② (清)富申修,田士林纂:乾隆《博山县志》卷之八《列女》,《中国地方志集成·山东府县志辑》第7册,南京:凤凰出版社,2004年,第102页。

割,恶毒之人不应鉴怜先为生水,其谬七也。原其始倡,不过出于巫祝夸诞之词,成于愚氓轻信之口,学者不察其害义,遽又援以入书,独有李冗所记,粗为省净。然远稽晋魏之注,事既难详,近察熙宁之敕,芟而不录。王言有体,疑信昭然。应遵古初,还称孝水,不必引虚诞失实之言雕饰前贤,以滋谬丑也。①

在上述引文中,孙廷铨从情理上分析了流传已久的颜文姜"孝感灵泉"传说,认为存在七条明显的不合常理之处,并推断该传说系"巫祝夸诞之词,成于愚氓轻信之口",后世学者"不察其害义,遽又援以入书"所致。

2. 晚清王培荀在《乡园忆旧录》中也谈到了这一传说:

澹园(王永)有《孝水诗》,水出博山经吾淄。诗前半云:"孝水鸣渐渐,如闻呜咽语。至性著神奇,争传颜氏女。世系考无由,梁邹旧所处。从李族寒微,孝养殚作苦。精诚格神祇,室涌泉宜煮。笼覆密承叹,姑起逢涛怒。殉姑并沦亡,遂听为酸楚。事寻以上闻,赐恤深嘉予。追尊号文姜,流传登紫府。"按:孝妇夫名颜文,非李氏;妇姓姜,非颜姓。称为文姜,自宋已误,亦非尊号。至水发殉姑,孙文定、赵秋谷两公碑均未载,不知诗果何据? 事失实,恐流传日讹,不可不辨。又,妇战国时人,诗"事寻以上闻"等句,似后世语,亦失考。②

王培荀针对王永所作《孝水诗》,对当时流传的颜文姜传说提出了自己的质疑,认为孝妇丈夫名为"颜文"、孝妇本姓"姜"而非"颜"姓,且系战国时人。其质疑与主流观点相差较大,不知何据,姑存此说。

通过分析清代相关文献可以发现,这一时期涉及颜文姜的记载虽然不少,但却并未超出以前的内容。除康熙《益都县志》、乾隆《博山县志》中吸收宋代陈琦所撰《续翁婆因地记》及《陋巷志》中对于孝妇家庭状况的描述外,所有记述都沿袭了"孝感灵泉"说,明代范一儒所描述的"神仙授泉"说并未被人引用。

通过梳理以上史料可以发现,颜文姜传说在流传中有一个不断丰富和逐渐分流的过程。该传说的主体脉络,自郭缘生《续述征记》初步形成,后世不断有人进行补充,至顾野王《舆地志》、李冗《独异志》时已经相对健全,这些文献一脉相承。宋代开始出现变化,大部分文献如《太平寰宇记》等,继续延续自郭缘生《续述征记》以来的观点。另外,陈琦在《续翁婆因地记》中"创造"出了孝妇的复圣后裔身份、亲属、生活地域,不过故事的描述方式仍是"孝感灵泉"。之所以出现这种变化,笔者推测,陈琦在撰此文时,很可能采纳了庙户郭勋的说法。因为此碑系陈琦撰文、郭勋立石。元代记载相对较少,《齐乘》等文献基本仍旧延续着《续述征记》以来的主流脉络。明代,颜文姜传说逐渐分流。一方面,大多数文

---

① 《颜山杂记》卷三《颜文姜灵泉庙》,第800—801页;此外,孙廷铨还撰写《黄水不为灾辨》,对传说中的河水变色示警之事提出质疑,认为是"泉水漱山而出,是其伏流所经山中,当有朽坏崩入于水,水势冲激,泪泥而出,黄者土,非水也,故不宜有异也",见《颜山杂记》卷三《颜文姜灵泉庙》,第802页。
② (清)王培荀:《乡园忆旧录》卷八《王永》,济南:齐鲁书社,1993年,第425页。

献仍坚持自《续述征记》以来"孝感灵泉"的主流描述方式。另一方面,出现了范一儒在接受陈琦关于孝妇身份、生活地域、家庭成员基础上创造出的"神仙授泉"的描述方式,多了一个人格化的"神仙"的形象。范一儒的说法并不为正统人士所接纳,在清代的碑文中,几乎没有人采纳这种描述方式。但是,这种叙述方式也有自己的传播脉络。考诸今天的颜文姜传说可以发现,其内容跟范一儒的说法更为接近。个中原因有可能是,文人士大夫们可以接受"天人感应"说,认同"孝感灵泉",但却不语"怪力乱神",故不接纳范一儒的说法。但民间社会却"惟灵是从",范一儒的说法显然更为生动,所以更能推广(当然,也有一种可能性,即范一儒在撰写碑文时采用了当时流传的民间传说)。

总之,随着时代的演进,颜文姜事迹越来越生动、丰满,这与顾颉刚先生所说的"层累地造成"古史之说完全吻合。但是考诸今天的博山颜文姜传说,我们发现,第(三)个核心要素,在上述史料中始终没有出现。那么,该核心要素缘何而来?在此,我们可做一个大胆猜测,推测一下可能的两种情况:

其一,自外地传入。刘心明《博山孝妇故事探源》指出,"故事产生之后,不仅一直在博山地区广为流传,而且以各种不同的面貌流传于山东省其他地区,甚至传播到了省外的某些地方"①。刘文中还引用嘉靖《太原县志》卷三《杂志》中的一段记载,兹录于下:

> 俗传晋祠圣母姓柳氏,金胜村人。姑性严,汲水甚艰。道遇白衣乘马者,欲水饮马,柳不吝,与之。乘马者授之以鞭,令置之瓮底,曰:"抽鞭则水自生。"柳归母家,其姑误抽鞭,水遂奔流不可止,急呼。柳至,坐于瓮上,水乃安流。今圣母之座即瓮口也。②

刘心明认为"这个流传于山西太原一带的故事的更早的源头应该出自别的地方,而来源于博山颜文姜故事的可能性无疑是最大的。从这个意义上说,'圣母坐瓮'的故事应该属于颜文姜传说的一种变异类型"③。此说确有道理。事实上,该传说在山西太原一带也在不断发展、完善,著名文学家吴伯箫先生在《难老泉》一文中记述了一个更为完善的版本:

> "难老泉"的来历,有一个美丽动人的故事:
> 传说在晋祠北边二十里地的金胜村,有一个姓柳的姑娘,嫁给了晋祠所在地的古唐树。她婆婆虐待她,一直不让她回娘家,每天都叫她担水。水源离家很远,一天只能担一趟。婆婆又有一种脾气,只喝身前一桶的水,故意增加担水的困难,不许换肩,折磨她。有一天,柳氏担水走到半路上,遇到一个牵马的老人,要用她担的水饮马。老人满脸风尘,看样子是远路来的,柳氏就毫不迟疑地答应了,把后一桶水送给了马。可是马仿佛渴极了,喝完后一桶水连前一桶水也喝了。这使柳氏很为难:再担一趟吧,看看

---

① 刘心明:《博山孝妇故事探源》,《民俗研究》2003年第1期。
② (明)高汝行纂修:嘉靖《太原县志》卷之三《杂志》,《天一阁藏明代方志选刊》第8册,上海:上海古籍书店,1963年。
③ 刘心明:《博山孝妇故事探源》,《民俗研究》2003年第1期。

天色将晚,往返已经来不及了;不担吧,挑着空桶回家。一定要挨婆婆的辱骂、鞭挞。正在踌躇的时候,老人就给了柳氏一根马鞭,叫她带回家去,只要把马鞭在瓮里抽一下,水就会自然涌出,涨得满瓮。转眼老人和马都不见了。

柳氏提心吊胆地回家,试试办法,果然应验。以后她就再也不担水了。婆婆见柳氏很久不担水,可是瓮里却总是满的,很奇怪。叫小姑去看,发现了抽鞭的秘密。又有一天,婆婆破天荒允许柳氏回娘家,小姑拿马鞭在瓮里乱抽一阵,水就汹涌喷出,溢流不止。小姑慌了,立刻跑到金胜村找柳氏。柳氏正梳头,没等梳完,就急忙把一绺头发往嘴里一咬,一气跑回古唐村,什么话没说,一下就坐在瓮上。从此,水从柳氏身下源源不断地流出,流了千年万年,这就是"难老泉"。

这故事的题目叫做《饮马抽鞭,柳氏坐瓮》。

吴伯箫先生在《难老泉》中讲述的这个故事,与今天的博山颜文姜传说如出一辙,除了人物、地域不同外,其他几乎一模一样,而且具备了今天博山孝妇故事的四个核心要素。而这个故事显然又与前文所引嘉靖《太原县志》的记载一脉相承,所以不排除嘉靖以后山西地区"饮马抽鞭,柳氏坐瓮"的故事又影响了博山颜文姜传说。

其二,本地传说的发展演变。除上文所引山西晋祠相关传说外,我们还可以从博山孝妇故事自身发展、演变的逻辑来进行考察、推测。孙廷铨在《笼水辨》中对流传已久的颜文姜传说提出质疑,指出其中有七处"不合情理"之处,其中四处涉及婆婆:

> 文姜既以至孝格天,天恤其勤而生此水,恤妇也实以慰姑,又何昭示而令盖藏。慰姑也又须避姑,若其不受于天而有私覆,无端怀异不为善承,其谬三也;
>
> 姑即不仁,有妇如此,宜从孝格,果疑此水当从面询,何必瞰亡乃来发覆,如其果尔,非姑顽嚚不可诚通,则妇悭深难以情得,大孝之家岂其然乎,其谬四也;
>
> 天生此水,既以应姑之求,则应发之无罪,即其有罪当缘孝妇之心而恕之,何遽为殃,今勃焉凭怒坏其居宅,姑妇两无所处,美始而恶终,是祸水也,实骇人情岂名天道?其谬五也;
>
> 姑嗜此水,须饮无时,妇取呈姑,日焉三发,乃妇频发而不惊,姑一发而致患,是必姑之恶毒触犯神明,忽焉降割,恶毒之人不应鉴怜先为生水,其谬七也。

由上可见,孙廷铨认为当时流传的颜文姜传说在情理、逻辑上站不住脚。其一,既然是孝妇,那么就应将得泉之事告知婆婆,而不应隐瞒;其二,婆婆面对孝妇,如有疑问当直接询问,而不应趁其不在,私自揭开覆泉之物;其三,既然此水是上天对孝妇的奖励,那就不应计较婆婆私自揭开之罪,导致房屋漂没;其四,婆婆揭开覆笼即导致水灾,那么必然是恶毒之人,既然是恶毒之人,那么上天就不应该为其生此泉水。孙廷铨看到了其中不合常理之处,故而对婆婆的"角色"提出了怀疑,不过却没有最终得出结论。本处之所以讨论孙廷铨《笼水辨》一文,无意于推测孙廷铨眼中的婆婆究竟是好是坏。但很显然,按照孙廷铨的质疑,如果说婆婆扮演的角色是"恶"的话,更有助于故事逻辑的展开。同时,一个恶婆婆也更能彰显孝妇的孝。所以,我们在此处可以做一个推测,那就是孙廷铨的质疑传到了博山民间

(抑或是博山民众也发现了这个问题),民间社会在此基础上对其进行了加工,将婆婆的角色变化了,这样既能解释为何会发生水灾,又能衬托孝妇之"孝"。

通过以上论述,我们基本上理清了博山颜文姜传说的演变。此外,还有一个问题值得探讨,那就是该传说源自何处?孙廷铨《颜山杂记》中对《续述征记》之前并无记述。刘心明在梳理了汉、晋时期几则孝妇故事的基础上,认为"关于颜文姜故事的产生,或许可以做出这样的推论:大约在东晋时期,两汉以来流传已久的'东海孝妇'、'齐之寡妇'等'孝妇'类型的故事与'姜诗夫妇'等'感泉'类型故事逐渐融合,从而产生了孝妇颜文姜的故事"①。房慧君对刘文所用史料进行分析后,提出不同意见,认为"颜文姜故事的源头并非如刘心明先生所举两汉'孝妇'的故事,其可能另有自己的传承脉络,只是限于史料,暂时无法找到汉代确切的源头","考虑到颜文姜主要作为孝妇的形象,其传说应当是从以孝治天下的汉代确立的当不会有太大疑问"②。周光华则认为,"博山是古周、鲁、晋、齐交通联系的主要通道……晋平公六年灭栾氏,栾姓家族迁入齐国,成为贵族宗支,宗族分支不能再立唐叔虞庙祀,立母系先族神祀庙祭是唯一可行并且能标志宗亲关系的途径,由此立姜氏女庙祭为祖祭方式,颜文姜祠也就落地古颜(弇)中今博山"③。

由于相关文献的缺乏,我们很难确切地对其追根溯源,只能略作大体推测。笔者认为,颜文姜传说之所以在古代博山地区产生,与当地特殊的自然地理环境与历史文化传统密不可分。首先,从地质环境上讲,博山所在的鲁中地区多山,"孝乡之山,北望长白,东连郡郭"④,这些山多为单面山,山体内积水顺内部缝隙而下,至岩石薄处喷涌而出即成泉水。《颜山杂记》卷一《水泉》中罗列了颜神镇诸泉:"大洪泉、药王泉、白羊河、麓泉、孝泉、支离泉、柳林泉、二女泉、范泉、双泉、观音泉、沙泉、马君祠泉、张一泉、务子泉、倒流河、梁庄泉。"⑤时至今日,鲁中山区还会因为天气、地质原因偶尔出现、或者消失一些泉。除此之外,每年夏秋雨季时,还会因水位上涨而形成一些季节泉。所以说,"孝感灵泉"之事发生在博山适逢其地。其次,中国人很早便提倡孝道,至汉代更是"以孝治天下",加之"天人感应"之说流行,出现了不少因孝行而感天动地的故事。山东地区深受儒家思想的浸淫,古代"二十四孝"中有好几个就产生于山东。所以,笔者推论,该传说应当是汉代以降,随着孝文化的推广及"天人感应"学说的流行而产生的,其之所以以博山为背景,则与此地地质环境密不可分。

通过以上对颜文姜传说的梳理,我们可以发现,尽管传说内容前后有较大不同,但有一点是一以贯之的,那就是她的孝妇身份。"孝感灵泉"成为颜文姜传说的灵魂,不管是"孝感灵泉"还是"神仙授水",强调的都是其孝行可以感天动地。

---

① 刘心明:《博山孝妇故事探源》,《民俗研究》2003年第1期。
② 房慧君:《博山颜神信仰研究》,第11、13页。
③ 周光华:《孝文化及颜文姜祠索探》,《管子学刊》2003年第2期。
④ 《颜山杂记》卷一《山谷》,第762页。
⑤ 《颜山杂记》卷一《水泉》,第768—772页。

二 "死为明神":从水神到社区神

颜文姜传说出现后的很长一段时间,一直是一个孝妇的形象。在该传说中,孝是其中至关重要的因素,甚至可以说是该传说的核心。但仅有孝行或者其他德行,并不能成为护佑一方的神灵,如"二十四孝"中诸多孝子的孝行不亚于颜文姜,却未能成神。那么,颜文姜究竟是如何成神的呢?颜文姜传说中"孝感灵泉"的神异事迹以及博山地区特殊的自然地理、历史条件,促使其一步步走向神化,并且神格属性也在不断变化。以下试梳理博山颜文姜信仰的发展历程。

(一)因孝成神:北周至五代时期颜文姜信仰的初步形成

据嘉靖《青州府志》卷十《祀典》记载:"颜孝妇庙:后周建,唐天宝间更建。"[1]此后周当为北周。博山地区在北朝后期隶属北齐,公元577年北周灭北齐,四年后,即公元581年,隋代北周。据此推算,颜文姜祠之修建当在公元577到581年之间。

唐代是博山颜文姜信仰初步发展的重要时期。大致在天宝年间,颜文姜庙得以重建。关于这次重建,宋熙宁十年(1077)《中书门下牒》中写道:"唐天宝五年,立庙于水次。"[2]关于唐代对颜文姜庙修建,宋人董逌在《广川书跋》中说道:"昔李阳冰尝尉淄川,刻碑庙中,今所书盖据李监说。余往来求阳冰记不得,其后得破石仅尺,盖为确,书字可读。"[3]李阳冰曾任淄川尉[4],约生于开元年间。蒙元时期,陈雷撰《重修顺德祠记》称:"唐天宝间,淄州南四十里曰颜神镇,水曰孝妇河,祠曰颜文姜之庙,世传以孝感灵泉生室。"[5]明嘉靖《青州府志》卷十《祀典》记载:"唐天宝间更建,殿制无梁,大枋木相承错峙而成。旧传郭子仪督造,今庙侧有令公祠,竟不知何考。"[6]明朝杨文卿《明弘治八年新庙记》中称:"立庙昉于唐,旧记逸其岁月。"[7]范一儒在《明万历四十二年重修记》中说道:"唐天宝征辽,兵经笼水,神以七箸饷军,今城南营栏尚其故处,后复助阴兵成功,天子特命汾阳郭公创建祠庙。"[8]清乾隆《博山县志》卷之二《祀典》记载:"灵泉庙:在长城岭下、陇水源上,后周时建,唐天宝间重建。"[9]明代淄川知县周维翰曾作《谒顺德祠》一诗,中有"大唐遗构倚层山,颜母庄严照洌泉"二句[10]。据此可知,唐天宝间曾重修过颜文姜庙。

---

[1] (明)杜思、冯惟讷:嘉靖《青州府志》卷十《祀典》,明嘉靖四十四年(1565)刻本。
[2] (宋)中书门下:《中书门下牒》,碑现存山东省淄博市博山区山头街道北神头村颜文姜祠;又见赵卫东、王予幻、秦国帅编:《山东道教碑刻集·博山卷(上)》,第225页。
[3] 《广川书跋》卷十《颜泉记》,第117页。
[4] (清)张鸣铎修,张廷寀等纂:乾隆《淄川县志》卷四《职官》作"李阳水",当为"李阳冰"之误,民国九年(1920)石印本。
[5] (蒙古)陈雷:《重修顺德祠记》,见康熙《颜神镇志》卷五《遗文》,第240页。
[6] 嘉靖《青州府志》卷十《祀典》。
[7] (明)杨文卿:《明弘治八年新庙记》,见康熙《颜神镇志》卷五《遗文》,第241页。
[8] (明)范一儒:《明万历四十二年重修记》,见康熙《颜神镇志》卷五《遗文》,第242页。
[9] 乾隆《博山县志》卷之二《祀典》,第20页。
[10] (明)周维翰:《谒顺德祠》,见康熙《颜神镇志》卷五《诗集》,第254页。

从五代时期开始,关于颜义姜灵验的记载开始出现。后梁乾化(911—915)年间,淄州刺史高霸,"岁旱祈祷,即日获雨"①。

(二)"雨旸时若":宋金元时期颜文姜水神角色的巩固与扩大

宋金元时期,颜文姜的主要神格属性是水神。北宋熙宁初年,颜文姜神因为一次祈雨灵验而名声大噪。商亿撰《宋熙宁六年岁次癸卯重修记》中记载道:

> 淄州地界齐鲁之郊,南皆山阜,北头大河。皇朝开国百余年,内外宴然,四方无事。其民专意施耕作,本境之内,靡有闲旷。虽岁小有水旱,以其屈高占下,未尝大凶,民皆乐生安业,不恤疾苦之至。故于土庙之神,惟岁时奉祀而已。顷之,长民之官至者,第推祀典,按例致答,一胥持祀而往,礼数尽矣。熙宁纪号,上大飨名堂,岁九月,诏以比部郎王公为之守。阅明年,农事既兴,眷肃宾像躬谒祠下,因以雨泽为请,舩奠既毕,嘉霖继沛,百谷用成,庾廪充积,民自为足,不知何以致之。于是公以春秋二祀,令甲所载,皆革去故旧,特命属官亲致牲币。又明年盛夏之月,天久不雨,民胥告劳。公凤驾再往,旋及中途,雨大作。浃日之间,合境告足。凡州居之民,无有远近,咏歌欢呼,喜神之赐,相与倡谕,更引迭进,走公之庭,咸愿出力以新其庙。②

熙宁六年(1073)之所以重修颜文姜庙,主要是颜文姜神因地方官王公之请而普降甘霖,解民众之苦,故而得到了地方官和民众的感激、赞誉。这次祈雨灵验影响深远,在后世经常为人提及,蒙元时期陈雷在撰写《重修顺德祠记》时还说:"比熙宁间,员外郎王公,碑未载名,除守般阳,值岁旱,晋谒祠下,谏祷无不立应,雨旸时若,万宝告成。"③

两年后,颜文姜神被宋朝皇帝册封为顺德夫人,该信仰开始正统化。宋朝皇帝讲究现实主义,册封神灵时非常功利,明确诏告,天下"凡山林川谷之神,能出云雨、殖财用,有功烈于民而爵号未称者,皆以名闻"。颜文姜神正是凭借兴云布雨、解民之厄的事功,获得了宋朝政府的认可,"神聪明正直,庇于一方,供民之求,如应影响",于熙宁八年(1075)被封为顺德夫人,并祠庙额"灵泉庙"④。关于这次册封,据《宋熙宁十年中书门下牒碑》记载:"淄州。孝妇颜文姜。州状:祈雨有应。《图经》载孝妇水及颜神庙,引《舆地志》齐孝妇颜文姜,灵泉生于室内,唐天宝五年,立庙于水次。牒奉敕宜特封顺德夫人,仍赐灵泉庙为额。牒至准敕,故牒。"⑤由上可见,宋代颜文姜神地位的提升与其降水神职能强化有直接关系。这主要是因为,在传统的农业社会中,"雨旸时若"是人们的最高企求,降雨成为一件非常大的功德。所以,在朝廷颁发的册封文中,并没有刻意强调颜文姜"孝感灵泉"之事迹,对其德行仅用"聪明正直"一言带过,反倒是一直念念不忘其"出云雨、殖财用"的功绩,可见

---

① (宋)商亿:《宋熙宁六年岁次癸卯重修记》,见康熙《颜神镇志》卷三《飨祀》,第216页。
② (宋)商亿:《重修顺德祠记》,见《颜山杂记》卷三《颜文姜灵泉庙》,第794—795页。
③ (蒙古)陈雷:《重修顺德祠记》,见康熙《颜神镇志》卷五《遗文》,第240页。
④ (宋)《宋熙宁八年六月敕》,碑现存山东省淄博市博山区山头街道北神头村颜文姜祠;又见赵卫东、王予幻、秦国帅编:《山东道教碑刻集·博山卷(上)》,第224页。
⑤ (宋)《宋熙宁十年中书门下牒碑》,碑现存山东省淄博市博山区山头街道北神头村颜文姜祠;又见赵卫东、王予幻、秦国帅编:《山东道教碑刻集·博山卷(上)》,第225页。

其在册封神灵时"以功不以德"的价值取向。这次册封对颜文姜信仰的传播影响很大,后世文献多次提及,如元朝孟诩所撰碑文中写到,"熙宁之封,爵号顺德,庙额灵泉,褒扬懿则"①。

这一时期,在一些文学作品中对于颜文姜神的降水职能也有反映,宋初人王樵曾写过一首名为《谒顺德祠》的诗,其中写到:"孝感天心动,泉翻地脉来。遗墟空草树,久旱起风雷。"②诗中简要概括了颜文姜"孝感灵泉"的事迹,其中"久旱起风雷"一句,意即久旱之际,颜文姜神可降水解百姓之厄。

金、元时期,颜文姜神降水职能仍在持续。如金朝皇统元年(1141),庙户郭宁摸(摹)刻的一块碑中记载了颜神镇地方官求雨的经过:

> 皇统改元,春旱,躬祷祠下,四月既望乃雨,越二日,乃报神贶。同至者耿德甫、孟德基、张子美、孙叔廉、李彦宏、徐伯充、李子强、赵仁仲、韩德霖、王伯城、董逸飞、淦阳康深甫题。保义校尉差监淄州淄川县颜神店□□赵□四,保义校尉特差充淄州淄川县颜神店巡检徐□。③

由上引碑文可见,这次由颜神镇地方官主导的求雨活动取得了成功,两日后,地方官又赶到颜文姜庙感谢神灵,并刻碑记载此事。

除了碑文外,诗歌中也有关于颜文姜神降水的记述。元朝至正二十六年(1366),般阳路总管潘继祖因"两至祠下,有祷皆应"作《谒顺德祠》一诗,其中写到:"顺同阴柔道,冥符翁媪心。荒年能作稔,旱月解为霖。"④其中,"荒年能作稔,旱月解为霖"一句,便是赞颂了颜文姜兴云降雨的神力和功德。

事实上,在金、元时期,颜文姜的神职功能已经有扩大的趋势。伪齐阜昌四年(1133),高唐人田兴祖作《谒孝妇颜文姜庙》一诗:

> 本固枝还茂,源澄派必清。充公延庆祚,烈女绍休声。
> 远汲虎狼径,幽通天地情。一朝闺闼内,万斛醴泉生。
> 始也隋珠进,俄然轩鉴明。里闾皆厌饫,草木亦滋荣。
> 怡蜜惭无味,须眉可数茎。听恰醒俗耳,掬敢濯尘缨。
> 饮盗切回颜,酌贪诚倒行。康民瘳疾疢,济旱富粢盛。
> 祀典摽丰惠,真封锡令名。刺山功未普,拜井利何轻。
> 孝行世难匹,风流谁与同?至今岩宝上,祠观蔚峥嵘。⑤

---

① (元)孟诩:《至元二十八年重修记》,见康熙《颜神镇志》卷五《遗文》,第241页。
② (宋)王樵:《谒顺德祠》,见康熙《颜神镇志》卷五《诗集》,第254页。
③ (金)康深甫:《金碑庙户郭宁摸刻》,见康熙《颜神镇志》卷三《飨祀》,第217页。
④ (元)潘继祖:《谒顺德祠》,见康熙《颜神镇志》卷五《诗集》,第253—254页。
⑤ (金)田兴祖:《谒孝妇颜文姜庙》,见康熙《颜神镇志》卷五《诗集》,第253页。

诗中"康民瘳疾疹,济旱富粢盛",说的是孝妇河水既可以治疗"疾疹",还可以灌溉田地,虽然赞扬的是孝妇河水,但由于颜文姜与孝妇河密不可分,可以将"瘳疾疹"视为颜文姜水神职能的扩展。

此外,孝妇河水还可以通过变色示警提醒居民避敌。据陈雷所撰碑文记载,金朝贞祐年间:

> 兵戈俶扰,群盗蜂起,至日孝水清流忽黄四十里,人讶其变,惊相告曰:此神示异。各携持妇子而远避之。有顷,寇至,免害。水明日复初,神功较著。①

此事后来被广为传颂,明朝杨文卿所撰碑文中称"盗起,将掠其境,先期,河黄四十里示民以趋避,盗来无所苦,逮出境,河水复清,其灵应如此"②,至明朝范一儒的碑文中则更加扩大,"每遇盗警,预涌黄流,示民趋避"③。不管怎么说,这段记载的主体仍是孝妇河水,河水通过变色"示警",周边民众以此躲避兵灾,最终大家把这次避祸成功归功于颜文姜神,这也可视为颜文姜水神职能的扩展。

值得注意的是,在这一时期,颜文姜神的"自然神"属性还比较明显。上文所述"治病"、"示警"等虽然是颜文姜神新的职能,但却都是通过"水"这一载体来实现的,可以将其视为颜文姜水神角色的巩固与扩大。

(三)"保障一方":明清以降颜文姜社区神角色的形成

明清以来,随着博山地区社会的不断变迁,颜文姜神的神职功能不断扩大,逐渐由专业化水神过渡到保佑一方的社区神,同时颜文姜神的具体形象也明晰起来。主要体现在以下几个方面:

其一,水神职能仍在持续,但有新变化。明清时期,颜文姜神仍在执行降水职能,在碑文、诗歌中均有体现:

弘治八年(1495)杨文卿所撰碑文称,"孝妇没,即其地立庙以祀之。自是,邑遇旱,祷辄雨"④;万历四十二年(1614)范一儒所撰碑文说道:"自唐迄今,兴废举坠不一,然每遇烤旱,旋祈旋澍。"⑤

此外,颜文姜祠内尚存的一块立于康熙十二年(1673)的《顺德祠祷雨感应碑记》中,记载了康熙十二年(1673)博山及周边地区大旱,会首屈秉言、周东时、冯胤祯等人,祈祷于颜文姜祠,获得甘霖后,为报答神恩,立碑以志功德之事,相关内容如下:

---

① (蒙古)陈雷:《蒙古乙未夏六月重修顺德祠记》,见康熙《颜神镇志》卷五《遗文》,第240页;《颜山杂记》卷三《颜文姜灵泉庙》对此也有记载:"降及贞祐年间,兵戈遽兴,连年大扰,加之以饥馑,群盗蜂起,恣意劫掠,水忽自黄,流四十里,人见之无不惊异。因相谓曰:'此水从来清且久矣,今日如是,莫非神明之示异,救我民乎?'因相与避之。顷之,有外寇至,得免。其窨水明日复初",第799页。
② (明)杨文卿:《明弘治八年新庙记》,见康熙《颜神镇志》卷五《遗文》,第241页。
③ (明)范一儒:《明万历四十二年重修记》,见康熙《颜神镇志》卷五《遗文》,第242页。
④ (明)杨文卿:《明弘治八年新庙记》,见康熙《颜神镇志》卷五《遗文》,第241页。
⑤ (明)范一儒:《明万历四十二年重修记》,见康熙《颜神镇志》卷五《遗文》,第242页。

穷乡僻域,遘灾值戾,动致无麦殒秋,而厄苦不获以上达,则村落之中,二三农氓父老,人竭其诚,物鸣其急。每每依山傍水,以肆其呼吁,求则辄应,斯亦如孩提饥啼寒号于父母之怀焉已耳。镇百里内外,恃灵泉庙顺德夫人以为所天,非第今兹。然邑兹麦秋前,鸣鸟告静,市忧如焚,复有山头庄周东时等数百余人,竭诚斋沐,一如旧仪,乃遂祷遂应,圁斐尽欢。念此百里内外,祷不一地,地不一人,他即应,或不如是之必应,或不如是之速应,其故何也? 余曰:"孝,纯德也,他所托托始也;抑夫人神圣,邑诸所资生也,且灵泉水地,邑民所取便也,宜其祷必应、应必速。有不可与他处同年而语者是耳。"①

道光六年(1826),博山知县杨春喈偕同僚祷雨于颜文姜祠,第二天果获甘霖,为此,杨夫人吴秦姮特画风雨竹图一幅,杨春喈题跋于后,并刻碑留念。具体内容为:"丙戌(1826)春杪,二麦苦旱,喈同僚友步祷于夫人之祠,次日,大沛甘霖,欢腾遍野,咸呼为娘娘雨。缉笼余涌,百里同沾。因倩内子画竹勒石,以当匾额。盖竹以象德,风雨之竹,所以志灵也。是为跋。"②

道光十五年(1835),尹济源撰《重修灵泉庙记》中说道:"夫人颜姓,事姑孝,致槛泉之异,邑人思之,为立庙。其泉清驶,利灌溉,岁旱祷雨辄应,故名其泉曰'灵颜',其庙曰'灵泉'。"③

光绪十年(1884),知县王升阶撰《重修灵泉庙并永济桥记碑》中写到:"相传孝感灵泉,而庙翼然临于其上,嗣因祷雨辄应,四方人士争致虔焉。……夫孝,庸德也,而庸行之,至诚通天地,福庇桑梓,泽润万物,霖雨苍生。"④

此外,明清时期一些诗歌中对此也有记载。万历四十七年(1619),即墨人周砺斋撰《孝泉十七韵》中写到:"忠孝英灵远,蛟龙窟穴尊,有神能应祝,无地不倾盆。"⑤明朝万历年间颜神镇通判刘分桂撰《喜雨谒谢顺德泉祠》中有:"朱明霖澍遍山阿,曲径羊肠滑更多。"⑥颜神镇人赵敬简在《咏孝泉》一诗中写到:"闺门昭顺德,纯孝格天心。……疗病起尘疴,祈雨沛甘霖。"⑦

与此同时,时人对于颜文姜神的降水职能有了新的看法。清初颜神镇通判叶先登就认为孝妇河"旱暵不竭,至今利赖数邑,此安知非即龙神嘿相之? 然泉既以夫人出,名即以夫

---

① (清)卓甲恺、张联生:《顺德祠祷雨感应记》,碑现存山东省淄博市博山区山头街道北神头村颜文姜祠;又见赵卫东、王予幻、秦国帅编:《山东道教碑刻集·博山卷(上)》,第234页。
② (清)杨春喈:《清道光六年风雨竹石碣》,碑现存山东省淄博市博山区山头街道北神头村颜文姜祠;又见赵卫东、王予幻、秦国帅编:《山东道教碑刻集·博山卷(上)》,第243页。
③ (清)尹济源:《重修灵泉庙记》,碑现存山东省淄博市博山区山头街道北神头村颜文姜祠;又见赵卫东、王予幻、秦国帅编:《山东道教碑刻集·博山卷(上)》,第247页。
④ (清)王升阶:《重修灵泉庙并永济桥碑记》,碑现存山东省淄博市博山区山头街道北神头村颜文姜祠;又见:赵卫东、王予幻、秦国帅编:《山东道教碑刻集·博山卷(上)》,第262页。
⑤ (明)周砺斋:《孝泉十七韵》,见康熙《颜神镇志》卷五《遗文》,第254页。
⑥ (明)刘分桂:《喜雨谒谢顺德泉祠》,见康熙《颜神镇志》卷五《诗集》,第254页。
⑦ (明)赵敬简:《咏孝泉》,见康熙《颜神镇志》卷五《诗集》,第254页。

人显,虽有神功,亦习而不察焉耳"①。有学者认为,"明清时期颜神的降雨职能受到了一定的冲击,主要表现在龙王信仰的兴起上"②。其实,这种情况的出现与颜文姜神角色由水神转化为社区神不无关系。明清以降,颜文姜神的角色更多地体现为社区神,即她已经不再是专门负责降水的专业化神灵,而是成为可居中调度的社区神。这种情况不只颜文姜信仰中有,在附近的一些地区都有出现。如博山西边的莱芜县,成化年间遭遇大旱,知县伍礼先是派司吏王辅、里老人魏良友至魏家庄迎请二郎神入城隍庙。有小民傅真入庙昏眩,醒后曰:"神白马黄袍,真及从者十二人行空至东海,见高城铁门内若王者居,曰:'此龙宫也',神入于宫","须臾取故道归庙……庙之中则城隍与神会议良久。"③通过傅真的奇遇,展现了一场牵涉到二郎神、龙王、城隍神三者的降水过程。这次降水由二郎神与城隍神决策,龙王负责实施,行政程序非常完善。又如,地处博山东边的青州市王坟镇(原临朐西北一带),每逢天旱,人们便去求逄山爷,然后抬逄山爷之法身,往东数里外珍珠山玉皇庙去"朝玉皇",以求得降雨法旨,然后再由逄山庙西南数里的郝坛村白龙王爷负责降雨。降雨后,在逄山庙唱戏酬神,请白龙王观看,逄山爷作陪。④(一说为:逄山爷朝过玉皇后,就到北溜胡家庄其外祖家等雨,民众则于降雨后唱戏感谢逄山爷⑤。)在求雨过程中,逄山爷的角色是居中调度,求取圣旨、调度降雨,真正实施降雨行为的则是白龙王爷,体现了较为严格的行政程序和明确的职守观念。如同莱芜的城隍、青州的逄伯陵一样,颜文姜已经成为居中调度的社区神了。

其二,颜文姜神开始具有了其他功能,如退敌、治病、饷军等,可以说在其治理的地域内,几乎什么事情都可以做。与此同时,颜文姜神的具体人格化形象也已经出现。

1. 饷军:范一儒撰《明万历四十二年重修记》中称:"天宝征辽,兵经笼水,神以七箸饷军,今城南营栏尚其故处,后复助阴兵成功,天子特命汾阳郭公创建祠庙。"⑥后来,该传说被当地民众不断加工、改造,时至今日,已成如下版本:

> 唐太宗东征,路过颜神镇神头,人困马乏,又饥又渴。就在大家一筹莫展之际,一位白发老婆婆,手提四鼻水罐,送水而来。李世民接过水一饮而尽,三军将士接次而饮,水仍未减少。李世民派人打听后得知是颜神显灵,于是当即立誓,等凯旋后,为颜神塑金身,且修九十九间无梁大殿。后,太宗凯旋路过颜神镇,却早已忘却此事,遇马蜂示警,方才忆起。于是,传令大军火速造殿。由于,本地环山,地势崎岖,根本无法造开九十九间大殿。李世民在焚香祷告后,建了九间斗拱承攒的无梁大殿,并亲书"孝妇祠"。⑦

---

① (清)叶先登:《扩建龙王庙记》,见康熙《颜神镇志》卷五《遗文》,第247页。
② 房慧君:《博山颜神信仰研究》,第40页。
③ (明)伍礼:《祷雨有感记》,见(民国)李钟豫修,亓因培纂:民国《续修莱芜县志》卷三五《艺文志·碑记》,南京:凤凰出版社,2004年,第527页。
④ 被采访人杨庆德,男,73岁,青州市王坟镇崮后村人。采访于2006年。
⑤ 被采访人董凤山,男,83岁,青州市王坟镇郭庄村人。采访于2006年。
⑥ (明)范一儒:《明万历四十二年重修记》,见康熙《颜神镇志》卷五《遗文》,第242页。
⑦ 博山民间文学集成编委会:《博山民间文学集成》之《颜文姜祠的传说》,第1—3页。原文内容较长,本处对其进行了归纳、删减。

由此处记载的"神以七箸饷军","一位白发老婆婆,手提四鼻水罐,送水而来"来看,颜文姜神显然已经有了比较明显的人格化的形象。

2. 避祸:范一儒在撰《明万历四十二年重修记》中写到:"每遇盗警,预涌黄流,示民趋避,其恤灾捍患、保障一方,尤煊赫哉!"①

3. 治病:颜文姜神治病的神职功能为世人所知晓,如明朝嘉靖时淄川人孙光辉之母病,他非常虔诚地步祷于颜文姜祠,"一步一拜,匍匐二十里不为劳"②。颜神镇人赵敬简在《咏孝泉》中描述了自己生病后,梦饮孝泉水后痊愈的事情:"予疾梦饮泉,五内饫香醇。心爽体随健,形和气亦䜣。仍诲痊吾母,公药活里人。"③

4. 求子:清人王初桐在《奁史拾遗》中引《颜神镇记》说:"颜娘泉:女郎多以钱掷泉中祈子。"④

时至今日,博山民间仍然流传着很多关于颜文姜神降雨、避祸、送子、治病,以及惩戒不诚之人的种种传说。⑤

由上可见,明清以来,博山民众已经不仅仅将颜文姜神视为水神,而是赋予其更多的神职功能。颜文姜神承载起民众越来越多的诉求,逐渐成为庇护一方的社区神。诚如杨文卿在《明弘治八年新庙记》中写到:"若妇之孝,生既能召室涌泉,没又能神于一方,以福庇其人民,其孝之至者欤?"⑥清代孙廷铨在《修灵泉庙记》中写到:"自古在昔,灵贶绵邈,常有福利于其里,邑吏民赖之以不疾灾疢。"⑦他们希望神能"神于一方,以福庇其人民","福利于其里",保佑博山一方民众。这种状况一直持续到今天,在如今博山民众眼里,"颜文姜是个什么都管、法力无边的大神,凡事(是)遇到困难,他都会求颜文姜帮助解决,作为地方神的颜文姜早已从历史上比较纯粹单一的受气小媳妇转变为具有多元化功能的神灵"⑧。

上述转变之所以出现,主要有三个原因。

其一,与明清时期博山地区的历史变迁密切相关。明中期以来,颜神镇地位逐渐提升,至清朝雍正十二年(1734)独立为博山县。据《颜神镇志引》记载:

> 益都附郭西鄙为孝妇乡,乡有李颜村,以文姜颜氏女孝感灵泉,没后屡显征异,里人立祠祀之,故名颜神。又地出石灰,土可甄陶,就居者日众,因改村为镇云。明弘治八年,始于镇建行台,岁则青州备兵使者冬春驻扎。正德十二年,始于镇设专官,分署弹压。嘉靖三十六年,兵宪夆州王公始于镇鼇筑石城,崇墉屹屹而镇遂为东省之要区、

---

① (明)范一儒:《明万历四十二年重修记》,见康熙《颜神镇志》卷五《遗文》,第242页。
② 乾隆《淄川县志》卷六。
③ (明)赵敬简:《咏孝泉》,见康熙《颜神镇志》卷五《诗集》,第254页。
④ (清)王初桐辑:《奁史拾遗》,《续修四库全书》第1252册,第450页。按:本条史料系据房慧君:《博山颜神信仰研究》,第41页所得,其在文中将《颜神镇记》写作《颜神镇志》,此处据原文改正。
⑤ 房慧君:《博山颜神信仰研究》,第41页;陈杰:《颜文姜庙会研究》,第79—80页。
⑥ (明)杨文卿:《明弘治八年新庙记》,见康熙《颜神镇志》卷五《遗文》,第241页。
⑦ (清)孙廷铨:《修灵泉庙记》,见《颜山杂记》卷三《颜文姜灵泉庙》,第804页。
⑧ 陈杰:《颜文姜庙会研究》,第79页。

青郡之附庸,非复向来之隶于邑、囿于乡者之可同日语矣。①

孙廷铨在《颜山杂记》卷一《城市官署缘起》中说道:"有明隆、万以前,孝乡为青州巡道之治府。岩关巨防,阻三面以制十八城,亦形势之宗也。"该地区在金元时期已经设置了巡检司,弘治八年又设置了抚按巡台,正德五年添设青州道兵备佥事一员,"往来驻扎,每岁在镇(阙)个月。建城以后,地方无事,巡道常川驻府城,非有公事不至镇城矣",正德十二年,添设青州府捕盗通判一员,"在镇专管防御,兼辖新、淄、长、莱等县,地方有警,即调遣兵马,听其约束"②。

这两段史料梳理了明代颜神镇的地位变化,从弘治八年(1495)开始,颜神镇政治、军事地位逐渐上升。嘉靖中后期,王世贞兴建颜神镇城,该地的独立性已经非常强,"自三月至七月……城高丈有寻,方广若干丈,各门焉。二水门出南北城下,因堑为池,百姓忽自有之矣"③。其实,颜神镇独立为博山县的过程,也是其经济、军事地位被认识乃至肯定的过程。李攀龙曾言:"淄、莱、新、益之间一都会哉!天不吊百姓,一、二长吏怠于疆事,俾一二不逞子弟,揭竿如林,而负固自喜,以为父老忧。四方亡命啸而过市,有业甀于筐中,覆之利剑,莫敢以发,而释担一呼,为皆制梃,又安可谁何?百数十年来,冀氏、姚氏九为倡乱,杀我一二长吏之戍者,以荼毒我百姓。"④王世贞也说,"为诸父老城颜神者,城之已耶,将县之也"⑤。明朝以来,该地区不断遭遇灾祸,如永乐年间的唐赛儿起义、嘉靖时期的姚世清动乱等,在这种情况下,出现颜文姜神避祸、饷军之事也就可以理解了。与此同时,颜神镇地区的手工业、商业也越来越发达,其陶瓷、琉璃生产名声甚广,经济独立性也越来越强。至雍正十二年(1734),最终成为独立建置的博山县。由上可见,明朝中期以后,颜神镇(博山)已经成为一个独立性较强的政治、经济、军事单元,在这种情况下,颜文姜神由原先的水神过渡为"保障一方"的社区神显然是合乎时宜的。

其二,博山民众不断地推动颜文姜信仰"本地化"也是一个重要原因。在上文探讨唐代修庙时不断提及的一个问题就是"郭子仪督造"之事。关于此事,孙廷铨在《颜山杂记》中做过辨析,指出:"按:子仪为唐将,功名常在西北,及贵为使相,生平踪迹未至淄青,此臆说也。闻之故老,此庙侧之祠旧曰郭公,继而讹郭令公,继而讹郭汾阳王。原其根因,姑固姓郭,而其宗人世为庙户,如郭勋、郭宁者,或其家亲私祠附近此庙侧。后郭氏绝世,中更兵火乱离,转致讹传,为此曲说耳。"⑥宋人陈琦在《续翁婆囡地记》中也说道:"庙户郭勋,系姑远亲,自唐天宝前世守其事,沿革数百年间,丁力差徭,凡守土者悉脱其籍。"⑦房慧君认为,"充当庙户可获得若干经济上的利益,且这一利益已被某些人所觊觎,宋金元时期的世袭庙

---

① (清)张联翼:《颜神镇志引》,康熙《颜神镇志》卷首,第183页。
② 《颜山杂记》卷一《城市官署缘起》,第773页。
③ (明)李攀龙:《沧溟集》卷一九《青州兵备副使王君城颜神碑记》,《景印文渊阁四库全书》第1278册,第411页。
④ (明)李攀龙:《沧溟集》卷一九《青州兵备副使王君城颜神碑记》,第410页。
⑤ (明)王世贞:《弇州四部稿》卷一百三《文部·铭九首》之《颜神城碑阴铭有序》,《景印文渊阁四库全书》第1280册,第632页。
⑥ (清)孙廷铨:《颜山杂记》卷三《颜文姜灵泉庙》,第803页。
⑦ (宋)陈琦:《续翁婆囡地记》,见康熙《颜神镇志》卷五《遗文》,第240页。

户郭氏家族为维护自己的地位编造出来的,称颜文姜祠早在唐代就由郭家先祖督造,试图以此证明自己家族世袭庙户的合理性,防止其他人的争夺。"①笔者同意以上观点,即郭子仪督造之事很可能是庙户为维护其"合法性"而建构出来的。同样,笔者认为:颜文姜的婆婆郭氏等恐怕也是其建构出来的,即陈琦撰《续翁婆因地记》中说:"庙户郭勋系姑远亲,自唐天宝前,卋守其事,沿革数百年间,丁力傜差,凡守土者悉脱其籍。"②随着这块碑文的传播,颜文姜与博山地区的关系日渐紧密。时至今日,颜文姜的神亲更多,在颜文姜庙会举行时,其舅舅家、姨家、姑家等村落都扮演一定的角色,有学者在田野调查后说道,"其他村落又用亲缘关系将自己与颜文姜联系起来,如八陡镇东顶村说自己是颜文姜的姨家,石炭坞的和平、向阳、北峰峪等村则称自己是颜文姜的舅舅家,总之,八陡镇所辖的各个村落共同构成了颜文姜娘家信仰圈,这里也在朦朦胧胧的信仰中由世俗升华到了一个神圣的令人艳羡的彼岸"③。所以,博山地区民众不断地推动颜文姜的"本地化",也是促使其转化为社区神的一个重要原因。

其三,可能还有一个原因,那就是宋元以降中国的神灵体系越来越完善,至明清时期出现了诸多专业神,如水神龙王,文化神文昌、魁星,生育神观音,蝗神八腊、刘猛将军,财神比干、关公等等,这些都是在全国范围内影响深远的专业化神灵,影响非常大、分布非常广,他们的崛起对地方神难免会形成冲击。在这种情况下,颜文姜神适时地转化为社区神,显然有助于避免其他神灵的"冲击",更有利于该信仰的发展。

三 "洗尽人间不孝心":孝与颜文姜信仰的传播

在中国古代,既有针对忠臣、孝子、名宦、乡贤的祠堂崇拜,也有形形色色的民间祠神信仰。两者有明显区别。前者主要侧重于道德,一般不涉及灵异之处;而后者主要侧重于灵验,对道德似乎并无过高要求。二者都是封建统治者对民间社会进行教化的方式,不过各有侧重而已。但博山颜文姜信仰却给我们提供了一个可以将二者合二为一的事例。历史上,统治者、士人、民间社会对颜文姜的孝行广为宣传,与其"灵验"事迹相得益彰。以下我们结合相关史料,对孝文化在该信仰传播中的作用进行考察。

颜文姜庙初建于北周,唐代曾重修过,可惜相关资料已经遗失。现存大量的史料都是宋代以降,以下试作梳理:

宋代碑记、诗歌,对颜文姜的孝行给予了充分肯定。咸平六年(1003),周沆撰《淄州重修颜神庙记》中写道:"孝为天地之经,神乃阴阳不测,生当异矣,死则庙焉。颜娘之神,是其徒也。"④熙宁六年(1073),淄州守王公因祈雨获应为之重修庙宇,州学教授商亿撰《宋熙

---

① 房慧君:《博山颜神信仰研究》,第27页。
② (宋)陈琦:《续翁婆因地记》,见康熙《颜神镇志》卷五《遗文》,第240页。
③ 陈杰:《颜文姜庙会研究》,第31—32页。
④ (宋)周沆:《淄州重修颜神庙记》,碑现存山东省淄博市博山区山头街道北神头村颜文姜祠;又见赵卫东、王予幻、秦国帅编:《山东道教碑刻集·博山卷(上)》,第223页。

宁六年岁次癸丑重修记》,虽主要论述颜文姜神降甘霖的功德,对其德行也有赞誉,说道:"古者,丘陵山谷之神,有益于民者,在礼皆得祀之,至其为烈彰彰者,朝廷比尝诏以封爵或国邑之号追崇之。若孝姜之灵于淄,民用是而报之,礼未为过。"①熙宁八年(1075),宋朝皇帝在赐予其爵号时,虽主要侧重其降水之功,但也说到"惟神聪明正直,庇于一方,供民之求,如应影响"②。

与此同时,一些诗歌中也肯定了颜文姜的孝行,宋代王余《咏孝妇泉》诗:"一窦新泉渐渐深,碧河一带绕芳林。好将此穴无穷水,洗尽人间不孝心。"③

此外,赘世先生王樵在《谒顺德祠》中写道:"山村勤远汲,供馈苦迟回。孝感天心动,泉翻地脉来。"④号梓桐山叟的王公彦在《谒顺德祠》中写道:"白云祠枕乱山青,一笼寒泉万古声。山若未平泉不竭,夫人长得孝为名。"⑤

此外,在宋代,对颜文姜孝行肯定的一个重要表现是将其舅、姑纳入到颜文姜祭祀中,据陈琦《续翁婆因地记》记载:"夫人祠之左又有所谓翁婆堂者,乃夫人之舅姑也……至我熙宁中,因吏民有请神考配享,加崇褒以旌顺德,赐灵泉庙额,左置享堂,岁时报谢,舅姑亦与焉。世只知文姜孝德格天,抑知本舅姑之积善余庆孕灵者深也。"⑥

由上可见,在宋代,颜文姜的"孝行"与"灵验"已经很好地融为一体,虽然朝廷在赐封时并未过多强调其孝行,而是重点赞扬其灵验,这并不影响对其孝行的宣扬。此时不少文人在碑文、诗歌中,对于颜文姜的孝行都给予了积极的肯定。随着孝行与灵验的融合,颜文姜神对于地方社会也产生了重要影响,据说"或岁凶盗起,相戒不入李颜村,乡其明信之感类此"⑦。

金、元时期,国家、士人都在不遗余力地宣扬颜文姜的孝行。蒙古乙未陈雷撰碑文称:"夫天之于人,降灾祥在德,盖化莫大于孝,稽古……罕及民间妇德者……孰能垂顺德之泽兮,如此水沛然而莫之御兮,孰能使人孝之作兮,如此水滔滔东流而逝兮。"⑧孟诩撰《至元二十八年重修记》中说道:"卓哉夫人!孝行绝伦。生为烈妇,死为明神。定省之礼,夙夜殷勤。天地感应,涌泉潾潾。……四方瞻礼,诚敬孔多。牺牲博硕,笙弦声和。千秋万载,德音可歌。"⑨

这一时期的诗歌中仍有不少吟咏颜文姜的孝行。伪齐阜昌四年(1133),山东高唐人田兴祖作《谒孝妇颜文姜庙》,写道:"本固枝还茂,源澄派必清。兖公延庆祚,烈女绍休声。远汲虎狼径,幽通天地情。一朝闺闼内,万斛醴泉生。……孝行世难匹,风流谁与同?至今

---

① (宋)商亿:《宋熙宁六年岁次癸丑重修记》,见康熙《颜神镇志》卷三《飨祀》,第217页。
② (宋)《宋熙宁八年六月敕》,碑现存山东省淄博市博山区山头街道北神头村颜文姜祠;又见赵卫东、王予幻、秦国帅编:《山东道教碑刻集·博山卷(上)》,第224页。
③ (宋)王余:《咏孝妇泉》,见康熙《颜神镇志》卷五《诗集》,第253页。
④ (宋)王樵:《谒顺德祠》,见康熙《颜神镇志》卷五《诗集》,第254页。
⑤ (宋)王公彦:《谒顺德祠》,见康熙《颜神镇志》卷五《诗集》,第254页。
⑥ (宋)陈琦:《续翁婆因地记》,见康熙《颜神镇志》卷五《遗文》,第239—240页。
⑦ (宋)陈琦:《续翁婆因地记》,见康熙《颜神镇志》卷五《遗文》,第240页。
⑧ (蒙古)陈雷:《重修顺德祠记》,见康熙《颜神镇志》卷五《遗文》,第240页。
⑨ (元)孟诩:《至元二十八年重修记》,见康熙《颜神镇志》卷五《遗文》,第241页。

岩宝上,祠观欝峥嵘。"①元朝至正二十六年(1366),般阳路总管潘继祖作《谒顺德祠》一诗,兹录于下:"孝感通天地,休风贯古今。外扬灵炳炳,内蕴德愔愔。顺同阴柔道,冥符翁媪心。荒年能作稔,旱月解为霖。懿德丰碑载,神功奕世钦。山围堂庑丽,泉涌殿基深。祠祭方千里,香缗日几金。……"②

从上引史料看,金、元时期,国家和士人对颜文姜孝行的宣扬,主要还是针对其"孝感灵泉"的事迹,在碑文中要么是将其作为背景性的描述,要么在总结、概括时提及,但却是一种发自内心的吟咏和赞誉。

明清时期,情况发生了一些新的变化,随着程朱理学的不断推广,忠、孝、礼、义等观念日益流行。地方官、士人们认识到"化民正俗,莫先于孝。旌闾之典,历代重之,所以端治本也"③的道理,试图通过大力宣扬颜文姜孝行,加强对地方民众的教化。这在明清以来的碑文、诗歌中均有明显体现,以下试作梳理:

弘治八年(1495),杨文卿撰《明弘治八年新庙记》记录了这次重修庙宇的经过,其中写到:"弘治八年,都宪汝南熊公翀奉玺巡抚山东行部于青,道过祠下,顾盼徘徊,重念国家以孝治天下,而孝妇有庙若此,何以劝励风俗?"于是下令重修该庙④,显然熊翀重修此庙目的在于"劝励风俗"。

万历四十二年(1614),颜神镇捕盗通判范一儒撰《明万历四十二年重修记》中称:"岁时香火襁属而至者,不知几千百计,虽神之福庇灵贶感应如响,亦至孝之在人心者耿耿不磨。今有入庙而慊然以神之心为心,则子爱亲、弟敬长、妇顺姑舅,将见比屋可封,而苻萑不做、诊瞖不作矣。一念精诚,且足以孚天地而通神明,长民者又悉烦三尺、日取不善督过之?"⑤

康熙二年(1663),卓荦堂居士张联圣撰《顺德祠醮记碑记》中称:"矧夫顺德夫人之为神,乃圣人之所以孝治者乎?孝称百行之源,谊不择人,而具吾见,声名所著……是则是效其图,勉夫孝弟而奋于大同者乎?苟如是,是□□神治,实即圣人以孝治。"⑥

康熙三年(1664),周亮工撰《国朝康熙三年重修记》写到:"夫自然者,至德之所归,而不言之利,人情所共酌也。是以历代英君,谊辟志士仁人,荣以衮褒,登之俎豆,岂有他哉?盖天人之理合,人事尽,则天不爱道而地不爱宝;先后之揆,一先迹存,则贤者思齐而不肖者思奋。……祠及公姑,父母咸然。以孝食享,仍享其先。"⑦

康熙三年(1664),淄川处士任轩辕撰《进香颜神镇叙》称:"孝为生人之本,慈悲发愿之

---

① (金)田兴祖:《谒孝妇颜文姜庙》,见康熙《颜神镇志》卷五《诗集》,第253页。
② (元)潘继祖:《谒顺德祠》,见康熙《颜神镇志》卷五《诗集》,第253—254页。
③ (清)张承燮修,法伟堂等纂:光绪《益都县图志》卷四十一《孝义传》,《中国地方志集成·山东府县志辑》第33册,南京:凤凰出版社,2004年,第556页。
④ (明)杨文卿:《明弘治八年新庙记》,见康熙《颜神镇志》卷五《遗文》,第241页。
⑤ (明)范一儒:《明万历四十二年重修记》,见康熙《颜神镇志》卷五《遗文》,第242页。
⑥ (清)张联圣:《顺德祠醮祭碑记》,碑现存山东省淄博市博山区山头街道北神头村颜文姜祠;又见赵卫东、王予幻、秦国帅:《山东道教碑刻集·博山卷(上)》,第230页。
⑦ (清)周亮工:《国朝康熙三年重修记》,见康熙《颜神镇志》卷五《遗文》,第243—244页。

由,当今善男善女,虽愚夫愚妇,亦知慕焉。"①

康熙五年(1666),孙廷铨撰写了重修庙碑,其中写道:"自古在昔,灵贶绵邈,常有福利于其邑,吏民赖之以不疾灾疢,又甚著也。夫立百行之原,宜得众心之聚,斯庙之兴,关乎名教。既非淫祠黩祀,诸不应经义者,得而仿佛矣。邑有先德而不报,是废典也。前王有嘉礼而继代弗章,是变古易常也。天子重神敬祀,而守臣不博采境内以闻,是有司之责也。且其灵泉古庙,揽胜为工,苍岩翠栢,云合于其上,白石寒泉,鲵旋于其下,既已闳壮矣。又寝门之外,有曰公姑、父母者,则祠之,祠其类也;有曰王友、郭公者,则祠之,祠其所有事也。夫生而事之,死又能世世俎豆之,惟夫人之孝为不匿。爱其人以及其所事,又敬其祠以及其所有事,惟乡人之追孝为不衰。然则继乎此者,虽百世可知也。"②

康熙十二年(1673),卓甲恺、张联生撰《顺德祠祷雨感应记》写道:"孝,纯德也,他所托始也;抑夫人神圣,邑诸所资生也,且灵泉水地,邑民所取便也,宜其祷必应、应必速。有不可与他处同年而语者是耳。"③

嘉庆五年(1800),博山人王□□撰《重修顺德夫人庙并诸神祠记》,此碑不在颜文姜祠内,而是在今博山区石马镇桥东村顺德夫人祠,该祠是颜文姜的一处行宫,碑记中说道:"闻圣人所过者化,夫过何化也?尔□□□德也,而德莫大于孝。孝者,人心之天也,□□文姜,孝思纯笃……顺德之孝思□□□百世下皆在锡类中□动以天之不容□□□思,各乡村建茸寺观,岂必非设教遗意,而愚民不可使知?概借以觊福□□□之,此举大关名教,不可同日语矣。呜呼!□□□心不泯,即夫人之神不没,夫人之神不没,即斯人之天不息,天不息□□阴阳和而风雨时,嘉祥骈至,丰稔频登。故后□□□神之里社曰孝妇,川曰孝水,从其德也。"④

道光十五年(1835),湖北巡抚、历城人尹济源撰《重修灵泉庙记》中写道:"余惟夫人之孝可格天,泽足济民,其灵异之迹见于历代碑碣者,固无待后人称引,而亦称引之所莫能尽。至若蒋、孙两君,克承先志,继世德而扬神徽,俾一邑之人,油然皆有孝思不匮之心,相与乐输恐后,共成此举。此则其事之不容泯泯者。"⑤

光绪十年(1884),博山知县王升阶撰《重修灵泉庙并永济桥碑记》写道:"吾邑由永济桥迤西南里许有灵泉庙,奉祀顺德夫人,崇孝也。相传孝感灵泉,而庙翼然临于其上,嗣因祷雨辄应,四方人士争致虔焉。……夫孝,庸德也,而庸行之,至诚通天地,福庇桑梓,泽润万物,霖雨苍生。"⑥

---

① (清)任轩辕:《进香颜神镇叙》,碑现存山东省淄博市博山区山头街道北神头村颜文姜祠;又见赵卫东、王予幻、秦国帅编:《山东道教碑刻集·博山卷(上)》,第231页。
② (清)孙廷铨:《修灵泉庙碑记》,见《颜山杂记》卷三《颜文姜灵泉庙》,第803—804页。
③ (清)卓甲恺、张联生:《顺德祠祷雨感应记》,碑现存山东省淄博市博山区山头街道北神头村颜文姜祠;又见赵卫东、王予幻、秦国帅编:《山东道教碑刻集·博山卷(上)》,第234页。
④ (清)王□□:《重修顺德夫人庙并诸神祠记》,碑现存山东省淄博市博山区石马镇桥东村顺德夫人祠;又见赵卫东、王予幻、秦国帅编:《山东道教碑刻集·博山卷(下)》,第424—425页。
⑤ (清)尹济源:《重修灵泉庙记》,碑现存山东省淄博市博山区山头街道北神头村颜文姜祠;又见赵卫东、王予幻、秦国帅编:《山东道教碑刻集·博山卷(上)》,第247页。
⑥ (清)王升阶:《重修灵泉庙并永济桥碑记》,碑现存山东省淄博市博山区山头街道北神头村颜文姜祠;又见赵卫东、王予幻、秦国帅编:《山东道教碑刻集·博山卷(上)》,第262页。

光绪二十八年（1902），举人燕桂森撰《重修颜文姜庙序》，此碑存于颜文姜行宫桥东村顺德夫人祠内，碑文中写道："吾博山曰颜山，水曰孝水，镇曰颜神，乡曰孝妇，皆不能忘文姜之德。于戏！何其盛也！斯即不有侈翚飞耀金碧，以栖神灵，以肃观瞻，而令德懿行，昭然在耳目者，固自光日月而寿河山矣。"①

民国十四年（1925），李守中撰《重修灵泉庙碑记》，写道："抑将使入祠展拜者，咸感触兴起，发生孝思于无。继而，庙祀将藉此亦永存勿替。"②

此外，明清时期，一些官员、文人在诗歌中也吟咏、歌颂颜文姜的孝行。固安人、嘉靖状元、山东左布政使杨维聪撰《孝泉》诗称："一派流芳润，千年永孝思。"③明代颜神镇举人赵敬简撰《咏孝泉》诗称："闺门昭顺德，纯孝格天心。"④清初颜神镇通判叶先登撰《谒顺德夫人祠》二首："入庙瞻遗范，煌煌塑母仪。馨香垂奕代，菽水奉当时。祗尽天经理，安知地脉滋。往来泉下者，愿自鉴须眉。""昔闻冤孝妇，东海降奇荒。今见旌纯德，灵泉出灶旁。眹祥虽异感，纯孝总同行。复圣钟闺淑，千秋有耿光。"⑤清末博山知县谢荣光曾撰写白话对联："要尽节要尽孝，两般大冤孽，祗凭这个赤心儿，带着三分愚，磨练出来，才能造到了者反地步；何必佛何必仙，一样播馨香，却令那些红颜女，当作十日想，明白过去，也应发动他如许天良。"⑥

由上述碑记、诗歌可见，在明清以来的碑文中，不再和以前一样仅将颜文姜的孝行作为一般的背景性描述，而是大多将其作为行文的落脚点重点论述、大书特书，意思非常明显，就是以宣扬颜文姜之孝行来教化民众，如范一儒所说，"今有入庙而懔然以神之心为心，则子爱亲、弟敬长、妇顺姑舅，将见比屋可封，而符罹不儆，诊蟊不作矣。一念精诚，且足以孚天地而通神明，长民者又悉烦三尺、日取不善督过之？"⑦这样，一些本来对颜文姜传说持怀疑态度的士绅，如孙廷铨等，也积极参与到颜文姜信仰中来，为颜文姜庙撰写碑记，对其的孝行大加赞赏。

此外，明清时期的地方官对于颜文姜信仰也给予了足够的重视。明成化十三年（1477），山东提学佥事毕瑜，"奏请载祀典，每岁秋七月，颜神镇本府通判致祭"⑧。康熙年间，每年清明"有司致祭颜夫人墓及其公姑墓，则礼以义举焉"⑨，"三月、七月，守土者例备少牢致祭"⑩。清代博山设县，每年秋七月，设祭颜娘坟，并及翁姑，其祝词是颜娘语，"官为摄事，缘情而设，推孝之至，此礼天下无也"⑪。

---

① （清）燕桂森：《重修颜文姜庙序》，碑现存山东省淄博市博山区石马镇桥东村顺德夫人祠；又见赵卫东、王予幻、秦国帅编：《山东道教碑刻集·博山卷（下）》，第 428 页。
② （民国）李守中：《重修灵泉庙碑记》，碑现存山东省淄博市博山区山头街道北神头村颜文姜祠；又见赵卫东、王予幻、秦国帅编：《山东道教碑刻集·博山卷（上）》，第 274 页。
③ （明）杨维聪：《孝泉》，见康熙《颜神镇志》卷五《遗文》，第 254 页。
④ （明）赵敬简：《咏孝泉》，见康熙《颜神镇志》卷五《诗集》，第 254 页。
⑤ （清）叶先登：《谒顺德夫人祠》，见康熙《颜神镇志》卷五《诗集》，第 255 页。
⑥ 淄博市政协文史资料委员会、博山区政协文史资料委员会：《淄博石刻》，1998 年，第 24 页。
⑦ （明）范一儒：《明万历四十二年重修记》，见康熙《颜神镇志》卷五《遗文》，第 242 页。
⑧ 嘉靖《青州府志》卷十《祀典》。
⑨ 康熙《颜神镇志》卷二下《风俗》，第 204 页。
⑩ 康熙《颜神镇志》卷三《飨祀》，第 217 页。
⑪ 乾隆《博山县志》，卷四下《风俗》，第 41 页。

与此同时,对于在颜义姜信仰中出现的一些不利于宣扬孝道等正统思想的行为,地方官则会果断禁绝。清初,颜神镇通判叶先登撰《顺德夫人寝庙议》,其中叶对于该庙"于王殿后,别建数楹为寝室,而塑夫人元匹李公并坐于内"并无异议,认为这实属情理允协,无可厚非,体现了叶对于神界家庭伦理的默认和赞同。但是,他认为寝室左畔"又溯夫人卧像,裸裎蓬首,大属不经",认为这是"乡人无识,塑之以诱惑愚夫愚妇,希求布施",叶对此非常恼火,称其"亵漫甚矣!"心欲毁之而未果,因此告诫庙户,"严其扃钥,勿许游人得入"。后来,叶离职,仍撰写此文,"以为必毁之便"①。

在明清时期的颜文姜信仰中,我们可以看到,封建国家、士人孜孜以求通过对颜文姜这一能将"道德"与"灵验"结合起来的统一体的大力推崇、宣传,以图达到以"神道设教"控制民间社会的目的。之所以这么做,是因为他们认识到民间信仰可以起到官方宣传所达不到的作用。明人任浚曾经感叹,"玉条金科之王口,不如芥弁土塑之某将军、某帅、某姥、某姑也"②。康熙《齐东县志》曾说:"若夫庵观寺院……虽非经制之宜,然劝善惩恶,俾民不佻,亦神道设教之一助也。"③康熙《章丘县志》说得更为露骨:"嗟乎,淫祀不经。章丘之祀,不浸浸近淫乎?然庄语不如狎语,张耳、陈余不如厮养。率匹夫相怒,持券冒刃走死地如鹜。或语之以如来、柱下至,必袖手屈膝,相戒不敢犯。假令颜曾周程揖让劝论于其侧,宁渠足听?夫民之不可户说渺论尚矣,神道设教何必素王之宫、乡先生之社哉?"④而颜文姜既是一位孝敬公婆的孝妇,同时又是颇著灵应、英名远播的神灵,故完全符合统治者和士绅的需要,所以他们不遗余力地宣扬颜文姜的孝行和灵验。

在国家、社会的共同推动下,颜文姜孝行在当地产生了深远的影响。乾隆《博山县志》记载:"二女,不知何时人,亦不传其姓氏,盖兄弟也。父母老无子,乃共矢不嫁以养其亲。诚孝所感,甘泉涌于庭下,殁而有灵。乡人即其处建祠祀之。"⑤其事迹与颜文姜如出一辙。当地人建祠祀之,也将其作为道德教化的楷模,认为二女与颜文姜,"比里同归,异代媲美",因而观者"无不憭然生感,油然起墓(慕),各率子职爱其发肤,勤其菽水,则桴鼓可息、讼庭可虚"⑥。此外,又如明初人王让,字宗礼,为孝妇乡八陡社人,幼有孝行,"尝庐墓,致涌泉之应"⑦。诚如乾隆《博山县志》所说:"厥后,承文姜之化者,二女以下,代不乏人,虽所遇殊途,而其幽芳孤烈,足以植纲常、维风化,自同归一致。"⑧

综上而论,颜文姜传说的灵魂是"孝感灵泉",其作为道德楷模的"烈(孝)妇"形象与灵

---

① (清)叶先登:《顺德夫人寝庙议》,见康熙《颜神镇志》卷五《遗文》。
② (明)任浚:《十一圣庙碑记》,见(民国)王荫桂修,张新曾纂:民国《续修博山县志》卷十三《艺文志》,《中国地方志集成·山东府县志辑》第7册,南京:凤凰出版社,2004年,第466页。
③ (清)余为霖修,郭国琦等纂:康熙《齐东县志》卷之二《坛庙》,《中国地方志集成·山东府县志辑》第30册,南京:凤凰出版社,2004年,第190页。
④ (清)钟运泰修,高崇岩纂:康熙《章丘县志》卷七《祠祀志》,《清代孤本方志选》第1辑第3册,北京:线装书局,2001年,第482页。
⑤ 乾隆《博山县志》卷八《列女》,第102页。
⑥ (清)赵进美:《重修二女堂碑记》,见乾隆《博山县志》卷九上《艺文志》,第124页。
⑦ (明)雷礼:《国朝列卿记》卷二十九《吏部左右侍郎行实·王让》,《四库全书存目丛书》史部第93册,第120页。
⑧ 乾隆《博山县志》卷八《列女》,第102页。

验神祇的"明神"角色均源于此。颜文姜信仰是在"以孝治天下"与"天人感应"学说流行的大背景下诞生于多山多泉的博山地区的,至北周时期兴建庙宇方才落到实处。仔细梳理颜文姜信仰的发展流变可以发现,虽然随着时代的演进,传说的内容越来越多、越来越丰富,但均是围绕着其孝妇身份和灵验事迹而展开的。在孝妇形象越来越明显的同时,其灵验事迹也越来越多,二者呈现出相得益彰的发展趋势,其集"烈妇"、"明神"于一身的形象得到大众的普遍认可。所以,在颜文姜信仰的传播中,政府、士人、社会态度一致,他们虽然在宣传颜文姜时侧重点不一,但均对孝道非常认可,其目的就在于通过宣扬颜文姜信仰来达到神道设教的目的,以"洗尽人间不孝心"。

(本文初撰于2006年,其间,山东大学谭景玉副教授给予了诸多指导,特致谢忱!)

作者简介: 赵树国,山东师范大学历史与社会发展学院副教授、文学院博士后。

社会史视阈下的天津居士林

侯亚伟

【摘　要】民国时期,大量社会团体竞相创立,宗教团体亦莫能外。作为宗教团体,如何才能适应急遽变迁的社会,以维持生存,办理事业,实现理想呢？这不仅与它们的人员构成有关,还与它们的社会关系密切相关。宗教团体的社会事业,体现其理想性一面的同时,也对其社会形象发挥作用。围绕宗教团体可能会发生某些剧烈的社会事件,对其自身的生存和发展往往产生直接影响。

【关键词】天津居士林　林友构成　社会网络　社会事业

民国时期,居士佛教相对发达,在上海、北京、天津、南京等地出现了不少刻经处、功德林、居士林等居士主导的佛教团体。以居士林为例,在上海、北京、长沙、开封、湘潭等地均有,后来还逐步形成以上海的居士林为总林,称世界佛教居士林,其他各地为分林的局面。到目前为止,相关研究基本集中在上海的居士林,如唐忠毛、李向平将之看成居士佛教近代转型的典范。[①]

历史上的天津本非佛教活动的主要地区,民国时期也有大悲院、功德林、妙峰山下院、佛教会、居士林等佛教寺院或团体,产生过倓虚、李叔同等高僧大德,周叔迦等著名居士。当时有不少曾活跃在军政各界的人物,如黎元洪、段祺瑞、靳云鹏、孙传芳、曹锟等,下野后隐居天津,信仰了佛教。他们不同程度地参加到与佛教有关的社会活动之中,对当地的宗教与社会生态产生了深刻的影响。

目前学术界对天津居士林还缺乏深入研究。[②] 天津居士林可分为前后两个时期。前期的天津居士林(1926—1932)于1926年6月6日由陈锡周倡议,徐蔚如等赞助成立,林址在广东路154号,推举潘守廉为林长,陈锡周副之,出版《天津佛教居士林林刊》。该林成立之初,便设立了念佛会、讲经会,"阅经社、放生会亦将次第开办",还准备办理慈善事业。[③] 后期的天津居士林(1933—1952)成立于1933年8月,1952年告一段落。靳云鹏、孙传芳等人

---

① 唐忠毛：《居士佛教的近代转型及其社会学意义——以民国上海居士佛教为例》,《华东师范大学学报》(社会科学版)2012年第5期;李向平、寻红霞：《近代上海变迁中的佛教组织——世界佛教居士林研究》,载李长莉、左玉河：《近代中国社会与民间文化》,北京：社会科学文献出版社,2007年,第399—414页。

② 《天津宗教史》对天津居士林有简略叙述。(参见李新建、濮文起：《天津宗教史》,天津：天津人民出版社,2012年,第29—31页。)

③ 《天津佛教居士林宣言》,《海潮音》1926年第7卷第8期,第2页。由此亦可见,天津居士林并非一个以办理慈善事业为主的,而是一个佛教事业为主,辅以慈善事业的社会团体。

与李颂臣商妥,将东南角清修院 2 号原李善人家庙改成居士林。① 林长长期由靳云鹏担任,孙传芳为理事长,副林长初由宋蕴璞、许季上担任,稍后由孙传芳兼任,孙氏被刺身亡之后,不详。本文通过对天津居士林进行个案分析,讨论宗教团体是如何适应社会,维持生存的。

一 林友构成

前期天津居士林除正、副林长潘守廉、陈锡周外,还有干事何均平、徐蔚如、梅撷芸、蒋冶亭、顾伯文、许季上、丁容之、陶畚如、王荫轩、陶文泉、吴闿生、张紫垣、高少农、高静涛、赵恒光、吴翰香、韩馥泉、张端如、刘衡台、李寂园、郭金章、陈筱周 22 人。其中徐蔚如、何均平、蒋冶亭、李寂园、陶文泉、陶畚如分别为编辑、法务、文牍、交际、会计、庶务主任。

这些林友多数生平经历已难考证,然从其中数人生平情况,仍可窥见林友构成之大概。潘守廉(1845—1939),字洁泉,号对凫山人,清末进士,曾任河南南阳知县、邓州知府。潘氏有子潘复,曾任北京政府之财政、交通等部总长,并于 1927 年 6 月至次年 5 月间出任北京政府最后一任内阁总理。梅撷芸(1879—?),名光羲,以字行,曾任北京政府教育部秘书长、署交通部参事、交通部航政司司长、蒙藏院司长、山东高等检察长,南京政府最高法院检察官、署江西高等法院院长、行政院评事。他是民国时期著名居士,曾为山东佛学会、南京佛学会、安徽佛学会、江西念佛会会员。著作甚丰,有《相宗纲要》、《法苑义林章唯识章注》、《高僧传节要》、《宗镜录法相义节要》、《大乘止观法门略录》、《大乘百法明门论集解》、《大乘相宗十了论》、《禅宗法要》、《因明入正理论疏》、《略述百法义增注》、《五重唯识观注》等。② 潘、梅二人均有很深的政治背景,故新成立的天津居士林,虽宣称与政治无涉,但不可避免地受到政治的影响。

上述梅撷芸不仅涉足政治,亦是学者,在学术上造诣甚深。除他之外,徐蔚如、许季上也是居士学者。徐蔚如(1860—1937),名文蔚,号藏一,以字行。徐氏曾先后创立北京刻经处、天津刻经处,1935 年 4 月起,在天津功德林讲《华严经》,与杨仁山并称华严学大师。徐氏一生校刊经典近 2000 卷,刻有《华严搜玄记》、《华严探玄记》、《华严纲要》;由其筹划,他人完成的有《华严疏钞》、《大藏提要》等。③ 许季上(1891—1953),名丹,以字行。他通晓英、法、德、俄、日、梵文,早年曾师从杨仁山学习,其后又奉谛闲为师,对佛教的禅、教、净、密各宗都有研究。许氏在津三十年,业余致力弘扬佛教,除参加天津居士林外,还参与创设功德林、念经堂。④ 这些居士学者醉心研究佛教学问,从事佛教事业,对天津居士林声望的提高,均有贡献。

---

① 参见兴亚宗教协会编:《华北宗教年鉴》,1941 年,第 55—56 页。新旧天津居士林之间的关系,现有资料难以说明。不过,比较两林成立时的林友构成,发现许季上为旧居士林的干事,亦曾为新居士林的副林长,说明它们有一定的继承关系。
② 参见徐友春主编:《民国人物大辞典》,石家庄:河北人民出版社,1991 年,第 797 页。
③ 参见徐友春主编:《民国人物大辞典》,第 723 页。
④ 参见中国人民政治协商会议天津市委员会文史资料研究委员会:《天津近代人物录》,天津:天津市地方史志编修委员会总编室,1987 年,第 89 页。

副林长陈锡周为洋行买办,是当时著名商人。顾筱林(1887—1972),名育华,以字行。先后在天津殖边银行、万丰银号、德善银号任职,先后被聘为丰业银号副理、天瑞银号经理,天津银钱业董事、天津市商会监事、华商公会董事等职。1939年天津水灾,曾积极参加募捐救灾活动,尽力于社会救济事业。另外,他还担任了育才学校、华商公会小学董事,西老公所董事等职务。① 商绅居士,以财力雄厚,对天津居士林的慈善事业,影响较大。

后期天津居士林的成立大会规模空前,到林居士300余人。经选举,"靳翼青为该林林长,孙馨远为理事长,宋蕴璞、许季上为副林长,殷乐天为总干事,刘时山为会计主任,萧□□为庶务主任,方少卿为交际主任"②,王祝三、刘桂元、陈睿明、王松栢、孙星海、施诒谷、何梯青等居士为理事。

其中,林长靳云鹏为北京政府重要人物,皖系"四大金刚"之一,曾两度担任国务总理,折冲于皖、直、奉等派系之间。靳氏下野后开始礼佛,于1931年在北平"拜太虚法师为师"③,正式出家,法号智证和南。靳云鹏本人对天津居士林期待甚高:

> 今日(本林)开成立大会,此实为华北最大的福利,最大的建设,最久远之纪念,而值得吾辈称述者也。云鹏得追随于诸居士之后,已庆为希有,更蒙推为林长,实为无上之光荣,据自己良心上说,较比吾往日奉命组阁之时,尚未有如今日之欢欣。④

靳氏曾自言:"余之公司,已粗具规模,但股东未足,尚须召募股本。"⑤时人在谈起靳氏时,亦说他"坐拥数百万"⑥。靳氏曾于1936年到上海拜访太虚法师和段祺瑞,5月26日晨到沪,27日即匆匆回返,原因为"靳氏并因鲁大煤矿公司,定卅日召集股东大会,须赶回出席"⑦,亦可为靳氏经商之佐证。可见靳氏不仅是下野军人,亦是一财力雄厚的商绅。

理事长孙传芳,曾任五省联军总司令,人称联帅,为直系后起之秀;下野之后,蛰居天津。孙氏尊崇儒学,向以"圣人门下"自诩,见黄涵之、王一亭等劝人戒杀、放生、念弥陀,曾拂然曰:"吾欲澄清海内,非尊崇孔孟不为功。"⑧据传,孙氏寓居天津后,一日偶过相士潘萧九之门,即入而问相。潘氏本识孙氏,佯曰:"先生岂曾握生杀之权乎? 面上杀气纵横,足为盛德之累,非福相也。"⑨孙氏惊为异人,开始接近佛教。靳云鹏亦曾自称:"馨远,余劝其学

---

① 参见中国人民政治协商会议天津市委员会文史资料研究委员会编:《天津近代人物录》,第297页。
② 《天津佛教居士林开成立大会》,《海潮音》1934年第15卷第5期,第113页。后期天津居士林曾以倡导建林的富明法师为导师。(参见靳云鹏:《天津居士林成立演说词》,《佛学半月刊》1934年第4卷第19号,第4页。)1934年前后,曾以何均平居士为讲员,每周二、六午后二至四时讲经。若举办佛事活动时,还会请一些高僧大德临时主持活动,如1939年底的吉祥道场,便请了法成、海山二法师主持。(参见《[天津居士林]关于各屠兽场腊月二十三日新正初放断屠二日的函》,1940年1月27日,J0001-3-000919-016。)
③ 《靳云鹏出家为僧》,《兴华》1931年第28卷第32期,第39页。
④ 靳云鹏:《天津居士林成立演说词》,《佛学半月刊》1934年第4卷第19期,第4页。
⑤ 长虹:《靳云鹏先生的说话》,《狂飙》1926年第9期,第270页。
⑥ 《靳云鹏语妙天下》,《华安》1934年第2卷第4期,第1页。
⑦ 《靳云鹏居士抵沪参拜太虚大师》,《正信》1936年第8卷第9—10期合刊,第15页。
⑧ 魂:《孙传芳法名"悟真"》,《海燕》1946年第9期,第7页。
⑨ 魂:《孙传芳法名"悟真"》,《海燕》1946年第9期,第7页。

佛,平日做工夫甚为认真,诚心忏悔。"①另外一种说法为:孙氏之礼佛,系由班禅介绍,受戒于喇嘛,学习密宗,并"赴北平至极□庵,皈依月洗和尚为师",法名悟真。②

林长、理事长均为北京政府时代重要军政人物,且靳氏拥有庞大资本,可见后期居士林成立之初,应以资金雄厚的下野军政人物为主。

民国后期,为应付日益严峻的政治、经济、军事形势,政府曾倡导在天津组织有限责任消费合作社。天津居士林亦响应之,其成员如表1:

表1 有限责任天津佛教居士林消费合作社员名册(1948年5月)

单位:岁,人,万元

姓名	性别	年龄	职业	金额/股	姓名	性别	年龄	职业	金额/股	姓名	性别	年龄	家庭人口	职业
靳云鹏	男	73	林长	4000	李金培	男	46	商	20	魏定国	男	34	3	商
顾筱林	男	62	商	2000	李韵石	女	42	商	20	王松龄	男	46	5	商
郭绍德	男	54	商	1000	卢筱峰	男	44	商	20	徐仲麓	男	52	12	商
贾蜀堂	男	54	商	1000	马芳林	男	47	商	40	刘石氏	女	33	8	商
洪渭渔	男	58	商	200	高刘氏	女	61	商	40	黄妹妹	女	25	6	商
翟中泉	男	53	商	200	江徐氏	女	51	商	40	李文翰	男	66	7	商
辛东平	男	39	商	1040	钟鼎九	男	31	商	40	邓鸿甫	男	60	18	商
李唐民	男	53	商	1000	高树杰	男	38	商	100	朱宝山	男	71	1	商
高乐园	男	51	商	2600	崔一真	男	41	商	22	王辛庚	男	45	4	商
高秀三	男	47	商	1000	张鸿勋	男	65	商	20	陆家林	男	53	5	商
吴清源	男	44	医	200	左瑞全	男	32	商	20	杜文生	男	39	7	商
释洗尘	男	53	僧	400	王定一	男	48	商	20	杨绍颜	男	41	8	商
李鹤亭	男	61	商	200	刘顺庵	男	55	商	20	张永新	男	54	6	商
王松柏	男	57	商	200	邹涟	男	58	商	20	杨顺卿	男	48	2	商
杨玉清	男	68	商	200	曲步青	男	52	商	20	张存甫	男	26	3	商
阎文俊	男	45	商	200	刘宝麟	男	46	商	20	侯仲和	男	41	5	商
孙全生	男	42	商	200	孙永炽	男	47	商	20	韩硕卿	男	46	4	商
武富有	男	62	商	300	杨锐耀	男	39	商	20	王连仲	男	51	1	商
武义海	男	53	商	400	黄复庆	男	54	商	20	聂连璧	男	28	6	商
郭绍麟	男	48	商	200	孙毓萱	男	48	商	20	刘玉林	男	49	3	商
孙鑫华	男	56	商	200	张洲华	女	54	商	20	刘汉章	男	52	5	商
张普山	男	62	商	100	田能照	女	67	商	14	刘景辉	男	51	5	商
于鸿文	男	35	商	200	高明久	女	51	商	114	杜省三	男	68	2	商
刘呈之	男	52	商	500	高妙如	女	35	商	114	张仲庭	男	64	4	商
刘金和	男	62	商	120	常虎臣	男	64	商	12	陈聚会	男	64	8	商

① 法舫:《孙馨远被刺佛前》,《海潮音》1935年第16卷第20期,第6页。
② 《曹锟吴佩孚孙传芳信佛所闻》,《海潮音》1933年第14卷第11期,第131页。

续表

姓名	性别	年龄	职业	金额/股	姓名	性别	年龄	职业	金额/股	姓名	性别	年龄	家庭人口	职业
刘麟海	男	39	商	60	刘相臣	男	59	商	8	范文龙	男	68	8	商
张璨如	男	54	商	20	郑子祥	男	59	商	6	吴敦厚	男	49	5	商
刘寿兰	男	62	商	40	田海南	男	50	商	4					

资料来源:《(天津市政府社会局局长胡梦华)为准成立合作登记等事致佛教居士林林友消费合作社的代电(附该社呈)》,1948年5月15日,J0025-2-002887-012。

有限责任消费合作社系以地方社团为中心组织,主要吸纳本地人参与,故表中所列人名,应居于天津本地,亦即列名天津居士林的外地居士,应不在表中。通过对这些林友从性别、年龄、职业等几个方面的分析,可略窥后期天津居士林林友构成之概。

性别方面。此83名成员中,男性74人,占89.16%,女性9人,占10.84%,其中主任1人,理事9人,为清一色男性,可知天津居士林的林友构成,以男性主。不过,考虑到具体时代,林中能有近11%的女性,已属不易。联想到施剑翘刺杀孙传芳时,亦冒名为林友,则该林虽以男性为主,对女性亦有限度开放。

年龄方面。70岁以上2人,占2.41%;60~69岁17人,占20.48%;50~59岁28人,占33.73%;40~49岁22人,占26.51%;30~39岁11人,占13.25%;30岁以下3人,占3.61%,平均年龄50.69岁。其中,50岁以上47人,占56.63%;50岁以下36人,占43.37%。即是说,此时天津居士林的林友中,30岁以下和70岁以上者极少,30~69岁之间者居多,尤其最多者为50~59岁之间,占1/3强。这表明天津居士林林友的年龄结构,老中青分布相对合理。

职业方面。只有吴清源和释洗尘非商界人士,林长靳云鹏则为下野军政人物兼商人,商界人士所占比例高达97.59%。这些人中不乏商界头面人物。如顾筱林时任天瑞银行经理,李唐民时任新中国广告社经理,辛东平时任永顺成米庄经理,李鹤亭时任安利洋行经理,郭绍德时任从成鞋店经理,贾蜀堂时任巴川银行天津分行经理,在社会上具有一定声望。这表明1948年前后的天津居士林,已渐成为地方商绅完全控制的居士佛教团体。从合作社出资情况,亦可佐证这一观点。这83人参加合作社时,均曾入股,提供资金总量18960万元,平均每人出资228.43万元。其中出资人数在1000万元以上者8人,共出资13640万元,占71.94%。林长靳云鹏一人便出资4000万元,占21.11%,出力可谓重大。其他7人中,除高秀三不确定是否为理事外,辛东平、李唐民、高乐园、顾筱林、郭绍德、贾蜀堂等人均为理事。可知不仅商绅占绝对地位,且主要几个作为理事的商绅更为关键。唐忠毛认为,"近代居士佛教的核心主体包括居士知识分子、具有佛教信仰的工商业者与军政退位名流"[①]。这一判断总体说来并无问题,但就天津居士林而言,其前期和后期之初,恐多以"军政退位名流"占主导地位。这不仅表现在他们人数较多、占据领导地位,还表现在他们复杂的社会关系上。当然,通过表1亦可推断,晚至1948年,天津居士林的林友构成,已

---

① 唐忠毛:《作为民间慈善组织的近代居士佛教——以民国上海佛教居士林为例》,《上海师范大学学报》(社会科学版)2008年第37卷第6期。

以商绅为主导了。唐氏又认为，居士工商业者以上海为中心。当时上海虽为中国最发达的工商业城市，聚集了大量的居士工商业者，但在其他工商业中心城市，如天津、北京、广州等地，亦有相当分布，故比较正确的认识应该是，居士工商业者以国内主要城市为中心分布。

二　社会网络

作为一个影响较大的区域性宗教团体，天津居士林欲想生存并推进其社会事业，势必与社会各界都有互动，其中尤为重要的是与政府和佛教界的关系。

政府，特别是天津地方政府，是天津居士林的管理者，与之处好关系，容易使日常工作得以按部就班地推进，社会事业得以顺利实施。

在靳云鹏等人重组天津居士林之时，天津有居士朱舜文，对靳氏等人组建佛教居士林深表不满。为此给世界佛教居士林去信一封：

> 迩来有某国僧人某，在津纠合吾邦士众，组立居士林，据传受其政府所使，显见别有用心……可知某国以政治、经济、军事侵略华北外，复利用宗教势力，以麻醉人心……我佛教信徒，其速起另组织团体，勿受其愚弄也。①

此处"某国"显系日本。对天津居士林的重新创立，朱舜文认为是受到日本的利用。对于这一指责，虽未见确切证据，但抗战期间，靳云鹏主持的天津居士林确也和日伪政府关系密切，似从侧面说明天津居士林确与日本有一定的关系。至于是不是甘心为日本利用，还是在夹缝中行挽劫救世之实，仍待考察。

天津档案馆保存了一卷《居士林函为启建六字真言道场请饬断屠二日》②的档案，记载了1938年9月至1945年5月，天津居士林为办理禁屠和道场等事业，与伪市公署的公文往来情况。为办理事业，靳云鹏曾于1938年9月21日、1939年5月13日、1945年5月5日以个人的名义，亲笔致信伪市长潘毓桂、温世珍、周迪平，也曾于1939年11月2日、1940年1月27日、1940年1月19日、1940年3月25日以天津居士林的名义致信时任伪市长温世珍，要求伪市公署在办理道场和断屠两事上予以配合。由于靳氏庞大的社会关系，加以日本政府策反、利用之心不死，几次去信均收到良好效果。在各位伪市长的亲自干预和批示下，责令财政、经济、社会、警察等局和市屠宰场配合天津居士林的工作。如1945年5月9日，伪市公署以"便函协乙字秘三第13号"名义致信靳云鹏和天津居士林，"除令行屠宰场遵照办理，并分令经济、财政、警察各局知照"③。

南京政府后期，靳云鹏与地方政府之间的关系，通过以下一则资料，可以有所反映：

---

① 《天津佛教同仁发起组织居士林》，《威音》1934年第56期，第3—4页。
② 《居士林函为启建六字真言道场请饬断屠二日》，1938年9月—1945年5月，J0001-3-000919。
③ 《（市公署）准5月10、18日各禁屠一日，给居士林便函，给财政局、经济局、屠宰场、警局训令》，1945年5月9日，J0001-3-000919-034。

抗战胜利后,天津市市长张廷谔来津就职,未去拜访靳云鹏。靳在津组织的佛教居士林所在地的胡同口电线杆子上立有一盏大莲花灯,写有"南无观世音菩萨"字样。张廷谔以有碍交通下令拆除。靳几次派人通融,都碰了张的硬钉子。不久,蒋介石到北平,命张廷谔请靳云鹏去北平会面,张廷谔硬着头皮去请靳云鹏。靳怒气冲冲地拍着桌子说:"灯拆了,你来干什么,你看得起蒋介石,你太混蛋,太混蛋了。"……说着叼着烟袋在张廷谔前面送客。①

靳氏虽为已退位的国务总理,然社会关系仍在,尤其在其隐居的地方上,影响力不可小觑。以往历任天津市长,上任之初,往往专程拜访,不惟请益,还希望靳氏能支持其在天津的工作。倘使靳云鹏为了天津居士林的事业,如本资料中的挂灯,上文已经提到的开办道场、断屠等事项,需要政府配合时,亦常会尽心尽力,不因此得罪之。这种情况,特别在日伪统治时期,更是如此。但随着时间的推移,靳氏在政治上的影响力不可避免地逐步减退,这才出现了张廷谔担任市长后,不仅不去拜访靳氏,还以有碍观瞻为由,对天津居士林的事业予以限制,甚至拆台。

张廷谔很快便付出了代价,他不曾想到,蒋介石竟会在视察北平之时,要求会见靳云鹏,并让他去请,这才出现了上述材料中的尴尬一幕。当然,靳云鹏最终还是会见了蒋介石。

蒋氏于抗日战争刚刚结束之后,声誉方隆之时,可谓志得意满;靳云鹏虽已退位多年,且年逾古稀,在会谈中的表现仍显不卑不亢,相当从容。

不过,虽与蒋介石会面,靳云鹏和天津居士林的影响力仍不可避免地日益下滑。1945年以前,市社会局有关慈善团体的调查中,均将天津居士林列为慈善团体之一种,但到了1946年,天津居士林已经从名单中消失,似说明其地位和作用已经严重下降。② 1948年6月,据一个叫葛介中的人密报,佛教居士林有隐匿粥厂用米的情节。警察局接报后,于当月21日上午,"为机密起见,径至该林后院藏米处所监视,然后通知该负责人高乐园开门。经查点结果,确有前办粥厂用米十九大包又两半大包"。根据本月23日警察局行政科员张鑫如的报告,"该高乐园确有侵吞赈米情事"③。7月6日,社会局和警察局联名呈报市政府。这些米一直被封存着,直到本年10月23日,以天津难民日多,社会局经过向法院洽妥,并会同警察局,方将此赈米领出,用于赈济之用。按照以往经验,涉及天津居士林的事务,市长往往直接过问,社会、警察二局很难对天津居士林做什么,如今却有此举动,似从侧面表明天津居士林已风光不再了。

除地方政府外,佛教界是天津居士林主要的社会关系,双方的互动,对其社会地位的提高、理想的宣传、人脉的凝聚均至关重要。

---

① 张达骧:《靳云鹏轶事(二)》,中国人民政治协商会议天津市委员会文史资料委员会:《天津文史资料选辑》第70辑,天津:天津人民出版社,1996年,第110页。
② 参见《(天津市政府社会局局长胡梦华)为催报发放贫嫠救济物资种类数量及分配办法致各慈善团体的训令(附本市慈善团体一览表)》,1948年1月12日,J0025-3-006430-034。
③ 《(天津警察局)据报佛教居士林有隐匿粥厂用米情形》,1948年6月21日,J0219-3-027381。

天津居士林的创立,首先受到了世界佛教居士林的影响。"上海即有世界佛教居士林,各省亦接踵而起,独我津门同仁,涣然散处,互不相知,窃为惜之"①。在前期天津居士林成立不久的7月3日,即以何均平、李寂园等居士的名义,致书世界居士林,请收为分林,"俾根本坚固,确能弘法利生,联络一气,不致知见歧,天津一呼,全国景从"②。另将林长、副林长以下主要成员生平简历和所从事职务报与世界居士林。可知天津居士林算是世界居士林的分林,大政方针,受其领导,不过,从"再与敝林长、林友等计议而实行"③一语,似亦可见所谓领导,应多为名义上的。

1933年,潘守廉在87岁高龄之际,于天津创办儒佛合一救劫会。三年后,已届90岁的潘守廉去信太虚法师,请"创办万国儒佛合一救劫会,联络各国名流,以不杀生、不食肉,强不凌弱,众不暴寡为宗旨"④。作为回应,太虚写诗一首,"东方德化全球遍,有脚阳春大地回;人海慈航谁驾得,天行不息健翁来"⑤,表示婉拒。当年7月15日,潘守廉又去信一封:"我师不愿担任万国救劫会名义,或改为僧界救劫会亦可"⑥,未见回应。对于此事,当时佛教界知名人士,如汪奉持、陈子鉴、李了空、证禅等亦有诗文唱和。⑦

用范古农的话说,梅撷芸为他的"善知识"。1943年7月11日,当听闻梅氏去世,范氏即作《纪念梅撷芸老居士》:

> 昔杨仁老生西后,集愿续刻《大藏辑要》,与徐爵【蔚】如居士同为发起,梅老与焉。民十年顷余为徐轶如居士草《〈八识规矩颂〉贯珠解》,梅老见之,指示"七识通情本"及"八识纯无漏"两处应加修改……余习法相时,梅老所辑之《相宗纲要》恒置案头参考,获益良多……民十五年余赴南京佛教居士林讲《往生论》时,梅老与许缄甫诸公设斋相款,商量佛学……国难期间,梅老在重庆,余在上海,曾于弟子吴印若函中知梅老尝询余所在。胜利以后,诸友南来,而梅老以疾留渝未返。⑧

从范古农所述与梅撷芸的交往看,两人的关系基本为学术上的,未见更深的友谊。但正因有梅氏这样令人尊敬的学者,方显天津居士林在佛教学术界中的地位。资料中亦提到二人与该林另一位居士学者徐蔚如之间的交往,似显示天津居士林在佛学研究方面具有一定的纽带作用。

前已述及,靳云鹏曾受戒于太虚法师,算是入门弟子。1936年5月26日晨,靳氏乘车赴沪,太虚法师派专门代表前往迎迓。"靳氏抵旅次稍息后,即往访太虚大师……午赴东有恒路新记浜路去宝寺下院,应太虚法师欢宴。据靳氏左右语记者,靳氏原拟赴奉化云宝寺,

---

① 《天津佛教居士林宣言》,《海潮音》1926年第7卷第8期,第1—2页。
② 《天津佛教居士林来函》,《世界佛教居士林林刊》1926年第1期,第12—13页。
③ 《天津佛教居士林来函》,《世界佛教居士林林刊》1926年第1期,第12—13页。
④ 潘守廉:《潘守廉老居士来书》,《海潮音》1936年第17卷第7期,第91页。
⑤ 太虚:《步韵以答》,《海潮音》1936年第17卷第8期,第84页。
⑥ 潘守廉:《潘守廉老居士来书》,《海潮音》1936年第17卷第8期,第94页。
⑦ 参见《海潮音》1936年第17卷第8期,第84—85页。
⑧ 范古农:《纪念梅撷芸老居士》,《觉有情》1947年第8卷第8期,第7版。

拜访太虚大师,兹以太虚大师适在沪,故此行作罢"①。除了太虚法师之外,靳氏又晋访了王一亭和曾任中华民国国务总理、临时执政的段祺瑞,他们都是当时著名的佛教居士。

作为弟子,靳云鹏还常向太虚法师请教佛法问题,如1932年2月27日,靳云鹏致函太虚法师:"弟子自去秋以来,病障交乘,辱承谆谆下问,并招作南海之游,以资转地疗养,私衷至感。现在身心旧恙,逐渐蠲除,拟俟精神平后,当往依丈室。此后盖茅草一把,蒲团一区,常获追随,实为厚幸。"②在致太虚法师的另一封信中,有"澄怀观世变,虚悟见天心"之句,太虚回信"慧根夙植"③。

三 社会事业

天津居士林的社会事业,可以分为灾赈、道场—断屠等。这些社会事业,在尽其本职工作的同时,也宣传了正其面形象,增强了社会的了解。虽然未必可以通过这种方式实现其"救世"的理念,却可以增加社会公众的好感。

天津居士林经常举办一些慈善活动,因此具有慈善团体的性质。自成立之初,直至天津解放前夕,在不同时期,天津居士林在南市大舞台举办过多次粥厂。

据1930年12月26日慈善事业联合委员会给市政府的报告,到当年底止,天津居士林举办粥厂已历四年,即从1926年成立始,每年均有举办。当年慈善事业联合委员会议决"仍由敝林在南市大舞台东旧址开办粥厂,已于本月十二日开始放粥"④。1932年1月,天津居士林依照往年成例,仍在南市大舞台开办粥厂,"办理情形与前相同,惟食粥男女分两棚而食,故厂内秩序尚佳"⑤。1946年天津居士林继续开办粥厂。12月14日上午开始施粥,每日预备施粥人数500名,"领粥贫民尚不甚多,住暖厂贫民尚未迁入……秩序良好"⑥。1948年粥厂由社会局委托居士林办理,由4月1日开始施粥,至5月30日止,共计两个月,每日领取大米、煤各500斤。每日于上午8~12时施粥一次,"每人每日按半斤米煮粥发给,由厂放发出领粥证一千张,并分甲、乙、丙三种"⑦。

作为居士佛教的团体性组织,天津居士林的社会事业表现出强烈的佛教特色。它热衷于在中元节等特殊的节日建道场,并依此向政府申请断屠。所谓道场,本意指供佛祭祀或修行学道的处所,后亦泛指佛教、道教中规模较大的诵经礼拜仪式。所谓断屠,即倡导在特殊日子停止杀生。道场、断屠蕴含着佛教的慈善思想、慈悲观念和救世方式。

民国时代,一方面是"末世"气象,一方面是佛教处于历史的低潮。加之其谦冲若水的

---

① 《靳云鹏居士抵沪参拜太虚大师》,《正信》1936年第8卷第9—10期合刊,第15页。
② 靳云鹏:《各方上太虚大师函九则:靳云鹏居士上太虚大师函》,《海潮音》1932年第13卷第5期,第78页。
③ 太虚:《答靳翼青居士》,《海潮音》1936年第17卷第11期,第96页。
④ 《(天津市慈善联合会佛教居士林经办粥厂)关于在南市大舞台放粥恭请各界参观事给市总商会函》,1930年,J0128-2-000252-026。
⑤ 《腊鼓频催寒威犹盛,贫民多赖粥厂活》,《大公报》1932年1月26日。
⑥ 《(天津警察局)第一分局报大党【觉】兴善寺由靳云鹏设粥厂一处》,1947年12月16日,J0219-3-026456。
⑦ 《(天津警察局)佛教居士林设立粥厂》,1948年4月2日,J0219-3-027417。

性格,不再有呼风唤雨的能力,也便不具备积极改变世道的力量,只能通过外界看来较为消极的方式行之。尤其在日本侵华战争期间,因处于人为刀俎,我为人肉的境地,天津居士林只有采用这种消极的方式来关心社会,希图通过这种默默的方式,实现其理想。

天津居士林成立不久,为扩大影响,便准备于当年"旧历四月八日释迦牟尼佛降生日,招待各机关暨各宗教团体到林参观"①。1938年9月21日,靳云鹏致函伪市长潘毓桂,"比年以来,天灾人祸,层是迭出,推原祸始,皆由众生宿业所感召",故欲免此当前浩劫,惟赖佛法慈悲。为消除民众灾障、祈祷和平起见,将联合天津佛教团体,"自夏历闰七月卅日起,至九月十九日止,启建虔诵六字真言道场四十九日,并普愿各信士在家持诵。每满十万八千声为一愿。人数愈多,功德愈大,希望一百万人同声念诵,获消灾除业、遇难呈祥之灵感"②。由于战争日益扩大,致使伤亡人数急剧增加,加之经常发生的天灾,遂致"天灾人祸,层是迭出"。靳云鹏认为,所有这些,只有通过佛法来化解,方可有效,是以提出兴建道场。当然,这可能也是一种策略性的考虑。天津是沦陷区,受到严密控制,从事公开的抗日爱国活动既已困难重重,对于一个曾任中华民国总理的人物来说,从事这种活动,一则可使自己尽一份责任,一则以自己的身份、地位,一直不放弃对其利用的日本和伪政府也难拒绝。为了配合道场的举办,靳云鹏还请求:"夏历闰七月卅日乃地藏菩萨圣诞日,九月十九日为观世音菩萨成道日,斯两日倘能断屠以代众生,断业消灾祈福感应道交功德,实有不可思议者。"③果不其然,是月30日,伪市公署即训令警察局遵照办理。

1939年5月13日,靳云鹏又致函伪市长温世珍,准备发起祷祝启建法华大会,"礼请天台山圣僧海藏大法师,宣讲《妙法莲华经》"④。拟定于当月19日起,至8月19日止,共三个月时间。在此期间,适逢文殊菩萨圣诞、释迦牟尼圣诞、中元节,这三日,"倘能断屠,以此功德,回向法界有情,超度中日阵亡将士及遇难人民,消除众生灾障,祈祷世界和平"⑤。亦获得伪市公署的支持。是年11月2日,为给在空前严重的水灾中遭受苦难和丧生的生灵祈福,天津居士林又举办道场,"特聘清净高僧启建水陆道场二十一日,自夏历九月十九日起,至十月初十日圆满,为众生水灾延寿,脱苦得乐"⑥。并要求农历九月二十九日(11月10日)药师佛圣诞,11月6日、11月13日、11月20日三日断屠。1940年夏历腊月初八(1941年1月16日),是释迦牟尼成道日。天津居士林定为"月之初一日起,恭拜祇园宝忏七永日,初七日圆满,初八日庆祝,并放生,拟请是日断屠一日,以资庆祝"⑦。

在整个抗战期间,天津居士林常以道场—断屠的方式,默默进行挽救"末世"的活动。这种情况到1945年发展到了高峰。如表2,天津居士林从是年4月7日到5月19日,共43天的时间里,举办道场,同时申请市公署禁屠,时间长达11天。

---

① 《天津佛教居士林开成立大会》,《海潮音》1934年第15卷第5期,第113页。
② 《(天津佛教居士林)关于诵念六字真言道场四十九天,屠盖【兽】场断屠两日的函》,1938年9月,J0001-3-000919-001。
③ 《(天津佛教居士林)关于诵念六字真言道场四十九天,屠盖【兽】场断屠两日的函》,1938年9月,J0001-3-000919-001。
④ 《(天津佛教居士林)为消除战祸、祈祷和平,断屠三日,停止杀生的函》,1939年5月,J0001-3-000919-003。
⑤ 《(天津佛教居士林)为消除战祸、祈祷和平,断屠三日,停止杀生的函》,1939年5月,J0001-3-000919-003。
⑥ 《(天津佛教居士林)为众生消灾延寿各屠兽场断屠四日的函》,1939年11月,J0001-3-000919-007。
⑦ 《(天津佛教居士林)夏历腊月初八各屠兽场禁屠一日的函》,1940年1月,J0001-3-000919-012。

表2　天津居士林禁屠日期表(1945年4月15日)

夏历日期	阳历	备考	夏历日期	阳历	备考
二月二十五	4.7	业经过去	三月初三	4.14	业经过去
三月初七	4.18	莲宗大师纪念日	三月初十	4.21	法会禁屠日
三月十六	4.27	准提菩萨圣诞日	三月十七	4.28	法会禁屠日
三月二十四	5.5	法会禁屠日	三月二十八	5.8	莲宗六祖圣诞日
四月初一	5.12	法会禁屠日	四月初四	5.15	文殊菩萨圣诞日
四月初八	5.19	法会禁屠日			

料来源：《(天津居士林)禁屠日期表》，1945年4月15日，J0001-3-000919-031。

按照佛教的理论，无论是慈善事业，还是开办道场、禁屠，在使社会受益的同时，自己亦可获得莫大的好处。即以念诵"南无阿弥陀佛"为例，若能每日念诵，坚持不懈，便可获十种功德：

（一）昼夜常得诸天大力神将，并诸眷属隐形守护；（二）常得二十五大菩萨如观世音等，及一切菩萨常随守护；（三）常为诸佛昼夜护念阿弥陀佛，常放光明，摄受此人；（四）一切恶鬼，若夜叉、罗刹，皆不能害，一切毒蛇、毒龙、毒药，悉不能害；（五）一切火难、水难、冤贼、刀剑、牢狱、杻枷、横死、枉死悉皆不受；（六）先所作罪皆消灭，所作冤命，被蒙解脱，更无执对；（七）夜梦正直，或复梦见阿弥陀佛，胜妙色身；（八）心常欢喜，颜色光泽，气力充盛，所作吉利；（九）常为一切世间人民恭敬，供养礼拜犹如敬佛；（十）命终之时，心无畏怖，正念现前，得见阿弥陀佛，并诸菩萨圣众，手持金台，接引往生西方净土，尽未来际受胜妙乐。①

概括起来，此十种功德包括获致神灵佑护、不受伤害、免罪、有好睡眠、好身体、为人恭敬、死不受罪等方面，则在佛教的理念中，行善是具有"救己"性质的。既然通过念诵"南无阿弥陀佛"，可以获得如此众多的好处，则念诵"南无阿弥陀佛"和这些好处之间，便形成了一个施予-回报的关系。虽然，这种关系经常是虚拟的，但在佛教，当然也在天津居士林那里，是这么宣传的，也是这么做的，无形中便可能对个人和社会产生影响力。

实际上，道场、断屠和办理慈善事业的回报要高得多，不仅直接参与其中者自身可以获得莫大的好处，即使对拯救社会，也并非毫无作用，即它们不仅具有"救人"，还具有"救世"的作用。如1938年农历七至九月的六字真言道场，其目的为"消除民众灾障，祈祷和平"、"获消灾除业、遇难呈祥之灵感"。这种灵感，便不是仅仅念诵"南无阿弥陀佛"，所解决的那种个人问题了，而是希望消除灾劫，拯救"末世"。

在次年5月13日上呈伪市长温世珍的信中，靳云鹏分析了"比年以来，天灾人祸，纷至迭乘，无量生灵，同罹困厄"的原因，认为"皆由众生宿业所招，而以杀生供食为最"。解决

---

① 《(天津佛教居士林林长靳云鹏致天津特别市市长温)为消除战祸，祈祷和平，断屠三日，停止杀生的函(附念佛现世当获十种功德)》，1939年5月13日，J0001-3-000919-003，此则材料印在本卷档案稿纸上。

办法为"惟赖佛法慈悲,菩萨护佑"①,仍然如出一辙。

这便告诉我们,在靳云鹏等居士林林友的认识当中,举办慈善事业和开办道场、断屠一样,均具有深远的意义。即可以通过救心的办法,进行救人、救己、救世②,俾达到根本拯救末法时代的目的。对于世俗世界来说,这种拯救,往往空言大于力行,不仅无补于事实本身,更难以达到其宏大的拯救理念。不过,末法时代,人心陷溺已深,一切社会问题之根源,恰在于人心,故欲拯此"末世",虽有种种直接方法,其根本问题,恰在于"救心"。当然,此种理想太过高远,似乎难有实现的希望。近代中国社会的种种乱象,自非办理些慈善事业,举办几次道场,或者禁几天屠所可挽回,但通过像天津居士林这样的宗教团体的努力,至少可以在小范围内,提倡一种"善"的理念和行为。对社会大众来说,这种理念和行为具有模仿的功能,一旦它传播开来,影响可能会越来越大,从而无限制地接近于解决问题的希望。所以,通过天津居士林所开办的慈善事业、道场、断屠等活动来救世不是目的,而是想通过这种方法,影响包括活动参加者在内的人心,渐进地化除戾气,避免战争,达于和平的气象。

1935年11月13日为富明法师在天津居士林讲经日,孙传芳亦至林中,不想发生了施剑翘行刺事件。这次事件对天津居士林影响重大。从此以后,下野军政人士,多视天津居士林为畏途,裹足不前;林长靳云鹏偶尔来林,必戒备森严;一般居士更以此地为凶杀之地,不敢问津。"真实佛法失灵,昔日车水马龙的胜地,一变而为门可罗雀的僻境了"③。甚至有人认为,孙氏"血溅经堂,尸横佛舍,启人心之疑惑,资谤佛以口实,惮改过之心,杜自新之路,堕信仰,阻善法,影响佛教,至深且巨"④。虽然如此,赖有诸居士的维护和该林庞大的社会关系,天津居士林并没有完全消沉下去,而是顶住了强大的压力,继续生存并开展社会事业。

中华人民共和国成立后,天津居士林仍得以短暂延续。但作为宗教团体和构成其主体的商绅,在当时的政制规划中,鲜有存在的空间。加之其灵魂人物靳云鹏于1951年去世,1952年天津居士林遂终止活动。天津居士林之兴衰历史,似在说明,作为一个宗教团体,林友构成、教内关系、社会事业,常是影响其生存、发展的重要因素。

作者简介:侯亚伟,陕西师范大学历史文化学院讲师,博士后。

---

① 《(天津佛教居士林林长靳云鹏致天津特别市市长温)为消除战祸,祈祷和平,断屠三日,停止杀生的函(附念佛现世当获十种功德)》,1939年5月13日,J0001-3-000919-003。
② 杜赞奇将近世一些中国本土宗教团体,如万国道德会、世界红卍字会、同善社、在理教、世界宗教大同会、一贯道等称之为救度团体。(参见杜赞奇:《中国世俗主义的历史起源及特点》,《开放时代》2011年第6期。)这一概念后来亦为宗树人、柯若朴、陈进国等人使用。笔者认为,近世救度团体的拯救理念中,救人、救己、救世、救心是四位一体的。首先是救人、救己、救世之三角关系,它们组成三组二元对立统一系统,互相关联。它们与救心一起,组成一个包括六组二元对立统一系统的三棱锥模型。这一模型深深地扎根于中国传统文化,受到儒释道三教,以及民间宗教、宗法性传统宗教思想影响的同时,也深深地影响着中国传统文化。(参见侯亚伟:《天津"卍"字会慈善事业研究(1922~1949)》,南开大学博士学位论文,2013年,第259—297页。)
③ 张达骧:《孙传芳被刺纪实》,中国人民政治协商会议天津市委员会文史资料委员会:《天津文史资料选辑》第2辑,天津:天津人民出版社,1979年,第98—99页。
④ 朗儒樵:《孙传芳案与佛教之影响》,《道德半月刊》1936年第3卷第1期,第1页。

从兴唐观到玄真观:中晚唐长安一个道教师门的沉浮

管俊玮

【摘　要】 郗氏师门从德宗贞元中开始在长安落脚,凭借着熟谙掌握了当时中枢政治运作的特点,第一代的郗彝素在宪宗时期出任了兴唐观观主,成为了元和中重要的道教人物。此后第二代的郗玄表能够继续维持之前的运作模式,在敬宗、文宗时期依然能够活跃在政治舞台上。在甘露之变后,原有的内外廷政治秩序被颠覆,郗氏师门也曾一度寂寂无闻。在宣宗以恢复"元和故事"为号召的背景下,第三代的玄济借此机会又一次乘势崛起,重新回到了政治舞台,在长安的玄真观继续维持门户不坠,并逐渐转型为长安本地化的教团。此师门一直延续到五代初,在第五代程紫霄去世后,随着唐帝国一起消失。

【关键词】 郗氏;长安;道教;兴唐观;玄真观

作为唐王朝国教的道教,有唐一代曾经兴盛无比。长安、洛阳城里除了布满各种寺庙之外,在很多坊里,甚至在大明宫中,也散落着各种大大小小的道观。由于传统文献记载的局限,我们对于当时身处这些道观中的道士并没有太多的了解。得益于近十年来唐代墓志井喷式的出土,原本散落在传世文献中的各种史料也可以借此被互相勾连起来,重新被激活。在此基础上,中晚唐时期辗转于长安城中的一个道教师门的情况也逐渐明晰。相比于活跃于地方的道教宗派,这个师门的特点是与政治有着密切联系,几乎每一代都有出任道教界的最高行政职务——道门威仪。最早的郗彝素,活跃于德宗至宪宗时期,曾出任长乐坊兴唐观的观主和道门威仪。第二代的郗玄表主要活跃于敬宗、文宗时期,同样也担任了道门威仪。甘露之变后原有内外廷政治秩序被颠覆,其人也被抛离政治舞台。他的徒弟玄济,借助宣宗掀起的复兴宪宗朝的政治运动,再次活跃于宣宗到懿宗时期,在宣宗末期出任了道门威仪。他去世时,接任道门威仪的牛弘真是他的"同学",也是郗氏师门出身。玄济的再传弟子程凌霄,在唐末也担任道门威仪。

一　贞元中的郗彝素

郗彝素在贞元之前的经历文献无征,他最早出现在我们视野中,是在贞元十二年(787)。这年四月庚辰(二十一日),是德宗的生日,他决定在麟德殿举行一次特别的三教论衡①。

之前德宗朝举行的三教论衡,并没有儒生的参与。所以这是德宗御宇近二十年中首次让儒生和僧侣、道士一起参加三教讲论,奉诏参加的人员显然也是经过特别的挑选,正如权德舆所指出的儒生皆是"近臣名儒",佛道两教的出席者则是"缁黄大士"。根据相关文献的记载,总共有十二人参加这次辩论②。(具体名单如表1所示)。

表1

儒生	徐岱	赵需	许孟容	韦渠牟
僧侣	昙延(又做覃延、谈延)	鉴虚	?	?
道士	万参成	?	?	郄惟(彝)素

从儒生方面看,徐岱此时担任给事中(从五品上),其人"六籍诸子,悉所探究,问无不通,难莫能屈",是典型的江南才子,并且陪伴德宗"从幸奉天、兴元",贞元中"承两宫恩顾,时无与比",是德宗此时最信任的文臣之一,因此儒生中以其为首。赵需,两唐书中虽然无传,但是钩稽史料可知其为"大历六年进士。天水人,哗哗儒士也。有名"③。他之前曾担任过谏官,此时担任兵部郎中(从五品上)。许孟容则两唐书均有传,他深通《周易》,是贞元到元和间有名的谏臣,此时正担任礼部郎中(从五品上)。以上三人都是当时有名的文士,所担任的给事中、兵部郎中、礼部郎中等也都是中级的清要官④,确实符合"近臣名儒"的标准。而韦渠牟此时虽然将近五十岁,但只是一个小小的四门博士(正七品上),颇疑其能参加此次三教论衡,是由于正在内廷"知制诰"的好友权德舆的暗中帮忙。

由于相关文献记载的缺失,佛教和道教参加此次三教论衡的人员,我们只知道一部分。佛教方面是以昙延法师(又做覃延、谈延)为首,著名诗人卢纶在贞元十二年之前曾有《送昙延法师讲罢赴上都》一诗,诗中称昙延是"金缕袈裟国大师"⑤,《慈觉大师在唐送进录》中

---

① 有关唐代三教论衡的研究很多,笔者主要参考了武玉秀的《隋唐五代之际的宫廷"三教论衡"探析》一文。武玉秀:《隋唐五代之际的宫廷"三教论衡"探析》,《世界宗教研究》2013年第3期,第23—30页。
② 这次论衡德宗重新恢复了儒释道三家一起参加辩论的传统,所挑选的参加者如徐岱、许孟容、韦渠牟、昙延、鉴虚等都是当时的知名人物,因此在各种文献中,此次论衡留下了不少记载。特别是对于韦渠牟来说,这次论衡是其在贞元朝飞黄腾达的起点,对他来说有特别的意义,所以他的好友权德舆在为其文集所作的序和为他撰写的墓志铭中都曾反复提起过这件事情。记载这次论衡的史料主要有以下:《旧唐书》卷135《韦渠牟传》,北京:中华书局,1975年,第3728页;《旧唐书》卷154《许孟容传》,第4100页;《新唐书》卷161《徐岱传》,北京:中华书局,1975年,第4984页;《新唐书》卷167《韦渠牟传》,第5110页;《资治通鉴》卷234 贞元十二年四月条,北京:中华书局,1956年,第7571页;《册府元龟》卷2《诞辰》,北京:中华书局,1960年,第22页;《唐语林校证》卷6,北京:中华书局,1987年,第519—520页;《佛祖统记校注》卷42,上海:上海古籍出版社,2012年,第966页;《佛祖统记校注》卷54,第1292页;《大宋僧史略》卷3,北京:中华书局,2015年,第154—158页;权德舆:《谏议大夫韦君集序》,《文苑英华》卷712,北京:中华书局,1966年,第3678—3679页;权德舆:《中书门下贺降诞日麟德殿三教论议状》,《权德舆诗文集》卷45,上海:上海古籍出版社,2008年,第698—699页;权德舆:《唐故太常卿赠刑部尚书韦公墓志铭并序》,《权德舆诗文集》卷23,第344—346页。这块墓志铭已经在西安出土,墓志与文献记载有细微的文字差别,具体研究可见陆武:《唐韦渠牟墓志释证》,《文博》2012年第4期,第56—59页。
③ 柳宗元:《先君石表阴先友记》,《柳宗元集校注》卷12,北京:中华书局,2013年,第769页。
④ 唐代五品以上官常被称为清要官。
⑤ 卢纶:《送昙延法师讲罢赴上都》,《卢纶诗集校注》卷1,上海:上海古籍出版社,1989年,第97—98页。

也载有"内供奉谈延法师叹齐格并文一卷"①,可以知道昙延不仅是贞元时期有名的高僧,而且曾经担任过"内供奉",与皇家关系匪浅。另一位僧人鉴虚则更加有名,是贞元到元和间有名的"权贵僧","自贞元中交结权幸,招怀赂遗",并且"倚中人为城社",在地方的节度使和中央权贵间充当中间人,一时贵盛无比,甚至在元和八年他为已故的宰相杜黄裳和边帅高崇文穿针引线的事情败露后,"中外权要,更于上前保救",宪宗皇帝本人也出面保护,想免其一死,其在当时政界的影响力之大可见一斑②。而道教方面领衔的则是万参成,因为记载的差异,我们今天在文献中看见的是万参成和葛参成两个不同的名字。从史料的形成时间和信度来考虑,则《旧唐书》和《册府元龟》所记载的万参成更加可信。如此,则其可能是出自唐初著名道士万振天师的门下③,而《佛祖统记》和《大宋僧史略》所记载的葛参成,可能是传写中的讹误,毕竟江南著名的道教世家——丹阳葛氏显然更加有名。

细绎以上参加人员,显然都是精挑细选的人中龙凤,他们在参加之前一定很好地揣摩了德宗曾反复强调的"三教与儒教所归不殊,但内外迹用有异尔",所以此次三教论衡中包括郗彝素在内的十二人"迭升讲坐论三教"。刚开始"初如矛戟森然相向",但是随着辩论的进行,则"后类江河同归于海",中间当然还穿插了一对一的互相辩论(如昙延对郗彝素),最后则是由鉴虚进行总结,他以德宗和老子、孔子、释迦牟尼并称"四圣人"。结果当然是德宗"有喜色","颁赐有差",权德舆还撰写了《中书门下贺降诞日麟德殿三教论议状》代表中书门下庆贺这次三教论议④。此时年轻的刘禹锡也在中央担任太子校书,初出茅庐的他正在积极拓展自己在长安的人际网络,努力想去结识权德舆这样的文坛先进⑤。也许是因为参加这次辩论的文士都是当时的名人,他对这次论衡印象颇为深刻,以至于二十多年后在白帝城,仍然津津有味地向韦绚谈起了这件事⑥。

这次三教论衡最大得益者并不是郗彝素,而是韦渠牟。他在论衡中"答问锋生,帝(德宗)听之意动",得到了皇帝的赏识,一跃而变成了德宗的心腹。昙延和鉴虚也有一定的表现。相比之下,郗彝素则显得低调异常,并没有显眼的表现,以至于这次辩论中他的形象显得非常模糊,有关这次论衡的文献大都没有记载他,唯一一份记载他参加的文献,还将其名字误写成了"郗惟素"。

然而事有凑巧,韦渠牟得志之后,又把他的外甥,同样也是郁郁不得志的大历十才子之

---

① 圆仁:《慈觉大师在唐送进录》,《入唐求法巡礼记校注》附录二,石家庄:花山文艺出版社,1992年,第545页。
② 鉴虚的事迹散见于以下等资料:《旧唐书》卷147《杜黄裳传》,北京:中华书局,1975年;《旧唐书》卷153《薛存诚传》;《册府元龟》卷153《帝王部·明罚二》,北京:中华书局,1960年,第1853页;《唐会要》卷40《臣下守法》,北京:中华书局,1955年,第726页;《唐会要》卷60《御史中丞》,第1051页;梁肃:《送沙门鉴虚上人归越序》,《文苑英华》卷726,北京:中华书局,1966年,第3766页;李肇《唐国史补》卷中,上海:上海古籍出版社,1979年,第45页;《宋高僧传》卷3《唐京兆慈恩寺寂默传》,北京:中华书局,1987年,第45页。
③ 关于万天师本人及其师承与传人,可以参考雷闻:《太清宫道士吴善经与中唐长安道教》,《世界宗教研究》2015年第1期,第77—79页。
④ 今《权德舆诗文集》中的《中书门下贺降诞日麟德殿三教论议状》日期记为"贞元十三年四月二十一日",按贞元十二年这次三教论衡影响甚大,贞元十三年是否有三教论衡未见记载,即使有,也没有贞元十二年这次的隆重,此"贞元十三年"恐怕应为"贞元十二年"的讹误。权德舆:《中书门下贺降诞日麟德殿三教论议状》,《权德舆诗文集》卷45,第698—699页。
⑤ 卞孝萱:《刘禹锡年谱》,《卞孝萱文集》第1卷,南京:凤凰出版社,2010年,第18—20页。
⑥ 《刘宾客嘉话录》(丛书集成初编),北京:中华书局,1985年,第1页。

一的卢纶推荐给了德宗,这样卢纶终于得以从河中调动到了长安,顺利地成为了德宗身边的近臣。卢纶和其舅舅韦渠牟人生经历颇类似,虽然才华横溢,但是宦途总是不能得意,直到贞元十二年后才得到一展才华的机会,可惜几年后就去世了①。

卢纶从河中到长安后,曾在长安城中的某处碰见了正在赶往内道场的郄彝素,留下了《送道士郄彝素归内道场》一诗②,为我们了解贞元中的郄彝素提供了线索,诗的内容如下:

病老正相仍,忽逢张道陵。羽衣风淅淅,仙貌玉棱棱。叱我问中寿,教人祈上升。楼居五云里,几与武皇登。

韦渠牟曾经作过道士,也当过僧人,在三教讲论后与道士郄彝素来往很正常③,他把朋友权德舆、外甥卢纶介绍给郄氏也是题中之意。唐代士人与佛道交往很普遍,权德舆、卢纶都与僧人、道士有过很多交往,也可能之前就认识郄氏。

卢纶作为中唐著名诗人,一生写过很多首与僧人、道士有关的诗。现存卢纶的诗中,题目中提到僧人的共有八首,称呼方式则有两种,一种称呼对方为法师,如《送昙延法师讲罢赴上都》;另一种则是称呼对方为"上人",比如他曾写过《酬灵澈上人》一诗,灵澈是唐代著名的诗僧,贞元中"名振辇下",另一位大诗人刘长卿也曾写过脍炙人口的《送灵澈上人》。虽然灵澈年纪与卢纶相仿,卢纶仍恭敬地在诗中称其为上人④。与道士相关的则有五首,称呼对方也有两种方式,一种恭称对方为"尊师",如《过楼观李尊师》,刘初棠认为此李尊师或指中唐著名道士李含光⑤,如果这个推断正确的话,卢纶这里用尊师是非常合适的,因为李含光是中唐著名的道士,年纪比卢纶大很多。诗中直呼对方为道士的情况也有,如《河口逢江州朱道士因听琴》《酬畅当嵩山寻麻道士见寄》等,但是这些道士似乎身份相对较低或者与卢纶交往较浅。笔者特别注意的是卢纶集中有一首诗题为《送王尊师》,此诗还有另外一个题目为《送王道士》,颇疑原题为《送王道士》,后来又修改为《送王尊师》。而该诗诗题中径直称呼郄氏为"道士",并没有加任何尊称,一方面可能是因为卢纶此时作为天子身边的近臣,身份不一样了,也有可能是卢纶没有来得及修改就匆匆去世了,另一方面也暗示我们此时郄彝素在长安的名声还远远不够响亮。

卢纶一直怀才不遇,身体也不太好,所做诗也常常以"苦"开头,这首诗也不例外。起首便说自己"病老正相仍","相仍"这里是"依然、仍旧"的意思,下一句则是"忽逢张道陵",笔者注意到,卢纶在涉及道教徒的诗中,一般喜欢用葛洪的典故,如《过楼观李尊师》

---

① 关于卢纶生平,主要可以参考傅璇琮、陈尚君等先生的研究。傅璇琮:《卢纶考(附吉中孚、苗发、崔峒、夏侯审)》,《唐代诗人丛考》,北京:中华书局,1980年,第469—492页;傅璇琮主编:《唐才子传校笺》第2册卷4卢纶条,北京:中华书局,1989年,第1—12页;《唐才子传校笺》第5册卷4卢纶条,北京:中华书局,1995年,第155—161页。
② 《卢纶诗集校注》卷1,第98—100页。
③ 韦渠牟有《步虚词》十九首,颇疑此时为德宗所作,见《全唐诗》卷314,北京:中华书局,1960年,第3530—3533页。
④ 据前人研究,灵澈生年为天宝五载(746),卒于元和十一年(817),去世时七十一岁,而根据最新的研究,卢纶生年在天宝元年(742)到天宝四载(745)之间,则卢纶的年纪反而大于灵澈。关于灵澈的生卒,可参考蒋寅:《大历诗人研究》,北京:北京大学出版社,2007年,第338页。卢纶的生年则比较复杂,闻一多、游国恩、傅璇琮等诸位先生就此问题曾聚讼不已,直到近年来卢纶家人的墓志逐一出土,特别是其母韦氏墓志的发现,为解决这个问题提供了线索,最新的研究可以参看黄清发:《新出石刻与卢纶研究》,《文学遗产》2016年第1期,第72—80页。
⑤ 《卢纶诗集校注》卷4,第364页。

诗中有"得到葛洪家",《送王尊师》中则有"难(一作谁)与葛洪亲"等,这句突然拈出张道陵,似乎暗示郄彝素与龙虎山天师道有着某些渊源。

"羽衣风淅淅,仙貌玉棱棱",这段描写让我们对郄彝素有了一个直观的印象,郄彝素穿着道士常穿的羽衣①,此时被风吹起来发出响声,而他的面孔则是"玉棱棱",棱棱这里是做"威严貌"解。寥寥十个字,郄彝素仙风道骨的形象跃然于我们眼前。

"叱我问中寿,教人祈上升",卢纶因为身体一直不好,似乎问了郄彝素自己能不能活到中寿②,被郄彝素假意责骂了一下,大概是让诗人不要说这种不吉利的话,然后又去教他怎么去"上升"。"上升"就是道教中常说的成仙,唐代人很相信这些,唐诗中提到"上升"的地方很多,甚至如敦煌的 P.4038 文书《道家方》中也夸口说服了这个药方后"虽不上升,永为地仙"③。

"楼居五云里,几与武皇登","五云"这里指五色祥云,唐人诗中也常见,如刘长卿在代宗时游览句容茅山时写有《自紫阳观至华阳洞宿侯尊师草堂简同游李延年》一诗,诗中就有"五云抱仙殿"这样的句子④。"几与武皇登"这句话颇值得玩味,唐诗中历来有"借汉代唐"的现象,自杜甫的《兵车行》将玄宗比作汉武帝后,中晚唐的诗人几乎都不约而同地喜欢在诗中使用这个比喻,这点已经被之前的研究所证明⑤,所以这里的"武皇"指代的应该就是玄宗皇帝。与上一句连读来看,郄彝素似乎是在向卢纶等人夸耀自己在玄宗时代就曾在长安活动过。

那么卢纶遇见郄彝素的具体地点是在哪里呢?卢纶有一首更加脍炙人口的诗《送契玄法师赴内道场》,此契玄法师,有人认为就是"南柯一梦"中那位善于讲经的契玄法师⑥。这首诗也是卢纶贞元十二年后到长安之后所做。郄彝素所去的道教内道场,据土屋昌明先生考证,此时在大明宫北的玄英观⑦,契玄法师所去的佛教内道场,当然也在大明宫内。而卢纶在长安的住所没有相关文献的记载,但是根据其舅韦渠牟的墓志可以知道,韦渠牟住在长安东市附近的静恭坊。卢纶初到长安,如果住在韦渠牟处的话,也是很可能的。

仔细分析这两首诗可知,卢纶与契玄、郄彝素都是偶遇,但是静恭坊离大明宫还有很长

---

① 关于羽衣的形制可以参考徐晓慧的研究。徐晓慧:《六朝服饰研究》,济南:山东人民出版社,2014,第 130 页。
② 六十岁、七十岁、八十岁乃至九十岁都可以称中寿。卢纶生年为天宝元年至天宝四载之间,以此推算,他此时大约在五十岁上下,但因为身体一直不好,大约对自己能否活到六十岁都没有信心,这里的中寿应该指六十岁。
③ 马继兴:《中国出土古医书考释与研究》中卷,上海:上海科学技术出版社,2015 年,第 924 页。
④ 《刘长卿诗编年笺注》,北京:中华书局,1997 年,第 251—252 页。
⑤ 参见杜玉检所著《唐代文学与汉代文化精神研究》第三章《唐诗以汉代唐的方式、演变及原因》,特别是第 139—142 页对于中晚唐诗人以汉武帝指代玄宗的分析。杜玉检:《唐代文学与汉代文化精神研究》,北京:商务印书馆,2012 年,第 139—142 页。
⑥ 《卢纶诗集校注》卷 1,第 85—86 页。也有研究者认为此契玄可能是密教持念僧团的成员,黄阳兴:《咒语·图像·法术——密教与中晚唐文学》,深圳:海天出版社,2015 年,第 152 页。
⑦ 关于内道场,除了土屋昌明先生之外,王永平和林西朗二位先生也进行过相关研究,可以一并参考。土屋昌明:《长安道教的内道场について》,矢野建一、李浩编:《长安都市文化与朝鲜·日本》,东京:汲古书院,2007 年,第 77—95 页;王永平:《论唐代道教内道场的设置》,《首都师范大学学报》1999 年第 2 期,13—19 页,后收入李炳武总主编:《长安学丛书·宗教卷》,西安:陕西师范大学出版社;西安:三秦出版社,2009 年,第 37—46 页;王永平:《道教与唐代社会》,北京:首都师范大学出版社,2002 年,第 160—172 页;林西朗,《唐代道教管理制度研究》,成都:巴蜀书社,2006 年,第 114—123 页。

一段距离,在路上连续偶遇两位去内道场的道士和僧侣,这样的概率并不大。再考虑到卢纶从河中去长安后,已经成为德宗的亲信,常常在大明宫中陪伴其左右。那么这两首诗很可能是在卢纶结束陪从德宗后,离开大明宫时恰好遇见被德宗宣入内道场的契玄和郄彝素所做,那么这两次相遇的地点应该在大明宫附近。

从以上的分析可知郄彝素在天宝时期可能就已经到过长安,他与大师道也许有着一定的关系,贞元中又一次来到长安,参加了德宗在内廷举办的三教论衡,并且已经开始在大明宫中的内道场中服务,同时与韦渠牟、权德舆、卢纶等当时第一流的文人也有了交往。但是这时他还只是长安道教界中一个不起眼的角色。

二 元和时期的郄彝素

在卢纶和郄彝素这次会面的几年后,卢纶和韦渠牟相继离开了人世①。在韦渠牟去世四年后的贞元二十一年,前半生意气风发,后半生小心谨慎的德宗也走完了自己的一生,此后顺宗和宪宗相继即位,斗转星移,时间转眼就走到了元和六年。

郄彝素这十几年的经历一如其在三教论衡中的表现一样低调,不像另一位内供奉鉴虚法师那样招摇,以至于我们在文献中找不到太多的痕迹。这种低调显然是刻意为之,从中我们可以嗅到郄彝素已经很透彻地理解了当时内外廷政治的运作模式②。在外廷,他不仅与权德舆这样曾经的旧友、现时的权贵保持联系,同时也和令狐楚这样的后起之秀建立了交往。在内廷,虽然道教祈求长生对于宦官没有太多的吸引力,但是郄彝素与当时内廷的另一股重要力量——信奉道教的宋氏姐妹保持了若隐若现的联系。同时,他在长安的道教界广结善缘,与吴善经、柳泌等同时期的道士保持了友好的关系,避免了同行的嫉妒。正是因为能够与各方面保持很好的联系,同时自身又十分低调,郄彝素才能够从容地游走于长安的内廷与外廷之间。反观鉴虚,虽然也曾烜赫一时,但是为人太过张扬,"厚自奉养、昼服布褐、夕御织丽、略无僧行",终于引起外廷某些士大夫的不满。元和八年,在卢纶的好友薛存诚的坚持下,牵扯到杜黄裳受贿之案的鉴虚最终被处死,即使包括宪宗本人在内的"中外权要"都想免他一死,也无能为力。

贞元十二年的三教论衡后的十几年中,权德舆也是几经宦海沉浮,终于在元和五年成为了唐帝国的宰相,从此不仅是文坛领袖,也跻身政坛权贵。权德舆的父亲权皋是一代名士,去世很早,所以其父亲的友朋辈对他十分照顾、百般提携。权德舆十几岁即已成名,朋友往往年纪比他大,此时虽贵为宰相,环顾四周,往日的朋友大都凋零殆尽,想必心中自有一番感慨。恰好此时,旧相识郄彝素请他为兴唐观写钟铭,唐代文士为道观或者佛寺撰写钟铭是很常见的事情,赫赫如睿宗、玄宗也都曾以帝王之尊为道观写过钟铭。只是权德舆之前虽然单独给道士或者僧侣写过墓志铭,并没有给佛寺或者道观写过类似的铭赞,所以

---

① 韦渠牟去世的时间为贞元十七年,卢纶去世时间在这之前。
② 对于此时期内外廷政治运作的过程,陆扬先生有着精彩的描述。陆扬:《9世纪唐朝政治中的宦官领袖——以梁守谦和刘弘规为例》,《清流文化与唐帝国》,北京:北京大学出版社,2016年,第87—164页。

这是权德舆文集中唯一一篇为道观所写的铭赞。

从这篇权德舆所作的题为《兴唐观新钟铭》一文中可以知道郗彝素此时的身份是兴唐观观主、道门威仪、太清宫供奉①。唐代国号为"唐",兴唐观顾名思义为"兴唐"而建,全国的兴唐观并不止一所,长安的兴唐观始建于开元十八年,位于大明宫一街之隔的长乐坊西南隅。长乐坊"北拒禁城",与大明宫隔街相望②。根据《唐六典》的记载,"每观观主一人,上座一人,监斋一人,共网统众事",可知观主是道观的行政负责人,像兴唐观这样属于国家的道观,任命观主往往由官府负责。"威仪"则是唐代佛教、道教中常见的行政职务,佛寺、道观中都有威仪。"道门威仪"则是唐代道士所能担任的最高行政职务。如代宗时期的著名道士申甫就担任过"道门威仪",从贞元中开始,德宗设置专门的左、右街功德使,负责管理全国的宗教事务,这样佛教僧录和道门威仪也相应改成了左、右街僧录和左、右街道门威仪。德宗还让神策军左、右护军中尉兼任左、右街功德使。元和二年以后成为定例。郗彝素担任的可能是左街道门威仪,权德舆省略为"道门威仪",也是唐人常见的习惯。③ 太清宫位于长乐坊南边的大宁坊,是唐代道教国家祭祀的场所,太清宫使例由现任宰相中的首相兼任④。担任太清宫供奉,说明郗彝素能够参加太清宫的各种国家的醮斋活动⑤。也就是说,郗彝素此时可以与内廷的神策军左军护军中尉如彭献忠,外廷兼任太清宫使的宰相如杜佑直接进行沟通。

开元天宝中是唐代的盛世,长安的各种道观纷纷乘势而起,修建的富丽堂皇⑥。但是这些道观在经过了安史之乱、吐蕃的占领和朱泚的反叛后,大多已经破败不堪了,如永崇坊的龙兴观,安史之乱前,曾经盛极一时,但是安史之乱后则长期湮没无闻。文宗大和八年,刚从江南来到长安的邓延康眼中所见到的龙兴观,仍然还是"坛宇芜圮",呈现出一片破败的景象⑦。我们知道,在一个道观中,钟是非常重要的法具,《洞玄灵宝三洞奉道科戒营始》就强调:"凡钟者,四众所会,六时急务,此器若阙,则法集乖轨"⑧。元和六年,兴唐观用的钟仍然是七十七年前(开元十八年)建观时所铸的钟,而此钟早已经"嘎缺毁弃",可见兴唐观确实已经衰败不堪了。此时出任观主的郗彝素凭借自己在长安的声望,借助"上士仁

---

① 权德舆:《兴唐观新钟铭》,《权德舆诗文集》卷28,第434—435页。
② 徐松撰、李健超增订:《增订唐两京城坊考(修订版)》卷3,西安:三秦出版社,2006年,第111页。
③ 关于道门威仪,可以参考周奇:《道门威仪考》,《史林》2008年第6期,第111—114页;关于功德使,则可参看查明昊:《从唐五代功德使一职的变迁看宦官势力的消涨》,《宗教学研究》2009年第3期,第67—73页。关于唐代道教管理综合性的论述则可参考刘康乐:《中古道官制度研究》第六章《唐代道官制度》,成都:巴蜀书社,2013年,第146—185页。
④ 《春明退朝录》记载:"唐制宰相四人,首相为太清宫使,次三相皆带馆职"。《春明退朝录》,北京:中华书局,1980年,第12页。
⑤ 关于唐代太清宫的制度,可以参考丁煌先生的《唐代道教太清宫制度考》一文,氏著:《汉唐道教论集》,北京:中华书局,2009年,第73—156页。
⑥ 关于唐代长安的道观可以参考张泽洪:《唐代长安道教》,《唐都学刊》1993年第3期,第26—30页;樊光春:《唐代长安的道观》,李炳武总主编:《长安学丛书·宗教卷》,第47—52页;何海燕:《唐两京道教宫观补正》,《中国社会科学院历史研究所学刊》第四辑,北京:商务印书馆,2007年,第387—410页。
⑦ 对于唐代道教世家麻姑山邓氏和龙兴观,参见雷闻:《碑志所见的麻姑山邓氏——一个唐代道教世家的初步考察》,《唐研究》17卷,北京:北京大学出版社,2011年,第39—70页。后收入魏斌主编:《古代长江中游社会研究》,上海:上海古籍出版社,2013年,257—284第页。
⑧ 《道藏》第24册,文物出版社、上海书店、天津古籍出版社,1988年,第752页。

人"的力量,重新为兴唐观修建了一口新钟。

这只是兴唐观复兴计划的第一步。两年之后,宪宗又"命(左军)中尉彭中献(献忠)修兴唐观,壮其规制,北拒禁城,开复道以通行幸",兴唐观本来位于长乐坊的西南隅,这时不仅得到了重修和扩建,而且和北面的大明宫之间建起了一座复道。修完复道之后,宪宗意犹未尽,又以"以内库绢千匹茶千斤为兴唐观复道夫役之赐","又以庄宅钱五十万杂谷千石充修斋醮之费"。显然郄彝素这次重修兴唐观,不仅得到了士大夫的帮助,也得了宪宗的特别帮助。可能考虑到兴唐观已破败不堪,之前道教的书籍和画像恐怕也已不存在了,几个月后宪宗又"内出道教神仙图像经法九舆以赐兴唐观"。因为有复道相通,可以很方便地出入大明宫,所以兴唐观也变成了宪宗的"行幸所在",后来宪宗将其特别宠信的山人柳泌也安排在兴唐观,恐怕也是因为这个原因。① 可见郄彝素当时应该颇得宪宗欢心,恐怕也正因如此,权德舆才以当时文坛盟主兼宰相的身份尊称其为"郄尊师",夸赞其为"道流龟龙"。

值得注意的是,从元和六年到元和十三年,担任左街功德使的,一直是神策军左军的护军中尉彭献忠,他从德宗贞元建中三年入宫,作风也是一贯低调,与其前任吐突承璀招摇过市的形象完全不同②。在重修兴唐观这件事上,郄彝素与其配合地非常默契,并没有发生元和四年吐突承璀盛修兴唐观东侧的大安国寺后,欲使李绛为碑文,李绛不肯,宪宗盛怒之下命人用百牛将已经竖好的碑曳倒这样不愉快的事情③。

兴唐观密近大明宫,地理位置十分优渥,在开元中曾经一度兴盛,但是安史之乱后便一直籍籍无名,在文献中不见踪影,直到元和中郄彝素出任观主之后才重新兴盛起来,在他的经营下成为了中晚唐长安城中一座举足轻重的道观④。虽然我们不知道郄彝素的具体卒年,但是元和之后,我们再也见不到他的身影,也许在元和后期他就去世了。

三 甘露之变前的郄玄表

在郄彝素身后,兴唐观依旧兴盛。敬宗时期,曾命兴唐观道士孙准入翰林待诏。同时敬宗让另一位从地方来到长安的著名道士刘从政也住在兴唐观,并且赐"刘从政修院钱二万贯",特别让他在兴唐观中单独修建了一座院子,不久之后又亲从刘从政受箓。值得注意的是,此时期,兴唐观还曾办过道学会,专门培养了年轻道教的人才,而一名叫郄玄表的道士在其中扮演了一定的作用。

---

① 宪宗时期有关兴唐观的材料散见于:《旧唐书》卷15《宪宗本纪下》,第446页;《唐会要》卷50《尊崇道教》条,第865页;《册府元龟》卷54,第606页。
② 关于彭献忠的生平,可以参考张仲素:《内侍、护军中尉彭献忠神道碑》,《文苑英华》卷932,第4903页。
③ 《资治通鉴》卷第237元和三年六月条,第7661页。
④ 兴唐观当时欣欣向荣的情景,我们从广宣的《安国寺随驾幸兴唐观应制》一诗中一看便知,广宣为元和长庆时期著名的诗僧,此诗为其陪宪宗去兴唐观时所作。《安国寺随驾幸兴唐观应制》一诗收于《全唐诗》第23册,北京:中华书局,1960年,第9271页。关于广宣其人,可以参考应克荣:《细腻风光应我知——中唐女诗人薛涛研究》,合肥:黄山书社,2014年,第51—53页。

巴雷特曾怀疑郗彝素与郗玄表可能为同一个人。目前来看,这样的推断是存在问题的①。我们稍微排比一下年龄就可以知道,郗彝素的年龄显然比权德舆大,权德舆在元和六年为五十三岁,而元和五年由河东转至长安的令狐楚,年龄更小,此时只有四十六岁。到了大和九年,权德舆早已经去世,此时令狐楚也已经近七十岁。如果郗彝素还在的话,他的年纪恐怕在八十左右了,而令狐楚应郗玄表所写的《大唐回元观钟楼铭》中,不称郗玄表为尊师,而称呼他为威仪,显然因为令狐楚的年纪比郗玄表大,不便称呼他为尊师。特别是令狐楚在铭文最后还特别强调自己与郗玄表是"重世之旧",也就是说他不仅与郗玄表有交往,还与郗玄表的上一辈郗彝素有交往,年纪在两人之间②。正如葛兆光先生早已经指出的,唐代的道教家族并不稀见③,郗玄表的学生曹用之的两个侄子也是道士,同样跟着曹用之学习。而从郗彝素与郗玄表这种前后相继,并且与兴唐观都有千丝万缕的联系上来看,则郗玄表应该是郗彝素的侄子辈。

郗玄表似乎继承郗彝素一贯低调的风格,在传世文献中只有一两条零散的记载。但是借助于出土材料,我们能够将这些史料勾连在一起,大致勾勒出其一生大致的经历。

元和时期郗玄表应该在郗彝素身边。到了敬宗的时期,根据玄济墓志中的记载,郗玄表已经在兴唐观的道学会中担任老师了④。

借助新近出土的由郗玄表书写的大明宫玉晨观的道士田元素的墓志铭,我们可以对大和时期的郗玄表的情况有了新的了解⑤。墓志主人田元素是一位女道士,师从元和中另一位著名道士吴善经,后被文宗招入宫中,不幸很年轻就在大明宫中的玉晨观去世了⑥。值得注意是,此墓志的撰写者,同时也是田元素的"从母",正是当时内廷的著名女官宋若宪。

宋氏姐妹共有五人,即若莘、若昭、若伦、若宪、若荀,"皆能属文",贞元四年入宫后,得到德宗的赏识,"呼为学士先生",自贞元七年到元和末,"宫中记注簿籍",都由大姊若莘"掌其事",宋若莘元和末去世后,穆宗令二姊宋若昭"代司其职"。宋若昭在宝历初去世,因若伦、若荀早卒,宋氏姐妹只剩下若宪。敬宗令若宪继续负责"宫中记注簿籍"。文宗即位后,因为"若宪善属文,能论议奏对,尤重之"。新出的宋若昭墓志中称其"时更六朝,代

---

① 巴雷特:《安史之乱到晚唐的道教与政治》,《宗教学研究》2011年第4期,第29页注64。
② 关于权德舆和令狐楚的年纪,笔者主要参考了蒋寅的《权德舆年谱略稿》和姜剑云的《令狐楚年谱简编》。权德舆:《权德舆年谱略稿》,《大历诗人研究》,第553—586页;姜剑云:《令狐楚年谱简编》,《山西大学学报(哲学社会科学版)》1999年第3期,第35—42页。
③ 虽然吴真对葛氏的看法提出了质疑,但笔者认为唐代确实存在这样的道教家族。葛兆光:《最终的屈服——关于开元天宝年间的道教》,氏著:《屈服史及其他:六朝隋唐道教的思想史研究》,北京:生活·读书·新知三联出版社,第115页注1;吴真:《中晚唐江南氏族兴起与道观、道士》,常建华主编:《中国社会历史评论》第11卷,天津:天津古籍出版社,2000年,第38页注2。
④ 玄济墓志中虽然没有指明,但从其墓志中的"敬宗皇帝于兴唐观置道学会,宣扬圣教,启辟真宗。先生以学洞幽微,首膺选擢。文皇恩诏,升为大德。于是复诣通玄先生,受洞玄等法"的记载来看,玄济先在兴唐观的道学会学习,升为大德后,又"复诣通玄先生","复"字说明他是再次回到郗玄表身边,也就是说之前也是在兴唐观跟郗氏学习。
⑤ 田元素墓志录文见周绍良、赵超主编:《唐代墓志汇编续集》,上海:上海古籍出版社,2001年,第892页;图版见吴钢主编:《隋唐五代墓志汇编》陕西卷第4册,天津:天津古籍出版社,1991年,第103页。
⑥ 田元素的身份为女道士,玉晨观为女道观,对于这两点,樊波已有详细的考释。见樊波:《唐大明宫玉晨观略考》,西安碑林博物馆:《碑林集刊》第九辑,西安:三秦出版社,2003年,第129—132页。后来经过修改以《唐大明宫玉晨观考》为名,发表在了严耀中主编:《唐代国家与地域社会研究——中国唐史学会第十届年会论文集》,上海:上海古籍出版社,2008年,第417—424页。

余三纪",正是宋氏姊妹在内廷中经历了德、顺、宪、穆、敬等朝的真实写照①。宋若昭"自宪、穆、敬三帝,皆呼为先生,六宫嫔媛、诸王、公主、驸马皆师之,为之致敬",甚至身在外廷的翰林学士,后任宰相的宋申锡也主动攀附宋氏姐妹,认宋氏姐妹为"从母",亲自为宋若昭撰写墓志,并在墓志里自称"从侄",可见宋氏姐妹当时权势之炙热②。

值得玩味的是,宋若昭的墓志撰写者和书写者分别是从侄宋申锡和侄女婿徐幼公,显然都是家族中关系亲近的人,并没有假手外人。田元素的墓志同样也是由从母宋若宪亲自撰写,书丹者则是郄玄表。以常理判断,以宋若宪当时的地位而言,如果要请在朝的若柳公权这样的书法名家并非难事。如果因为田元素是女道士,那么请当时的右街道门威仪赵常盈显然更为合适。权德舆元和十年为吴善经所写的《唐故太清宫三洞法师吴先生碑铭并序》中说"道门威仪赵常盈偏得先生之学"③,赵常盈不仅是吴善经的得意弟子,而且在元和十年之前就已经出任道门威仪了,在敬宗和文宗时期也同样活跃,如在宝历元年曾奉敬宗之命去嵩山拜岳和天台山投龙简。文宗即位后,作为道教代表和白居易等人一起参加麟德殿的三教论衡,则其地位显然在郄玄表之上,《宝刻丛编》有大和二年的《唐太清宫道藏经目录碑》,注明由"赵盈篆额",雷闻先生推测此赵盈即为"赵常盈",如果此推断不误的话,则赵常盈也同样擅长书法④。

然而宋若宪没有选择请赵常盈。一方面当然因为郄玄表书法有一定的造诣,比如他曾书写过《太清宫醮斋记》⑤,同时作为左街道门威仪,当然也是长安道教界的头面人物。但是更重要的是,对于宋若宪来说,郄玄表并不是外人,而是像从侄或者侄女婿这样关系比较亲近的人。根据宋若昭的墓志,可知其死后殡于兴宁坊的一个女道观——永穆观,而田元素也是道士,从这些蛛丝马迹不难推断,宋氏姐妹与道教有千丝万缕的关系,宋若昭可能信奉道教。而宋氏姐妹从德宗贞元初就入内廷,负责宫中的各种文书,郄彝素也在贞元中就进入了大明宫的内道场,如同认识卢纶一样,郄彝素与皇帝身边信奉道教的宋氏姐妹认识并结交也是很正常。从贞元中到大和的近三十年中,宋氏姐妹与郄氏叔侄相交恐怕匪浅。另一方面,田元素虽然在墓志中自称为著名道士吴善经的弟子,但其实只跟吴善经学了半年,吴善经就去世了,跟赵常盈之间的交往也许并不深。吴善经虽然也很早就到了长安,但是他的行事风格与郄彝素不一样,更像是士大夫型的道士,喜欢与士大夫交往,追求自己的成仙,并不像郄彝素那样热衷出入内廷,所以吴善经与宋氏姐妹可能没有建立像郄氏叔侄这样紧密的联系。

事实上宪宗去世后,穆宗、敬宗在位时间都不长,神策军左军中尉的在任者变化很快,颇疑郄玄表文宗时能够升任左街道门威仪,也许有宋氏姐妹在背后的帮助。

---

① 宋若昭墓志录文和图版见赵力光、王庆卫:《新见唐代内学士尚宫宋若昭墓志考释》,《考古与文物》2014 年第 5 期,第 102—108 页。相关研究则还有王丽梅:《唐内学士宋若昭墓志铭考释》,《唐史论丛》2015 年第 1 期(第 20 辑),第 31—40 页。

② 关于宋氏姐妹的研究,可参见陈丽萍:《贤妃嬖宠:唐代后妃史事考》,北京:社会科学文献出版社,2014 年,第 277 页注 1。

③ 权德舆:《唐故太清宫三洞法师吴先生碑铭并序》,《权德舆诗文集》,第 291—293 页。

④ 关于赵常盈可以参考雷闻先生的研究。雷闻:《太清宫道士吴善经与中唐长安道教》,《世界宗教研究》2015 年第 1 期,第 76 页。

⑤ 《墨池编》卷第 18,杭州:浙江人民美术出版社,2012 年,第 589 页。

郗氏叔侄与同时期的著名道士,如前文提到的吴善经也保持了很好的关系。吴善经是中晚唐著名的道士,师从代宗时期的道教大师申甫。关于他的事迹和生平,雷闻先生已经有了很精妙的研究①。从年纪上看,吴善经比郗彝素可能要大,虽然没有二人之间交往的材料,但二人都与权德舆有着不浅的交往,并且元和时期兴唐观有道士转投吴善经的开元观,拜吴善经为师。两观之间的道士可以互相流动,显然关系不错。令狐楚与郗彝素、郗玄表有交往,同时与赵常盈也有交往,从这些可以看出,郗氏师门与吴善经及其弟子显然也有千丝万缕的联系。

郗玄表继承了郗彝素所建立的人际关系网络,在外廷同令狐楚这样信奉道教的士大夫建立了联系,同时又善于笼络内廷如宋氏姐妹这样的内官,所以在文宗大和时期的政治舞台上依然能够长袖善舞,游刃有余。郗玄表既不是吴善经那样士大夫型的道士,也非赵归真那样通过方术得到人主宠信的道士,他的行为和表现更像是政治型的道士。

四 甘露之变后的郗玄表

然而到了大和九年,一切都发生了变化。先是这年七月的时候,郑注突然发难,告发宋若宪曾为李宗闵求宰相的事情,文宗大怒,"幽若宪于外第,赐死。若宪弟姪女婿等连坐者十三人,皆流岭表"②。紧接着就是甘露之变,德宗时期开始形成的内外廷并行的政治秩序彻底被打破了。如果说宋若宪被幽杀,郗玄表还可以避身世外的话。那么甘露之变后,原有的中枢政治权力格局完全被颠覆,文宗基本被软禁,外廷的士大夫也被排斥出权力中心,两军中尉成为最高权力的拥有者。对于郗玄表来说,他之前除了依靠皇帝的宠信外,同时依靠着外廷的士大夫、内廷的宋氏姐妹集团,而此时这些全部消失了,而掌握权力的宦官崇信佛教,对于祈求长生的道教并没有太大的热情,对于郗玄表来说,他所能选择的,只能是站在文宗和士大夫这边。

十一月的甘露之变后,"政在宦竖",以仇士良为代表的两军中尉基本控制了中央政权,宰相不过是拱手行文书而已,这样就引起了一部分外廷文官的不满,令狐楚就是其中的代表。甘露之变的当晚,文宗急诏令狐楚入宫草诏,并想让其出任宰相,令狐楚随即提出将王涯、贾餗由内廷的神策军手中转交由外廷进行审理,同时在起草的诏书中为王涯、贾餗喊冤,"叙其罪状浮泛","指其罪不切",因为他的这种不与宦官合作的政治态度,宦官集团否决了文宗提出让其再次出任宰相的要求。第二年(开成元年)三月上巳节的宴会上,令狐楚再次提出希望能够收敛埋葬王涯、贾餗等人的尸体,"上(文宗)惨然久之,命京兆收葬(王)涯等十一人于城西",这种公然维护甘露之变当事人的态度,自然引起仇士良等宦官的反感,所以之后仇士良又"潜使人发之,弃骨于渭水"③。四月二十日,在长安东市附近的亲仁坊的回元观中,一块钟楼铭被竖立了起来。此钟楼铭是令狐楚应郗玄表的要求所写,

---

① 雷闻:《太清宫道士吴善经与中唐长安道教》,第 66—81 页。
② 关于这次事件,可参考陈丽萍:《贤妃嬖宠:唐代后妃史事考》,第 279 页注 4。
③ 《资治通鉴》卷 245 开成元年三月条,第 7924 页。

庆祝回元观的新钟楼落成①。在唐代的道观中立钟楼铭本是很常见的事情，但是这个时间点却异常敏感，因为第二天（四月二十一日）就是六个月前发生甘露之变的日子，而钟楼铭中又有"虽三涂六趣之中，亦当汤火沧寒，拳梏解脱"这种在为死者祈祷的话语，再联系到令狐楚之前提出的收埋王涯等人尸体的主张，在当时的政治环境中，立此碑铭的意义和目的不言而喻，显然是为王涯等人所立。尤可注意者，此碑的书丹者为大名鼎鼎的书法家柳公权，刻工则请了御用的著名刻工邵建和，能请到令狐楚、柳公权、邵建和这样的一流人物，一方面体现了主事者（左街）道门威仪、麟德殿讲论大德、赐紫的郗玄表作为"玄门领袖"在长安的影响力之大；另一方面，文宗的影子也在背后若隐若现。仇士良为代表的宦官集团当然嗅得出这背后隐藏的潜台词，他们的反击迅速而激烈，几天之后，令狐楚转任山南东道节度使，被迫离开了长安。然而此时长安的政治气氛依然紧张，仇士良等宦官仍然怀疑文宗有重新夺取禁军兵权的打算，导致"人情恟恟，士民不敢解衣寝者数日"，最后由文宗和宰相李石当面亲自向仇士良做了解释，紧张的局势才逐渐平息了下去②。

此后一直到去世为止，文宗始终活在仇士良等宦官的控制下，而郗玄表恐怕也不会被宦官所喜，由于文献记载的缺失，我们只能凭借其徒弟玄济法师的墓志中的只言片语来勾勒出之后的时光③。玄济法师俗名曹用之，根据墓志铭可知，他出生于元和四年，十二岁"恩赐官度"，正式成为道士，之后参加了兴唐观的道学会。文宗时"升为大德"，对于他此后的经历，墓志中只是简单写道"于是复诣通玄先生，受洞玄等法"④，然后就突兀地跳转到了宣宗朝，似乎武宗朝不存在一样。然而众所周知，武宗狂热地崇信道教，车驾曾几度亲临兴唐观⑤，但是郗玄表师徒在会昌年间仿佛人间蒸发了一般，丝毫不见踪影。究其原因，一方面恐怕是因为仇士良等人在会昌年间仍然保持一定的影响力；另一方面，也和武宗个人的性格喜好有关：武宗"颇好神仙"，喜欢的是赵归真那样的技术型道士。同时武宗本人性格比较奔放，虽然将国事基本交给李德裕，但内心并不喜欢与士大夫交往，对郗玄表那样类似士大夫的政治型道士恐怕也没有太多的兴趣⑥。在此情况下，郗玄表也只能退而教授玄济这样的徒弟，也许此时他已经离开了兴唐观。

---

① 关于《大唐回元观钟楼铭》的出土的地点和具体情况，参考了马骥：《西安新出柳书〈唐回元观钟楼铭碑〉》，《文博》1987年05期，第3—4页；《中国文物地图集 陕西分册（下）》"东市回元观钟楼铭出土点"条，西安：西安地图出版社，1998年，第6页。

② 关于《大唐回元观钟楼铭》与此段中央政局演变的关系，笔者另撰有《甘露之变前后的中央政局浅议——以〈大唐回元观钟楼铭〉为中心》（未刊稿），这里不再赘述。关于此时期的中枢政局演变，亦可参看黄日初：《唐代文宗武宗两朝中枢政局探研》，济南：齐鲁书社，2015年。

③ 全称为《玄济先生曹公玄堂铭并序》，拓片现在未见著录，录文见吴刚主编：《全唐文补遗》第8辑，西安：三秦出版社，2005年，第218—291页。

④ 关于唐代道教经阶法箓传授制度中的洞玄法位可参考前引林西朗《唐代道教管理制度研究》，第232—236页。

⑤ 据当时在长安的圆仁的记录，在会昌四年的三月和七月，武宗曾两次亲临兴唐观。圆仁：《入唐求法巡礼记校注》，第440页、445页。

⑥ 关于武宗时期对道士的选择，可以参考雷闻：《山林与宫廷之间：中晚唐道教史上的刘玄靖》，《历史研究》2013年第6期，第164—174页。

五 从兴唐观到玄真观

宣宗即位后,结束了会昌时期的废佛政策,以恢复宪宗朝政治为口号,对于武宗时期的政策进行了全面调整,在武宗朝郁郁不得志的郗氏师徒,也迎来了新的转机①。

宣宗的性格与武宗截然不同。武宗性格豪爽,不喜欢与外廷的文士打交道,而宣宗则以喜欢"文"而知名,史籍中记载颇多:

> 自大中皇帝好儒术、特重科第,故其爱壻郑詹事再掌春闱。上往往微服长安中,逢举子则狎而与之语②。

> 上雅重词学之臣,于翰林学士恩礼特具,宴游密召,无所间隔③。

> 宣宗酷好进士及第,每对朝臣问及第,苟有科名对者必大喜,便问所试诗赋、题目、拜主司姓名。或有人物稍好者偶不中第,叹惜移时。常于内自题乡贡进士李道龙④。

宣宗好文,喜欢与文士交往,当然不会像武宗那样宠信赵归真这类的技术型道士。更重要的是,宪宗去世时,宣宗虽然年幼,但"颇记其事"。即位之后,"上追感元和旧事,但闻是宪宗朝卿相子孙必加擢用",甚至因为对在宪宗去世时担任山陵使的令狐楚感念不已,特意将其子令狐绹拔擢至宰相。宣宗还曾在宪宗曾经临幸过的长乐坊青龙寺"追感元和圣迹,怅望久之"。郗彝素在宪宗朝烜赫一时,兴唐观也是宪宗亲自临幸过的道观,宣宗对此也应该了然于心。而且兴唐观所在的长乐坊,与宣宗即位前长期居住的十六王宅也不过一街之隔,对于郗氏师门的遭遇,宣宗也应该不会一无所知。所以他即位后,仗杀了赵归真等武宗朝受宠的道士,对郗氏师门则是青眼有加。大中元年,郗玄表被追谥为"通玄先生",玄济也被"慎重名器,未尝容易,服色之赐,一无所滥"的宣宗"赐紫服象简,以旌其道"⑤,随后就被挑选参加三教论衡。玄济此后的仕途也异常顺利,大中十二年正式出任左街道门威仪,并一直活跃在懿宗时代。

关于玄济的生平,张全民和王永平二位先生已经进行了先行研究⑥。笔者这里想指出的是,懿宗咸通十二年玄济去世时,出任左街道门威仪的也是出自同一师门的牛弘真⑦。玄

---

① 关于宣宗朝政局的演变,笔者主要参考了黄楼《唐宣宗大中政局研究》。黄楼:《唐宣宗大中政局研究》,天津:天津古籍出版社,2012 年。
② 引自《北里志》的序,《教坊记》(丛书集成初编),北京:中华书局,1985 年,第 1 页。
③ 《东观奏记》卷中,《明皇杂录·东观奏记》,北京:中华书局,1994 年,第 112 页。
④ 《太平广记》卷 182 贡举五宣宗条,北京:中华书局,1961 年,第 1356 页。
⑤ 事实上宣宗对于给佛教或者道教徒赐紫是很谨慎的,《东观奏记》中就有另外一条关于宣宗不愿意给僧从晦赐紫导致从晦抑郁而终的记载,这里给年纪并不算大的玄济赐紫,显然是宣宗特意照顾他。《东观奏记》卷下,《明皇杂录·东观奏记》,第 129—130 页。
⑥ 张全民:《唐玄济先生墓志铭与有关道教问题考略》,《唐史论丛》2012 年第 1 期,第 227—232 页;王永平:《道门威仪玄坛领袖——唐代〈玄济先生墓志铭〉研究》,《唐史论丛》2017 年第 1 期。
⑦ 张全民在前引文章已经指出"墓志撰写者牛弘真曾与玄济先生同门学道",王永平先生在文中也提到"牛弘真与玄济应该是在(兴唐观)道学会时同师授业"。笔者赞同张全民、王永平二位先生的判断。因为根据玄济的墓志可知,他一生只在兴唐观的道学会和郗玄表处学习过,而牛弘真反复强调他与玄济是"同学",显然无论是在兴唐观还是在郗玄表处学习,他都与郗氏师门有着师承关系。

济的弟子伍又玄继续留在了玄真观,虽然伍又玄没有出任过左街道门威仪,但是伍氏的学生程紫霄在唐帝国的最后时期,出任了左街道门威仪①。

我们知道,唐代以东为左,以西为右,比如大明宫的左、右银台门。左银台门在大明宫东侧,右银台门在大明宫西侧。长安同样也以朱雀门街为中轴,分为左(东)、右(西)两部分。左街道门威仪负责管理朱雀门街以东的所有道观,是道士能够担任的最高行政职务。而从郗彝素开始,此师门中郗玄表、玄济(曹用之)、牛弘真、程紫霄都担任过这个职务,时间从宪宗元和时期一直持续到唐末五代初,可见此道团在长安的势力之大,根基之深。

值得注意的是郗氏师门前期主要以兴唐观为活动中心。而后期从玄济开始已经迁往了长安城中的另一所重要的道观——崇仁坊的玄真观②。从整个长安布局来看,这两所道观都在长安城的东北部。兴唐观在大明宫一街之隔的长乐坊西南隅,长乐坊的东部是中晚唐著名的佛教寺庙——大安国寺,负责管理宗教事务的两街功德使的办公场所也在其中。长乐坊的东边则是皇子皇孙所住的十六王宅。

中晚唐长安的政治中心在大明宫,紧邻大明宫的兴唐观和大安国寺,其与政治的紧密关系则是不言而喻的③。住在兴唐观中的道士往往是皇帝特意安排的,如天宝时期的尹尊师,被玄宗招入长安之后,因为频频被召入宫中,所以玄宗"下明旨□任兴唐,取近宫阙也"④。在宪宗元和年间修建了复道之后,因为可以与大明宫直接相通,不仅皇帝会安排宠信的道士住在兴唐观,甚至宪宗和武宗还亲自临幸过此观,其重要地位可见一斑。

而崇仁坊西南隅的玄真观相对大明宫则略远,玄济师徒也许不需要像郗彝素时代那么频繁地出入大明宫,与政治的联系也许没有之前那么紧密。但另一方面,崇仁坊的北街对着皇城的景风门,与尚书省礼部南院非常近,礼部南院是进士科考试发榜的地方,所以"选人京城无第宅者多停憩此(崇仁坊)"⑤。崇仁坊的正南面是平康坊⑥,西南面则是东市,这一带正是长安最繁华的地方⑦。因此崇仁坊"一街辐辏,遂倾两市,昼夜喧呼,镫火不绝,京中诸坊莫之与比"⑧,其喧嚣热闹程度可想而知,而居于其间的玄真观,则悄然完成一个外来道团的长安本地化转型。这点从玄济和程紫霄家世的不同可以明显感受到,玄济(曹用

---

① 玄济的再传弟子程紫霄的墓志也已经出土,雷闻先生对其已经进行了研究,笔者这里不再详述。雷闻:《新见〈程紫霄墓志〉与唐末五代的道教》,《隋唐辽宋金元史论丛》第3辑,上海:上海古籍出版社,2013,第115—127页。
② 玄真观也是长安城中一所很重要的道观,见雷闻:《新见〈程紫霄墓志〉与唐末五代的道教》,第123页。
③ 关于大安国寺,可以参考梁子:《唐京师大安国寺晚唐政教地位蠡测》,《世界宗教研究》2014年3期,第61—66页。
④ 尹尊师墓志的录文可见《全唐文补遗》第5辑,西安:三秦出版社,1998年,第366—377页。拓片见李平编辑:《中国西北地方历代石刻汇编》第3册,天津:天津古籍出版社,2000年,第122页。拓片和录文亦可见何炳武主编:《大唐墓志书法精选》,西安:世界图书西安出版公司,2011年,第41—44页。
⑤ 徐松撰、李健超增订:《增订唐两京城坊考(修订版)》,西安:三秦出版社,2006年,第82页。
⑥ 关于长安的平康坊可以参考金子修一:《市井の暮らし:平康坊》,《月刊しにか》7(9)《特集 花の都·長安》,1996年,第44—49页。
⑦ 妹尾达彦先生对于长安的东市及其附近的平康坊有一系列的研究文章,并制作了相关示意图。妹尾达彦:《唐代长安の盛りの场(上)》,北海道教育大学史学会编:《史流》第27号,1986年,第1—60页;妹尾达彦《唐代长安の盛りの场(中)》,北海道教育大学史学会编:《史流》第30号,1989年,第37—91页;妹尾达彦《唐代长安の印刷文化》,土肥义和编:《敦煌·吐鲁番出土汉文文书の新研究》,东京:东洋文库,2009年,第442页图8;妹尾达彦:《长安的都市规划》图58"长安的繁华地带",西安:陕西出版集团 三秦出版社,2012年,第217页。
⑧ 徐松撰、李健超增订:《增订唐两京城坊考(修订版)》,第82页。

之)为"谯人",曾祖为吉州长史,祖父是右监门卫长史,父亲则是虢州司法参军,均为政府的中下层官员,他并不算是长安本地人,只是借由兴唐观的道学会才因缘际会投入郄玄表门下。而咸通中入道的程紫霄的父亲是长安右神策军中管征马的都将,显然是地道的长安本地人。程紫霄是直接在玄济的学生伍又玄处披度,从其墓志里的叙述来看,玄济在当时长安的影响是非常巨大的,即使年幼的程紫霄的也明显地有所感受,这恐怕也是他选择投入玄济门下的原因之一。这和玄真观特殊的地理位置更容易扩大其在长安乃至全国的知名度有着直接关系。另一方面,相比官宦世家出身的玄济,程紫霄的父祖都是武将,文化程度显然不会太高,从这个角度来观察,郄氏师门确实是在逐步地走向大众,走向一般的长安士人。

六　结　语

郄彝素这一师门从德宗贞元时期开始崛起,宪宗元和时期达到政治地位上的最高点,在穆宗、敬宗、文宗时仍然能够保持这样的地位不坠,可以说,郄氏这一师门兴起与德宗、宪宗时期内外廷始终保持平衡的政治格局有着密切的联系。他们不是普通的技术型道士,而是政治型道士,凭借着较高的文学修养,与外廷的士大夫、内廷的宦官和女官之间保持着良好的联系和互动,仿佛蜘蛛在阴暗处为自己编织了一张隐形的网络,从而游刃有余地游走于政治舞台之上。

甘露之变后,德宗贞元时期开始形成的政治范式被彻底打破。在此情况下,相比于赵归真这样的纯技术性的道士,郄氏这一师门原本赖以存在的政治土壤不复存在。表面上看,郄玄表似乎没有及时调整好适应新的政治秩序,但从更深层的角度考虑,甘露之变后所形成的新的政治秩序中,已经没有郄氏这样的政治型道士生存的空间,武宗需要的仅仅是技术型的道士,这也是郄氏师门在武宗疯狂崇道的背景下反而被边缘化的原因。然而政治是诡异而复杂的,武宗去世后即位的是其叔叔宣宗,在复兴宪宗朝"元和故事"的口号下,郄氏师门又一次利用政治风向的变化,乘势而起,玄济(曹用之)、牛弘真、程紫霄又相继崛起,继续保持了师门不坠。但是从玄济这一代开始,郄氏师门已经由长乐坊的兴唐观迁移到了崇仁坊的玄真观,从一个外来的政治型的道教师门逐步转型为面向长安市民的本地化教团。

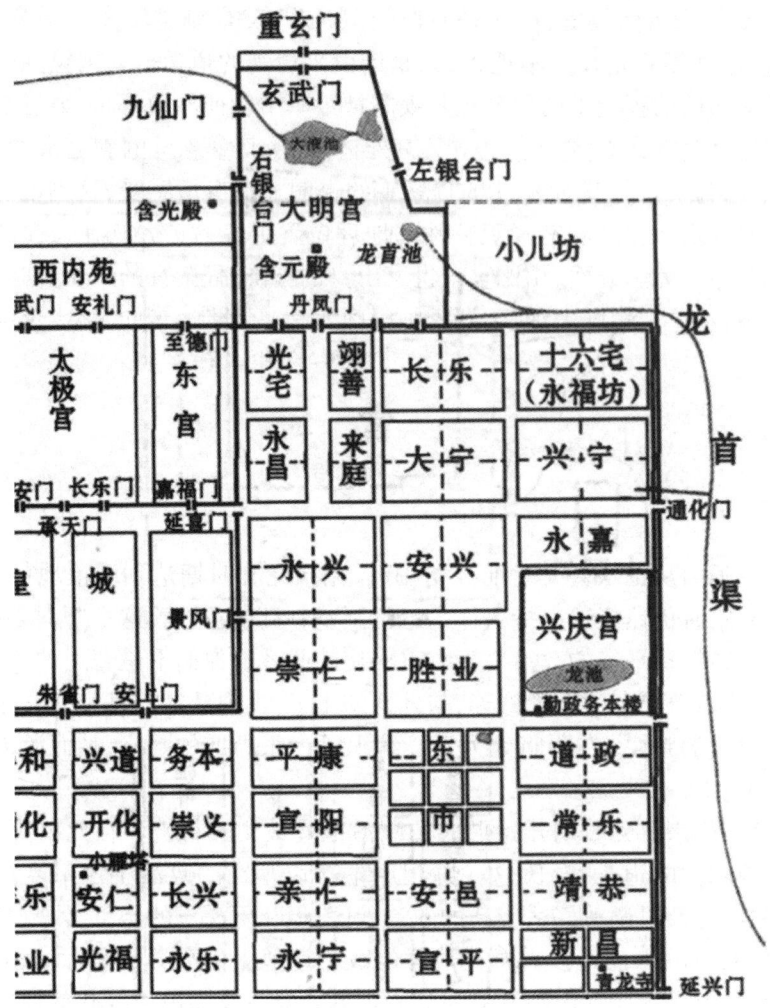

图1 唐长安城东北部 引自《增订唐两京城坊考(修订版)》的《唐西京长安城图》

作者简介: 管俊玮,清华大学历史系博士生。

【其他】

休咎之征：中国古代多胞胎生育探微

王凤翔　岳云艳

【摘　要】 多胞胎生育现象在当今社会已属常见，但在医学科技相对落后、物质生活匮乏的古代，多胞胎的生育、认识与今人相比，还存在较大差异。古籍文献中对多胞胎现象已有记载，但古代多胞胎孕育风险大，成活率低，后期养成不易。虽然大多数时代对多胞胎生育比较认可，但也有一些时代和地域对多胞胎认识态度复杂，游离于祥瑞与灾异之间，以致相关文献记载较少。

【关键词】 中国古代；多胞胎；双胞胎；生育

多胞胎，即妇女一次妊娠同时孕育两个或两个以上的胎儿。它的发生率在不同国家、地域、人种间存在一定差异。在中国历史上，多以孪、孪生、双生、多生或一产、同产几子几女等语汇记述这种人类特殊的妊娠生育现象。多胞胎在我国先秦时期已有记载，表明人们很早对这一现象就有一定了解和认识。然而翻检古今文献及论著，对于多胞胎的述论不多，且多是简单的人物或事迹罗列，尚无系统研究成果。今笔者试从生育、认识、养成等角度探讨中国古代的多胞胎现象，并分析其原因及影响，以对这一特殊的生育现象进行系统梳理。

一

多胞胎生育现象自古有之，在我国先秦时期就有记载。《左传·僖公十七年》云："梁嬴孕过期，卜招父与其子卜之。其子曰：'将生一男一女。'"这对异性双胞胎的卜问和诊断，应是对双胞胎妊娠的最早明确记载。① 《韩非子·外储说右上》中也有记载："薛公之相魏昭侯也，左右有栾子者曰阳胡、潘，其于王甚重，而不为薛公。"② 古代"栾"通"孪"，意为阳胡、潘是男性双胞胎。西汉扬雄《方言》首次从词汇训诂角度对双胞胎进行了解释："陈楚之间凡人兽乳而双产谓之釐孳；秦晋之间谓之健子；自关而东赵魏之间谓之孪生。"③ 可知双胞胎在西汉或者之前的时代，在不同地域还有"釐孳"、"健子"等称谓。东汉许慎《说文

---

① 刘敏如、谭万信：《中医妇产科学》，北京：人民卫生出版社，2001年，第2页。
② （清）王先慎集解：《韩非子集解》卷13《外储说右上》，新编诸子集成本，北京：中华书局，1998年，第317页。
③ （清）钱绎撰集：《方言笺疏》，北京：中华书局，1991年，第97页。

解字》中则释云:"孪,一乳两子也。"上述的"孪"、"孪子"、"厘孹"、"健子"等都是双生子、双胞胎意。隋朝太医巢元方在《诸病源候论》云:"阳施阴化,精盛有余者,则成两胎"①,是古代较早谈及双胞胎成因的。宋代名医陈自明《妇女良方大全》更是直言:"然则妇人妊娠有两胎者,何也? 按古今方书并无论及此者,惟巢氏论云。"②在这些文献典籍中,对多胞胎中的双胞胎专门记述并进行解释的原因,可能正是反映了古人对这种特殊生育现象的某种疑惑和不解。

今天我们知道,多胞胎妊娠以双胞胎为多。即使是双胞胎,自然怀孕概率也很低,一般为正常妇女妊娠的1%左右,与是否有多胎遗传基因、孕妇年龄及胎次、特殊医学技术及用药等诸多因素有关。根据现代生物学的理论,双胞胎分为同卵双生和异卵双生两种情况。同卵双生,也叫一卵双生、单卵双胎,即妇女在一个排卵周期内排出一颗卵子,在一定条件下该卵子与一个精子结合产生一枚受精卵。之后这枚受精卵发生分裂,形成两个遗传信息相同的胚胎。由于接受完全一样的染色体和基因物质,这种情况下生产出来的胎儿外貌极为相像,甚至连父母也很难分辨。他们的性别、血型、智力、某些生理特征甚至对疾病的易感性等也相一致。而异卵双生也叫双卵双胎,是妇女在一个排卵周期内排出两颗卵子,并且都与精子相遇而受孕,产生不同的受精卵。每个受精卵形成独立的胎盘和胎囊,两者血液循环互不相通。在子宫内发育生长后,母亲生下的双胞胎因为所携带的遗传基因信息不同,性别可能异性也可能同性,外貌体征如同兄弟姊妹。异卵双生的情况相对较为多见,约占双胎妊娠的2/3。由于古代没有过多的生育医学和生物遗传理论知识,传世文献中对双胞胎或多胞胎的区分也没有过于详细,大多只对他们的性别和体征作主要的记述。

同性双胞胎历史记载的案例较多,以男性双胞胎为主。例如,《明史》卷二二六有载:"(明)楚恭王得废疾,隆庆五年(1571)薨,遗腹宫人胡氏孪生子华奎、华壁。……万历八年(1580),华奎嗣王,华壁亦封宣化王。"③华奎、华壁是男性双胞胎。清朝乾隆帝五子荣亲王永琪与侧福晋索绰罗氏在乾隆二十九年(1764)八月十五日戌时生了一对孪生儿子,一子在十月早夭,一子为绵亿,得封多罗荣恪郡王④。

至于同性双胞胎是否是同卵双生,因古代无确切医学检测数据,今天只能根据文献所记其外貌相似程度大体做出推断。若双胞胎面貌外形极为相似,外人甚至亲属很难分辨,多半就是同卵双胞胎。这种判断有一定的科学依据,今天医学上被称之为相似法。《吕氏春秋·慎行论·疑似》有云:"夫孪子之相似者,其母常识之,知之审也。"《战国策·韩策三》中也有"夫孪子之相似者,唯其母知之而已"的记述。可知很早就有双胞胎极为相像的记载,只有其母亲才能分辨出来。宋人洪迈在《夷坚志》中记载了董绰兄弟的事迹,称他们"颜状如一"⑤,相貌极其相似,估计是同卵双生子。清人吴庆坻在《蕉廊脞录》中收录了一

---

① (隋)巢元方,南京中医学院校释:《诸病源候论校释》卷42《妇人妊娠病诸候下》,北京:人民卫生出版社,1980年,第1183页。
② (宋)陈自明:《妇人良方大全》卷十《娠子论第二》,传世藏书本,海口:海南国际新闻出版中心,1996年,第5699页。
③ (清)张廷玉:《明史》卷226《郭正域传》,北京:中华书局,1974年,第5945页。
④ 马文大辑:《爱新觉罗宗谱》甲册,北京:学苑出版社,2008年,第131页。
⑤ (宋)洪迈,何卓点校:《夷坚志》支乙卷第三,北京:中华书局,1981年,第815页。

对双胞胎趣事,云:"家小谷太守清皋、西谷府丞清鹏,为谷人祭酒孪生子。幼时声貌无异,家人几不能辨,以䯼角左右别之。祭酒封翁晚年双瞽,两孙至前,则摸䯼角呼之曰:'尔皋皋耶?''尔鹏鹏耶?'年十七,同入县学。"这对清皋、清鹏孪生兄弟应是同卵双生子,从小声音和相貌没有差别,家人只能靠梳左右发髻来分辨。连爷爷也总是得问:"你是皋皋还是鹏鹏?"①当时传为美谈。由上可见,文献对同卵双胞胎相似的描写极为生动。

异性双胞胎,肯定是异卵双生,俗称龙凤胎,在我国古代文献记载中较为少见。据《晋书·羊祜传》记载:"(羊)祜,蔡邕外孙,景献皇后同产弟。"②羊祜就是龙凤胎中的弟弟。《旧唐书》则载:"(王)守一与后双生。"③唐玄宗李隆基的王皇后与国舅王守一是龙凤胎。

三胞胎、四胞胎乃至更多胞胎的孕育原因大致与双胞胎相同。或者是妇女一次排出一颗卵子与一个精子结合后,进行多次分裂,形成了多枚受精卵,这样生育的多胞胎同性,且相似度很高;或者是妇女一次或相继排出多颗卵细胞与多个精子结合,形成多枚受精卵而孕育多胞胎,性别可能不一致。在自然受孕情况下,多胞胎的妊娠胎数越多,怀孕几率就越低,往往是千分或万分之一以上。这种少之又少的生育现象,古代也有记载。东晋干宝《搜神记》中就有"吴赤乌七年(245),有妇人一生三子"④的记载。《新五代史》卷五有"左熊威军将赵晖妻一产三男子"⑤记录1条。《元史·五行志》有"中统二年(1261)九月,河南民王四妻邹氏一产三男"等关于三胞胎的记载共计9条;"(至元)二十年二月,高州张丑妻李氏一产四子,三男一女"等四胞胎的记载2条。⑥《明史·五行志》也直言"前史多志一产三男事,然近岁多有,不可胜详也",同时还记载了"天顺四年(1460)四月,扬州民妇一产五男"的五胞胎1例。⑦另外,明清各地地方志也有多胞胎记载,如万历《山西通志》载有:"民路汝臣妻一产三男,县官给米育之,起名路生、路长、路成。"⑧表明近世多胞胎已较多见。上述可见,多胞胎生育现象在我国古代虽不多见,但也有相关文献记载。

二

今天我们可以给予多胞胎一个明确的科学解释,然而在科技和医学水平相对落后的古代,对于多胞胎这种特殊生育现象的看法并不一致,是相当复杂的。多胞胎有时被人们认为是一种祥瑞,吉庆有余;有时则被认为是不祥的征兆,避祸不及。而造成古人对多胞胎看法产生分歧的原因,与其生活的时代环境、物质条件、医学水平、生育习俗以及统治者的政策态度等有很大关系。

---

① (清)吴庆坻:《蕉廊脞录》卷3"皋皋鹏鹏",北京:中华书局,1990年,第74—75页。
② (唐)房玄龄:《晋书》卷34《羊祜传》,北京:中华书局,1974年,第1013页。
③ (后晋)刘昫:《旧唐书》183《外戚·王仁皎附子守一传》,北京:中华书局,1975年,第4745页。
④ (晋)干宝:《搜神记》卷6"一妇四十子"条,北京:中华书局,1977年,第70页。
⑤ (宋)欧阳修:《新五代史》卷5《唐本纪第五》,北京:中华书局,1974年,第48页。
⑥ (明)宋濂:《元史》卷50《五行志》,北京:中华书局,1976年,第1064页。
⑦ (清)张廷玉:《明史》卷29《五行志一》,第441页。
⑧ (明)李维祯:万历《山西通志》卷26《杂志》,明崇祯二年重印本,第2073页。

我国自古以来就是农耕社会,在农业技术滞后,农业器械匮乏的时代,人力就是最为重要的生产要素。因此,传统社会注重生育,强调成家立业,传宗接代,推崇早育多育,多子多福;认为"不孝有三,无后为大",将"无子"视为妇女"七出"之罪。而子孙满堂、人丁兴旺是我国历来大福之人的重要标志,为时人和后世所艳羡。我国历朝统治者为人口增殖也大多采取鼓励早婚和奖励生育的政策。在这种历史社会背景下,多胞胎尤其是双胞胎现象在大多数时代还是被认可的,多有鼓励奖赏之举,并视为喜庆之事。

　　早在先秦时期就有对多胞胎进行奖赏的政策。如《国语·越语上》记载了越王勾践鼓励人们生育的措施,其中就特别强调"生丈夫,二壶酒,一犬;生女子,二壶酒,一豚;生三人,公与之母;生二人,公与之饩"。意思是生下一男孩,奖励两壶酒,一条狗;生下一女孩,奖励两壶酒,一头猪;一次生下三胞胎,由官府派给乳母;一胎生两个婴儿,由官府供应他们饮食。① 明朝万历年间,"十一年春二月乙卯,民吴守仓妻一产三男。知县刘一相以为人瑞,给粟膳。其母命其子曰大雏、二雏、三雏。"②清人纪昀《阅微草堂笔记》记载:"国家典制,凡一产三男,皆予赏赉。"③清人王士禛在《池北偶谈》卷四《千秋康氏》记得更为详细:"本朝顺治已来,直省民间一产三男者,岁有数十,多不胜纪,定例官给米三石、布十匹而已。按南唐时金陵人康国辅娶司马氏,一产三男。唐主以为瑞,皆封将军,号千秋康氏。《柳子厚集》有为广南郑尚书奏百姓一产三男状,侈为休征。想尔时此事绝少,故以为祥瑞而优异如此。"④可见在清代多胞胎除了给予米、布等物质奖励和生活补贴外,还像唐朝、南唐等一样被视为"休征",亦即吉祥之兆。

　　在不少文学作品中也体现出对诞下多胞胎尤其是男性双胞胎的祝贺和欣喜之情。唐朝诗人杜荀鹤因贺双生子做《清溪来明府出二子请诗因遗一绝》,诗云:"珠明玉润尽惊人,不称寒门不称贫。若向舞唐作双瑞,便同祥凤与祥麟。"⑤诗中把双生子称为"双瑞",并以"祥凤、祥麟"的凤毛麟角之意喻之。宋代著名女词人李清照也有一篇关于祝贺双胞胎的文信传世,即《贺人孪生启》,文云:"无午未二时之分,有伯仲两楷之侣。既系臂而系足,实难弟而难兄。玉刻双璋,锦挑对褓。"⑥该文一二句点出"孪生",几乎同时降生,相貌相似无二,应是同卵双生子;三四句是家人对这对"难兄难弟"的孪子采用以彩绳一系于臂、一系于足的方法加以辨别;五六句则恭贺双胞胎皆为"弄璋"之男,这在重男轻女的古代社会是生育人家的喜闻乐见之语。曹雪芹《红楼梦》第二十八回中描写贾宝玉、薛蟠等人行酒令时,冯紫英道:"女儿乐,头胎养了双生子。"⑦亦可透视出当时生育双胞胎的喜庆习俗。

　　然而,并不是古代都能认可和接受多胞胎现象。由于这种生育现象并不常见,也有一些历史时期认为多胞胎生育现象怪异,当做"志怪"来记述,继而产生厌恶和排斥。再加上

---

① 尚学峰、夏德靠译注:《国语》,北京:中华书局,2007 年,第 369—370 页。
② 顺治《高平县志》卷 9《祥异》,清顺治十五年刻本,第 456 页。
③ (清)纪昀:《阅微草堂笔记》卷 18《姑妄听之四》,济南:齐鲁书社,2007 年,第 479 页。
④ (清)王士禛:《池北偶谈》卷 4"千秋康氏"条,北京:中华书局,1982 年,第 86 页。
⑤ (清)彭定求:《全唐诗》卷 693《杜荀鹤》,北京:中华书局,1960 年,第 7978 页。
⑥ (宋)李清照,王仲闻校注:《李清照集校注》,北京:人民文学出版社,1981 年,第 202 页。
⑦ (清)曹雪芹:《红楼梦》第 28 回《蒋玉函情赠茜香罗,薛宝钗羞笼红麝串》,北京:人民文学出版社,2008 年,第 383 页。

难产、怪胎等方面的质疑,有人甚至斥责和怒视多胞胎及其母亲为"不祥",把生育多胞胎的妇女称为"疴""妖",更有甚者还将诞下的多胞胎送人或杀死等。就连多部正史都将多胞胎生育归于专门记载"灾异"的"五行志"之中。这都是由于古代人们对于多胞胎这种特殊的生育现象缺少科学正确的认识所致。笔者试逐一析之。

首先,古人多把多胞胎当作异事奇闻。宋《续资治通鉴长编》卷一二三载:宋仁宗曾谕宰臣张士逊等曰:"近复有人邀驾献双生二女子,朕却而不受。"①这是为数不多的女性双胞胎养成的记载,就如同进献优伶侏儒、珍禽异兽等一般,献双生女色以图取悦君王,亦可见其地位不高,也表明当时较为稀见。明人沈德符《万历野获编》卷二九云:"孪生子,世多有之。然以俱男子为异。若累产俱孪且男,则尤异。如嘉靖中之顾联璧、合璧,同举戊午乡试,联璧登进士,官嘉兴府同知,卒于官;合璧以乙科仕至佥事,而卒于家。乃其父母凡四胎,共得八男子,则奇甚矣。又先大父为上川南道时,有雅州医官时姓者,颇明方脉,技亦大行,每入谒,即以饔飧为苦,问之则云:家有三十二儿。问有姬妾,则云止结发一人,凡十六乳而得此,无一夭折者,以此困于资给。初意其妄,继询之一州人,无不以为信然。则怪而妖矣,宇宙真何所不有。"②该书将顾联璧、顾合璧父母四胎孪生八子,雅州时姓医官十六胎孪生三十二子事都当做奇闻记载,同时也透视出当时当地人们对多胞胎"怪而妖"的看法和舆论。然,正如唐代史家刘知己在《史通》中所言:"古之国史,闻异则书,未必皆审其休咎,详其美恶也。"③这些异闻未必体现"休咎"的价值观念判断,更多是"无奇不有"的感慨和书写。

其次,多胞胎生育多难产。囿于医学技术水平,古代生育方式主要是顺产,即自然的分娩方式,生育过程中经常遇到难产、大出血等突发情况,易发生生育危险。《汉书·孝宣许皇后传》有云:"妇人免乳大故,十死一生。"单胎生产已然是"十死一生",无疑多胞胎的孕育更是增加了生育的风险性。即使在今天,多胞胎仍属高危妊娠范畴,孕妇易发并发症,早产儿发生率及围生期死亡率高。翻检古代医书,发现妇产科比较有名的《千金方》《医宗金鉴》《傅青主女科》等记载了妇女生育中求子、妊娠、胎教、保胎、小产、难产、正产、产后等众多病证,多胞胎生育的产证则绝少。《妇女良方大全·候胎门》记有一则为孕妇诊脉的"诊妇人有妊歌"。该歌曰:"左手带纵两个男,右手带横一双女。左手脉逆生三男,右手脉顺还三女。寸关尺部皆相应,一男一女分形证。有时子死母身存,或即母亡存子命。"④这条诊胎口诀说明古代医生通过诊脉已有是否孕有多胞胎的初步认识和判断,同时也道出多胞胎不是母死就是子亡的极高风险。清代《胎产心法》中记有"临产双生须知",云:"凡孕妇临产,一儿已下,又见一儿,此系双生。惟稳婆自知之,只云取胞,待生下方言,恐惊母成产患也。"⑤这从医学临床心理学的角度说明双胞胎生育的危险性,生育过程中不敢告诉

---

① (宋)李焘:《续资治通鉴长编》卷123"宋仁宗宝元二年乙丑"条,北京:中华书局,1985年,第2902页。
② (明)沈德符:《万历野获编》卷29《祥禨·孪生子之异》,北京:中华书局,1959年,第734—735页。
③ (唐)刘知几,白云注译:《史通》(内篇·书志第八),北京:中华书局,2014年,第95页。
④ (宋)陈自明,(明)薛己校注:《校注妇人良方》卷11《候胎门》,北京:人民卫生出版社,1956年铅印本,第229–230页。
⑤ (清)阎纯玺,田代华、郭君双点校:《胎产心法》卷中"临产须知十四则",中医古籍整理丛书本,北京:人民卫生出版社,1988年,第314页。

孕妇双生。多胞胎高生育风险也有历史实证。《北齐书》卷九记载北齐皇帝高欢的皇后娄昭君曾生过龙凤胎。史云:"齐武明皇后娄氏……后夜孪生一男一女,左右以危急,请追告神武。"可见当时生育情况十分危急,险连及母子性命。① 清康熙之女和硕温恪公主生了一对双胞胎女儿,但母亲却因难产而亡,年仅二十三岁。基于多胞胎生育的高风险,久之人们就会把多胞胎生育与母子难保直接联系起来,成为因果,所以多胞胎也就成了不吉之事了。

再次,多胞胎易生怪胎。由于古代缺乏今天先进的胎儿检测手段,孕期检查不及,多胞胎孕育往往容易诞下连体胎儿、畸形胎儿等所谓的"怪胎",更在一定程度上引发了对多胞胎生育现象的质疑和恐慌。如前揭几部正史"五行志"中均有"怪胎"记载。《南齐书》卷一九《五行志》记载:"永明五年,吴兴东迁民吴休之家女人双生二儿,胸以下齐(脐)以上合。"《新唐书》卷三六《五行志三》云:"鹑觚县卫士胡万年妻吴(氏)生一男一女,其胸相连,余各一体,乃析之,则皆死;又产,复然,俱男也,遂育之,至是四岁,以献于朝。"《明史》卷二九《五行志一》则有:"(嘉靖)十二年,贵州安卫军李华妻生男,二头四手四足。"以上案例实际都是我们所说的连体胎儿,应该是同卵双胎,只是由于当初受精卵分裂时的不完全造成了某些部位相连或发育不完全所致。然而在古代对这种生育现象很难做出合理的解释,甚至有的还根据因孕多胞胎而生育出"怪胎"的形状附会以荒诞的征兆,如《南齐书·五行志》记有"生子二胸以上,民谋其主;三手以上,臣谋其主","二鼻以上,国主久病;三足三臂已上,天下有兵"②等等,以此预言时事灾祸。这在今天看来荒谬之极,也反映了时代的认识局限。

最后,多胞胎生育还威胁到了中国传统中血缘宗法制度,容易引发皇位、官爵、财产、等级等继承及秩序问题上的混乱。西汉历史轶事类笔记《西京杂记》中有记载:"霍将军妻一产二子,疑所为兄弟。或曰:'前生为兄。后生者为弟。今虽俱日,亦宜以先生为兄。'或曰:'居上者宜为兄,居下宜为弟,居下者前生。今宜以前生为弟。'时霍光闻之,曰:'昔殷王祖甲一产二子,曰嚚,曰良。以卯日生嚚,以巳日生良。则以嚚为兄。以良为弟。若以在上者为兄,嚚亦当为弟。昔许釐庄公一产二女,曰妖,曰茂。楚大夫唐勒一产二子,一男一女,男曰贞夫,女曰琼华。皆以先生为长。近代郑昌时、文长蒨并生二男,滕公一生二女,李黎生一男一女,并以前生者为长。'霍氏亦以前生为兄焉。"③宋人洪迈《容斋续笔》卷一"双生子"条也印证了这一说法:"今时人家双生男女,或以后生者为长,谓受胎在前;或以先生者为长,谓先后当有序。然固有经一日或亥、子时生,则弟乃先兄一日矣。辰时为弟,巳时为兄,则弟乃先兄一时矣。"④上述议论反映了古人对双生子中到底哪个是长,哪个是次的认识也比较混乱,没有统一的意见。后来,洪迈在《容斋五笔》中对前引《西京杂记》说表示赞同,认为"双生以前为兄"⑤,专门就双生子孰长孰幼问题进行伦理上的解释并试图定论。按照今天的医学定义,先生为长;但古人也认为,后生的受胎在前,也可以为长。古代传统

---

① (唐)李百药:《北齐书》卷9《神武娄后传》,北京:中华书局,1972年,第123页。
② (梁)萧子显:《南齐书》卷19《五行志》,北京:中华书局,1972年,第386页。
③ (晋)葛洪,周天游校注:《西京杂记》卷3"霍妻双生"条,长安史记专刊本,西安:三秦出版社,2006年,第158—159页。
④ (宋)洪迈:《容斋续笔》卷1"双生子"条,北京:中华书局,2005年,第221页。
⑤ (宋)洪迈:《容斋五笔》卷1"双生以前为兄"条,北京:中华书局,2005年,第835—836页。

伦理重视长幼尊卑,等级次序严明,宗法制度讲究立嫡立长,所以当不当长子和兄长,命运则大有不同。可见,多胞胎还危及到古代社会的基础伦理和尊卑秩序。

　　由于种种困惑和质疑,有关多胞胎特别是三胞胎及以上多胞胎生育不祥的记载开始多了起来。《新唐书·五行志三》有"(代宗)大历十年(775)二月,昭应妇人张产一男二女"等三胞胎记载2例,四胞胎记载3例,认为三胞胎及以上的多胞胎是"物反常为妖,亦阴气盛则母道壮也",认为多胞胎生育有违常理,是阴盛阳衰、反常妖气所致,将生育多胞胎的母亲视为"人痾",即阴阳人、雌雄人,以为妖孽和不吉。① 唐代占卜之书《开元占经》引《天镜》曰:"妇女一时生三男,不出三年,外国来(伐);生三女,国有阴私"②,视生育三胞胎为灾祸之兆。《明史·五行志一》也将生育三胞胎及以上多胞胎的母亲与生育怪胎的母亲一同斥之为"人痾"。因为正史修撰往往代表了国家和政府的主流态度,正史中《五行志》又是专门记载灾异事变来解释自然现象和社会历史事件,以此预测吉凶福祸。所以对当时或后世的多胞胎生育都产生一定影响。清代《阅微草堂笔记》中也有"以一产三男列于人痾,其说以为母气盛也,故谓之咎征"之说,把生三胞胎视为"咎征",也就是过失报应、灾异应验的不祥之兆。

　　多胞胎生育不吉的认识和看法,主要是因为古代多胞胎主要以母亲自然分娩的生育手段下本就难生,可能母子难保;加上当时无法解释的"怪胎"现象,甚至还可能会危及母亲或多胞胎中其他胎儿,因而产生了多胞胎之间相克、克母亲、对家庭或社会不利的附会说法。久而久之,就容易产生多胞胎不吉的舆论。所以在一些地域和民间,至今还流传着把生下的多胞胎杀掉一个或干脆把孩子分开送给别人抚养,以期不为患自家和他人的做法。当然,按照国人多子多福的传统,照理说生育多胞胎是喜庆的,但有时候古代流传下来的说法也是有原因的,只是初始的缘由已未确知,而只是留下了简单的结论——不祥。

三

　　多胞胎不仅生育风险高,认识态度复杂,而且养成成本也较高。这就造成了在历史上多胞胎本就稀少的前提下,抚养教育多胞胎的记载少见,成名成才的案例更少。笔者认为多胞胎养成记载缺乏的原因主要有如下几个方面:

　　首先,古代多胞胎的成活率相对较低。即使孕有多胞胎,但孕妇不仅缺乏科学的养胎知识,而且没有科学的孕期检测,如遇外力变化和调养不周,极易造成胎死腹中。这在古代医书中就有体现。前引《诸病源候论》云:妊娠两胎"若冷热失宜,气血损弱,则胎蔫燥不育。其两胎而一死者,是血遇于寒,其经养不周,故偏夭死也。候其胎上冷,是胎已死也。"③同时,由于我国古代的医学科技水平较低,妇女生育主要靠自然分娩,一般由民间的

---

① (宋)欧阳修、宋祁:《新唐书》卷36《五行志三》,北京:中华书局,1975年,第954—956页。
② (唐)瞿昙悉达,常秉义点校:《开元占经》卷113《人及鬼神占》,北京:中央编译出版社,2006年,第1129页。
③ (隋)巢元方,南京中医学院校释:《诸病源候论校释》卷42《妇人妊娠病诸候下》,北京:人民卫生出版社,1980年,第1184页。

接生婆检查和协助。这就导致了身怀多胞胎的妇女在分娩过程中容易出现早期破水、羊水栓塞、脐带绕颈、横生逆生、大出血等难产危险,若不及时发现或尽早进行剖宫引产等治疗干预,严重的可能导致胎儿窒息,甚至母子难保。即使多胞胎婴儿生产出来,其产后护理和医治也有很多欠缺,容易出现因黄疸、贫血、发育不完全等疾病而造成存活率低。清代同治《崇阳县志》就有记载:"西乡民家妇一产五男,皆死。"①清代《直隶通州志》亦载:"州城南郭外民李锽妻徐氏一产四女,二不全体,逾日,母子俱死。"②

其次,多胞胎后天养育艰难。多胞胎从胚胎发育时供血和营养不如单胞胎充足,而且古代育儿知识相对匮乏,后天养育多靠母乳或者自然食粮,容易发生营养不良,造成体质、智力、发育等相对低下,易罹患疾病,因此后天哺育显得尤为重要,否则多胞胎与同龄人相比总是要差一些,容易发生夭折。在古代,人们的物质水平较低,营养知识有限,尤其是在平民一般家庭同时拥有多个孩子的情况下,生活压力较大,这也造成了多胞胎的养育困难。道光《广东通志》卷三百六记载:"邵池道妻简氏归逾年夫死,遗腹孪生,孀守三十余年,辛勤拮据,训孤成立。"民国《杭州府志》卷一六一也有类似记载:"沈端余妻林氏,年二十二寡,孪生子甫二龄。黾勉持家,艰苦备尝。"简氏、林氏守节不易,"辛勤拮据"、"艰苦备尝"地抚育孪生子更是不易,因此受到旌表,得以列于地方史志。又如,《清史稿》卷三二〇《梁国治传》载:"(梁)国治笃孝友,与兄孪生,兄早卒,终生不称寿。"③

再者,多胞胎后期教育成本高。古代教育资源有限,大多数平家多胞胎子弟在生存压力和有志于学往往难以两全,加之多胞胎智力、体质发育相对迟缓,很难在官学或者私学接受到良好和完整的教育,博取功名又是人中龙凤,难上加难。在古代多书写帝王将相之事的史志之中,记载对象范围小,若无功名、官爵和特殊功勋,一般不为百姓修史,而对平民家庭多胞胎进行记载的几率更是微乎其微。种种前提之下,文献中出现的多胞胎来源多生于王侯贵胄之家或作为奇闻灾异收录的情况也就不难理解了。东晋大文学家陶渊明在《责子诗》中写道:"白发被两鬓,肌肤不复实。虽有五男儿,总不好纸笔。阿舒已二八,懒惰故无匹。阿宣行志学,而不爱文艺。雍端年十三,不识六与七。通子垂九龄,但觅梨与栗。天运苟如此,且进杯中物。"④诗中记载陶渊明有五个儿子,阿舒懒惰,阿宣不爱文艺,阿通尚且年幼,年龄同是十三岁的双胞胎兄弟阿雍和阿端则出现年龄与学识不符的情形,"不识六与七",反映了陶渊明恨子不成的无奈,体现了为多胞胎父母的苦心。

当然历史上也有多胞胎和睦友爱,功成名就的记载,以男性双胞胎为多。例如,《魏书》卷五六《崔亮传》记载:"光韶与弟光伯双生,操业相侔,特相友爱。遂经吏部尚书李冲,让官于光伯,辞色恳至。冲为奏闻,高祖嘉而许之。"⑤史书所云"操业相侔,特相友爱"也许就是双胞胎养成的标准和目标。南朝士族名流江革"九岁丁父艰,与弟(江)观同生,少孤贫,傍无师友,兄弟自相训勖,读书精力不倦。十六丧母,以孝闻。服阕与(江)观俱诣太

---

① 同治《崇阳县志》卷12《灾祥》,清同治五年刻本,第1655页。
② 乾隆《直隶通州志》卷22《杂志》,清乾隆二十年刻本,第2289页。
③ 赵尔巽:《清史稿》卷320《梁国治传》,北京:中华书局,1977年,第10768页。
④ (晋)陶渊明:《陶渊明集》,北京:中华书局,1976年,第106页。
⑤ (北齐)魏收:《魏书》卷56《崔亮传》,北京:中华书局,1974年,第1482页。

学,补国子生,举高第"①。江革兄弟虽年少先后丧父丧母,但"自相训勖",同举高第,成为双胞胎互相砥砺,陪伴成长的典范。明代著名直臣顾大章、顾大韶也是双胞胎。据《明史》本传记载:"(顾)大章与弟大韶,孪生子也。大章举万历三十五年进士,授泉州推官,乞改常州教授",后迁刑部主事;"(顾大韶)老于诸生。通经史百家及内典,于诗、礼、仪礼、周官多所发明。他辨驳者复数万言。"②顾氏孪生兄弟不仅极富学识,而且精神节操相似,为时人推崇,实为难得。清代笔记《履园丛话·画学》则有:"作伪书画者,自古有之。……就余所见,若沈氏双生子老宏、老启、吴廷立、郑老会之流,有真迹一经其眼,数日后必有一幅。"③可知沈氏双生子老宏、老启术业专攻,记忆、画工双绝。清代何绍基、何绍业,湖南道州(今湖南道县)人,孪生于嘉庆四年(1799)农历十二月,兄弟二人志趣相投,学无不通,以书法、学问传世,为后世推崇。上述双胞胎成功的案例,毕竟是多胞胎中的少数,其背后养成的艰辛不言而喻。

总上所论,中国历史上对多胞胎的记载以双胞胎为多,其中又以男性为主,反映了农耕社会重男轻女的生育习俗。多胞胎自然受孕率低,孕育和养成艰难,在文献记载受到限制的古代,能够对多胞胎现象有所记载,可以看出当时的人们对于这一生育现象还是比较重视的。在推崇早育多子的时代,多胞胎生育是受到鼓励和奖赏的,是吉庆之事,尤其是对男性双胞胎多持认可和喜悦态度。到古代中后期,多胞胎生育渐多,但人们的认识趋向复杂,由于难产、怪胎、伦理等方面的质疑,开始出现了"不祥"的看法,特别是三胞胎及以上的多胞胎被附会以灾异征兆。中国古代多胞胎生育的艰难和认识态度的复杂正是历史时代局限性的缩影和反映。

作者简介:王凤翔,滨州学院人文学院副教授;岳云艳,滨州学院教师教育学院讲师。

---

① (唐)姚思廉:《梁书》卷36《江革传》,北京:中华书局,1973年,第522页。
② (清)张廷玉:《明史》卷244《顾大章传附顾大韶传》,第6340、6342页。
③ (清)钱泳:《履园丛话》卷11下《画学》,北京:中华书局,1979年,第298页。

历史剖面:《中国土地法大纲》的华北乡村实践*

马维强 白 卉

【摘 要】 根据地时期中国共产党对乡村和农民改造的核心是土改运动。本文通过对《中国土地法大纲》乡村实践的研究,呈现中国共产党革命的历史细节及特点。在《大纲》的实践中,中国共产党与新闻媒体及乡村干部和各阶层民众之间发生互动,对土改运动发展的趋势、走向共同发挥作用。新闻媒体以贴近民众的话语方式详细解析《大纲》,促进民众对于中国共产党土改政策的认知、理解和接受;基层干部在《大纲》的传达与执行中在代表中国共产党意志的同时,也有自身的利益诉求,整党中对干部的教育改造促进了《大纲》在乡村的实践;贫雇农、中农、地富各阶层面对《大纲》有着完全不同的感受和立场,体现出不同的思想观念和行为选择。《大纲》的实践既是中国共产党改造乡村的结果,也是民众自我体验的结果。

【关键词】 土地法大纲 华北 乡村 革命

本文选取土改的一个剖面——《中国土地法大纲》的颁布实施作为研究对象,探讨其在乡村实践的具体过程,揭示其间各种行为主体包括边区政府及其控制下的媒介、地主、富农、贫雇农以及干部在《中国土地法大纲》颁布之后的不同反应及相互之间的互动。

1947年9月中国共产党召开全国土地会议,制定了《中国土地法大纲》(以下简称《大纲》),并于10月10日正式公布。《大纲》规定"废除一切地主及公共团体的土地所有权,对富农土地进行抽多补少,抽肥补瘦,并按乡村全部人口统一平均分配,使全村人民(包括地主及其家庭)都能获得同样一份土地,并归个人私有。"①中国共产党计划通过这次土地改革实现彻底消灭封建剥削、实现耕者有其田的目的,但其实际功效更在于通过土改来动员民众积极参战,以人力、物力、财力来支援革命。② 不过也有学者认为抗战胜利后中国共产党只在北方一些根据地实行过一段时间的土改,1948年中途就停下来了。中国共产党

---

* 本文是山西省高等学校优秀青年学术带头人项目"战争、革命与山西根据地民众日常生活研究"(项目编号:2017052003)和山西省高等学校教学改革创新项目"档案文献的搜集整理与中国近现代史教学创新研究"(项目编号:J2017011)的阶段性成果。

① 《拥护中国土地法大纲 彻底平分土地!》,《新华日报》(太行版)1947年10月10日。

② 张鸣:《动员结构与运动模式——华北地区土地改革运动的政治运作(1946-1949)》,《二十一世纪》(网络版)2003年6月号(总第15期);李炜光:《暴风骤雨般的土地改革与战时财政动员》,2000,www.cc.org.cn;《土改与参军:理性选择视角的历史考察》,《福建论坛》2007年11期。

在绝大多数地区战胜国民党靠的是军事胜利,与它在那里有没有实行土改并无直接关系。①

从学者的研究中可以看出,土改政策的目标与结果之间存在着复杂而非单一的关联,土改政策的制定与实施环节紧密相关,而且不同区域的实践状况也具有较大差异。② 无论是政策制定者,还是实施者,出于对政治和社会环境的不同判断及不同目的,都出现了"左"或"右"的思想倾向及行为。③ 尤其是基层干部,不仅有着对政治前途和权力、地位的考量,同时还要谋求自身的经济利益。④ 民众是土改的最大受众,但他们绝不是完全的被动者,地主、富农、中农及贫雇农各阶层基于对革命形势和自身处境的判断会体现出相应的行为选择,如地富规避更坏的结果,中农考虑安全胜于利益,贫雇农则在理性与道义之间徘徊。⑤ 中农与党时而"盟友"、时而"潜在对手"的关系造成了其起伏不定的社会地位与命运,也使其处于被挤压的尴尬境地。⑥ 贫雇农则在中国共产党的动员下,一改最初的胆小怯懦及徘徊状态,逐渐增强了被剥削的阶级意识、将地主打倒在地的复仇心理,同时也产生了侵犯中农的绝对平均主义心态以及惧怕冒尖及富裕的心态。⑦ 土改运动对乡村权力结构及社会变革的意义是深远的,⑧土改运动中的整党借助民众对基层干部进行监督的同时,也将民众纳入到村庄权力体系中来,由此使得国家加强对干部和村庄的治理。⑨

与上述研究相比,本文将关注的层面缩小至对《大纲》的乡村实践,即其颁布之后各组织、群体和阶层的反应,以期从更具体的历史层面来解剖土地改革对于中国共产党及乡村社会的意义。具体而言,中国共产党颁布政策后,新闻媒体担当怎样的角色作用,各阶层又有怎样的态度和反应,这些又显示出革命进程怎样的特点等。以往的学者强调中国共产党对乡村民众的强权渗透与策略引导,本文则注重土改运动中各行为主体的不同反应及其对土改进程的影响。

土地问题一直被认为是解决农村积贫积弱局面的关键。对于以广大农村为根据地发展壮大的中国共产党而言,从苏区时期的土地革命,到抗战时期的减租减息,再到解放战争时期的土地改革,对于土地问题的关注一直延续在革命的进程中。不过,政策制定与实施之间并非简单的逻辑对应,而存在着反复、超越或者滞后的动态关系。像晋冀鲁豫边区这样相对比较稳固的根据地老区,民众往往超越土地政策的规定。其实,无论是《五四指

---

① 杨奎松:《谈国民党的政治失败》,《东方早报》2009年9月6日;杨奎松:《抗战胜利后中共土改运动之考察(上)》,《江淮文史》2011年6期。
② 杨奎松:《1946—1948年中共中央土改政策变动的历史考察——有关中共中央土改史的一个争论问题》,(日本京都)《东方学报》2007年81期;杨奎松:《抗战胜利后中共土改运动之考察》(上)、(中),《江淮文史》2011年6期、2012年1期。
③ 张鸣:《动员结构与活动模式——华北地区土地改革运动的政治运作(1946—1949)》。
④ 李里峰:《不对等的博弈:土改中的政治精英》,《江苏社会科学》2007年6期。
⑤ 李里峰:《运动中的理性人——华北土改期间各阶层的形势判断和行为选择》,《近代史研究》2008年第1期。
⑥ 黄道炫:《盟友抑或潜在对手?——老区土改中的中农》,《南京大学学报》2007年5期。
⑦ 李金铮:《土地改革中的农民心态——以1937—1949年的华北乡村为中心》,《近代史研究》2006年4期。
⑧ 胡宗泽:《华北地方权力的变迁——1937—1948年十里店资料的再分析》,王铭铭、王思福主编《乡土社会的秩序、公正与权威》,中国政法大学出版社,1997年。
⑨ 李里峰:《党组织、党员与群众——华北土改期间的整党运动》,《安徽史学》2012年1期。

示》,还是《大纲》,都是对老区已经实践了的土地路线的一种正式确认。① 在晋冀鲁豫区②,五四指示发布后总计约两千万人口的老区、半老区,地主及旧富农经济已被彻底消灭,土地实际上已经平分。有约一千万人口的地区因解放较晚,土地问题尚未获得基本解决,但农民也已获得了很多的利益。③ 据对太行武安九区七个村的调查情况来看,1946年填平补齐运动后,各户土地的数量大致相同,但还是有一部分农户土地不够,且由于干部多占据好地,农户占有土地在质量上悬殊比较大。在浮财分配上存在较大不公,村干部分的果实又多又好,贫雇农的生产和生活资料欠缺比较大,还有部分浮财入了合作社,但干部从未公开过账目。干部的命令主义和暴力倾向也比较普遍,群众感觉压抑,也怀疑上级对村干部的管理。④ 这些成为晋冀鲁豫区进一步开展土地改革运动的主要内容和理由。

一 新闻媒介的宣传:送"法"下乡

1947年10月《大纲》正式公布后,晋冀鲁豫边区发布公告表示坚决拥护执行,随后召开边区土地会议讨论贯彻《大纲》,选出了边区农会筹备会作为统一领导全区土地改革的最高权力机关,并颁布了《大纲》补充办法,同时令各行署因地制宜地制定与各地实际情况相适宜的具体办法,提出"不论任何个人、团体或机关,凡违反、破坏、反抗《大纲》和本府补充条例,而阻挠农民运动,破坏土地改革,侵犯人民民主权利的活动;或在执行《大纲》中,利用职权,营私舞弊,阳奉阴违包庇地主富农,反对雇农、贫农、乡村工人,贱买、侵占、窃取斗争果实者,一律交人民法庭,依法严惩;特别是用暴力实行反抗或破坏者,坚决严予镇压消灭之。"⑤其后,各行署也颁发布告宣传《大纲》。晋冀鲁豫中央局宣传部要求各级党政军民机关团体必须学习《大纲》《边府关于执行土地法大纲补充办法》《边府拥护土地法布告》《军区给部队执行土地法的命令》《告党员书》《告农民书》等文件;自首长至杂务人员,一律参加学习,均不得例外。⑥ 自此,从中央到地方各级行政机关都在不断宣传和学习《大纲》。

党报是《大纲》及相关文件传达到农村最主要和最直接的渠道,乡村民众从自己"念"和听干部、教员"念"中获取了《大纲》的许多信息。村干部进行学习,并对群众进行宣传是以党报为依据。党报刊登了《大纲》后,村干部以党报为材料进行学习,如涉县七区白芟村干部在十六日一起学习《新华日报》上"克服对于《大纲》的曲解和误解"的社论。⑦ 教员在

---

① 胡素珊著,王海良等译:《中国的内战:1945—1949年的政治斗争》,中国青年出版社1997年,第292、366页。
② 1941年9月1日晋冀鲁豫边区政府正式成立。1945年9月抗战胜利后,晋冀鲁豫边区政府在行政上划分为太行、太岳、冀南、冀鲁豫4个行署,22个专区,下辖189个县政权。1947年11月,边区增设豫皖苏行署,该行署辖6个专署56县。解放战争时期,鉴于边区的发展及形势发展的需要,晋冀鲁豫边区与晋察冀边区于1948年5月合并组成华北联合行政委员会,同年8月改称华北人民政府。晋冀鲁豫边区正式结束了其历史使命。参考山西省地方志编纂委员会《近现代山西政权机构概况》,山西省地方志编纂委员会办公室,1984年,第275页。
③ 齐武:《晋冀鲁豫边区史》,当代中国出版社,1995年,第539页。
④ 《太行武安九区七个村情况的初步研究》,《人民日报》1948年2月24日。
⑤ 《边府全部接受土地法大纲 布告全区坚决拥护执行》,《人民日报》1947年12月28日。
⑥ 《中央局宣传部决定 各机关一切人员都要学习土地法》,《人民日报》1948年1月21日。
⑦ 《好好讨论行署布告 仔细研究本报社论 白芟村发现地主大破坏》,《新华日报》(太行版)1948年1月23日。

村庄的宣传同样是以党报为主要材料。他们在冬学、民校里负责给群众讲解《大纲》，或组织读报小组进行学习，冬学、民校成为民众学习认识《大纲》的重要场所。一些教员不敢在冬学里读报，怕出问题①，或只给贫雇农读，不给中农读，怕他们产生不安影响生产。② 黎城杨和角教员说："我接到报纸以后，就跟政治主任商量，政治主任说：'这可不敢往外宣传，群众知道了情绪就不好掌握了。'"这些从反面说明了作为土改信息宣传媒介的党报能够在群众中产生较大的震动效应，各阶层民众会从中获取自身需要的相关信息。党报已经成为他们了解认识土改政策的重要渠道。

除了登载政府相关的法令政策外，党报还就《大纲》及其宣传与实践中的各个环节予以关注，这对村庄的舆论导向产生重要作用。在农村，大部分民众不识字，更谈不到对土改术语的理解。《大纲》中涉及封建、半封建等术语，即使是一般的农村教员也难以理解，为此党报以问答的形式和贴近民众生活的话语对《大纲》逐条予以详细解答。③ 除此而外，党报还就《大纲》的相关政策编成了快板，拟定了二十二条标语口号④，有利于《大纲》在民众中的传播与深入。这种宣传上的大众化对于弥合中国共产党意识形态及其政策与民众思想意识之间的差距无疑是一条捷径。

> 地主富农真混蛋，破坏土地法罪不浅，
> 平头有个王琛宪，家是老财当村干，
> 土地法大纲公布后，钻空破坏胡捣乱。
> 喂的驴儿不上料，养的老猪瘦巴干；
> 破坏牲畜还不算，大吃浪费谈一谈：
> 粉条换了四大斗，做饭烧火用楼板，
> 天天吸的好纸烟，常常还把酒来灌，
> 吸烟喝酒不动弹，每天还吃小锅饭。
> 我说这话有凭据，平头贫雇亲自谈。
> 地主为啥这样干？不叫咱贫雇把身翻。
> 这个问题揭发后，把他家产全经营，
> 这样处理还不算，人民法庭要审判。
> 希望大家都注意，照着法令老实办。⑤

坚持站在贫雇农的角度，倾听他们的呼声，了解他们的所思所想，是党报始终坚持的政治立场，具体方式是以贫雇农的话语系统为分析和表达工具。贫雇农被归为"咱们"的行列，是主人的姿态，如"咱们雇贫真高兴，这个土地法的刀把子要握在咱们手里实行，与地主

---

① 《自己先弄通 然后再宣传 黎城教员研究土地法》，《新华日报》（太行版）1948年1月27日。
② 《应克服不向中农、妇女宣传土地法的偏向》，《人民日报》1948年2月3日。
③ 《土地法大纲问答》，《新华日报》（太行版）1948年1月27日。
④ 《标语口号》，《新华日报》（太行版）1948年3月2日。
⑤ 《地主王琛宪破坏土地法（快板）》，《新华日报》（太行版）1948年2月21日。

富农无干,咱们要挺起腰来当这个家"①。许多贫雇农给党报写信,将其看作可以发表自身认识和评判、诉苦申冤的重要渠道。党报也在披露贫雇农反映的问题后向上级政府提出了自己处理问题的意见和建议。② 党报在监督上级政府的行为上,及促进政府与贫雇农之间的沟通发挥了重要作用。

党报对中农是劝慰安抚、做解释工作的立场。针对民众中对平分土地是共产的误解,党报指出民众平分土地绝不是把各家的土地财物(地主除外)都拿出来平分,"中农们要安心,平分时只对富裕中农用商商量量的办法,自动献出一部份多余的土地","对富裕中农的牲口、农具、粮食等一切浮财,一根毛也不动。一般中农更不怕有损失,下中农还要分到果实哩! ……"③党报提醒中农这是政府的法令,具有权威性和管制效应,希望中农能详知并以此为依据,改变自身的动摇思想和自觉抵制地富的谣言破坏。地富则被归入敌对的"他们",与"咱们"直接相对,"听说有的地主看了土地法说破坏话,说穷人以前斗垮他不对,现在要分给他一份,高兴得了不得。这种胡说咱们不能答应他。……咱们过去斗了地主,收回土地和东西,办的都对。……看看哪个地主斗的不透,哪个地主还不服气? 咱们还要斗。……"④"地主富农们要死心,要是他反口说要给他分一份,说以前斗错他了,还要鬼鬼搗搗的造谣挑拨破坏财物,那就给他个不客气,扣起他来判他罪。"⑤地富被置放在被管制、打击的位置上,不仅财产、土地要被剥夺,而且言论、思想上也受到限制。

干部的各种违反土地法政策的行为被党报一一披露。昔阳一区东庄公安员以中农有"政治问题"、地主搞浪费的理由没收了两户地主、一户中农的财产,而实际是相互之间有私怨而致。《新华日报》评论:"地主的一切财产都要交给农民平分,但在平分时只有贫农团和农会才有资格接受。东庄公安员一不遵守区党委指示、二不遵守《大纲》的规定,私自没收地主财产,而且闹私人报复把中农财产也没收了,结果是自己得利,造成中农恐慌,真是犯了大法。"⑥多占果实、乱斗乱杀的干部行为也受到党报的揭露和批评,这对于干部的以权谋私、暴力倾向具有一定的监督力。

党报作为政府的代言人,以各种事例对党的土地路线进行诠释,并且在"农村广播"、"大众黑板"、"问题解答"等专栏及社论、短论中,对《大纲》及民众的疑问予以生动形象的解析与回答,这些以口语化、更贴近民众生活的话语方式的表达,对民众的行为显然发挥了重要的引导作用,促进了民众对于土改政策的认知、理解和接受。

---

① 《农村广播》,《新华日报》(太行版)1948 年 1 月 19 日。
② 《马家楼等村地主 曲解土地法说斗错了 这种行为要惩办他》,《新华日报》(太行版)1948 年 1 月 21 日;《三王村、寒王镇一些干部 破坏财物违犯政策》,《新华日报》(太行版)1948 年 1 月 21 日。
③ 《农村广播》,《新华日报》(太行版)1948 年 1 月 19 日;《左权一些富裕中农 误解土地法大吃大喝 这样来做是自害自》,《新华日报》(太行版)1948 年 1 月 21 日。
④ 《大众黑板》,《人民日报》1948 年 1 月 12 日。
⑤ 《农村广播》,《新华日报》(太行版)1948 年 1 月 19 日。
⑥ 《应该严厉惩办! 昔阳林县一些村的坏蛋 在公报私仇乱斗乱杀人》,《新华日报》(太行版)1948 年 1 月 29 日。

二 基层实践者:干部的行为与角色

基层干部是《大纲》的传达者和执行者,他们的行为与角色直接关系着土改运动在乡村的进展与深入。同时,《大纲》的实践也关切到干部自身的利益,这也影响了干部的行为。

干部对《大纲》的公布存在各种顾虑,于是将宣传《大纲》的党报扣押起来。如在涉县上温村政治主任李贵生和村长等干部就扣起来不让群众看,一直扣了三天,直至驻村干部发现追问后,才把报纸拿出来。① 林县九区官庄村政治主任赵文华,接到报纸看到有《大纲》后,就把报纸拿回自己家,不让群众看,群众都急的要看,他说:"上级没有布置,不能随便看。"② 干部最大的担心是民众知道了以后不好管理,如公布出《大纲》后,南马庄干部认为不能向群众宣传解释,怕影响群众生产情绪,只是在广播台简单宣读《大纲》内容。③ 在沁源某村,驻村干部在冬学里给群众念《大纲》,联会主席秦宣文极不同意,不准念,怕中农大吃二喝不好,造成生产浪费,怕雇贫不积肥积炭、节约,不努力生产等待。④ 不过,干部出于稳定群众思想和村庄秩序只是其扣押党报的一种考虑,还有一种是怕自己以往的工作或以权谋私的行为受到群众质疑,或是担心需要退出自己以往多占的果实。

一些村干部在看到《大纲》后,浪费果实和财物。武安三王村村长一面自己大吃大喝,一面说:"现在是均土地,往后就房子、农具、牲口慢慢啥也得均了,就实行共产起大锅……起大锅也好,一个小家时光可作难咧,伙起来大家不受制。"⑤ 茅岭底村的干部在看到党报后也大卖东西,政治主任卖了一头牛,抗勤主任、副村长、财粮主任等也将好骡倒换成坏骡。⑥ 一些村干部不允许群众卖东西,自己却私下里倒卖财物。⑦ 在一些村庄,村干部甚至集体破坏财物。平顺六区虹霓和梯后村相争一块约有二百多亩大的长满小柏树的山林,两村曾因此闹过纠纷。虹霓村干部看到《大纲》上规定山坡也要分,恐怕柏树分给了梯后村,就乘区干部开会不在村的机会,在民校中动员群众以每斤四元的低价叫群众随便去砍。⑧ 村干部"占便宜"的心理和个人本位、村庄本位的思想意识使得他们趁着《大纲》刚刚下发局面不稳定之际倒卖财物,这使群众的思想更为混乱,一时间变卖财产成为各地的普遍现象。由于干部自身对《大纲》也未能了解透彻,许多人坐着等平分、不生产。这说明,干部除了是政府政策的执行者,还是追求自身利益的主体,其作为村庄管理者与中国共产党的要求之间存在差距。

地主作为被敌视和打击的对象,在乡村中处于较低的社会地位,同时由于其处于社会

---

① 《扣压土地法大纲和报纸是犯罪的!》,《新华日报》(太行版)1948年1月21日。
② 《管桩等村干部应受处分 扣压土地法不让群众看 封住报纸还盖上手章》,《新华日报》(太行版)1948年1月23日。
③ 《平分是为咱们彻底翻身 南马庄群众热烈讨论土地法》,《人民日报》1948年1月26日。
④ 《沁源某些区村干部 为什么不叫宣传土地法?》,《人民日报》1948年2月21日。
⑤ 《三王村、寒王镇一些干部 破坏财物违犯政策》,《新华日报》(太行版)1948年1月21日。
⑥ 《茅岭底、西辽城一些干部 大卖东西破坏土地法》,《新华日报》(太行版)1948年1月23日。
⑦ 《破坏土地法自己吃亏 左权赞皇处分坏村坏分子》,《人民日报》1948年1月31日。
⑧ 《反对破坏扫清误解 应该认真宣传土地法》,《人民日报》1948年1月31日。

底层而成为"替罪羊"。对于干部尤其是以权谋私的干部而言，对地主的打击在某种程度上是对自身的一种保护，所以很多干部都倾向对地主进行彻底的斗争，甚至不给其生活出路。一些干部对给地主分一份无法理解。在1947年10月2日至12月26日晋冀鲁豫中央局召开的干部大会上，干部们对《大纲》的政策表示了不同的看法，认为不能给地主与农民同样一份土地财产，只能给地主留个贫农生活，数量上可以平，质量上分给坏地。对富农也不同意抽补办法，认为富农即是半地主，带有半封建，应该与地主同等对待，一律没收，只给他分些坏地。① 这种思想在干部中普遍存在。会议指出：地主是一个社会问题，站在贫雇的基本利益上亦必须解决，肉体上消灭是不对的，这不是从可怜地主出发，而是从农民的基本利益出发。只要地主经济上缴了械，政治上低了头，即应该分给他们与农民同样的一份土地和财产。② 这使干部的极"左"思想得到了一定程度的纠正。

不过，如果地富是干部的亲戚，就会受到他们的庇护。潞城五区李村沟全村大地主有九户，但只斗了四户，其余五户没有斗，因为都是村干部的本家和亲戚。村长杨发则和武委会主任韩玉忠公开对群众说："这五户是劳动发家，叫他们自动拿出些东西就对了。"地主杨贵成（村长本家）只算了四十石粗粮，他还不肯出。跑到太岳区住了十多天，拿了一颗手榴弹回来，冒充参加了八路军，到处威胁群众。村长说："他已经参加了八路军，免了他十石吧！"最后只出了三十石粗粮就算完事。③ 这种"防空洞"行为也不被政府所允许，并受到批判。

相对于地主、富农，一般的贫雇农对于干部的威胁在于对村庄权力的争夺。按照《大纲》规定，贫雇农通过加入贫农团来掌握土改的权力。他们对干部有监督的权利，尤其是对于一些强迫命令、欺压群众、贪污腐化、自私自利，吃了人民的小米，却骑在人民头上作威作福的干部，贫雇农更具有撤换的权力。④ 一些干部担心村庄政权被掌握在贫雇农手中后，不仅自身的权威受到威胁，以往的工作方式如打人骂人、命令主义等受到揭发和报复，而且贪污的果实还要退出来，于是许多村庄不经过贫雇农就成立了贫农团。如黎城二区仵桥村武委会主任王远生拉拢了政治主任、公安主任、农会主席和李孝节（在县开会的贫雇农）等组织成立了假贫农团。⑤ 武安西井、沙河西苏庄、太岳晋南三角地带等地也都成立了假贫农团，太行成立假贫农团的村庄不在少数。⑥ 为了维护自身的权力和利益，一些干部还使用非法手段打压群众。"少数干部人员在翻身运动中，多占了斗争果实，始终坚持自己的错误，不想依法退出多占部分，并且为了保持这一部分果实，已经采取了一些不正当的办法，如侵害中农，扩大斗争面，乱杀人等等。现在听说要平分，恐怕拿出自己多占果实，恐怕给地主富农分一份，又想在平分以前，乘机先乱斗一阵，牺牲别人，来保存多占果实。"太行行署认

---

① 《干部党员大多数决心改过 接受人民审查永远和党一道》，《人民日报》1948年2月21日。
② 河南省委党史工作委员会：《河南解放区的土地改革》，河南人民出版社，1991年，第40–41页。
③ 《区干部深入宣传土地法 李村沟农民说知心话》，《人民日报》1948年2月2日。
④ 《彻底发扬民主！》，《新华日报》（太行版）1948年1月25日。
⑤ 《仵桥村干部错上加错 搞假贫农团破坏土地法》，《人民日报》1948年2月16日。
⑥ 《反对成立假贫农团》，《人民日报》1948年2月7日；《太行不少村庄发现假贫农团 领导上应切实注意检查 两种类型 一种是坏干部操纵一种是坏分子把持》，《人民日报》1948年2月28日。

为这是对贫雇农民不利的,这也是"犯罪"行为,必须严厉制止。① 干部问题已经成为土改运动的重要阻碍。

1948年以后,各解放区的土地会议及土改运动中,整顿干部和党组织成为重要工作。如在晋冀鲁豫边区的土地会议上,检查干部的阶级立场不稳,及存在的地主富农思想、投降主义,干部进行反省等是会议的主要内容。会议提出"在土地改革中继续改造全党作风,继续开展查阶级、查思想运动,肃清官僚主义、宗派主义、自由主义、军阀主义,克服盲目性,提高自觉性。"随后,各地普遍开展了整党运动,许多党员、干部面对群众进行反省和检讨,一定程度上有利于约束干部的谋私行为和暴力倾向。② 除此而外,边区政府对干部多占果实的行为以布告的形式进行监督制裁。如太行行署规定,在平分土地时干部必须将多占部分全部退出。在未进行平分土地前,不得转移、变卖、破坏或浪费。违者,除平分土地时仍须将多占部分照数退出外,并按其情节轻重,给予处罚。③ 这些措施有利于约束干部的行为,并将干部改造为符合中国共产党意识形态的公共管理者。

在《大纲》实践的过程中,没有广大的基层干部,中国共产党意志在乡村难以得到贯彻实施。但他们由于在代表党的意志的同时,也有自身的利益诉求,在体制内部和群众监督不力的情形下难免发生以权谋私的现象。中国共产党站在群众的角度和立场上对干部进行教育改造,促进了《大纲》在乡村的实践。

三 政策的受众:各阶层民众的反应

《大纲》颁布后,由于关系到每个民众的切身利益,在乡村激起不小的波动。无论是贫雇农、中农还是地主、富农,都极为关心《大纲》的具体内容,那么他们有着怎样的反应与感受?

按照"平不平,问穷人"的指导精神,《大纲》规定"乡村农民大会及其选出的委员会,乡村无地少地的农民所组织的贫农团大会及其选出的委员会,区、县、省等各级农民代表大会及其选出的委员会为改革土地制度的合法执行机关,并由其组织人民法庭对一切违抗、破坏土地法的犯罪给予审判和处分。"④在此,贫雇农被赋予了管制一切违反土地法行为的权力和较高的社会地位,与此相对的是地主、富农处在乡村社会的底层,不仅失去土地和财产,而且被剥夺了政治权利。在中国共产党意识形态的影响下,贫雇农逐渐产生了地主剥削、自身被剥削的阶级意识,与此相应的政治话语对贫雇农的思想也产生了重要影响。

在工作队思想和动员技术的引导下,贫雇农逐渐认识到自身的贫穷生活是由于地主剥削所造成,地主的优越生活是建立在自己受苦受累、受剥削的基础上,所以他们憎恨地主,不同意分给地主土地,对于《大纲》中给地主分一份的规定难以理解。经过学习《大纲》,许

---

① 《克服对于"土地法大纲"的曲解和误解》,《新华日报》(太行版)1948年1月15日。
② 《讨论贯彻中国土地法大纲,边区土地会议胜利闭幕》,《新华日报》(太行版)1948年1月7日。
③ 《太行行署布告》,《新华日报》(太行版)1948年1月19日。
④ 《中国土地法大纲》,《新华日报》(太行版)1947年10月10日。

多贫雇农还是接受了分给地主土地的方案,但他们认为土改运动首先应该满足自身的要求,给地主分土地是对地主的宽大。涉县八区圣寺驼村陈万田说:"给地主分一份的办法我有意见,分是要分,可总得叫他把东西拿干净,低了头才行。像咱村的地主,都比咱吃的好穿的好,一天罪也没受过,可不能先分。"马保安说:"过去咱受罪,咱当驴,现在咱村地主还是比咱得劲哩!这次送公粮,咱还是当驴担哩,地主、富农赶着他们的好牲口驮着不担,地主一天罪也没受。像这样就先分给他一份,我就不同意,就是先清算彻底了,才能给他们分。"①先把地主斗垮、斗彻底,地主向贫雇农低头承认剥削成为给地主分土地的前提条件。

对于贫雇农而言,获得土地、好地的愿望非常强烈,因为这可以满足他们最基本的生存需要。他们都希望能在这次土改中分到足够多、质量好的土地,平等、均分是他们特别关注的,"抽多补少"、"抽肥补瘦"符合他们的利益和要求,但他们担心未必能实现,因为掌握权力的是村庄干部。沙河东户村贫雇农说:"过去光说贫雇当骨干,那是个假名,贷款时贫雇一个钱也没使上。"西户村贫雇农也说:"过去运动中干部光说贫雇带头,可是分果实就不让贫雇管了。干部分果实时想叫群众拥护,就提出吃水不忘掏井人。结果拥护了十六棵柏树,群众落了个翻身空名。"②贫雇农在斗争时的主要作用凸显出来,而在分果实和贷款时却受到冷落,因此他们认为只有自己而非干部掌握了土改的权力,自身的利益才能获得保证。左权寒王镇的农会主席,停了粉房不开,还杀了六口肥猪。有的才四十多斤重便杀了,村内农民非常不满。在一区全区贫雇干群会议上,大家讨论,给他撤销工作及开除农会会籍的处分。该区区委会也根据群众意见,将他开除党籍。③ 这使贫雇农相信他们掌握了土改的权力。群众路线使革命进程中的政治运作更多地呈现出底层贫雇农的声音,他们的思想与表达既是中国共产党意识形态引导的结果,同时与自身所处的社会地位密切相关。

相对于既在政治地位上又在经济生活上受益的贫雇农,《大纲》中给地主分一份的规定对于被彻底剥夺了土地和财产的地主、富农而言是好消息,因为这可以使他们扭转无法生活的边缘境地,有了能够生存下来的基本条件,所以在思想状态上有了一些变化,甚至有些人以此作为质疑以往被剥夺财产和受批斗的依据。前述涉县郭庄村的地主刘秋福在看了党报后睡不着觉,早早地就在被窝里唱起来了。④ 左权七区马家楼村破产地主李乃更,听到了《大纲》以后,黑夜就去打开地主李玉文的门,很神气地说:"这可不怕啦,咱们也能分一份土地。"一区扶峪村地主李计银也是不服气地说:"这回平分土地呀,是过去斗争的不对了。"清河店村也有个地主听了土地法,就到大街上唱开梆子腔,他挺着肚说:"这可好了,不怕了。"⑤

未被斗彻底的一些地主、富农分子直接破坏财物,违反政策,破坏土地法。《大纲》公布后,涉县七区大港村的地主闫祝三、闫省三弟兄二人以为要给他们分一份,不斗他们了,便将群众给他们留下的果木材料等生产树砍了当柴烧。他们共砍了一棵柿树、一棵木料

---

① 《寺驼村办法对 先给雇贫宣传土地法 防止地主曲解反攻》,《新华日报》(太行版)1948年1月18日。
② 《边区人民真心拥护土地法 贫雇农积极打破别人对土地法的曲解,领上大家走毛主席指给的光明大道》,《人民日报》1948年2月21日。
③ 《破坏土地法自己吃亏 左权赞皇处分坏村干坏分子》,《人民日报》1948年2月1日。
④ 《北行头成立巡查委员会 制止地主破坏土地法》,《人民日报》1948年1月21日。
⑤ 《马家楼等村地主 曲解土地法说斗错了 这种行为要惩办他》,《新华日报》(太行版)1948年1月21日。

树、四棵楸树、五棵椒树。左权三区桐滩镇郝献芝,听说要平分土地,就推了一斗麦子,连吃七顿扁食,并说:"自己早些吃了是赚头。"吃完后,又到街上买了二十多斤白面,准备再吃。他们的这些行为受到了贫雇农的管制。如大港村的地主弟兄二人所毁的树木被全部收回。① 左权三区的贫雇农知道郝献芝的行为后马上召集开会,贫雇农任世明说:"咱们每天卖麦还赚不上一千元钱,他每天大吃大喝,吃的是谁的?"张洪岗也说:"他吃了咱一辈子,现在还不低头,乱造谣言破坏土地法,非给他个不客气不行"。最后大家都说:"非处理这样死不向咱低头的家伙不行,"当下就将郝献芝管制起来了。②

中农没有贫雇农那样的优越感,而且认为在许多地主、富农都被剥夺了土地、财产后更深一步的土改,难免不侵犯到他们的利益,这使他们充满恐惧。一些地主富农趁机造谣搞破坏,更使他们产生不安。在很多村庄,中农自身也对土地法产生了误解,如左权一些村的富裕中农,因不知《大纲》规定对他们只是用商量的办法抽出自己多余的土地,还以为连浮财也动,所以把生产停顿了,一区里长村富裕中农停止生产,大吃大喝,造成巨大浪费。段峪村富裕中农买了六只羊。三区丈八村妇女们花也不纺了,男人也不搞运输了。有些村还产生了合伙思想,把平分土地,当成了一切统一平分。③ 不过,在了解了"富裕中农不动浮财,长余的地也是商量着抽出些"后,他们的情绪渐渐稳定。富裕中农徐春阳说:"土地法刚下来,我觉得俺家房产土地比别人多,恐怕要斗争咱。听了今天报上说不损害中农利益,多出来的土地是商量往出拿,我才放下心来,我同意这种办法。"④

面对制度安排,民众有着完全不同的认知,甚至怀疑抵抗。民众的阶层不同,中国共产党的政策也不同,民众的感受迥异,革命立场也有较大差异。这些影响着民众对于土改政策的认识与实践。

余 论

乡村土改是革命的基础,也是中国共产党在战争时期扎根农村、取得农民政权认同和物质支持的基本途径与手段。中国共产党将《大纲》的乡村实践看作政治实践的目标及形塑政权认同的场域,希望农民摆脱消极被动和受剥削的社会地位,并激发其积极主动地参与革命。本文将《大纲》的颁布实施作为透视点,探讨土地政策在乡村的传播与实践过程,从而从一个剖面观察革命的历史进程。

封闭保守的根据地乡村为中国共产党政权的稳固提供了屏障,但根深蒂固的传统也为中国共产党的社会改造带来重重阻力,即使政策以民众的利益为出发点,也同样遭到了民众的怀疑与抵制,他们对于《大纲》有着自己的理解和认识,并在此基础上表现出相应的思

---

① 《大港村地主曲解土地法 恶意破坏乱砍生产树木 群众已把他严格管制起来了》,《新华日报》(太行版)1948年1月15日。
② 《桐滩镇封建富农郝献芝 大吃大喝犯了法令》,《新华日报》(太行版)1948年1月21日。
③ 《左权一些富裕中农 误解土地法大吃大喝 这样做是自害自》,《新华日报》(太行版)1948年1月21日。
④ 《好好宣传土地法 正确拆讲土地法 石壁底等村中农 安下心来搞冬产》,《新华日报》(太行版)1948年1月29日。

想表达和行为选择。沟通民众的体验和感受与政策之间巨大差距的是根据地的新闻媒体和乡村干部。

新闻媒体是土改政策的积极传达者和践行者,这种传达既在于对党和政府政策的及时刊载,也在于通过快板、问答、歌曲等民众通俗易懂、喜闻乐见的形式对《大纲》及其间专业术语进行全方位的逐条细致的解剖;这种实践既在于对民众的苦难艰辛的倾听和理解,也在于对贫雇农和中农的各种困惑忧虑、惶恐不安的引导与排解,甚至撑腰做主,对地主的仇恨敌视与干部的虚伪谋私的打压与管制,以及对各级政府管理行为的监督与催促。① 基层干部内在于乡村中,是中国共产党政策的直接实施者,同时也作为主体谋求自身的利益。这种角色的矛盾与困境以及政府的整顿和改造使他们在面对民众时既有优越感,又心生畏惧。各阶层民众对于土地政策的认识和感受来源于报刊的引导、干部的行为实践,贫雇农、中农、地富之间的认识和行动也相互影响。

《大纲》的实践既是中国共产党改造乡村的结果,也是民众自我实践的结果。这也是中国共产党实践革命的路径依赖,正是在对农民经济生活及思想世界的引导和农民的自我实践中,中国共产党将其意志及历史社会观渗透进农民的观念意识和行为选择中,实现对社会的改造。在《大纲》的实践中所形成的中国共产党政权的权威合法性、乡村的社会关系、干群关系,民众的阶级意识等为新中国成立后土改运动及乡村改造奠定了基础。

作者简介:马维强,山西大学中国社会史研究中心副教授;白卉,开封技师学院助教。

---

① 马维强、邓宏琴:《信息传播与历史建构:新闻媒介何以参与乡村土改》,《新闻与传播研究》2014年第3期。

【研究述评】

范式引导与记忆整合:魏晋南北朝日常生活史研究的回顾与展望*

夏 炎

【摘　要】日常生活史研究理路的引入,对于魏晋南北朝史的重新发现具有重要的学术意义。史料虽少,但不会成为研究的阻碍。同时,日常生活史研究可资借鉴的先验知识十分丰富,一些细致而深入的专题探研颇具范式的引导意义。从研究范式上看,日常生活史应当是一种方法论,而非具体的研究内容。对于魏晋南北朝日常生活研究,"片段记忆整合"与"以人为核心"是较为可行的研究范式。日常生活史研究的目标不应当仅限于还原历史上人的日常生活面相,而是应当有更深一层的理论关怀,更重要的是要触及社会历史发展变迁的宏大问题,探讨人的日常行为在社会发展过程中的意义,即"由物到人而及社会",这才是日常生活史研究的灵魂所在。

【关键词】魏晋南北朝;日常生活史;范式;碎片;整合

自20世纪70年代开始,日常生活史开始作为一个新兴的研究领域逐渐在欧美史学界兴起,至今已成为一个日益重要的史学流派。① 近年来,日常生活史的研究理路逐渐进入中国社会史的视域,从日常生活中发现历史成为重新建构全新中国历史图景的重要研究路径。②

然而,对于学术积淀深厚的魏晋南北朝史研究而言,日常生活史则是一个全新的话题。在以往的社会史研究领域,生活史研究多采用"社会生活"的概念,这是新时期社会史研究的重要特色。③ 彭卫曾经统计出内地五十年代之后发表的中国古代社会生活史论文共计465篇,各断代论文数目的比例分别是:先秦17%,秦汉16.5%,魏晋南北朝8%,隋唐五代14.6%,宋辽金元14.1%,明清15.4%,魏晋南北朝时期的相关研究明显处于劣势。④ 侯旭东认为近年来中国魏晋南北朝史研究出现了一些新动向,主要包括:围绕儒家及其礼制的研究、法制史、官制史、区域史、新资料——三国吴简、新出吐鲁番文书与入华粟特人墓葬以及经济史的消沉。⑤ 在这些新动向中,我们亦没有发现日常生活史研究的身影。这一迹象

---

* 基金项目:本文系国家社科基金一般项目《汉唐〈异物志〉整理与研究》(15BZS043);教育部人文社会科学重点研究基地重大项目《魏晋南北朝日常生活》(14JJD770026)研究成果。

① 常建华:《他山之石:国外和台湾地区日常生活史研究的启示》,《安徽大学学报(哲学社会科学版)》2015年第1期。
② 王春燕:《从日常生活中发现历史》,《中国社会科学报》第229期,2011年10月13日。
③ 常建华:《从社会生活到日常生活——中国社会史研究再出发》,《人民日报》2011年3月31日,第7版。
④ 彭卫:《近五十年中国古代社会生活史研究述评》,《中国史学》6卷,1996年,第69—72页。
⑤ 侯旭东:《关于近年中国魏晋南北朝史研究的观察与思考》,《社会科学辑刊》2009年第2期。

表明,时至今日,在魏晋南北朝史的研究阵地中,日常生活史基本是处于缺席的状态。

实际上,对于中古史研究而言,日常生活史不仅缺席,而且是一个研究范围比较模糊的领域。黄正建曾经对近年来有关唐代衣食住行、婚丧医疗等论文的目录分类情况进行过统计,发现学界一般将其归入"文化"、"习俗"、"社会风俗"乃至于"其他"类目下,这一分类的混乱现象反映出在中古史领域中生活史研究的角度、方法乃至理论的不明确。[①] 魏晋南北朝史研究亦存在上述问题,笔者翻阅了近20年发表在《中国史研究动态》上的关于魏晋南北朝史年度综述的系列文章,作者往往将具有生活史意义的文章归为"社会风俗"、"文化"、"社会史"加以介绍。虽然近年来已经有将"社会生活"作为单独类目加以介绍的趋势,但其所包含的论文依然比较庞杂,基本上属于大社会史的研究范畴。曹文柱等在对20世纪魏晋南北朝史研究进行回顾时,也没有将生活史作为单独大类列出,而是将相关论著放置于社会史的范畴中加以介绍,反映出生活史无确定归属领域的现象。[②]

20世纪90年代,中国社会科学院承担的国家社科基金项目《中国古代社会生活史》系列论著出版,何德章在为《魏晋南北朝社会生活史》一书撰写的书评中指出:"社会生活虽是人们口头常用的语汇,但社会生活史究竟应包括哪些历史内容,采取什么样的研究方法,却仍然没有确定……忽视对西方新史学研究理论与研究旨趣的充分了解,只在题目和形式上求变求新,使在其影响下出现的新的研究课题缺乏应有的深度,这是热心于中国古代社会史、生活史的研究者应当引起注意的。"[③]可见,在魏晋南北朝史研究领域,"社会生活"乃至"日常生活"研究的范式至今依然没有被合理地建构起来。

那么,魏晋南北朝日常生活史建构何以可能?一部全新的魏晋南北朝日常生活史又该如何书写呢?

一 在既有话题中发现日常生活

邱仲麟在为《中国史新论:生活与文化分册》撰写的导言的标题是《从文化史、社会风俗到生活》,他认为:"实际上,生活史本就包含在社会史之中,故社会史著作中,多半言及历史上中国人生活史的内容。"[④]可见,文化、社会、风俗这三个关键词均与日常生活史的研究论题密切相关。因此,日常生活史研究亦非是无源之水,无本之木,以往的文化史、社会史、风俗史等研究范式均在不同程度上包涵日常生活史的课题,在既有话题中发现日常生活应当是建构魏晋南北朝新的日常生活史的起点与基础。

古人在对3世纪至6世纪这段历史进行描绘的时候,虽然在记载内容上偏重政治、经济、民族、军事,但日常生活的内容却从不缺席。这些生活片段零星地分散在正史、笔记以

---

① 黄正建:《关于唐代日常生活史研究现状的思考》,《中国社会科学院院报》2004年9月14日,第3版。
② 曹文柱等:《二十世纪魏晋南北朝史研究》,《历史研究》2002年第5期。
③ 何德章:《朱大渭等〈魏晋南北朝社会生活史〉书评》,荣新江主编:《唐研究》第5卷,北京:北京大学出版社,1999年,第524—525页。
④ 邱仲麟主编:《中国史新论:生活与文化分册》,台北:联经出版事业公司,2013年,第18页。

及文集中,是我们认识时人生活状态的重要门径。其后,这些内容又被一些重要类书加以搜集整理,如《北堂书钞》《初学记》《艺文类聚》《白孔六帖》《太平御览》诸书,均设相关类目对人们的日常生活史料进行分类辑录,使得后人得以对这一时段的生活史面貌有所了解。清儒在对历代正史资料的整理与研究方面,成就突出,如赵翼在其《廿二史札记》中便专设"六朝清谈之习"、"清谈用麈尾"、"宋世闺门无礼"、"人君即位冠白纱帽"、"南朝以射雉为猎"、"帝王行三年之丧"、"财婚"、"北齐百官无妾"①诸条,对正史中的相关生活史材料进行搜集和初步研究。正史、笔记、文集中的零星记载,类书中的辑录与清儒的读史札记是魏晋南北朝日常生活史研究的传统源头,但具有近代史学性质的魏晋南北朝生活史论题的出现应当起自20世纪上半叶。

1911年,张亮采生前的旧稿《中国风俗史》出版,该书是较早系统论述古代风俗史的专著。② 该书将魏晋南北朝归入浮靡时代(浊乱时代),分十三节叙述风俗类目,有清议、流品、门第、氏族及名字、仕宦、名节、清谈、佛老、鲜卑语、美术、婚娶、丧葬、言语等。从其分类的方式来看,似乎更类似于文化史研究。该书的主旨在风俗,作者的写作意图也在于"整齐风俗",故其并不具有生活史研究的典范意义。

这一时期,学界相继涌现出一批以"文化史"冠名的论著③,魏晋南北朝日常生活的痕迹开始出现在这些通史性的论著中。1924年,顾康伯的《中国文化史》出版,这是当时较早以"文化史"冠名并着意论及社会生活的专著。该书虽为中学历史教材,但其论述亦不乏系统性与学术性。其在"自序"中说道:"夫所谓文化者,包罗极广,举凡政治、地理、风俗、宗教、军事、经济、学术、思想及其他一切有关于人生之事项,无不毕具。"④在顾康伯的文化史建构框架中,"生活"与"风俗"是重要的类目。其在该书的第五章"帝权时代之文化(自秦之一统以迄三国)"中写道:"两汉之君主尊儒,以学术勃兴。两汉之国力富厚,是以艺术发明。即社会之生活民风,亦多受政治之影响,而有特殊之现象者,兹分述如左。"具体分为"农民生活"、"商民生活"、"工业制造"与"民风"对当时的社会生活进行论述。在第六章"种族之同化与厌世的思潮(自西晋以迄南北朝)"中又认为:"两晋南北朝以更迭频仍,民风各自不同",继续重点论述了"晋之民风"、"南朝之民风"与"北朝之民风"⑤。顾康伯较早地将"社会生活"放置于"文化史"的叙述框架下,使文化史与生活史由此发生了密切关联。

---

① 参见《廿二史札记》卷六至卷十五。
② 张亮采:《中国风俗史》,上海:商务印书馆,1911年。
③ 据周积明总结:"在20世纪初叶到中叶出版的文化史著作中,研究中国文化史的宏观方面或流变过程的著作占有相当比重。如林传甲的《中国文化史》(1914年)、顾康伯的《中国文化史》二册(1924年)、常乃德的《中国文化小史》(1928年)、陈国强的《物观中国文化史》二册(1931年)、柳诒徵的《中国文化史》二册(1932年)、杨东莼的《本国文化史大纲》(1932年)、陈登原的《中国文化史》二册(1935年)、文公直的《中国文化史》(1936年)、王德华的《中国文化史略》(1936年)、缪凤林的《中国民族之文化》(1940年)、陈安仁的《中国文化演进史观》(1942年)与《中国文化史》二册(1947年)、王治心的《中国文化史类编》(1943年)、陈竺同的《中国文化史略》(1944年)、钱穆的《中国文化史导论》(1947年)。这些著作出版后影响广大。"周积明:《二十世纪的中国文化史研究》,《历史研究》1997年第6期,第123页。据学者考证,林传甲的《中国文化史》似乎为其所著《中国文学史》之误。参见郑先兴:《中国最早以"文化史"命名的著作》,《史学月刊》2005年第12期。
④ 顾康伯:《中国文化史》上册《自序》,上海:泰东图书局,1924年,第2页。
⑤ 顾康伯:《中国文化史》上册,上海:泰东图书局,1924年,第127—159页。

进入20世纪30年代,一些学人对文化史的写作范式提出了初步构想。陈国强认为:"文化是以各个时代的社会生活为基础,随着社会生活的演进而转变的,所以在叙述各时代文化发展的过程中,特别注意说明当时的社会生活和生产技术的发展阶段,使读者明了这两者间的适应关系。"①虽然陈国强特意关注"社会生活"之于历史发展的意义,但在论述上依然是文化史的叙述脉络。杨东莼指出:"文化就是生活。文化史乃是叙述人类生活各方面的活动之记录。"②其在编目上亦独出新意,分为"经济生活之部"、"社会政治生活之部"、"智慧生活之部",但综观全书,"生活"二字之内涵实际上并非生活史之意,而该书依然是经济、政治、社会、思想的原有叙述模式。但陈国强与杨东莼着意突出"生活"概念,并将该名词引入传统史论框架的努力,则代表当时中国文化史研究的一种新的学术取向。不久,陈登原试图开辟文化史撰写的新范式,在其1935年出版的《中国文化史》一书中论及魏晋南北朝文化史专题,其中特设"涉身处世之多方面"与"南北朝之妇女"二题,渐渐具有了生活史的味道。③ 此后,王德华的《中国文化史略》一书特设第四编"社会史",分"社会阶级"、"宗教"、"婚姻与丧葬"、"姓氏名字与谥法"、"社会风气"诸章。④ 1938年,尚秉和的《历代社会风俗事物考》由商务印书馆出版,其"例言"云:"中国书籍皆详于国家章制,至社会情状、风俗变迁,无专书记录。兹编因经史百家之言,追想其社会情状,类别区分,捃拾荟萃。凡人所习焉不察者,均择出研究,以期易明。"⑤全书分44卷,时段一般涉及魏晋南北朝时期。在各个类目中,尤其是首服、身服、足服、饮食、车马、屋室、灯烛、城郭、都城街衢、都城市肆、闾里、祠祭、学校、农田、嫁娶、丧事、葬、坟墓、坐席、拜跪、讼狱、笔墨纸砚之沿革、迷信禁忌、厕溷便旋、取水取火取材木、古官吏休沐受杖佩印多虱、古贵贱之观察、历代物价、历代称呼、奴婢佣赁、治病傩疫、赋税力役户籍、行旅、兵事、岁时伏腊、各种游戏、古家庭状况、社会杂事杂物、平民仕进、妓诸卷的类目设计与生活史研究极其接近,俨然一部"历代社会生活考"。

20世纪40年代,陈安仁《中国文化演进史观》一书亦设专章论述"中国社会与中国文化",主要从社会家族制度、社会阶级制度、社会统治、社会法律四个方面探讨中国文化的诸面相。⑥ 王治心《中国文化史类编》专设"社会与风俗"一编,着重论述社会结构、宗法、社会经济、家庭、礼节、衣、食、住、风俗与风气。⑦ 至1948年,钱穆在《中国文化史导论》中亦设"古代观念与古代生活"一章,使得文化史的研究具有了明显的生活史意义。综观20世纪上半叶关于中国文化史的研究论著,虽然是在当时旧史学反思、民族主义、进化论等思潮的影响下渐次完成的,但不少学者已将带有明显社会史叙述意味的思路融入到文化史的建构之中,亦体现出当时文化史研究的社会史取向。

在上述通史性的论述中,魏晋南北朝生活史的踪迹或隐或现,实际上,当时已出现了若

---

① 陈国强:《物观中国文化史·导言》,上海:神州国光社,1931年,第4页。
② 杨东莼:《本国文化史大纲·序言》,北京:北新书局,1931年,第1页。
③ 陈登原:《中国文化史》,上海:上海书店出版社,1989年。
④ 王德华:《中国文化史略》,南京:正中书局,1936年。
⑤ 尚秉和著,母庚才、刘瑞玲点校:《历代社会风俗事物考》,北京:中国书店,2001年。
⑥ 陈安仁:《中国文化演进史观》,上海:上海书店出版社,1942年。
⑦ 王治心:《中国文化史类编》,作者书店,1943年。

干探讨魏晋南北朝日常生活史的专论,涉及魏晋风度、社会风尚、士风、园林、年龄、再嫁等问题。① 具体到断代性论著,陈安仁《中国上古中古文化史》在撰述中古文化形态诸节中,均设"社会风习"一目。② 当然,对魏晋南北朝社会生活史首次进行系统性研究的学者当属吕思勉。作为"新史学"的践行者,《中国社会史》是其最具代表性的一部著作。③ 该书初稿写于20世纪20年代,原稿设18个专题,为农工商业、财产、钱币、饮食、衣服、宫室、婚姻、宗族、阶级、国体、政体、户籍、赋役、征榷、官制、选举、兵制、刑法等。其中,"饮食"、"衣服"、"宫室"、"婚姻"、"宗族"等主题便是社会生活史研究的重要内容。在此基础上,吕著《两晋南北朝史》便给人以耳目一新之感。该书是其中国断代史系列论著中的第3部,撰写于20世纪40年代初,1948年由上海开明书店出版发行,是20世纪以来中国最早的一部魏晋南北朝断代史,也是较早对魏晋南北朝社会史的相关论题进行系统论述的专著。该书前述政治脉络,后分专题讨论。其中,第十七章"晋南北朝社会组织"、第十八章"晋南北朝社会等级"、第十九章"晋南北朝人民生计"均是其社会史撰写思路的充分体现。特别是第二十一章"晋南北朝人民生活",包括饮食、仓储漕运籴粜、衣服、宫室、葬埋、交通六节。④ 虽然该书在内容上仅仅是依据史料进行分类陈述,但从叙述意识上,明显具有向生活史靠拢的意味。不过,当时比较活跃的史家,如陈寅恪、周一良、谷霁光、萨孟武、严耕望、王伊同、姚薇元等,均将研究课题集中在魏晋南北朝的政治、制度、文化、民族等方面,而与此同时,陶希圣主编的《食货》杂志亦以刊登魏晋南北朝社会经济史方面的文章著称。因此,从整体上看,虽然吕著《两晋南北朝史》以110万字的鸿篇巨著闻名于20世纪上半叶,但生活史并非是当时魏晋南北朝史研究的主流话题。

1949年新中国成立后,内地史学界以马克思主义为指导,大多史家运用历史唯物主义观点对魏晋南北朝史的重大问题,如社会性质、土地制度、阶级结构、农民战争、民族关系等进行了集中探讨,成果丰硕,而生活史的研究则基本被忽视。何兹全《魏晋南北朝史略》⑤在章节的设计上就没有涉及社会生活。"文革"十年间的史学断层自不必论,即便是"文革"结束后的数年间,一些具有代表性的断代史著作,如王仲荦《魏晋南北朝史》⑥、韩国磐《魏晋南北朝史纲》⑦以及万绳楠《魏晋南北朝史论稿》⑧等亦不包含社会生活专题在内。

---

① 鲁迅:《魏晋风度及文章与药及酒之关系》,《北新半月刊》卷2第2期,1927年;桑镐:《汉魏际之风尚与时代背景》,《中央大学半月刊》卷1,第3期,1929年;吴世昌:《魏晋风流与私家园林》,《学文》卷1第2期,1931年;胡秋原:《汉魏六朝中国社会》,《国际文化杂志》第1期,1932年;成本俊:《魏晋时代的亡国大夫与亡国文人》,《汗血月刊》卷3第1期,1934年;董家遵:《从汉到宋寡妇再嫁习俗考》,《中山大学文史学研究所月刊》第3期,1934年;龙世雄:《魏晋学者之生活与思想》,《社会科学论丛季刊》第7期,1934年;刘汝霖:《南北朝人寿之研究》,《师大月刊》第10期,1934年;刘衡如:《魏晋时代之士风》,《广播周报》第93期,1936年;赵殿浩:《三国时代的几种社会风俗之研究》,《新文化月刊》7-10,1937年。
② 陈安仁:《中国上古中古文化史》,长沙:商务印书馆,1938年。
③ 吕思勉:《中国社会史》,上海:上海古籍出版社,2007年。该书的出版曾经历一系列曲折历程,参见上海古籍版"前言",第4页。
④ 本文所用版本为吕思勉著:《两晋南北朝史》,上海:上海古籍出版社,2005年。
⑤ 何兹全:《魏晋南北朝史略》,上海:上海人民出版社,1958年。
⑥ 王仲荦:《魏晋南北朝史》,上海:上海人民出版社,1979年。
⑦ 韩国磐:《魏晋南北朝史纲》,北京:人民出版社,1983年。
⑧ 万绳楠:《魏晋南北朝史论稿》,合肥:安徽教育出版社,1983年。

白寿彝主编的多卷本《中国通史》较全面地反映了80年代内地魏晋南北朝史研究的总体水平,然而在第5卷《中古时代 三国两晋南北朝时期》①的章节设计中,依然没有为社会生活史留有一席之地。周一良在其《魏晋南北朝史札记》②中设置了一些与生活史相关的条目,如"曹操遗物"、"鲑"、"晚有子"、"乐舞杂伎"、"珠襦玉匣及其他"等,虽然显示出对生活史题材的关注,却并没有引领当时的研究风气。可以说,从新中国成立至20世纪80年代前期,生活史在魏晋南北朝史研究领域中始终是缺席的。

1983年,田余庆在中国魏晋南北朝史学会成立大会闭幕式上的发言中讲道:"解放后由于各种干扰,特别是由于'文革'的破坏,魏晋南北朝史家浪费了不少精力,丧失了不少时间。今天看来,譬如垦荒,房前屋后,道畔水边,凡是方便易垦之处都已有人尽力勤耕,并不断获得成果,但有待开发的空白之处还是不少。在政治史、经济史、文化史、民族史等方面,提出来的新课题并不是很多。"③田先生所谓"有待开发的空白之处还是不少"虽然未必是指生活史而言,但生活史的缺席的确反映出新中国成立后几十年间魏晋南北朝史研究的某些缺失。

20世纪80年代,"文化史研究犹如潜流奔突而出,生机焕然"④。从80年代后期开始,在当时"文化热"的浪潮中,一些断代性质的文化史专著不断涌现,生活史作为"新课题"开始逐渐受到关注。这一时期,具有代表性的论著是罗宏曾《魏晋南北朝文化史》⑤。该书专设一章论述"生活习俗",分"衣食住行"、"婚丧嫁娶"、"清谈与服寒食散"、"豪侈与斗富"、"岁时节令"、"社神与城隍神"诸目进行详细叙述。正如作者在前言中着意强调的,他撰写生活习俗一章的目的,正是为了突显魏晋南北朝的时代特征。值得一提的是,全书共设十七章,而作者将"生活习俗"安排在了第十二章,其后则是天文、历法与算学、物理学,医学和化学,农学和地理学,烧瓷、冶炼和机械制造以及中外文化交流诸章。这一章节顺序的安排具有重要意义,显示出作者不再将生活史视为旁枝末节,反映出生活史在魏晋南北朝史研究中的地位日益彰显的趋向。

进入20世纪90年代,魏晋南北朝生活史的研究在断代文化史的研究中继续得到展开与提升,万绳楠《魏晋南北朝文化史》⑥的第五章"儒教动摇下风俗的变化",集中论述了生活史的三个面相,分别为"对礼法的否定与对人性的追求"、"婚嫁的相对自由"以及"文人集会活动的产生与发展"。尤其是第三节对于文人集会活动的讨论,这在先前的文化史研究中是不多见的专题,主要讨论了邺宫西园之会、西晋"二十四友"与金谷之会、东晋兰亭之会与曲水诗、乌衣之游与谢灵运四友、鸡笼山西邸之会与竟陵八友。文人集会活动是魏晋南北朝士人日常生活的重要内容,这一问题在先前的研究中是被忽视的,而该书对这一论题的提出和讨论无疑在魏晋南北朝生活史研究中具有重要意义。与此同时,熊铁基《汉

---

① 白寿彝主编:《中国通史》第5卷《中古时代 三国两晋南北朝时期》,上海:上海人民出版社,1995年。
② 周一良:《魏晋南北朝史札记》,北京:中华书局,1985年。
③ 田余庆:《秦汉魏晋史探微》(重订本),北京:中华书局,2004年,第406页。
④ 周积明:《二十世纪的中国文化史研究》,《历史研究》1997年第6期,第131页。
⑤ 罗宏曾:《魏晋南北朝文化史》,成都:四川人民出版社,1989年。
⑥ 万绳楠:《魏晋南北朝文化史》,合肥:黄山书社,1992年。

唐文化史》①则从一个较长的时段展开侧重于风俗研究的文化史叙述,分别设置了婚俗、丧葬、衣饰、饮食、居处、节令、信仰、杂俗(行侠仗义、游山玩水、女子装饰)等几个类目,重点揭示了汉唐时期风俗演变的进程。梁满仓《中国魏晋南北朝习俗史》②亦重点考察了这一时期的节令习俗、衣食居处习俗、婚姻习俗、丧葬习俗、鬼神崇拜及宗教习俗、娱乐习俗等,并分析了这些习俗的时代特征。

值得一提的是,这一时期"社会生活史"的研究理念开始进入到魏晋南北朝史研究视域,简修炜、庄辉明、章义和《六朝史稿》③是当时研究六朝史的代表作,该书专设第十章"六朝的社会生活",使"社会生活史"研究范式首次走进了魏晋南北朝史。该章分五节,分别为"六朝民风的演变"、"崇尚奢华的物质生活"、"双重性质的婚姻生活"、"薄葬与重丧"、"纷繁多彩的节俗",虽然在题目的设计上与上述文化史研究类似,但其运用"社会生活史"的研究范式对当时社会史的一些论题进行再探讨,无疑具有重要的学术意义。曹文柱主编《中国社会通史·秦汉魏晋南北朝卷》④亦将魏晋南北朝社会生活置于社会史的研究视野下,专设一章对这一时代各种形态的社会生活方式进行了分类叙述,主要类目为"社会分工和各种形式的社会劳动:从事物质产品生产的社会劳动、从事精神产品生产的社会劳动、从事流通环节中的社会劳动、从事非生产性的社会劳动、为稳定和保障社会秩序而进行的劳动"、"日常消费生活方式:饮食和炊食具,衣服与配饰,住所与家具,水、陆交通线和舟车舆轿,葬法、葬式及不同的丧葬风气"、"教育与精神文化生活:学校与家教,文学、书法与美术,音乐、舞蹈和杂伎"、"风俗节令与宗教生活:娱乐活动、风俗种种、岁时节令、宗教活动"。该书的分类方式体现出对于魏晋南北朝生活史研究逐渐细化的趋势。

1998年,《魏晋南北朝社会生活史》⑤出版,该书是中国社会科学院承担的国家社科基金项目《中国古代社会生活史》之一卷,是内地第一部以"社会生活史"为主要研究对象的魏晋南北朝断代史著作,该书详细搜集和整理了当时社会生活相关的文献与考古资料,既从时代背景、阶级结构、宗族组织、基层政权等方面勾画出这一时期社会生活的时代风貌,同时又分别从衣冠服饰、饮食习俗、城市、宫苑与园宅、车船舆乘与交通、婚姻、丧葬、宗教信仰及鬼神崇拜、节日、娱乐、教育与医药、少数民族的社会生活等多个角度对魏晋南北朝社会生活的诸面相进行具体论述。虽然该书存在诸多不足⑥,但对于魏晋南北朝社会生活史的整体研究具有重要意义,同时也为日后日常生活史建构提供了学术准备。

进入21世纪,魏晋南北朝生活史的课题继续在文化史、风俗史的叙事框架之下保有一

---

① 熊铁基:《汉唐文化史》,长沙:湖南出版社,1992年。
② 梁满仓:《中国魏晋南北朝习俗史》,北京:人民出版社,1994年。梁满仓在魏晋南北朝生活史研究方面,还有一些论文问世,如《论魏晋南北朝的早婚》,《历史教学问题》1990年第2期;《先秦至南北朝异性结拜及其对人际关系的协调》,《河南社会科学》2014年第12期;《魏晋南北朝私人书信的社会功能》,《史学集刊》2015年第1期;《魏晋南北朝时期的木屐、芒屩、靴子》,《华夏文化》1994年第3期。
③ 简修炜、庄辉明、章义和:《六朝史稿》,上海:华东师范大学出版社,1994年。
④ 曹文柱主编:《中国社会通史·秦汉魏晋南北朝卷》,太原:山西教育出版社,1996年。
⑤ 朱大渭、刘驰、梁满仓、陈勇:《魏晋南北朝社会生活史》,北京:中国社会科学出版社,1998年。
⑥ 何德章:《朱大渭等〈魏晋南北朝社会生活史〉书评》,荣新江主编:《唐研究》第5卷,北京:北京大学出版社,1999年。

席之地。在文化史研究方面,郑师渠总主编,曹文柱分册主编《中国文化通史·魏晋南北朝卷》①在第十三章设"社会风俗与时尚"专题,着重探讨了士人习尚和民风嬗变(士人习尚、民风嬗变),日常生活中的汉俗与胡风(面食、菜肴以及茶与酒,衣服、配饰和服饰文化),婚俗、丧仪和世俗迷信(婚俗与性观念、丧仪与葬法、世俗迷信)以及娱乐、节令和宗教活动(娱乐游戏、岁时节令、宗教活动),代表了新世纪魏晋南北朝文化史体系下的生活史叙述模式。与此同时,这一时期还出现了一些论述魏晋南北朝风俗史的研究论著。张承宗、魏向东《中国风俗通史·魏晋南北朝卷》②分十四章论述魏晋南北朝的饮食、服饰、居住与建筑、行旅交通、生育、婚姻、卫生保健与养老、丧葬、生产、信仰、岁时节日、游艺、交际、社会组织等风俗。此后,张承宗又独著《六朝民俗》③一书,设饮食,服饰,居处及园林,交通及旅游,宗族、家庭和交际,婚俗,民间礼俗,节俗,娱乐,信仰十二章。周耀明、万建中、陈华文《汉族风俗史》第2卷《秦汉·魏晋南北朝汉族风俗》④将视角集中在这一时代的汉族风俗,分生产风俗、生活风俗、礼仪风俗、岁时风俗、信仰风俗及社会风俗六大类进行叙述,大类下的细目更加详细。钟敬文主编《中国民俗史·汉魏卷》⑤,全书分9章,分别为物质生产民俗(农业生产民俗、工商业民俗、林牧渔业民俗)、物质生活民俗(服饰民俗、饮食民俗、居住建筑民俗、行旅民俗)、岁时节日民俗(岁时民俗特征概述、岁时节日民俗表现)、社会组织民俗(宗族和家庭、学校与教育)、人生礼仪民俗(诞生、成人礼、婚姻仪礼、丧葬)、信仰民俗(自然神信仰、人神和鬼怪信仰、巫师与巫术、道教与佛教)、民间文学(神话、传说、名歌谣谚)、先秦汉魏六朝民间戏剧(中国戏剧的发生、先秦俗乐的兴盛于雅乐式微、汉代的角抵戏与百戏盛会、魏晋六朝的歌舞戏与参军戏萌芽)、民间工艺(工具和机械的制作、陶瓷、纺织、印染和刺绣、金属工艺、中药炮制、造纸术、印刷术)。从章节的设计来看,该书将风俗史与生活史研究结合得更加紧密。

除去文化史、风俗史中的生活史叙述外,这一时期,魏晋南北朝"社会生活史"继续以独立的面貌出现。张岂之主编《中国历史·秦汉魏晋南北朝卷》⑥专设"秦汉三国时期的社会生活"、"两晋南北朝社会生活与社会风俗"类目,其中既包括物质生活与精神生活,亦分生活概貌、社会文化生活的变化及社会风俗分门论述。在以"生活史"或"社会生活史"冠名的专著中,刘春香主要分生态环境、饮食文化、居处状况、旅行活动、医药卫生、社会保障、商业经营、民间信仰及妇女生活等专题,试图从整体上勾画魏晋南北朝社会生活图景。⑦ 范子烨以中古时期特定人群个体的生活史为主要研究对象的专论,通过对中古文人个体生活的描绘,揭示该群体的文化走向。⑧ 贾小军专门探讨魏晋十六国河西社会生活史诸面相,充分利用传世文献与考古资料,研究论题涉及政治环境、自然环境、城市建筑、农牧生产、渔采

---

① 郑师渠总主编,曹文柱分册主编:《中国文化通史·魏晋南北朝卷》,北京:北京师范大学出版社,2009年。
② 张承宗、魏向东:《中国风俗通史·魏晋南北朝卷》,上海:上海文艺出版社,2001年。
③ 张承宗:《六朝民俗》,南京:南京出版社,2002年,第7页。
④ 周耀明、万建中、陈华文:《汉族风俗史》第2卷《秦汉·魏晋南北朝汉族风俗》,上海:学林出版社,2004年。
⑤ 钟敬文主编:《中国民俗史·汉魏卷》,北京:人民出版社,2008年。
⑥ 张岂之主编:《中国历史·秦汉魏晋南北朝卷》,北京:高等教育出版社,2001年。
⑦ 刘春香:《魏晋南北朝社会生活研究》,北京:人民出版社,2013年。
⑧ 范子烨:《中古文人生活研究》,济南:山东教育出版社,2001年。

狩猎生计、坞壁与村里、衣食住行、家庭规模、女性、少数民族、丧葬等,是一部特定时代与特定区域的社会生活史研究。① 此外,李梅田结合文物考古,通过物质文化史的视角,探讨了魏晋南北朝时期的城市规划与形态、帝陵与陵寝制度、墓地设施与地下空间、丧葬图像与美术、窑业与陶瓷器、金属工艺与金属器、漆器与玻璃器、佛教与道教以及中外文化交流等不同的物质文化面相,展示出全新的日常生活史图景。② 2015 年 10 月 30 日至 11 月 1 日,"中国史上的日常生活与物质文化"学术研讨会在天津召开,会议由南开大学中国社会史研究中心举办,与会学者围绕日常生活的物质性、物质生活的多样性、物质文化及其他、民族文化交流、物质性与地方社会、城市生活、医疗生活与文化等七个议题展开讨论。这种将物质文化史与日常生活史相结合的研究范式,无疑会为日常生活史建构带来崭新动力。

陈长琦认为:"在新史学看来,社会生活才是应该重点关注的内容,历史并非只是王侯将相的历史,关注民众的生活才是历史研究的首要任务。近 30 年来在新史学理论的影响之下,魏晋南北朝史学界也逐渐关注社会生活的研究,关注下层民众的历史,并且取得了不错的成绩。"③ 总之,改革开放 30 年间,内地生活史研究在文化史、风俗史、社会史的叙事框架中逐渐受到关注,日常生活史开始成为独立研究课题并不断发展成熟。

在台湾地区,相较于明清生活史研究的系统化与规模化,魏晋南北朝的相关研究则仍处于边缘地位。④ 20 世纪七八十年代,已有学者开始关注生活史的话题。如劳榦、吴天任、张仁青等对六博游戏、士大夫生活及审美等问题进行了具有生活史意味的讨论。⑤ 近年来,刘淑芬关于中古佛教史、城市社会史的研究⑥、李贞德基于性别史视角的医疗疾病史、生活史、法制史研究⑦,甘怀真对汉唐士大夫自我认同的关注⑧,卢建荣对北魏死亡生活世界的诠释⑨,林富士关于中古宗教史、医疗疾病史的探究⑩,郑雅如对中古家庭以及齐梁士人交

---

① 贾小军:《魏晋十六国河西社会生活史》,兰州:甘肃人民出版社,2011 年。
② 李梅田:《中国古代物质文化史:魏晋南北朝》,北京:开明出版社,2014 年。
③ 陈长琦:《魏晋南北朝史研究三十年》,《史学月刊》2009 年第 10 期。
④ 台湾地区的明清日常生活史研究,不仅有专门的课程、读书会、研究计划以及国际研讨会,还有相关的专著和专号。参见胡晓真、王鸿泰主编:《日常生活的论述与实践·序文》,台北:允晨文化实业股份有限公司,2011 年,第 40—50 页;邱仲麟主编:《中国史新论:生活与文化分册》,第 19—21 页;常建华:《明代日常生活史研究的回顾与展望》,《史学集刊》2014 年第 3 期,第 98—99 页。
⑤ 劳榦:《六博及博局的演变》,《"中研院"历史语言研究所集刊》35,1964;吴天任:《魏晋士大夫的生活艺术》,《大陆杂志》1971 年第 5 期;张仁青:《六朝人的爱美心理》,《东方杂志》1983 年第 7 期。
⑥ 刘淑芬:《六朝的城市与社会》,台北:学生书局,1992 年;《慈悲清净——佛教与中古社会生活》,台北:三民书局,2001 年;《中古的佛教与社会》,上海:上海古籍出版社,2008 年。
⑦ 李贞德关于汉唐女性医疗疾病史研究论文主要集结在《女人的中国医疗史——汉唐之间的健康照顾与性别》,台北:三民书局,2008 年。法律史研究参见《公主之死——你所不知道的中国法律史》,台北:三民书局,2001 年(简体字本,北京:三联书店,2008 年);《女人的中国中古史——性别与汉唐之间的礼律研究》,中国史学会:《中国の歴史世界——統合のシステムと多元的な発展》,东京:汲古书院,2002 年;《汉唐之间女性财产权试探》,李贞德主编:《中国史新论:性别史分册》,台北:联经出版事业公司,2009 年。
⑧ 甘怀真:《汉唐间的京城社会与士大夫文化》,邱仲麟主编:《中国史新论:生活与文化分册》,第 165—198 页。
⑨ 卢建荣:《北魏唐宋死亡文化史》,台北:麦田出版,2006 年。
⑩ 林富士:《中国中古时期的宗教与医疗》,北京:中华书局,2012 年。

游的研究①,均给人以耳目一新之感。虽然到目前为止,台湾地区尚未出现关于魏晋南北朝生活史研究的系统性论著,但上述学者的研究课题均与日常生活密切相关,且自成体系,亦为魏晋南北朝生活史研究注入了新鲜活力。

在日本,那珂通世《支那通史》是19世纪末20世纪初,在中日学界影响较大的一部中国通史。其中,中世史上分九篇,前八篇历叙秦汉三国王朝兴衰,在第九篇设"制度略",论述官制沿革、州郡牧守、爵封品秩。② 中世史中亦分九篇,先叙西晋至唐历代兴亡,最后三篇为外国事略、文学宗教、制度之沿革。③ 其中,"文学宗教"涉及魏晋南北朝文化史专题。在此后的一些日人中国通史类著作中,文化史内容亦有涉及。如1937年出版的有高巖《槩觀東洋通史》就设专章论述六朝时代的社会状态与文化。④ 又如1939年出版的市村瓚次郎《東洋史統》卷一中世篇(中)有"北魏的文化与后魏的分裂"、"南朝的文化"、"南北文化的异同"的论述。⑤ 但总体上看,19世纪末20世纪初日本学界关于魏晋南北朝文化史的叙述中,生活史的内容是缺少的。⑥ 1941年,内野熊一郎的《支那古代生活史》出版⑦,全书分五章,所涉内容包括产业生活(牧畜、农耕、商贾、工艺生活)、家族生活(宗法制社会、冠礼、婚礼、丧礼、祭祀、秦汉人的家庭日常生活与风俗、其他日常生活的礼仪与作法)、社会生活(宗法制社会生活、饮食、住居、衣服)、政治生活(阶级制度生活、宾礼、养老与乡饮酒礼)、学术文化生活(思想、宗教、绘画、科学)。虽然所论时段仅为先秦秦汉,但从内容编排上看,该书显然超越了传统文化史的写作模式,具有明显的生活史范式。无独有偶,林巳奈夫的《中國古代の生活史》于1992年问世,这是一部以考古资料为中心的古代生活史专论,但其时间段依然为先秦秦汉。⑧ 而在日本学界,目前尚无一部关于魏晋南北朝史生活史的系统论著问世。

不过,一些学者对于与生活史相关论题的探研,亦值得关注。关于魏晋南北朝服饰史研究,有原田淑人的专论,而森鹿三则从历史地理的视角探讨古代的食衣问题。⑨ 在性别史研究方面,下见隆雄关于魏晋女性史的探研值得关注。⑩ 在信仰生活层面,宫川尚志对晋代的贵族社会与佛教、六朝士大夫的佛教信仰、女性的宗教生活、巫俗进行了生活史的考察。⑪

---

① 郑雅如:《情感与制度:魏晋时代的母子关系》,台北:台湾大学出版委员会,2001年;《中古时期的母子关系——性别与汉唐之间的家庭史研究》,李贞德主编:《中国史新论:性别史分册》,台北:联经出版事业公司,2009年;《齐梁士人的交游——以任昉的社交网络为中心的考察》,《台大历史学报》第44期,2009年。
② 那珂通世:《支那通史》卷二,東京:中央堂,1888年。
③ 那珂通世:《支那通史》卷三上,東京:中央堂,1888年。卷三下,1889年。
④ 有高巖:《槩觀東洋通史》,東京:同文書院,1937年。
⑤ 市村瓚次郎:《東洋史統》卷一,東京:富山房,1939年。
⑥ 1904年出版的久保天随《东洋通史》第二篇"中古期:汉族繁荣时代·(六)三国及西晋·第五十六章的内容是"魏晋以后士风的颓废",恐怕是当时为数不多的具有生活史意味的论述。参见久保天随:《東洋通史》,東京:博文館,1904年,第1168—1181页。
⑦ 内野熊一郎:《支那古代生活史》,東京:清水書店,1941年。
⑧ 林巳奈夫:《中國古代の生活史》,東京:吉川弘文館,1992年。
⑨ 原田淑人:《漢六朝の服飾(增補版)》,東京:東洋文庫,1967年;森鹿三:《中国衣食的历史地理》,森鹿三著,森博士定年退官記念事業會編:《東洋學研究·歷史地理篇》,東京:東洋史研究會,1970—1975年。
⑩ 下見隆雄:《儒教社會と母性:母性の威力の観点でみる漢魏晋中国女性史(增補版)》,東京:研文出版,2008年。
⑪ 宮川尚志:《六朝史研究 宗教篇》,京都:平樂寺書店,1964年。

中嶋隆藏研究六朝士大夫的佛教接受史,对于信奉佛教的士大夫生活、汉人僧侣的生活等都有重要考察①。对于精神生活,森三樹三郎、吉川忠夫着意挖掘六朝士大夫的精神生活诸面相②。守屋美都雄通过个案重点考察了太原王氏的经济生活与精神生活③。谷川道雄探讨了北朝贵族的生活伦理④,根本誠对于中国古代隐逸现象有独到的研究,有专文讨论隐逸的生活实态与特征⑤。守屋美都雄对中国古代的岁时记有精深的研究,其《中國古歲時記の研究:資料復元を中心として》一书分研究篇与资料篇,对汉至五代相关岁时资料进行了研究与资料辑录,涉及魏晋南北朝的部分,是对周处风土记与荆楚岁时记的研究⑥。此外,守屋还曾校注、译注过《荆楚岁时记》⑦,并撰有《寒食考》⑧一文。中村喬亦有关于中国岁时的专论⑨。近年来,又有中村裕一《中国古代の年中行事》的系列论著问世,该书分春、夏、秋、冬四册出版,虽然以唐代为主,但也涉及魏晋南北朝部分,是日本学界讨论年中行事的集大成之作⑩。近年来,日本学界对于出土的魏晋画像砖墓、壁画墓十分关注,学者试图将图像资料与生活史研究相结合,并取得了系列成果,可参见《西北出土文献研究》的相关专号收录的论文。

从总体上看,日常生活史研究虽然在欧美发端,但直至今日,"西方学界关于中国的'日常生活'的研究,还是存在种种问题,比如定位不明、界限模糊、概念陈旧等"⑪,而在断代研究方面,魏晋南北朝更是薄弱环节。1965年,鲁惟一(Michael Loewe)写成了一部标题包含"日常生活"的汉代史⑫,蒲慕州称其为"百科全书式的日常生活史",认为:"这类的日常生活史其实是对某一段历史和文明做综合介绍,主要的预设读者群是初学者或者有兴趣了解此一段历史和文明的一般读者,其功用主要是提供资料,引起兴趣。"⑬类似的日常生活史专著也出现在中古史的研究领域,如查尔斯·本(Charles Benn)的《中国的黄金时代:

---

① 中嶋隆藏:《六朝思想の研究:士大夫と仏教思想》,京都:平樂寺書店,1985年。
② 森三樹三郎:《六朝士大夫の精神》,京都:同朋舍,1986年;吉川忠夫:《六朝精神史研究》,京都:同朋舍,1984年。吉川中译本,王启发译,南京:江苏人民出版社,2012年。
③ 守屋美都雄:《六朝門閥の一研究:太原王氏系譜考》,東京:日本出版協同,1951年,第34—54页。
④ 谷川道雄:《北朝贵族の生活伦理》,中国中世史研究会编:《中國中世史研究:六朝隋唐の社會と文化》,東京:東海大学出版会,1970年。
⑤ 根本誠:《專制社會における抵抗精神:中國の隱逸の研究》,東京:創元社,1952年。
⑥ 守屋美都雄:《中國古歲時記の研究:資料復元を中心として》,東京:帝国書院,1963年。
⑦ 守屋美都雄:《校註荊楚歲時記:中國民俗の歷史的研究》,東京:帝國書院,1950年。宗懔撰,守屋美都雄訳注,布目潮渢、中村裕一補訂:《荊楚歲時記》,東京:平凡社,2006年。
⑧ 和田博士還曆記念東洋史論叢編纂委員会編:《東洋史論叢:和田博士還曆記念》,東京:講談社,1951年。
⑨ 中村喬:《中國歲時史の研究》,京都:朋友書店,1993年。
⑩ 中村裕一:《中国古代の年中行事》,東京:汲古書院,2009—2011年。
⑪ [澳]安东篱:《太平天国运动前夕扬州城的日常生活》,复旦大学文史研究院编:《都市繁华:一千五百年来的东亚城市生活史》,北京:中华书局,2010年,第393页。
⑫ Michael Loewe, *Everyday Life in Early Imperial China*, New York: Harper and Row, 1968.
⑬ 蒲慕州主编:《台湾学者中国史研究论丛》第十册《生活与文化·导言》,北京:中国大百科全书出版社,2005年,第7页。

唐朝的日常生活》。① 遗憾的是，处在汉唐夹缝中的魏晋南北朝，至今尚无一部日常生活史的系统论著问世。近年来，"日常生活"课题开始出现在一些魏晋南北朝的断代论著中。鲁威仪（Mark Edward Lewis）《帝国之间：中国南北朝时代》②一书虽近似一部断代史，但该书在写作编排上以专题为纲，其中专设"城市转型"与"乡村生活"二目，颇具生活史研究意味。丁爱博《六朝文明》③专设日常生活一章，分城市生活、乡村生活、食物与农产品、蜡烛与灯、交通方式、娱乐进行论述。该书的特色是建立在考古资料的基础上，结合传世文献对六朝社会进行综合考察。研究论题涉及城市发展、建筑形式、丧葬礼俗、手工艺品、宗教以及衣食住行等多方面，既有对六朝政治与社会的宏观把握，又有关于六朝日常生活的细微考索，是近年来极具日常生活史研究风格的魏晋南北朝史研究论著。2014年，陆扬等人主编的《早期中国中古文献导读》出版④，该书的第五部分的标题便是"日常生活"，所收论文涉及饮食习惯、乳母、节日礼仪、习俗与社会、收养与母亲身份以及财产文化等方面，试图通过对文赋、墓志、岁时记、家训、文论等不同形式文献的解读，逐渐接近古人的生活世界。该书虽然以中古文献导读为目的，但其对于日常生活史的重视则是近年来西方魏晋南北朝史研究的一个新趋势。

二 具有范式引导意义的精耕细作

对于日常生活史研究而言，人们日常生活发生的时空背景是首先应当思考的问题。宫崎市定、宫川尚志、谷川道雄、堀敏一等对魏晋南北朝都市与乡村的论考，为生活史的研究提供了空间前提。⑤ 而日本的地域社会论则具有重要的范式引导意义。按照森正夫的观点，地域社会就是日常生活发生的"场"。谷川道雄的士大夫阶级与地域社会论，都筑晶子关于西晋末年乡宗集团、坞壁集团统合过程的探讨以及堀敏一对魏晋南北朝华北村落形成过程、形态和结构的分析，均是在不同思考框架下形成的地域社会思考。⑥ 近年来，中村圭尔《六朝江南地域史研究》虽然侧重于各个具体地理单元的功能构成及其相互关系，与森

---

① Charles Benn, *Daily Life in Traditional China: The Tang Dynasty*, New York: Greenwood Press, 2002. 中译本《中国的黄金时代：唐朝的日常生活》，姚文静译，北京：经济科学出版社，2012年。早在20世纪40年代末，日本学者石田幹之助曾出版《唐史丛钞》（东京：要书房，1948年）一书，其中有几个篇目与日常生活相关，如《唐代风俗史抄》《唐代宴饮小景》《唐代的妇人》《唐代中国北部的一种异俗》，这是较早关注唐代日常生活的论著。近年，庄申的遗稿《长安时代：唐人生活史》出版（香港：香港大学美术博物馆，2008年），该书虽然是未完成稿，但从其生前所列撰写纲要来看，似是欲撰写一部系统的唐人生活史。可见，学界对于中古生活史的兴趣时段不在魏晋南北朝，而在唐。

② Mark Edward Lewis, *China between Empires: The Northern and Southern Dynasties*, The Belknap Press, 2009.

③ Albert E. Dien, *Six Dynasties Civilization*, Yale University Press, 2007.

④ Wendy Swartz, Robert Ford Campany, Yang Lu, and Jessey J. C. Choo, *Early Medieval China: A Sourcebook*, New York: Columbia University Press, 2014.

⑤ 宫崎市定：《六朝时代華北の都市》，《宫崎市定全集》第七卷《六朝》，东京：岩波书店，1992年；宫川尚志：《六朝时代の村について》、《六朝时代の都市》，《六朝史研究 政治·社会篇》，京都：平乐寺书店，1964年；谷川道雄：《六朝时代都市和农村的对立关系》、堀敏一：《魏晋南北朝时代の村》，唐代史研究会编：《中国の都市と農村》，东京：汲古书院，1992年。

⑥ 参见伊藤宏明：《六朝隋唐时期地域社会研究动向》，《中国史研究动态》1996年第7期。

正大等学者所倡导的"地域社会"理论有很大差异。① 但该书所提供的宏大的地域社会背景,却是日常生活研究所需要的地域知识。目前,六朝城市史研究,无论是整体研究,抑或城市规划与布局、城市人口及管理、城市经济、城市风俗与城市文化等方面的探讨,均各具特色。② 刘淑芬对于六朝建康城的园宅、市廛、民居与治安以及中古都城坊制的探讨颇具生活史意味③,鲁西奇提出的"城居"、"散居"概念为聚落生活史研究提供新的空间构架。④ 以往学界对于中古时代"村"的研究为进一步探讨村落日常生活课题树立了良好的学术积淀⑤,而将魏晋南北朝的村与民众日常生活建立起联系的是侯旭东,其《北朝村民的生活世界——朝廷、州县与村里》⑥一书以北朝作为时空背景,以村落为基本研究单位,以村民为主要研究对象,既分析村民的活动,也涉及他们的观念,更为重要的是试图从日常生活的视角对北朝村民的生活世界进行史实建构。既借用西方哲学、社会学家提出的"生活世界"概念,又强调权力对古人日常生活的渗透与影响。

相较于时、空概念,社会风气应当是建构整体史意义的日常生活史的重要地方性知识,"是某一区域人们在各类社会生活中表露出来的带有普遍意义的言行作风"⑦。社会风气与日常生活之间的密切关联,使得社会风气研究成为魏晋南北朝生活史研究的重要课题。20世纪40年代初,蒙思明《魏晋南北朝的社会》⑧,在强调世族社会模式的视角下,专辟一章《世族影响下的风尚》,分门户的标榜、道德的低落、音容的注重、学术的浮浅、实务的鄙视、技艺的僻好诸门,均涉及社会生活。认为当时的社会风尚由世族引领,而影响民众。曹文柱通过探讨六朝江南地区社会风气的变迁,提出了社会风气研究应当解决的关键问题,即在描述社会变迁过程本身的基础上进一步揭示隐藏在风气表象背后的各种社会动因。⑨ 此后,学者多在时间、空间、阶层、族群几个侧面对当时社会风气的具象进行考察。韩东育对汉末魏晋的社会风气进行了概观性论述,闫爱民指出了魏晋人具有族类意识与谨慎重文之风。吕一飞重点探讨了当时北方少数民族社会风俗,刘锡涛则将研究目光集中在中原的胡风。⑩ 福原启郎根据《世说新语》考察了西晋社会贵族的奢侈与吝啬之风⑪,梁满仓、王永

---

① 魏斌:《中村圭尔〈六朝江南地域史研究〉评介》,《中国中古史研究:中国中古史青年学者联谊会会刊》第2卷,北京:中华书局,2011年,第263—264页。
② 张捷:《近二十年来魏晋南北朝城市研究综述》,《淮阴师范学院学报(哲学社会科学版)》2005年第4期。
③ 刘淑芬:《六朝的城市与社会》,台北:台湾学生书局,1992年。
④ 鲁西奇:《城墙内外:古代汉水流域城市的形态与空间结构》,北京:中华书局,2011年,第79页。
⑤ 相关学术脉络疏理,参见侯旭东:《北朝村民的生活世界——朝廷、州县与村里》,北京:商务印书馆,2005年,第5—17页。近年来的研究状况,参见秦冬梅:《十年来国内魏晋南北朝乡村社会史研究回顾》,《南京农业大学学报》2003年第3期。
⑥ 侯旭东:《北朝村民的生活世界——朝廷、州县与村里》。
⑦ 曹文柱:《六朝时期江南社会风气的变迁》,《历史研究》1988年第2期,第50页。
⑧ 蒙思明著:《魏晋南北朝的社会》,上海:上海人民出版社,2007年。
⑨ 曹文柱:《六朝时期江南社会风气的变迁》,《历史研究》1988年第2期,第50页。
⑩ 韩东育:《关于汉末魏晋世风的历史考察》,《天津师大学报》1994年第1期;闫爱民:《汉晋家族研究》,上海:上海人民出版社,2005年,第412—414页;吕一飞:《胡族习俗与隋唐风韵——魏晋北朝北方少数民族社会风俗及其对隋唐的影响》,北京:书目文献出版社,1994年;刘锡涛:《南北朝时期中原地区的生活胡风现象》,《新疆大学学报》2001年第1期。
⑪ 福原啟郎:《西晋の貴族社会の気風に関する若干の考察——『世説新語』の倹嗇篇と汰侈篇の検討を通して——》,《魏晋政治社会史研究》,京都:京都大学学术出版会,2012年。

平、李永康则将对这种奢侈风气的讨论舞台转移到了北魏。① 张承宗等又将社会风气置于民俗研究的框架之下,体现出研究视角的转换与视野的更新。②

近年来,随着环境史的兴起,将生态环境视为日常生活发生的重要背景的学术诉求渐次强化。王利华结合环境背景,探讨了端午节俗的流变。夏炎则致力于探讨中古时期人们对动植物、自然环境、自然现象的认知问题,时人对自然资源的利用问题以及生态环境与日常生活的关系问题,从人与自然之间的灵性互动关联的视角,全新揭示中古社会发展变迁的历史脉络。③

在日常消费生活中,衣食住行向来是生活史关注的热门话题,相关研究是在物质文化史与艺术史范式下渐次展开的。

魏晋南北朝的服饰史研究重点论述当时的服饰类型及其变化。于涛将三国服饰分为冠、衣、裳、袜、履、饰品等六部分进行分别叙述。④ 傅江、李采姣延续了服饰史的研究理路,只不过是把时代定位在了六朝。⑤ 徐晓慧著《六朝服饰研究》分男子服饰与女子服饰两大类对六朝世俗服饰的基本形制进行介绍,是六朝服饰史研究的最新总结。⑥ 此外,已有学者关注到了服饰的主体"人"的存在及其变化,如宋丙玲认为服饰是性别区分的重要标志,发现了魏晋南北朝"女扮男装"、"男扮女装"等服饰性别转换现象,并对时人对这一现象的态度进行了剖析。⑦ 此外,张海容、范英豪、逢成华、胡讯对南北朝"褒衣博带"的探研,周晓薇对簪笔的探讨,范子烨对麈尾的考索,周兆望、侯永惠、张承宗对妇女服装的考察,梁满仓、梅铮铮、王晶对鞋的论考⑧,均各有特色。

"饮食文化史"是古代饮食史惯常使用的研究范式,实际上,这一研究范式基本是以围

---

① 梁满仓:《北魏后期的贪污之风与治贪之策》,《探索与争鸣》1991年第3期;王永平:《论北魏后期的奢侈风气》,《学术月刊》1996年第6期。李永康:《试论北魏后期的吏制腐败与社会腐败》,《北朝研究》1997年第2期(总第26期)。

② 张承宗、孙立:《魏晋南北朝社会风气及南北民俗的交流》,《江海学刊》1995年第6期;张承宗:《魏晋南北朝风俗观念与风俗特点》,《浙江学刊》2001年第4期。

③ 王利华:《端午风俗中的人与环境——基于社会生态史的新考察》,《南开学报(哲学社会科学版)》2008年第2期;夏炎:《魏晋南北朝燃料供应与日常生活》,《东岳论丛》2013年第2期;《转凶为吉:环境史视野下的古代喜鹊形象再探讨》,《南开学报(哲学社会科学版)》2013年第4期;《中古野生动物资源的破坏——古代环境保护问题再认识》,《中国史研究》2013年第3期;《"霾"考:古代天气现象认知体系建构中的矛盾与曲折》,《学术研究》2014年第3期;《"附会"与"诉求":环境史视野下的古代雁形象再探》,《青海民族研究》2014年第3期;《环境史视野下"飞蝗避境"的史实建构》,《社会科学战线》2015年第3期。

④ 于涛:《三国人物服饰研究》,《民俗研究》1997年第2期。

⑤ 傅江:《从容出入,望若神仙——试论六朝士族的服饰文化》,《东南文化》1996年第1期;李采姣:《奢华与飘逸并存——论六朝服饰风格》,《宁波大学学报(人文科学版)》2008年第3期。

⑥ 徐晓慧:《六朝服饰研究》,济南:山东人民出版社,2014年。

⑦ 宋丙玲:《浅论魏晋南北朝时期服饰中的性别转换现象》,《兰州学刊》2007年第10期。

⑧ 张海容:《南朝褒衣博带之风考略》,《装饰》1999年第2期;范英豪:《同源而异趣的南北朝"褒衣博带"》,《装饰》2006年第1期;逢成华:《北朝"褒衣博带"装束渊源考辨》,《学术交流》2006年第4期;胡讯:《魏晋的士人服饰》,《文艺研究》2009年第3期;周晓薇:《古代簪笔制度微探》,《中国典籍与文化》2001年第3期;范子烨:《说麈尾——六朝的名流雅器》,《中国文化》2001年第12期;周兆望、侯永惠:《魏晋南北朝妇女的服饰风貌与个性解放》,《中国史研究》1995年第3期;张承宗:《魏晋南北朝时期的妇女服装》,《江苏文史研究》2004年第4期;梁满仓:《魏晋南北朝时期的木屐、芒屩、靴》,《华夏文化》1994年第3期。梅铮铮:《屐与魏晋士人生活之关系》,《四川文物》2001年第4期。王晶:《六十一则木屐文献略考》,《语文学刊》2009年第2期。

绕饮食为核心的物质文化史的形式展开叙述的。如赵建国、姚伟钧、瞿明安、张承宗、魏向东、刘春香均对魏晋南北朝的饮食文化进行概述。① 黎虎主编《汉唐饮食文化史》②分别论述了食物原料、加工与烹制、饮料、炊食器具、饮食市场与行业、食制与食俗、饮食与社会、饮食学等专题,展现了魏晋南北朝时代饮食文化诸面相。吕一飞、王玲揭示了当时胡、汉文化交融中的饮食表现。③ 同时,饮食文化的交流,不仅表现在胡汉之间即族群之间,亦表现在区域之间,南北的饮食文化交流便是研究的重点。④ 在具体研究方面,缪钺对东晋南朝士大夫的食量问题的探研,颇具新意。⑤ 王雁卿则结合考古资料,对北朝的炊具、时期进行了论述。⑥ 涉及具体的饮食类目,茶与酒无疑是关注的热点。⑦ 在魏晋南北朝饮食史探研中,值得关注的是许倬云与王利华的研究。许倬云《中国中古时期饮食文化的转变》⑧讨论了三国两晋南北朝时期饮食文化的调整与改变。认为上古的饮食文化,到秦汉统一之后,要在中古时期再度遭遇新的问题。一方面有外来民族及外来文化的刺激,另一方面中华民族向南开拓,在新的土地上也必须面对新的生态环境。经此一番调整,在三四百年的消融之后,中国的饮食文化又整合为唐宋以后的形态与内容。文章着重分析了几个变化最显著的方面,即面食之普遍、烹饪方法与炊具的变化、南方的饮食。王利华《中古华北饮食文化的变迁》⑨一书则为我们展现了中古饮食文化史研究的另一面相。作者在该书中为我们提出了如下诸多问题:"中古时代的中国人主要吃什么、喝什么?他们通常如何吃、如何喝?他么的吃喝较之前代有无重大变化、与现今的吃喝有何不同?如果他们的吃喝与前代相比确实发生了变化、与当代相比也确实有所不同,那么是哪些因素造成了这些变化和不同?"为了回答这些问题,作者不仅将研究视野扩展到当时的自然环境与社会环境,同时又将饮食文化的变迁进程分为食物原料构成的变化、食品加工技术的发展、烹饪方法与膳食构成、饮料的革命加以详细讨论。正如作者在引言中所论:"我们尝试从饮食这一最基本的物质生活与物质文化层面入手,窥测特定时代和地域环境中人们日常生活的丰富内容与实际情态,

---

① 赵建国:《论魏晋南北朝时期的饮食文化》,《许昌学院学报》1990 年第 2 期;姚伟钧:《三国魏晋南北朝的饮食文化》,《中南民族学院学报(哲学社会科学版)》1994 年第 2 期;瞿明安:《中国古代宗教祭祀饮食文化略论》,《中国史研究》1998 年第 3 期;张承宗、魏向东:《魏晋南北朝饮食风俗研究》,《北朝研究》第一辑(1999 年),北京:北京燕山出版社,2000 年;刘春香:《魏晋南北朝时期饮食文化的发展及其原因》,《许昌学院学报》2003 年第 4 期;《魏晋南北朝时期的饮食娱乐文化》,《农业考古》2014 年第 4 期。
② 黎虎主编:《汉唐饮食文化史》,北京:北京师范大学出版社,1998 年。
③ 吕一飞:《〈齐民要术〉记载的羌、胡饮食》,《文献》1993 年第 3 期;王玲:《魏晋北朝时期内迁胡族的农业化与胡汉饮食交流》,《中国农史》2003 年第 4 期。
④ 李荣华:《从〈齐民要术〉看南方饮食文化的北传》,《中国农史》2014 年第 3 期。
⑤ 缪钺:《陶潜不为五斗米折腰新释——附论东晋南朝地方官俸及当时士大夫食量诸问题》,《历史研究》1957 年第 1 期。
⑥ 王雁卿:《北朝时代的饮食器具》,《北朝研究》第 4 辑,郑州:中州古籍出版社,2004 年。
⑦ 孙立:《魏晋南北朝饮茶与饮酒之风》,《苏州大学学报(哲学社会科学版)》1996 年第 1 期;卢海鸣:《六朝饮酒风尚及相关问题研究》,《江海学刊》2001 年第 2 期;关剑平:《魏晋南北朝的吃茶文化》,民族学博物馆《研究报告》27—2,2002 年;温乐平:《魏晋南北朝时期茶叶消费与生产》,《农业考古》2011 年第 5 期;蒋福亚:《走马楼吴简所见盐铁官营和酒类专卖》,《史学月刊》2011 年第 12 期;李荣华:《南方的茶文化与汉唐时期的华北社会》,《农业考古》2012 年第 2 期。
⑧ 许倬云:《许倬云自选集》,上海:上海教育出版社,2002 年。
⑨ 王利华著:《中古华北饮食文化的变迁》,北京:中国社会科学出版社,2000 年。

并试图通过观察与此有关的种种变化,触摸文化变迁的历史脉搏。"可见,作者对于饮食文化的研究理路虽然依然主要是物质文化层面的,但其已将研究触角深入到日常生活层面,与"人"挂钩,给人以耳目一新之感。10 年后,王利华在《汉唐饮食与生态环境》一文中,强调饮食文化的生态环境因素,认为"饮食史与环境史是两种可以互相资借、彼此补益的研究"①,带有强烈的环境史学术取向,也为中古饮食史的研究带来了新的视角。

限于史料,对于居住与出行的研究难度较大,但亦有相关具有启发性的论著问世。黎虎将粤、赣、闽交界地的客家聚族而居的居住方式上溯至魏晋南北朝时代的家族制度与中原的居住传统,探讨了家族制度、建筑方式与日常生活空间的联系。② 刘增贵则以中国古代的门为讨论对象,从门所代表的空间通道的功能、门作为不同阶层人群的分界象征以及门所具有的政治和社会意义探讨建筑空间与日常生活之关系。③ 私家园林作为一种独特的居住空间也被学者所关注。④ 作为出行的重要工具,刘增贵探讨了车驾制度⑤,刘磐修则论述了乘坐牛车问题。⑥ 亦有学者关注当时的旅行⑦,近年来,田晓菲从魏晋南北朝的游记文本中寻找古人"错位"的游历行为。所谓"错位"是指它既是实际发生的,也是象征性的;是身体的,也是精神的,"把行旅经验记载下来,使作者得以把这个世界的混乱无序整理为有序的文字,在这一过程中找到意义,找到一定的图案和规章"⑧。这一交叉文学、史学、宗教学的研究范式虽然是基于文本的意义分析,但通过行旅写作考察时人的旅行体验仍不失为一种较为合理的研究路径。

魏晋南北朝的世家大族研究模式的经典性,导致以往的家族、家庭相关研究一般均偏重于政治、经济、文化特性,即使是婚姻研究亦离不开其政治性特征。如何剥离既往的研究范式,突出家族、家庭的生活要素,是日常生活史研究必须重新思考的问题。冻国栋关于北朝一般民户、豪族、士大夫家庭规模结构诸问题的考察,颇具启发意义,认为"对这一论题的研讨不仅有助于了解汉晋以来中国古代家庭规模结构演变的基本脉络,而且可以由此窥见南北朝时代家庭婚姻方面的地域性特征,从而对这一时期南北方经济、政治、文化间的差异获得新的启示"⑨。刘精诚对于魏孝文帝家庭生活的论述,葛建平关于东晋南朝家庭伦常的讨论,以及李卿关于当时皇室家庭的日常生活以及家族生活与国家社会的探研⑩是极具

---

① 王利华:《汉唐饮食与生态环境》,邱仲麟主编:《中国史新论:生活与文化分册》,第 113 页。
② 黎虎:《客家聚族而居与魏晋北朝中原大家族制度——客家居住方式探源之一》,《北京师范大学学报》1995 年第 5 期;《汉晋北朝中原大宅、坞堡与客家民居》,《文史哲》2002 年第 3 期。
③ 刘增贵:《门户与中国古代社会》,《"中研院"历史语言研究所集刊》68,4,1997 年。
④ 卢海鸣:《六朝建康的私家园林》,《东南文化》1996 年第 4 期;张鹤泉、赵延旭:《北魏洛阳寺院园林营建考——以〈洛阳伽蓝记〉为中心的考察》,《史学集刊》2014 年第 5 期。
⑤ 刘增贵:《汉隋之间的车驾制度》,《"中研院"历史语言研究所集刊》63.2,1993 年。
⑥ 刘磐修:《魏晋南北朝社会上层乘坐牛车风俗述论》,《中国典籍与文化》1998 年 4 期。
⑦ 魏向东、张承宗:《魏晋南北朝旅游风俗初探》,《江海学刊》2001 年第 2 期;李传军:《汉魏时期的行旅习俗》,《民俗研究》2008 年第 3 期。
⑧ 田晓菲:《神游:早期中古时代与十九世纪中国的行旅写作》,北京:三联书店,2015 年,第 11 页。
⑨ 冻国栋:《北朝时期的家庭规模结构及相关问题论述》,《北朝研究》1990 年上半年刊(总第 2 期)。
⑩ 刘精诚:《魏孝文帝崇儒及其家庭生活》,《北朝研究》1990 年上半年刊(总第 2 期);葛建平:《东晋南朝社会中的家庭伦常》,《中山大学学报》1990 年第 3 期;李卿:《秦汉魏晋南北朝家族、宗族关系研究》,上海:上海人民出版社,2004 年。

生活史意味的家庭史研究尝试。王利华认为："家庭史首先应被理解为人们在'家庭'这种特殊亲属组织下的生活史；一部真正的家庭史，首先应该尽量讲清楚历史上的人们究竟怎样居家过日子。"① 为此，在其《中国家庭史》第1卷《先秦至南北朝时期》中，王利华分别对当时的家庭结构、规模与亲属关系，婚姻观念和婚姻状况，家庭生计和生活状态，生儿育女和养老送终，家庭教育和宗教信仰等论题进行了详细讨论，以实现其关于"家庭生活史"的建构目标。

具体到家庭生活的诸面相，魏向东关于生育风俗的论述，侯旭东对于生日记忆与生日称庆习俗的考察，魏斌、盖翠杰关于起名习惯的探讨，均各具特色。② 马瑞志（Richard B. Mather）《孝子的模范与宠坏了的毛孩子：〈世说新语〉里中国中古时期的儿童一瞥》（Filial Paragons and Spoiled Brats: A Glimpse of Medieval Chinese Children in the *Shishuo xinyu*）则将视角对准了魏晋史书中的儿童，试图挖掘《世说新语》中"孝子的模范和宠坏了的毛孩子"的证据。③ 对于尊老敬老的研究似乎与老人生活比较贴近。④ 韩树峰结合传世文献与出土资料，对中古的"姪"与"兄子"、"弟子"的讨论⑤，亦对家庭生活史的建构提供知识支撑。近年来，随着妇女史、性别史研究的不断升温，魏晋南北朝的女性相关问题研究不断得到深化，如妇女社会地位、精神风貌、生命意识、社交、贞洁观念、劳动与经济活动、参政、从军、教育诸面相，均得到了不同程度的关注。⑥ 具体到富有女性生活史意义的研究，李贞德将性别史与医疗疾病、法制史相结合的探讨模式，值得关注。郑雅如则以母子关系为中心，从性别史的视野拓展家庭史的研究图景。⑦

此外，在家族、家庭生活史的研究中，婚丧问题是一个绕不过去的重要话题。魏晋南北朝的婚姻课题历来受到学界关注，限于史料，主流的研究一般集中于社会上层，最为人津津乐道地是婚姻的政治性特征⑧。毛汉光对于中古五姓通婚的研究，逯耀东关于北魏中原大族的婚姻关系研究⑨，以及形形色色的世家大族个案研究中的婚姻篇章⑩，均具备传统的示

---

① 张国刚主编，王利华著：《中国家庭史》第1卷《先秦至南北朝时期》，广州：广东人民出版社，2007年，第3页。
② 魏向东：《魏晋南北朝生育风俗述论》，《安徽史学》2003年第2期；侯旭东：《秦汉六朝的生日记忆与生日称庆》，《中华文史论丛》2011年第4期。魏斌：《单名与双名：汉晋南方人名的变迁及其意义》，《历史教学》2012年第7期；盖翠杰：《魏晋南北朝乳名考说》，《民俗研究》2013年第5期。
③ Anne Behnke Kinney、巫鸿，*Chinese Views of Childhood*, Hawaii University Press, 1995. 文章的中文译名采自伊沛霞、姚平主编：《当代西方汉学研究集萃·中古史卷》，上海：上海古籍出版社，2012年，第150页。
④ 张承宗：《魏晋南北朝养老与敬老习俗》，《史林》2001年第4期；张宏慧：《两晋南朝社会的尊老养老之风》，《许昌学院学报》2006年第3期。
⑤ 韩树峰：《中古时期的"姪"与"兄子"、"弟子"》，《历史研究》2010年第1期。
⑥ 张东华：《近十余年来魏晋南北朝女性史研究述评》，《史学月刊》2003年第8期；张承宗：《从妇女史的视野深化魏晋南北朝史的研究》，中国魏晋南北朝史学会、武汉大学中国三至九世纪研究所编：《魏晋南北朝史研究：回顾与探索——中国魏晋南北朝史学会第九届年会论文集》，武汉：湖北教育出版社，2009年。
⑦ 郑雅如：《情感与制度：魏晋时代的母子关系》，台北：台湾大学出版委员会，2001年；《中古时期的母子关系——性别与汉唐之间的家庭史研究》，李贞德主编：《中国史新论：性别史分册》，台北：联经出版事业公司，2009年。
⑧ 罗自强：《20年来魏晋南北朝婚姻家庭研究综述（1980—2000年）》，《许昌师专学报》2002年第6期。
⑨ 毛汉光：《中古大族著房婚姻之研究——北魏高祖至唐中宗神龙年间五姓著房之婚姻关系》，《"中研院"历史语言研究所集刊》56,4。逯耀东：《拓跋氏与中原士族的通婚关系》，《从平城到洛阳——拓跋魏文化转变的历程》，北京：中华书局，2006年。
⑩ 容建新：《80年代以来魏晋南北朝大族个案研究综述》，《中国史研究动态》1996年第4期，第6—8页。

范意义。近年来,又有李金河关于门第婚姻的整体性论著①,将婚姻的政治性话题进行了初步总结。我们不否认魏晋南北朝特定阶层的婚姻具有政治性因素,但在其遮掩下,婚姻的日常生活特性便无法充分体现出来。近年来,薛瑞泽对婚姻形态的研究②在一定程度上为还原婚姻的日常性提供了研究的基础。薛书虽然也讨论了所谓门阀等级内婚制,但大部分篇幅探讨婚姻程序、择偶标准、婚龄、婚姻类型、私通、淫乱、纳妾、离婚、二妻、再婚、夫妻关系等问题。此外,王晓卫对北朝鲜卑婚俗,梁满仓、冯素梅对魏晋南北朝的早婚现象,张承宗等对魏晋南北朝婚俗,谢宝富对北朝婚龄、婚俗、再婚、后娶与妾妓,小池直子关于贾南风的婚姻个案,张庆民对魏晋南北朝幽婚的研究③,均具有强烈的日常生活史研究范式意义。在丧葬方面,成果多偏重于丧葬礼制与葬俗④,但卢建荣关于北魏死亡文化图景的展示,鲁西奇关于买地券的研究,则更为直观地展现了中古丧葬生活的发生画面。⑤

对于人群生活的研究,由于史料的局限,士人生活自然成为学者较易关注的话题。葭森健介对魏晋南北朝士大夫的历史地位进行了总评价⑥,孙立群则从读书生活、仕途、衣与食、住与行、聚会结社、琴棋书画等方面详细讨论了士人这一群体的组成结构及其分化,分析了中国古代士人自身存在的弱点及其在思想、文化、科技等方面的传承作用,从日常生活层面整体论述了魏晋士人的生活实态。⑦ 刘静夫选取了魏晋南朝士大夫精神生活这一侧面,将其置于当时的思想观念变迁背景中加以考察。⑧ 宁稼雨则基于《世说新语》进一步细化了关于士人人格精神的研究。⑨ 卞东波对六朝时期特殊的隐士群体的研究,展现出这一群体独特的生活世界面相。⑩ 田中麻纱巳则将论题进一步缩小,通过研究荀爽的微观生活世界,力图从历史人物的个体生活研究上升到群体生活层面。⑪ 一些学者还围绕"士风"问题展开讨论,如徐国荣所定义的汉魏名士的人格萎缩和通脱,便属于概观性的论述。⑫ 王永平基于正史与文论重点探讨了孙吴士风的变迁问题,魏斌则关注北魏末年的青齐士风,

---

① 李金河:《魏晋隋唐婚姻形态研究》,济南:齐鲁书社,2005年。
② 薛瑞泽:《嬗变中的婚姻——魏晋南北朝婚姻形态研究》,西安:三秦出版社,2000年。
③ 王晓卫:《北朝鲜卑婚俗考述》,《中国史研究》1988年第3期;梁满仓:《试论魏晋南北朝的早婚》,《历史教学问题》1990年第2期;冯素梅:《魏晋南北朝时期的早婚现象》,《晋阳学刊》2000年第6期;张承宗、孙立:《魏晋南北朝婚俗初探》,《浙江学刊》1995年第6期;谢宝富:《北朝婚龄考》,《中国史研究》1998年第1期;《北朝婚式习俗考略》,《中央民族大学学报》1999年第5期;《北朝的再婚、后娶与妾妓》,《中国社会科学院研究生院学报》2002年第4期;小池直子:《贾南风婚》,名古屋大学《东洋史研究报告》27,2003年;张庆民:《魏晋南北朝幽婚故事研究》,《首都师范大学学报》2004年第1期。
④ 郭善兵:《二十世纪八十年代以来魏晋南北朝时期婚丧礼俗研究概述》,《贵州文史丛刊》2001年第4期。
⑤ 卢建荣:《北魏唐宋死亡文化史》,台北:麦田出版,2006年;鲁西奇:《中国古代买地券研究》,厦门:厦门大学出版社,2014年。
⑥ 葭森健介著,吴少珉、程有为译:《魏晋南北朝士大夫的高贵性及其历史地位》,《北朝研究》1996年第1期(总第21期)。
⑦ 孙立群:《中国古代的士人生活》,北京:商务印书馆,2014年。
⑧ 刘静夫:《魏晋南朝士大夫精神生活论述》,《中国史研究》1994年第3期。
⑨ 宁稼雨:《魏晋士人人格精神:〈世说新语〉的士人精神史研究》,天津:南开大学出版社,2003年。
⑩ 卞东波:《六朝隐士的生活》,《中国典籍与文化》2000年第3期。
⑪ 田中麻纱巳:《荀爽的生活态度和主张》,《东方学》98,1999年。
⑫ 徐国荣:《汉魏名士的人格萎缩和通脱之风》,《学术月刊》1997年第8期。

探讨其流变。① 士人的日常交往也纳入到生活史的研究视域,魏向东、杨龙从整体上考察了当时的士人交际风尚,陈群从文学集团的视角探讨南朝文人的日常交往,张亚军对南朝四史中记载的南朝文人的重要的文学集会活动进行了论述,刘增贵重点关注当时的士人与乡党的社会交往层面。② 梁满仓对于书信以及执手礼的探研,郭浩对谒与刺的论述,则有助于了解士人交往行为的实态。③ 一些学者还将士人交往的话题聚焦在个案研究,王永平探讨了崔浩与南士的交往史实④,郑雅如试图突破旧有的士族阶层研究模式,以任昉及其社交网络为中心,从门第之外的视角探讨齐梁士人的交游活动所具有的社会与政治功能、交游所建构的人际关系特质,以及交游活动反映的士人文化。⑤ 近年来,甘怀真在其提出的"京城社会"的叙述框架下,探讨长安、洛阳为代表的社交空间特征及其所具有的文化符号,在此基础上,讨论汉唐间士大夫在相互交往的过程中的自我认同。其中对魏晋时期的九品官人法与京城社会之间关系的关注,值得注意。⑥

在对以往思想史研究范式的反思中,葛兆光提出了"一般知识、思想与信仰的世界"模型,认为:"过去的思想史只是思想家的思想史或经典的思想史,可是我们应当注意到在人们生活的实际的世界中,还有一种近乎平均值的知识、思想与信仰,作为底色或基石而存在,这种一般的知识、思想与信仰真正地在人们判断、解释、处理面前的世界中起着作用,因此,似乎在精英和经典的思想与普通的社会和生活之间,还有一个'一般知识、思想与信仰的世界'。"⑦这一思想史的研究思路对于思想、信仰的日常性建构颇具启发意义。蒲慕州认为:"若从生活史之角度出发,则值得注意的问题是宗教信仰活动在人们生活中所造成的各种影响。"⑧围绕民众的佛教信仰,侯旭东与刘淑芬的相关研究值得关注。侯旭东以造像记为核心材料,力图揭示十六国北朝时期民众的佛教信仰诸面相。这一研究对于日常信仰生活史的重要贡献在于将佛教信众研究的主体下移到"民众"层面,"以往佛教史研究在名僧大德的思想与活动、教理经义的发展、佛教在上层社会的传播影响、重要的制度仪轨等方面积累了不少成果。这些只是整个佛教史中浮出水面的冰山一角,水线以下冰山躯体鲜有

---

① 王永平:《孙吴中期士风的变化与侨旧士风的差异推论——读〈三国志·吴书·孙和传〉、韦昭〈博弈论〉》,《南京理工大学学报》2005年第2期;熊斌:《北魏末年的青齐士风》,《魏晋南北朝隋唐史资料》第22辑,2005年。
② 魏向东:《论魏晋南北朝时期的交际风尚》,《江海学刊》2002年第6期;杨龙:《北魏前期汉族士人的社会交往初探》,中国魏晋南北朝史学会、山西大学历史文化学院编:《中国魏晋南北朝史学会第十届年会暨国际学术研讨会论文集》,太原:北岳文艺出版社,2012年;陈群:《文学集团与南朝文人的社会生活》,《烟台大学学报(哲学社会科学版)》2004年第4期;张亚军:《论南朝"四史"史传人物的文学赏会》,《山西师大学报(社会科学版)》2006年第4期;刘增贵:《晋南朝的乡里之情》,熊秉真主编:《欲掩弥彰:中国历史文化中的"私"与"情"——公义篇》,台北:汉学研究中心,2003年。
③ 梁满仓:《论秦汉魏晋南北朝书信的类别及其构成的变化》,《江海学刊》2014年第5期;《魏晋南北朝私人书信的社会功能》,《史学集刊》2015年第1期;《魏晋南北朝时期书信礼仪的社会影响》,《北京社会科学》2015年第2期;《从魏晋南北朝执手礼看礼文化的传承与更新》,《江西社会科学》2015年第3期;郭浩:《汉晋"名片"习俗探究》,《史学月刊》2011年第9期。
④ 王永平:《崔浩之南朝情结及其与南士之交往考析》,《学术研究》2008年第5期。
⑤ 郑雅如:《齐梁士人的交游——以任昉的社交网络为中心的考察》,《台大历史学报》第44期,2009年。
⑥ 甘怀真:《汉唐间的京城社会与士大夫文化》,邱仲麟主编:《中国史新论:生活与文化分册》。
⑦ 葛兆光:《中国思想史·导论:思想史的写法》(第2版),上海:复旦大学出版社,2013年,第11页。
⑧ 蒲慕州主编:《台湾学者中国史研究论丛》第十分册《生活与文化·导言》,北京:中国大百科全书出版社,2005年,第16页。

论及。本书的研究多少有助于揭开水面之下冰山躯体的面貌,于全面、整体地认识这一时期的佛教史不无裨益"①。刘淑芬关心佛教与社会生活的互动,致力于描绘中古社会生活中的佛教图景。作者认为:"由于佛教的兴盛与流行,佛教的经典、教义对人们的思想、行为,乃至于政治和社会方面,都有广泛而深远的影响。因此在人民的日常生活中,处处有佛教的影子。"②围绕日常生活中的佛教,分别探讨了中古时期的"慈济人"、佛教与中古的社会事业、佛教与国家的社会救济、中古后期的"断屠日"、佛教的节日与庶民的娱乐、佛教与中古的女性和男性、净土佛国的想望,试图多角度揭示中古佛教在日常生活中的影响。此外,刘淑芬还讨论了中古的断屠与斋戒、佛教徒的社会福利事业、佛教对中古民众葬俗的影响等佛教与社会的互动话题,突出了下层民众日常生活在中古佛教与社会的地位和作用。③蒲慕州指出,人们在处理生老病死的问题上表现出的信仰活动、时日禁忌、风水观念以及分散在民间的各类巫祝活动和祀祠等,均是日常信仰生活的不同面相。④ 因此,郝春文对于佛教结社的研究,林富士关于六朝巫觋与厉鬼信仰的讨论,刘屹对道教信仰世界的探讨,魏斌对山岳信仰的新观察,孙英刚对中古时代知识、信仰世界的揭示⑤,亦对日常信仰生活史的建构具有启发意义。

关于魏晋南北朝的节日习俗,学界多有探讨⑥,而太史文(Stephen F. Teiser)关于中古鬼节的综合性讨论,让我们坚信可以通过节日的个案揭示人们日常生活信仰的某些片段。⑦娱乐休闲的话题,诸如投壶、围棋、音乐、舞蹈,也被学者所关注。⑧ 而王永平《游戏、竞技与娱乐——中古社会生活透视》⑨是近年来系统全面研究中古日常娱乐生活史的集大成之

---

① 侯旭东:《五、六世纪北方民众佛教信仰——以造像记为中心的考察》,北京:中国社会科学出版社,1998年,第5页。
② 刘淑芬:《慈悲清净——佛教与中古社会生活》,台北:三民书局,2001年,第3页。
③ 刘淑芬:《中古的佛教与社会》,上海:上海古籍出版社,2008年。
④ 蒲慕州:《中国古代的信仰与日常生活》,林富士主编:《中国史新论:宗教史分册》,台北:联经出版事业公司,2010年,第50—59页。
⑤ 郝春文:《东晋南北朝时期的佛教结社》,《历史研究》1992年第1期;《两晋南北朝时期的法社》,《北京师范学院学报》1992年第1期;林富士:《中国中古时期的宗教与医疗》,台北:联经出版事业公司,2008年。(简体字本,北京:中华书局,2012年);刘屹:《神格与地域:汉唐间道教信仰世界研究》,上海:上海人民出版社,2010年;魏斌:《宫亭庙传说:中古早期庐山的信仰空间》,《历史研究》2010年第2期;《句容茅山的兴起与南朝社会》,《历史研究》2014年第3期;孙英刚:《神文时代:中古知识、信仰与政治世界之关联性》,《学术月刊》2013年第10期。
⑥ 日本学者对于魏晋南北朝岁时节日的探讨参见本文第一部分。中国内地的研究主要有,张弓:《中古盂兰盆节的民族化衍变》,《历史研究》1991年第1期;吕静:《上巳节沐浴消灾习俗探研》,《史林》1994年第2期;何红英:《漫谈三国节令习俗》,《文史杂志》1999年第4期;魏向东:《魏晋南北朝节俗的嬗变》,《史林》2002年第4期;夏日新:《北朝夜游之风与元宵节灯俗起源》,殷宪主编:《北朝史研究:中国魏晋南北朝史国际学术研讨会论文集》北京:商务印书馆,2004年。
⑦ 太史文(Stephen F. Teiser)著、侯旭东译:《幽灵的节日 中国中世纪的信仰与生活》,杭州:浙江人民出版社,1999年。
⑧ 刘春香:《魏晋南北朝时期的休闲游览活动》,《许昌学院学报》2010年第1期;李红雨:《六朝的休闲娱乐活动——以投壶和围棋为例》,《中央民族大学学报(哲学社会科学版)》2011年第5期;李兆成:《漫谈魏晋时的围棋》,《四川文物》2001年第3期;张承宗:《六朝音乐与舞蹈》,《史林》2002年第3期;陈海涛:《胡旋舞、胡腾舞与柘枝舞——对安伽墓与虞弘墓中舞蹈归属的浅析》,《考古与文物》2003年第3期;来琳玲、李天石:《乐舞所见之南朝社会风气》,《南京晓庄学院学报》2006年第1期。
⑨ 王永平:《游戏、竞技与娱乐——中古社会生活透视》,北京:中华书局,2010年。

作。该书分门别类叙述了中古时期的民间说唱与音乐歌舞娱乐活动、戏剧欣赏娱乐活动、杂技、马戏和魔术娱乐活动、各类球戏活动、水嬉、拔河与投壶、武术竞技活动、博弈游戏、猜射游戏、花鸟虫鱼类游戏、儿童游戏、节日娱乐活动、寺观与游戏娱乐以及中外文化交流中的游戏、竞技与娱乐等多个论题,详细考察了各种娱乐项目的起源演变、各种游戏规则与具体的玩法以及在历史上的流行程度,清晰地描绘出中古游戏的发展变迁轨迹,为日常娱乐生活研究提供了重要基础。

三 片段记忆整合与以"人"为核心的范式建构

魏晋南北朝上承秦汉,下启隋唐,处于统一帝国的夹缝之中,然而这一时代却蔓延了400年之久,其间,分与合的交替、统治中心多元化、人口大流动、胡化与汉化、士、庶之隔以及政治、经济、文化发展的新特征,均赋予这一时代以独特而灵动的鲜明特色。在过去的一个世纪里,中外学界对于魏晋南北朝史的研究业已取得了丰硕的研究成果。当前,在对有限史料解读的基础上,挖掘新的问题意识与探索新的研究路径,是魏晋南北朝史研究可持续发展的动力。在此种情势下,日常生活史研究范式的引入,无疑对于魏晋南北朝的重新发现具有重要的学术意义。

我们首先应当肯定这一研究范式更新的价值与意义。对魏晋南北朝日常生活进行全新的历史考察,可以生动地再现魏晋南北朝日常生活的多个面相,进一步把握魏晋南北朝特定的时代特征与时空特色,从而揭示出日常生活与社会变迁之间的互动关系。与此同时,通过对魏晋南北朝日常生活所折射出的生活方式及其社会变迁的考察,还可以使我们更深入地观察与认识这一时期的社会形态与性质、文化及思想的观念积累和进步。总之,从日常生活领域捕捉中国社会变迁的信息,深入体察魏晋南北朝日常生活风貌,对于从全新的视角对传统课题进行再认识,构建全新的魏晋南北朝历史思维模式与解读体系,具有一定学术理路设计的合理性。

但在具体操作层面,却依然存在史料与范式的双重困难与挑战。

许倬云对于古代日常生活史研究的史料问题,有过一种认识:"重建古代中国人类的生活,尤其史前人类的日常生活,具有一定程度的困难。第一,从考古学取得的资料,其实并不完整。第二,文献留下的资料,经过记忆的传承记录、整理、编纂,其中已多有遗漏、误传与阐释的扭曲。第三,中国广土众民,地区性的差异不少;古代资料传流的时间不短,时空维度的落差,无法求其一致与同步。第四,无论考古资料,抑是文献资料,往往相对的不足,于是社会维度的落差,也会导致重建古人生活的偏颇。凡此四项困难,均难有医救之处!"① 诚然,涉及古人日常生活的史料稀少而零散,而对于史料本来较少的魏晋南北朝而言,其研究的困难程度是显而易见的。为此,广泛占有史料,从中发现日常生活轨迹,当是一项琐碎而繁难的工作。

---

① 许倬云:《中国古代平民生活——食物、居住、衣着、岁时行事及生命仪礼》,邱仲麟主编:《中国史新论:生活与文化分册》,第25页。

在传世文献的利用上,正史是日常生活发生的背景,千万不可忽视其重要地位,要合理地进行分析理解,发现隐藏在历史叙述背后的日常生活图景。更要大量运用笔记、诗歌、文集等相关史料,其中记载了许多日常生活片断,需要将这些片断通过史家的历史认识加以连缀。与此同时,在充分占有传世文献的基础上,对于出土资料的运用与解读,便显得尤为重要。卢建荣曾谈及墓志之于日常生活史研究的重要性[1],其在家族、家庭生活、信仰生活、妇女、儿童、婚丧等研究上的学术价值在学界早已达成共识。鲁西奇对于买地券的利用和解读,使少得可怜的南朝石刻资料焕发出生活史的气息。[2] 造像记"是造像当事人活动、主观心愿与认识的直接与真实的记述,非如文献记载要经过文人的筛选与转述,真实地向后人展示了这一时期人们生活、信仰与思想的某些侧面。由不同年代、不同地区、不同背景的造像者的造像记中又可以感受到日常活动、信仰与思想的种种细部变化"[3]。刘淑芬、卢建荣、侯旭东均十分注重运用造像记研究北朝民众信仰生活[4],刘淑芬还运用石柱颂文,探究北朝佛教徒的社会救济事业,兼论佛教对北朝社会的影响。[5] 自走马楼吴简陆续公布以来,相关生活史的课题也变得丰富起来。王子今关于"小妻"的研究,高凯关于长沙郡吏民的取名风俗和婚姻生活、临湘国的疾病人口问题的研究值得关注。[6] 此外,壁画、雕塑等形象史学的素材更应当是日常生活具象建构的史料来源。

正如本文在篇首所指,对于魏晋南北朝史研究而言,"日常生活"依然是一个研究范围比较模糊的领域,适合于魏晋南北朝特殊研究需求的日常生活史研究范式至今没有被合理地建构起来。虽然在文化史、社会史、风俗史的叙述下,生活史的内容依稀可见,而在一些专题性较强的论说中,生活史画面也时常被加以描绘。然而问题在于,我们始终无法确定日常生活史与文化史、社会史、风俗史乃至社会生活史研究之间的界限。由于这一边界的模糊性,导致日常生活史研究产生一种"寄生性"。我们既可以将其放到社会史、文化史、风俗史的框架中去探讨,也可以将其划入物质文化史、地域社会史、性别史、思想史的叙述序列,"日常生活"似乎无处不在,但却又是似有似无。日常生活史的寄生性特征,使我们必须思考如何界定日常生活史的研究范畴问题。

关于日常生活史的理论建构,中外学者均进行过不同程度的努力,虽然研究框架和结论不尽相同,但"个体"、"私人"、"重复"当是普遍达成共识的关键词。[7] 然而,如果将日常

---

[1] 卢建荣:《墓志史料与日常生活史》,《古今论衡》第3辑,1999年。
[2] 卢建荣:《北魏唐宋死亡文化史》,台北:麦田出版,2006年;鲁西奇:《中国古代买地券研究》,厦门:厦门大学出版社,2014年。
[3] 侯旭东:《造像记与北朝社会史研究的回顾与展望》,《中国史研究动态》1999年第1期,第2页。
[4] 刘淑芬:《五至六世纪华北乡村的佛教信仰》,《"中研院"历史语言研究所集刊》63.3,1993年。卢建荣:《从造像铭记论五至六世纪北朝乡民社会意识》,《台湾师大历史学报》23,1995年。侯旭东:《五、六世纪北方民众佛教信仰——以造像记为中心的考察》,北京:中国社会科学出版社,1998年。
[5] 刘淑芬:《北齐标异乡义慈惠石柱——中古佛教社会救济的个案研究》,《新史学》5卷4期,1994年。
[6] 王子今:《论走马楼简所见"小妻"——兼说两汉三国社会的多妻现象》,《学术月刊》2004年第10期;高凯:《从走马楼吴简看孙吴初期长沙郡吏民的社会生活》,《光明日报》2004年5月18日;《从吴简看孙吴初期长沙郡吏民的生活习俗》,《许昌学院学报》2008年第1期;《从吴简蠡测孙吴初期临湘国的疾病人口问题》,《史学月刊》2005年第12期。
[7] 参见刘新成:《日常生活史与西欧中世纪日常生活》,《史学理论研究》2004年第1期;常建华:《从社会生活到日常生活——中国社会史研究再出发》,《人民日报》2011年3月31日,第7版;常建华:《他山之石:国外和台湾地区日常生活史研究的启示》,《安徽大学学报(哲学社会科学版)》2015年第1期。

生活按照上述特点加以理解的话,那么诸如"婚丧嫁娶"这类并非重复进行的"日常"的行为又如何将其归入日常生活的范畴呢?又如从古至今,工作是人们的一种普遍的日常行为,那么这种区别于琐碎的衣食住行而重复发生的工作行为是否可以将其视为日常生活史的研究内容呢?同时,日常生活史研究还涉及人群、阶层划分与史料解析的问题,我们要研究的究竟是历史上个人的日常生活史,还是群体的日常生活史?是研究社会全阶层的日常生活史,还是某些具有特定史料基础的特定阶层的日常生活史?是还原历史上真实的日常生活史,还是探讨历史叙述中的日常生活史。由此可见,无论从理论建构、方法论指导抑或研究范畴等方面,日常生活史研究依然任重而道远。

关于日常生活史理论建构问题的讨论也许永远不会休止,而对于研究需求比较特殊的魏晋南北朝时代而言,则应当在借鉴中外相关理论的基础上,摸索出一条与之相适应的日常生活史研究路径。

材料上的困难告诉我们这样一个事实,所谓全方位多角度的研究至少在当前是一个可望而不可即的目标。实际上,囿于史料的局限,魏晋南北朝史研究的所有论题,基本上也都具有"片段式"特征。既然无法图全、图多,那么我们的魏晋南北朝日常生活研究便只能是片段式的叙述与解读,我们可以称之为"片段记忆整合"。这种基于零散的日常生活史料而形成的历史分析与认识,往往被冠之以"碎片化"而频频遭到诟病。我们必须承认,日常生活史研究的单一碎片化趋势的确是应该在研究中努力加以克服的。历史上的日常生活本身就是诸多片段的集合体,但如果将碎片记忆经过整合,通过一种历史思维模式重新建构出来的日常生活史画面便不再是琐碎的。邱仲麟认为:"在生活史方面,或许有些学者觉得社会生活或日常生活的研究是鸡零狗碎,但透过对特定时代、个别事物,结合社会、经济、文化,甚至是制度等层面,对生活的细部内容进行考察,应该还是值得尝试的。"①从研究范式上看,日常生活史应当是一种方法论,而非具体的研究内容。日常生活史研究的目标不应当仅限于还原历史上人的日常生活面相,而是应当有更深一层的理论关怀,更重要的是要触及社会历史发展变迁的宏大问题,探讨人的日常行为在社会发展过程中的意义,即"由物到人而及社会",这才是日常生活史研究的灵魂所在。这一片段式的重构,虽然无法达到全方位、多角度的高度,但却接近整体史的研究意义。

谈到"人",这里还涉及另一个日常生活史研究范式的转变问题。日常生活史研究,"一定要以'人'为中心,不能以'物'为中心。我们不能停留在对某一类服装或某一类饮食的具体研究上。重要的是研究'人'在'生活'中如何穿如何吃……舍弃了'人',就没有'生活',也就没有'日常生活史'"②。要突破传统的物质文化史的研究范式,将人的因素放在首位,突出日常生活中人的行为方式在历史进程中的表象与作用,使得日常生活史更具灵动性。这种以"人"为核心的研究理路,笔者曾经进行过一些尝试,讲述了一个魏晋南北朝"鞋"与"人"的故事。③ 文章试图从原有的物质文化史、社会生活史的叙事范式中脱离出

---

① 邱仲麟主编:《中国史新论:生活与文化分册》,第 22 页。
② 黄正建:《关于唐代日常生活史研究现状的思考》,《中国社会科学院院报》2004 年 9 月 14 日,第 3 版。
③ 夏炎:《魏晋南北朝的鞋与人:一项中古日常生活史的建构尝试》,"中国史上的日常生活与物质文化"学术研讨会论文,2015 年 10 月 31 日—11 月 1 日,天津南开大学。

来,通过其他视角重新讲述鞋的历史,既要剥离物的一面,凸显人的一面,同时还不能脱离物的存在。这一史实建构的关键是将鞋的物性叙述转换为人性叙述,努力去探寻物性背后隐藏的人性因素,发现人与物之间的灵性互动,并尝试通过非常态行为反证日常行为。这种转变是日常生活史建构的一个重要的环节,虽然这一视角转换工作并不轻松,但通过一种全新的建构理念,重新整合碎片化的历史记忆,探索一种适合于中古史叙述特色的日常生活史研究范式,应当是魏晋南北朝日常生活史建构的努力方向。

如果将历史图景分为影视剧式的、连环画式的和幻灯片式的,材料稀少的魏晋南北朝史研究获得的历史画面充其量也只能是 PPT。凡是上过课的人都知道,PPT 仅仅是一种表达的媒介,形式上要求简洁明快,但其背后却是一个十分广阔的授课话题。我想,这也许就是目前我们所能够触及到的魏晋南北朝日常生活画面吧!

作者简介:夏炎,南开大学历史学院暨中国社会史研究中心教授。

20世纪以来明代卫所制度研究述评

吴才茂

【摘　要】卫所为明代最为重要的制度之一,所涉极广,举凡明王朝的版图、管理体制、户口土地、户籍制度、人口移动、边疆经营及其在清代的变革等,无不是理解明清以来社会变迁的基础,亦因如此,卫所制度一直是明史研究的重要问题。本文尝试对20世纪以来的卫所制度研究成果进行概介,透过"开创、挫折、深化、多元"等四个时期的成果展现,使读者明了卫所制度在不同时期的研究特点及其动向,为日后深入地展开相关问题研究之时,有深厚的研究基础可资对话与创新。

【关键词】明代;卫所制度;军屯;地方社会

元顺帝至正十八年(1358),朱元璋率大军平江南,道经徽州时,曾召见当地名士朱升询以时务,朱升以"高筑墙、广积粮、缓称王"[①]对之,这一策略为朱元璋所采纳,广建城池亦成为其统治天下极为重要的战略思想。迨至"天下既定",则"度要害地系一郡者设所,连郡者设卫"[②],"自京师达于郡县,皆立卫所"[③]。卫所制度遂成为明代最为重要的制度之一,孟森曾曰此"兵制之善,实无以复加"[④],可见其于明代兵制极为赞赏。故于此制之研究,自20

[①] (明)朱升:《朱枫林集》卷9《翼运绩略》,收入沈乃文主编:《明别集丛刊》第1辑第1册,合肥:黄山书社,2013年,据明万历歙邑朱氏刻本影印版,第95页上栏。
[②] (清)张廷玉:《明史》卷90《兵志二》,北京:中华书局,1974年,第2193页。
[③] (清)张廷玉:《明史》卷89《兵志一》,第2175页。
[④] 孟森:《明史讲义》,上海:上海古籍出版社,2002年,第43页。

世纪初以来形成了持续性的研究成果,于此,已有多篇综述进行了归纳。① 这些综述无论是广度、深度还是其指出的问题症结所在,均富见地。但是,笔者亦观察到,其论多按照专题对相关研究进行了分类归纳,其优点便于读者把握各类专项问题的纵向学术脉络,缺憾是未能对卫所制度研究史形成整体的学术史梳理,且多注重于军事史的归纳,于多项卫所制度的研究成果并未包含(比如卫学等),亦无对研究成果明显地呈现出的时代性与阶段性特征进行总结。从学术史的角度而言,若能对明清卫所制度研究的每个阶段进行归纳,明了每阶段的时代背景,即可更好地把握其研究的不同层次与学术旨趣。基于此,兹分开创时期、军屯研究时期、深化研究时期、多元研究时期等四个阶段对明清卫所制度的研究分述于后。不妥疏漏之处,尚祈方家更为郢政。

一 国难与开创时期(1932—1948 年)

明代卫所制度,虽然明清学者已多有评述,比如黄宗羲就对有明一代兵制进行过全面论述,尤其指出了明代兵制变动及其弊病所在②,清代所修《明史》,更是全面、系统、完整地

---

① 有关明代军事史研究的专门性综述论文,已有多篇。于志嘉《明代军制史研究的回顾与展望》(收入台湾大学历史学系编:《民国以来国史研究的回顾与展望研讨会论文集》,台北:台湾大学出版组,1992 年),于 2010 年补充增订,仍题为《明代军制史研究的回顾与展望》(收入于志嘉:《卫所、军户与军役:以明清江西地区为中心的研究》,北京大学出版社,2010 年),是文对明代军制史的研究成果进行全面介绍和深度分析,尤其对日本与港台地区的研究状况作了详尽介绍,为了解相关的研究动态,提供了极大的便利。赵明《明代兵制研究六十年之回顾》(《中国史研究动态》1993 年第 8 期)一文,对 1930 年代以来的兵制研究,进行了全面的综合。张金奎《二十年来明代军制研究回顾》(《中国史研究动态》2002 年第 10 期),对 1980 年代至 2000 年的明代军制研究进行了概述。李华彦《近三十年来明清鼎革之际军事史研究回顾》(《明代研究》第 23 期,2014 年)对晚明军事史的研究状况进行了全面的回顾和评述。仅就卫所制度研究综述而言,亦有邓庆平《明清卫所制度研究述评》(《中国史研究动态》2008 年第 4 期),是文以研究思路和研究角度分类评述了相关研究成果。而新近彭勇《学术分野与方法整合:近三十年中国大陆明代卫所制度研究述评》(《中国史学》第 24 卷,日本朋友书店,2014 年)一文,从"地方行政区划"、"军政管理组织"、"军事制度史"和"边地民族"等四方面对卫所制度研究进行了全面总结,尤其注重对硕、博论文的收罗及学术赓续的交代。按:拙稿出于三个理由,不讨论海外学者的有关研究,一是海外学者的研究状态,于志嘉与李华彦之文已介绍甚详;二是主要叙述中国有关卫所制度研究的学术史,尤其是对每阶段特征的分析,不便包含海外汉学界的研究成果;三是笔者日文与英文水平欠缺,无力评判海外学者的研究成果。但透过于志嘉的介绍及其对日本学者川越泰博氏的评骘来看(于氏指出:"川越提供的错误示范,可以说千奇百怪,不一而足",参见于志嘉:《明武职选簿与卫所武官制的研究——记"中研院"史语所藏明代武职选簿残本兼评川越泰博的选簿研究》,《"中研院"历史语言研究所集刊》第 69 本第 1 分,1998 年,引文见第 66 页),卫所制度研究的高水平著作,均出自中国学人之手。不过仍值注意者,是川越泰博近年的研究,他逐渐转向研究靖难时期各地卫所的官军动员及其在靖难之役中的表现,并借此得到晋升的情况,参见川越泰博:《靖难の役と云南诸卫》(《中央大学文学部纪要》史学科 52 号,2007 年)、《靖难の役と贵州・湖广:卫所官军の动员をめぐって》(《中央大学文学部纪要》史学科 53 号,2008 年)、《明代贵州の军站について》(《中央大学文学部纪要》史学科 56 号,2011 年)、《靖难の役と河南・浙江・江西:卫所官军の动员をめぐって》(《人文研究纪要》74 号,中央大学人文科学研究所,2012 年)、《明代蜀王府と成都三护卫:とくに护卫返上・卫所官军配転・军事活动を中心に》(《中央大学文学部纪要》史学科 60 号,2015 年),等。

② 黄宗羲认为明代兵制有三变:"卫所之兵,变而为召募,至崇祯、弘光间又变而为大将之屯兵。"而卫所之弊在于"官军三百十三万八千三百,皆仰食于民。兵分于农,然且不可,乃又使军分于兵,是一天下之民养两天下之兵也"。至于召募,其弊病在于"安家、行粮、马匹、甲仗费数百万金,得兵十余万而不当三万之选,天下已骚动"。另外还有大将屯兵之弊,"拥众自卫,与敌为市,抢杀不可问,宣召不能行,率我所养之兵反而攻我者,即其人也"。所以,他认为"有明之所以亡",就是这三弊导致的。参见黄宗羲:《明夷待访录・兵制》,收入《续修四库全书》第 945 册,上海:上海古籍出版社,2002 年,据道光刻本影印版,第 482 页下栏。

对卫所制度进行了精简的归纳。但现代史学意义的研究,始于20世纪30年代。受日本觊觎并已侵占东北的现实刺激,一些学者开始集中对辽东都司卫所建制沿革进行考释,比如孟森《清史稿中建州卫考辨》一文,对清代避讳建州卫系满洲前身史实进行考辨,并就清代史籍篡改这一史实的历史过程进行了极为详细的考辨①;而在《建州卫地址变迁考》一文,考建州卫址的变化甚详。② 随后,《禹贡》杂志相继发表张维华等人的文章,他们对明代辽东卫所的建制沿革有详细论述,均是要证明东北自古以来即是中国领土。③ 与此同时,食货派兴起,明代军屯成为重要的研究对象。万国鼎《明代屯田考》,从屯田的"建立、制度、管理、功效、开中与实边、废弛"等六个方面对有明一代的军屯进行了整体性勾勒。④ 孙淑贞则更为全面地对明代屯田的"军屯、民屯、商屯"这三种类型进行了详尽的经济制度分析。⑤ 谭其骧《释明代的都司卫所制度》一文,通过比勘《明史·地理志》后分出"实土"与"虚土"卫所,指出"实土卫所"是明代地方行政区划中的一种,这一发现对以后卫所制度和历史地理的研究,均产生极为重要的影响。⑥

吴晗《明初卫所制度之崩溃》与《明代的军兵》亦先后发表,前者通过对军士逃亡和勾军之法进行探讨,分析了明代卫所制度兴衰的历史原因;后者首次从理论上分清了明代"军"与"兵"的关系,并结合明代社会、政治、经济的变动背景,分析京军与卫军的废弛、募兵的兴起与国家财政状况的关系。⑦ 梁方仲《明代的民兵》,对明代民壮的名称及其起源、制度变迁和民壮性质等内容进行了全面的研究,认为除却中央的卫所军与募兵以外,其他诸种地方的兵皆可视为民兵,并进一步指出民兵可分两类,一是民壮与弓兵等普通民兵;二是乡兵、土兵、土司兵以及各种以技艺见长的特种民兵。⑧ 吴晗与梁方仲的研究,被认为是明代军制的开山之作,"尔后有关明代军制之论著,多依循二说再加以发挥"⑨。

解毓才《明代卫所制度兴衰考》,对制度文献考订缜密,系统地探讨了卫所的编制、类别、军饷来源以及卫所成立的历史意义等问题,并尤其提出卫所制度并不始于明代,而是源

---

① 孟森:《清史稿中建州卫考辨》,《"中研院"历史语言研究所集刊》第3本第3分,1932年,后收入孟森:《明清史论著集刊》,北京:中华书局,1959年,第353—372页。
② 孟森:《建州卫地址变迁考》,《国学季刊》第3卷第4期,1932年,后收入孟森:《明清史论著集刊正续编》,石家庄:河北教育出版社,2000年,第22—42页。
③ 张维华:《明辽东"卫"、"都卫"、"都司"建制年代考略》(《禹贡》第1卷第4期,1934年)、《明代辽东卫所建制考略》(《禹贡》第1卷第7期,1934年);李晋华:《明代辽东卫所归附及卫所都司建制沿革》,《禹贡》第2卷第2期,1934年。按:此期西北卫所的研究,亦有岑仲勉《明初曲先阿端安定罕东四卫考》(《金陵学报》第6卷第2期,1936年)一文可资参考。
④ 万国鼎:《明代屯田考》,《金陵学报》第2卷第2期,1932年。
⑤ 孙淑贞:《明代的屯田制度研究》,《食货》第3卷第2期,1935年。
⑥ 谭其骧:《禹贡》第3卷第10期,1935年,后收入谭其骧:《长水集》上册,北京:人民出版社,1987年,第157—165页。
⑦ 吴晗:《明初卫所制度之崩溃》,(《中央日报·史学》第3期,1936年3月19日,后收入北京市历史学会主编:《吴晗史学论著选集》第1卷,北京:人民出版社,1984年,第654—664页)、《明代的军兵》,(《中国社会经济史集刊》第5卷第2期,1937年,后收入吴晗:《读史劄记》,北京:三联书店,1956年,第92—141页)。
⑧ 梁方仲:《明代的民兵》,《中国社会经济史集刊》第5卷第2期,1937年,后收入梁方仲:《明清赋税与社会经济》,北京:中华书局,2008年,第589—563页。
⑨ 于志嘉:《卫所、军户与军役:以明清江西地区为中心的研究》,第321页。

于元代的禁卫军制度,为这一制度提供了更长的历史维度。① 君约《清代卫所因革录》利用《大清会典》等正史典籍,并结合大量地方志材料,对卫所在清代变革过程进行了宏观概述,对各都司卫所在清代裁改的时间有极为精详的罗列。②

概述这一阶段的研究可知,中国虽处于内忧外患的时代,但学者却能奋力著述,在明代卫所屯田、辽东卫所建制、军与兵、卫所制度的兴衰、实土卫所与虚土卫所的分辨、卫所在清代的变革等领域,都作出了开创性研究,他们所作的贡献,对后世明代军制研究有极其深远的影响。若说此期之研究特征,则表现在与卫所相关的边疆地理、国计民生及军事制度等三方面的内容,备受学人关注,这与当时所处时代的背景有密切关系,大有与日本学人竞争的因素在里面,因日本"国权论"下的向外扩张理论,使日本中国学产生了变异,"大东亚中国观"下的"满洲学"更是触目心惊③,这都迫使中国学人奋起著述,以示抗战。④

二 挫折与军屯研究时期(1949—1979 年)

这一时期受"五朵金花"的影响,土地制度的研究得以积极展开,一些学者对明代的军屯进行了深入的研究。郭厚安《略谈明初的屯田》,对军屯、商屯和民屯进行了勾勒,指出军屯制度建立不久就开始遭到破坏。⑤ 王毓铨《明代军屯制度的历史渊源及其特点》,对明代军屯制度的渊源做了详细考证,指出明代的军屯制度就是金元两代军屯制度的延续,并尤其强调其"残暴性"管理方式。⑥ 张仁忠《论明代的军屯》就明代军屯产生、发展的原因、历史作用以及怎样走向破坏等问题,做了较为全面的论述。⑦ 李龙潜《明代军屯制度的组织形式》对明代军屯制度中"营屯、边屯"的组织形式进行了概述,指出军屯基层组织"屯"有"计伍开屯"和"分亩为田"的两种分屯原则。⑧ 王毓铨所著《明代的军屯》可谓集大成之作,所提出之问题奠定了后来学者研究军屯的讨论框架,是书对军屯的历史渊源、建置、组织、管理、经营、子粒征收、军余顶种、旗军拨屯比例、军屯的生产关系以及军屯的破坏等问题均作了详细考察,同时,他还解释明代卫所正丁、余丁、帮贴等人员编制问题,认为这一制度本含有明代统治者寓劳动训练于屯田耕种之意,务求军队自给自足,但随时间转化,军屯不敌势宦侵占,日益民田化并趋于瓦解。⑨

除此之外,亦有延续前一阶段研究成果者,比如王毓铨《明代的军户》就集中讨论明代

---

① 解毓才:《明代卫所制度兴衰考》,《说文月刊》第 2 卷第 2 期,1940 年,后收入包遵彭编:《明史论丛》第 4 册,台北:台湾学生书局,1968 年。
② 君约:《清代卫所因革录》,《中和月刊》第 3 卷第 5、6、7 期,1942 年。
③ 参见严绍璗:《日本中国学史稿》,北京:学苑出版社,2009 年,第 373—445 页,尤其是第 423—434 页。
④ 参见孔祥成:《史语所与抗战史学研究》,《河北学刊》2003 年第 1 期;田亮:《抗战史学与民族精神——作为抗战文化的史学及其历史贡献》,《抗日战争研究》2007 年第 4 期。
⑤ 郭厚安:《略谈明初的屯田》,《历史教学》1958 年第 4 期。
⑥ 王毓铨:《明代军屯制度的历史渊源及其特点》,《历史研究》1959 年第 6 期。
⑦ 张仁忠:《论明代的军屯》,《北京大学学报》1961 年第 5 期。
⑧ 李龙潜:《明代军屯制度的组织形式》,《历史教学》1962 年第 12 期。
⑨ 王毓铨:《明代的军屯》,北京:中华书局,1965 年。

军户的来源及其承担的义务和社会地位①;又如孙东发《明代卫所制度研究》从宏观角度对有明一代卫所制度的演变进行历时性的梳理②;再如台湾学者陈文石,他不仅关注着明初辽东的边防,还辨析了"所谓明卫所制'得唐府兵遗意'并非如《明史》所言,而是受了元代兵制的不少影响"③。然而,这些研究基本未能超出吴晗、解毓才等学者提出的研究框架。

当然,亦不乏对必里卫的详考之文。徐健竹《明朝必里卫在什么地方》,该文根据《明实录》的材料,订正了《明史·兵志》及《大明一统志》《寰宇通志》《皇舆考》《名山藏》《明通纪》《满族源流考》《明元清系通纪》诸书将必里卫系于辽东奴儿干都司的严重失误,断定明代必里卫在西北,隶于陕西都司。④ 随后,张鸿翔《明代必里卫考》一文征引资料60余种,进一步指出必里卫为羁縻卫所,而非边卫的事实,并对必里卫的隶属、方位等问题做了说明,认为"河州地区无必里卫"、"必里卫在朵甘都司",其地望即今"青海星宿海之西南"⑤,于明代藏族地区的行政建置研究有极为重要的意义。

另外值得注意的是,因中苏边界争端,东北地区建制沿革再次受学者的高度关注⑥,尤其黎敬文《明代东北疆域考》一文,详述明代东北疆域的设置和清代兴起前后接替明代对该地区的管辖等情况,"以不可改变的历史证据,驳斥苏修叛徒集团捏造的所谓黑龙江两岸'历来就是属于俄罗斯的土地',在俄国人到来之前黑龙江两岸'既无满洲人,更无中国人居住过'的谬论"⑦。

概观这一阶段的研究,军屯的研究无疑取得了重要的学术成果,虽因"有时代和资料局限,仅能环绕军屯作最大的延伸讨论,事例稍显短少"⑧,但王毓铨对军屯全面研究所取得的成就,至今仍为明史领域的重要参考成果。而又因"学术研究受到政治环境与意识形态之争的影响"⑨,从可读到的研究成果来看,革命语言成为主要的论述笔调,行文中多不忘记控诉封建社会对普通军士和百姓的压榨与剥削。不过,学者们对祖国东北边疆的关注和认真研究,虽有其时代背景之局限,亦极值崇敬。

---

① 王毓铨:《明代的军户》,《历史研究》1959年第8期。
② 孙东发:《明代卫所制度研究》,《文史学报》1965年第2期。
③ 陈文石:《明代前期辽东的边防(洪武四年——正统十四年)》,《"中研院"历史语言研究所集刊》第37本上册,1967年;《明代卫所的军》,《"中研院"历史语言研究所集刊》第48本第2分,1977年。
④ 徐健竹:《明朝必里卫在什么地方》,《光明日报》,1962年1月17日。同年6月20日,《光明日报》载有柳义南从王世贞的《弇州史料》抄出"必里族"的一段材料,附补徐说。
⑤ 张鸿翔:《明代必里卫考》,《北京师范大学学报》1963年第1期。按:后来王继光否认了张文的论点,认为明代必里卫属河州卫管辖,其地望在今青海省贵德县境黄河北岸。参见王继光:《明代必里卫新考》,《西北民族研究》1993年第1期。
⑥ 参见钟民岩:《历史的见证——从明代奴尔干永宁寺碑文看中国东北的历史疆域》,《中央民族学院学报》1972年第2期;谭其骧、田汝康:《"新土地的开发者",还是入侵中国的强盗?》,《历史研究》1974年第1期;钟民岩《历史的见证——从明代奴尔干永宁寺碑文考释》,《历史研究》1974年第1期;钟民岩、那森柏、金启琮:《明代奴尔干永宁寺碑记校释——以历史的铁证揭穿苏修的谎言》,《考古学报》1975年第2期。
⑦ 黎敬文:《明代东北疆域考》,《考古学报》1976年第1期。
⑧ 李华彦:《近三十年来明清鼎革之际军事史研究回顾》,第137页。
⑨ 钞晓鸿:《明清史研究》,福州:福建人民出版社,2007年,第144页。

三 深化与纷争时期(1980—2000年)

经过长时期的积累,这一时期卫所制度研究的高水平论著迭出。顾诚经过多年的积累和思考,对卫所制度形成了系统的看法。他首先在《明前期耕地数新探》中解释明前期耕地数字出现不同记载的原因,是因为明代的疆土管理分属于行政系统(即县州——府、州——布政司、直隶府州——六部)和军事系统(千户所——卫、直隶都司的千户所——都司、行都司、直隶卫——五军都督府),明初对军数、屯田数是保密的,所以《明实录》中四百万顷左右的数字是行政系统的数字,而洪武二十六年修成的《诸司职掌》所载近八百五十万顷耕地数则是包括了行政和军事两大系统在内的综合数字。① 之后,他进一步指出,卫所多数情况下是一种"地理单位",管辖不属于行政系统的田地和人口,也管辖着不属于军籍的大量民户,而明清卫所"府县化"的趋势,使得这种"地理单位"具有"可转换性"②。顾诚的论点,在学界引起了热烈讨论,林金树与张德信通过对洪武年田地增长速度的历史比较以及当时军事形势、卫所设置、军屯制度及其开展规模等方面的考察,认为洪武二十六年全国田地为八百五十万顷的记载确是不可信的,他们还着重分析了顾文作为论据的辽东、西南、西北等处军屯的具体规模与状况,指出军屯亩顷对于户部来说,不存在保密的问题,由此认为顾文的结论与研究方法均难以成立。③ 但随之而来自明代山西万历清丈文册原件,清楚地表明山西的田地是按行政系统和军事系统分别登记的。④ 秦新林也论证今辽宁、吉林、内蒙古大部、冀北、晋北、陕西大部以及西南地区都有大批田土,在洪武二十六年之前,处于都司、卫所管辖下。⑤ 此外,李三谋对明代辽东都司卫所行政职能的研究中,发现卫所军官负有征派赋役、劝农、兴工、办学、审理诉讼等行政职责,亦从客观上支持了顾诚有关明代部分卫所辖地行政化的观点。⑥ 后来,曹树基在比对了顾诚和林、张的观点之后指出,双方争论的最大难点在于军卫所辖民籍人口的多少,通过研究,他认为明代耕地数字出现不同记载的原因不是出在资料的汇总和军屯管理的制度上,而是出在统计上,这种由于统计单位上出现的混乱完全是技术性的,与军卫土地的统计制度或管理制度无关。⑦ 曹树基的观点在一定程度上取两种观点之所长,但距全部问题的解决还有相当距离,此次论争涉及明代疆土管理、军户制度、统计制度与技术等诸多方面,需要多角度深入探索。⑧ 事实上,争论的症结是出于对顾诚"卫所土地是保密"解释的不信任。但至今为止,尚未出现更为

---

① 顾诚:《明前期耕地数新探》,《中国社会科学》1986年第4期。
② 顾诚:《明帝国的疆土管理体制》(《历史研究》1989年第3期)、《卫所制度在清代的变革》(《北京师范大学学报》1988年第5期)、《谈明代的卫籍》(《北京师范大学学报》1989年第5期)。
③ 林金树、张德信:《明初军屯数额的历史考察:与顾诚同志商榷》(《中国社会科学》1987年第5期)、《关于明代田土管理系统问题》(《历史研究》1990年第4期)。
④ 张海瀛:《张居正改革与山西万历清丈研究》,太原:山西人民出版社,1993年。
⑤ 秦新林:《也论明初耕地数和卫所制度》,《晋阳学刊》1998年第2期。
⑥ 李三谋:《明代辽东都司、卫所的行政职能》,《辽宁师范大学学报》1989年第6期。
⑦ 曹树基:《对明代初年田土数的新认识——兼论明初边卫所辖的民籍人口》,《历史研究》1996年第1期。
⑧ 张金奎:《二十年来明代军制研究回顾》,第9页。

可信的研究。①

台湾学者于志嘉三十年如一日地耕耘于卫所制度研究领域,在这一时期取得了的重要成就。1986年,她首先发表《从卫选簿看明代武官世袭制度》,利用罕见的卫选簿并结合正史等史料,分析了武官世袭的范围、条件、袭替顺序、身份的消除条件、借袭与降袭制度、优养与优给待遇以及作为袭替资格证明的文件等内容。② 1987年,她进一步利用东洋文库的卫选簿档案等核心史料撰成《明代军户世袭制度》,是著以世袭法为主线,在前人研究的基础上,辨析了卫所军士和军官的身份是如何被固定起来的,并对繁杂的清军、武官世袭及武选等问题进行了开拓性的研究。③ 此后,她以明代军户为中心,并如她自己总结的那样,由之发展出三项主轴:一是有关军户家族的研究。由于明初规定军户不得分户,正统以后又要求卫所军人在卫落地生根,若干卫所军户户丁又在卫所附近购置田产,附籍州县,形成所谓"附籍军户"。因此,其军户研究也围绕"原籍军户"、"卫所军户"与"附籍军户"三部分而展开,深入探讨了彼此间的家族关系与军役分担问题。④ 二是有关卫所及军役的研究。由于明代卫所军役因卫所所在位置之不同而有显著差异,因此拟采取区域研究之方法,进行细部研究。于是她集中对江西地区兵制的演变、卫所军役的内容、屯田、军役执行方式的改变、军户管理等方面进行了深入分析,使腹里漕运地区卫所的轮廓清晰可见。⑤ 三是有关军户户役制的研究,包括军户的来源、政府对军户的管理方法等制度问题,以及军户丁的科举、任官、婚姻、就业等社会问题。⑥ 如果说她1987年出版的专著是在辨析军户世袭制度的纯制度史研究,那么,这三个研究分轴,则是细化了军户制度的运行过程。一般制度史研究常被人批评为"就制度论制度"、"只有骨架,没有血肉",认为制度是死的,人是活的,要重视"人"在制度中的能动性。然而,若细细品阅于志嘉的研究,她不仅把制度论述清楚了,还把制度的运作情形、家族如何应对制度、制度在地方社会如何落地等重要问题都基本厘清楚了,因此,其研究并非专门军制史研究,实则是从军制来研究明代的社会经济变动。⑦

谭其骧在这一时期,曾对其在20世纪30年代所撰《释明代都司卫所制度》有一个谈话,彭勇发现较少人注意这一谈话的意义,认为从其谈话可知谭其骧对"实土、非实土"问

---

① 彭勇:《学术分野与方法整合:近三十年中国大陆明代卫所制度研究述评》,第62页。
② 于志嘉:《从卫选簿看明代武官世袭制度》,《食货月刊》复刊第15卷第7、8期,1986年。
③ 于志嘉:《明代军户世袭制度》,台北:台湾学生书局,1987年。
④ 于志嘉:《试论族谱中所见的明代军户》(《"中研院"历史语言研究所集刊》第57本第4分,1986年)、《试论明代卫军原籍与卫所分配的关系》(《"中研院"历史语言研究所集刊》第60本第2分,1989年)《明代两京建都与卫所军户迁徙之关系》(《"中研院"历史语言研究所集刊》第64本第1分,1993年)。
⑤ 于志嘉:《明代江西兵制的演变》(《"中研院"历史语言研究所集刊》第66本第4分,1995年)、《明代江西卫所的屯田》(《"中研院"历史语言研究所集刊》第67本第3分,1996年)、《明代江西卫所军役的演变》(《"中研院"历史语言研究所集刊》第68本第1分,1997年)、《明代江西卫所屯田与漕运的关系》(《"中研院"历史语言研究所集刊》第72本第2分,2001年)。
⑥ 于志嘉:《明代军户の社会的地位について——科挙と任官において》(《东洋学报》第71卷,第3、4号,1990年)、《明代军户の社会的地位について——军户の婚姻をめぐって》(《明代史研究》第18号,1990年)、《再论族谱中所见的明代军户——几个个案的研究》(《"中研院"历史语言研究所集刊》第63本第3分,1993年)。
⑦ 于志嘉曾在一篇自序里这样写道:"一如篇名所示,多年一来,个人的研究常被纳入军制史之畴,但正如我在所指出,'军制的变迁受政治、社会、经济等因素的影响甚大',而个人关心之所在,主要集中在社会经济的层面。这与我在日本留学期间,受到日本明清史学界对赋役制度史研究的影响,有心从特殊户役户的角度来研究军户有关"。参见于志嘉:《卫所、军户与军役:以明清江西地区为中心的研究》"自序",第1页。

题的解释非常清楚,即实土与非实土之别在是否于当地设有州县,并不是有没有土地的问题,卫所是有土地和人口的,只是这些卫所的辖境是不可能搞清楚的,只好以实土、非实土称之①。后来,其弟子周振鹤、靳润成等进一步完善并深化了他的观点。周振鹤提出"军管型政区"的概念,将实土卫所视为一种"特殊的地方行政组织和行政区划"②。而靳润成对建立在承宣布政使司、都指挥使司(都司卫所)之上的地方最高军政辖区——督抚辖区,将其纳入政区研究领域,实证了谭其骧对都司卫所属性的认识。③

除此之外,这一时期研究卫所或者涉及卫所研究的学者还很多,对很多问题都有不同程度的深化。比如军屯制度受到多角度的关注,地方性研究涉及了辽东、河北、青海、湖北等地④。这些文章所探讨的问题虽未超越王毓铨提出的范畴,但对于军屯的作用、破坏、具体的实施过程以及军屯发展对地域社会的影响等方面,亦颇多新意,郭松义《清朝政府对明军屯田的处置和屯地的民地化》即如此,是文对军屯在清代民地化的历史过程所作的全面梳理,为从土地变迁的角度理解卫所制度在清代的最终消亡,是有积极意义的。⑤ 又如区域卫所与卫所个案的研究得到加强。范植清的研究可谓此期代表,他主要集中对广西、湖北西部等少数民族地区的卫所进行了研究,尤其对湖北施州卫的研究极为精细,举凡施州卫的设置、管理体制演变、镇戍、屯垦、官员设置、家族传承等一系列问题都一一作了深入讨论,使得我们看到卫所制度在条文规章与实际实施之间存在着诸多差异,而在卫所制度推行下,汉族与土家族融合的过程也得以较好的展现。⑥ 杨旸、袁闾琨、傅朗云合著的《明代奴儿干都司及其卫所研究》,是为研究奴儿干都司集大成之作,是书对奴儿干都司下一百八十八个卫所的地理位置作了考证,于卫所的建置、体制、变迁、经济、文化以及明朝所实行的民族政策等内容均作了较为全面的论述。⑦ 另外,区域卫所与个案研究的论文还涉及到东

---

① 彭勇:《学术分野与方法整合:近三十年中国大陆明代卫所制度研究述评》,第60页。按:有关谭其骧之谈话全文,参见靳润成:《明朝总督巡抚辖区研究》"书前影印件",天津:天津古籍出版社,1996年。
② 周振鹤:《体国经野之道——新角度下的中国行政区划沿革史》,香港:中华书局,1990年。
③ 靳润成:《明朝总督巡抚辖区研究》,天津:天津古籍出版社,1996年。
④ 汤纲、南炳文:《略论明代军户士卒的身份和军屯的作用》,《南开史学》1980年第1期;刘景泉:《论朱元璋的军屯政策》,《南开史学》1981年第1期;唐景绅:《明初军屯的发展及其制度的演变》,《兰州大学学报》1982年第3期;衣保中:《关于明代军屯制度破坏过程中的几个问题》,《松辽学刊》1984年第3期,陈家麟:《论明代军屯的几个问题》,《中国史研究》1988年第1期;刘谦:《明辽东镇长城及防御考》,文物出版社,1989年;杜涛:《试论明初的军屯》,《云南师范大学学报》1994年第2期;周远廉、谢肇华:《明代辽东军屯制初探——明代辽东档案研究之二》,《辽宁大学学报》1980年第6期;丛佩远:《明代辽东军屯》,《中国史研究》1985年第3期;梁勇:《试论明代河北的卫所和军屯》,《河北师范大学学报》1987年第2期;崔永红:《明代青海河湟地区屯田的分布和军户的来源》,《青海社会科学》1988年第6期;杨昌源、范植清:《略论明代军屯制度在鄂西山地的实施》,《史学月刊》1989年第6期。
⑤ 郭松义:《清朝政府对明军屯田的处置和屯地的民地化》,《社会科学辑刊》1986年第4期。
⑥ 范植清:《试析明代施州卫所世袭、建制及其制约机制之演变》(《中南民族学院学报》1990年第3期);《明代广西卫所的设置与迁徙》(《中南民族学院学报》1993年第2期)、《施州卫建制屯戍考》(《中南民族学院学报》1991年第5期)、《明代施州卫的设立与汉族、土家族的融合》(《华中师范大学学报》1991年第5期)。
⑦ 杨旸、袁闾琨、傅朗云:《明代奴儿干都司及其卫所研究》,郑州:中州书画社,1982年。

北、河北、西北、西南等地。①

纵观这一阶段的卫所制度研究,顾诚和于志嘉的研究代表了所能达到的最高水平,顾诚从明帝国管理疆域高度出发的整体思考,对此后海内外明代都司卫所制度及相关问题,是极大推进。② 于志嘉对军户制度的深入考辨,及其对卫所制度运行于家族和地方的案例研究,同样为后来研究相关问题提供了典范。周振鹤"军管型政区"的概念,此后被广泛运用于历史政治地理学领域,成为分析和研究中国古代行政区域建置的重要理论。③ 而其他如卫所个案方面,亦不乏颇具新意的研究。可以说,在改革开放之后的春风里,学术事业蓬勃发展,有学术价值的争论不断出现,使一些领域得到了精深的研究成果。当然,无须讳言的是,概述性和重复性的选题并非少见。张金奎对此总结道:"从总体上看,还有很多不足,诸多方面要么还无人注意,要么还停留在较浅的层面,需要进一步努力。从研究者角度来说,大陆学者参与明代军制研究的人数很多,但都是偶尔涉猎,尚无人把注意力完全放在军制研究上,台湾学者虽然参与明代军制研究的较少,但有于志嘉这样的学者专注于此"④,这应是对此阶段研究缺憾所作出的较为允当的评述。

四 多元化的研究时期(2001—2015 年)

近十多年来,与卫所制度相关的研究成果极为丰硕,在新材料的开掘、新方法的运用、新领域的开辟上,均显示出多元化的趋势,具体而言,有如下六个方面。

---

① 蒋武雄:《明代经营奴儿干考》,《中国边政》第 69 期,1980 年;周远廉、谢肇华:《明代辽东军户制初探——明代辽东档案研究之一》,《社会科学辑刊》1980 年第 2 期;朱诚如:《明辽东都司二十五卫建置考辨》,《辽宁师院学报》1980 年第 6 期;杨旸、傅朗云:《明代喜申卫考》(《东北师大学报》1980 年第 4 期)、《明代松花江流域卫所设置考略》(《求是学刊》1983 年第 1 期);杨旸、李治亭、傅朗云:《明代奴儿干都司及其卫所研究》,《社会科学辑刊》1980 年第 6 期;杨旸:《明代对忽鲁爱卫的管辖——兼论〈明代辽东残档〉》(《历史档案》1982 年第 1 期)、《从成讨温、塔山左卫印出土看明代对二卫的设置管辖》(《博物馆研究》1984 年第 2 期);李兴盛:《奴儿干都司的建立》,《求是学刊》1982 年第 3 期;郑天挺:《明代在东北黑龙江的地方行政组织——奴儿干都司》,《史学集刊》1982 年第 3 期;徐健竹:《明代建州卫新考》(《中国史研究》1982 年第 4 期)、《明代东开原毛怜卫考》(《明史研究论丛》第 2 辑,1982 年)、《再论明代必里卫》(《文史》第 14 辑,1982 年,第 195—207 页)、《论建州左卫的建立与变迁》(《社会科学辑刊》1983 年,第 1 期);杨旸:《明代奴儿干永宁寺碑记再考释》,《社会科学战线》1983 年第 1 期;庄吉发:《建州三卫的设置及其与朝鲜的关系》,《中韩关系史国际研讨会论文集》,1983 年版;蒋秀松《毛怜卫的变迁》,《社会科学辑刊》1984 年第 1 期;董玉英:《关于肥河卫和啯罕河卫的几个问题》,《史学集刊》1985 年第 4 期;李鸿彬:《简论三万卫》,《社会科学战线》1990 年第 1 期;徐桂荣、刘正:《明代辽东都司诸卫辖所考》,《辽宁大学学报》1992 年第 1 期;梁勇:《浅论明代河北的卫所和军屯》,《河北师范大学学报》1987 年第 2 期;邓锐龄:《明初安定阿端曲先罕东等卫杂考》,《历史地理》第 2 辑,1982 年;唐景绅:《明代关西七卫述论》,《中国史研究》1983 年第 3 期;高自厚:《明代的关西七卫及其东迁》,《兰州大学学报》1986 年第 1 期;梁志胜:《洪武二十六年以前的陕西行都司》,《中国历史地理论丛》1999 年第 3 期;陈国安、史继忠:《试论明代贵州卫所》,《贵州文史丛刊》1981 年 3 期;辛法春:《明代沐氏云南之地方建设与卫所屯田》,《明史研究专刊》第 5 期,1982 年;范玉春:《明代广西的军事移民》,《中国边疆史地研究》1998 年第 2 期;陆韧:《明代云南的驿堡铺哨与汉族移民》,《思想战线》1999 年第 6 期。等等。
② 彭勇:《学术分野与方法整合:近三十年中国大陆明代卫所制度研究述评》,第 63 页。
③ 毛曦、靳润成:《华北历史地理与中国社会变迁——2012 年中国历史地理国际学术研讨会综述》,《历史地理》第 27 辑,上海:上海人民出版社,2013 年,第 390 页。
④ 张金奎:《二十年来明代军制研究回顾》,第 13 页。

其一，制度史的研究更为深入，尤其是班军、军户、武官世袭三大领域有突出成果。彭勇《明代班军制度研究——以京操班军为中心》由其博士论文修订而来，作者通过全面梳理《明实录》等明代正史与政书，并结合大量的地方志，归纳了班军的来源及分布地区，又通过对重要奏疏、题行稿等档案公文的分析，考订出班军制度的基本规定和具体操作方法，并得出与于志嘉研究江西卫所军相近的结论，即明朝班军管理不善，故至晚明时期，沦为工匠杂役之兵。另外，是书在研究明代班军问题的同时，对与此有直接或间接关系的明代卫所职能等问题进行的考察，于明代卫所制度的研究推进不少。[1] 张金奎《明代卫所军户研究》为其博士论文修改而来，该书史料蒐集宏富，举凡实录、正史、文集、笔记、方志、档案、碑刻、出土墓志、小说、民歌等无所不包，尤长于具体事例的举证，并在于志嘉的基础上，对军户来源、组织管理、粮饷、职业选择、后勤保障等方面提出了自己的新见解，尤其是在明代中后期社会变革的背景下，军户的司法管理、自由时间的获取、自耕农化及不同职业的选择、武举与军户之间的互动，均为前人所未发的创见。[2] 梁志胜《明代卫所武官世袭制度研究》亦由其博士论文修改而来，是书最为重大的贡献是对明代档案选簿的全面发掘和利用，借此对有明一代武官世袭制度建立及其演变的脉络厘定清楚，尤其于卫所世袭武官集团的形成、世袭武官的基本构成、武官世袭的基本法则、犯罪与武官袭替、武官优恤制度、借职制度、比试制度等方面的内容，创见颇多[3]。另外，卫所军政官也开始受到重视，曹循《明代卫所军政官述论》就指出，军政官的设立及考选，是明廷针对洪武时期卫所制度和选官层面弊端加以改造的结果，也是卫所由战时军队编制向平时地方驻守体制的演变[4]。

于志嘉近年来更是代表着制度史研究向着更精深的领域迈进。比如，她不仅继续研究卫所军户与原籍军户之间关系，还进一步利用中国第一历史档案馆出版的卫选簿，结合族谱资料，深入探讨了垛集军与抽籍军的军役继承方式，并进一步讨论了明代军户制度中以户名不动代役的特殊现象。[5] 又如，明代卫所有故意上的"犬牙相制"[6]之制度设计，使卫所与府州县之间多有纠葛不清的关系，相处于同一区域的军民，更是纠纷频发。在这种情况下，如何处理这些关系，以及权力如何行使，成为极为重要的问题。为此，她连续发表了三篇论文深入讨论了这一问题，在《明清时代江西卫所军户的管理与军役纠纷》一文中，通过分析军户户籍由原籍地州县与卫所各自造册管理及军役的继补问题出发，论述了卫所与州县之间的复杂关系[7]；在《从〈崑辞〉看明末直豫晋交界地区的卫所军户与军民词讼》一文

---

[1] 彭勇：《明代班军制度研究——以京操班军为中心》，北京：中央民族大学出版社，2005年。
[2] 张金奎：《明代卫所军户研究》，北京：线装书局，2007年。
[3] 梁志胜：《明代卫所武官世袭制度研究》，北京：中国社会科学出版社，2012年。
[4] 曹循：《明代卫所军政官述论》，《史学月刊》，2012年第12期。
[5] 于志嘉：《明清时代军户的家族关系——卫所军户与原籍军户之间》（《"中研院"历史语言研究所集刊》第74本第1分，2003年）、《论明代的附籍军户与军户分户》（收入《顾诚先生纪念暨明清史研究文集》，中州古籍出版社，2005年）、《再论垛集与抽籍》（收入《郑钦仁教授七秩寿庆论文集》，台北：稻乡出版社，2006年）、《论明代垛集军户的军役更代——兼论明代军户制度中户名不动代役的现象》（收入邱澎生、陈熙远编：《明清法律运作中的权力与文化》，台北：联经出版事业公司，2009年）。
[6] （明）王士性：《广志绎》，北京：中华书局，1981年，第4、133页。
[7] 于志嘉：《明清时代江西卫所军户的管理与军役纠纷》，《"中研院"历史语言研究所集刊》第72本第4分，2001年。

里,她利用判牍、驳稿等史料,从法制史的角度,探讨直、豫、晋交界地区卫所的军民纠纷,卫所与州县官员在处理这些纠纷时表现出来的权力关系①;在《犬牙相制——以明清时代的潼关卫为例》一文中,对潼关卫军民杂处、军强民弱、屯军侵蚀地方资源的现象进行了全面论述,特别指出明朝政府在屯地分配上故意交错配置而试图控制地方的重要手段,在"终究难敌屯地分散两省十一州县所带来的困扰",而"逐步缩编成仅掌握潼关、华阴两境内屯地的潼关厅"的历史演变过程。② 最近,她又继续深化其先前研究留下的问题。前者继续讨论余丁分化的问题,对"舍人"、"馀丁"、"帮丁"等名词正名,同时配合文集、碑刻、方志中所见资料,除对辽档中出现的帮丁存在形态有更深入的分析,也借由对天津三卫以及广东沿海卫所军役进行介绍,说明卫所军馀角色分担受区域影响而呈现差异性。后者延续军户家族的研究,并以庐江钱氏为例,说明了军户在应对军役时灵活运用分户和户籍的策略。③ 可以说,于志嘉代表了卫所军户、军屯和军役研究的最高水平。

其二,历史政治地理与边地沿海卫所研究。自周振鹤提出"军管型政区"之后,不仅他自己在进一步完善这一观点,认为历代王朝疆域,尤其是对边疆与少数民族地区的管理,多采用这种"军管型政区",或者可称之与"郡县制政区"这种正式政区相对应的"准政区"管理模式。④ 其学生郭红《明代都司卫所建制研究》经修改后,与靳润成合著成《中国行政区划通史:明代卷》,是书在对明代政治地理区划建制沿革全面梳理的基础上,认为明代卫所在行政区划意义上可分为"实土"、"准实土"和"非实土"三种类型,并进一步考察了三者的概念和分布地域。即"实土卫所"指设置于未有正式行政区划地域的卫所,"准实土卫所"主要分布在沿海和内陆边区,名义上虽然在府州县境内,但却占据着大片的土地和人口,足以同府、州、县相抗衡。"实土"与"准实土"卫所多分布于边区或少数民族聚居地。"非实土卫所"则表现为卫所治地有府、州、县,且后者的土地和人口占有绝对优势,主要包括内地、在京及部分沿海、边地卫所,不能作为地方行政区域来看。⑤ 同时,他认为此三类卫所都拥有一定数量的土地和人口,仍可视为明代的一种疆土管理方式。⑥ 显然,由明代都司卫所而提出的"军管型政区"概念,为明代卫所制度研究拓展出了新的领域。有学者通过对辽东的研究,进一步提出了所谓"文管型政区"的概念,并论述了辽东实由"军管型政区"向"文管型政区"转变的过程,使辽东形成事实上的三级行政区划。⑦ 因此,周振鹤这一概念,将被历史地理学界运用到更广阔的研究领域。

又据《明史》的统计,洪武二十六年(1393),在广袤的疆域里,设置了17都司、329卫、

---

① 于志嘉:《从〈謄辞〉看明末直豫晋交界地区的卫所军户与军民词讼》,《中研院历史语言研究所集刊》第75本第4分,2004年。
② 于志嘉:《犬牙相制——以明清时代的潼关卫为例》,《"中研院"历史语言研究所集刊》第80本第1分,2009年。
③ 于志嘉:《帮丁听继:明代军户中馀丁角色的分化》(《"中研院"历史语言研究所集刊》第84本第3分,2013年)、《异姓别籍或复姓归宗:以庐江钱氏家族为例》(《"中研院"历史语言研究所集刊》第85分第4本,2014年)。
④ 周振鹤:《中国历史政治地理十六讲》,北京:中华书局,2013年。
⑤ 郭红:《明代都司卫所建制研究》,复旦大学博士学位论文,2001年;郭红、靳润成:《中国行政区划通史:明代卷》,上海:复旦大学出版社,2007年。
⑥ 郭红:《明代都司卫所制度与军管型政区》,《军事历史研究》2004年第4期。
⑦ 陈晓珊:《明代辽东中层行政管理区划的形成——以辽东苑马寺卿兼职兵备事为线索》,《中国历史地理论丛》2011年第4期。

65 守御千户所,明成祖时期又"多所增改",其后更是"措置不一"①,如此众多的卫所及其变动,若均需梳理清楚,显然极为困难。但对较为特别或资料较多的卫所,仍是学者极感兴趣的选题,尤其牵涉边疆、民族、海防的卫所,成为学者集中研究的个案,地域涉及东北、"九边"、西北、西南、沿海等地。② 概览这些论作,可有如下印象:一是不少省份的都司这一层级得到较为系统的研究,卫和所这一层级的研究相对较少,且多种集中于建置沿革的研究上;二是少数民族地区尤其是北部边疆地区(主要东北、西北)的都司卫所研究,多数研究均结合了明朝与当地少数民族关系这一视角,因此也可被视为民族史、民族关系史的研究③;三是与"北虏南倭"相关,"九边"与沿海的卫所研究,虽然对沿革建制也极为关注,但

---

① (清)张廷玉:《明史》卷 90《兵志二》,第 2196 页。
② 举例而言,东北边地有张士尊《明代辽东都司军政管理体制及其变迁》(《东北师大学报》2002 年第 5 期)、李路华《明代三万卫考述》(《社会科学战线》2009 年第 11 期)、李新峰《明初辽东战争进程于卫所设置拾遗》(《明史研究论丛》第 9 辑,2011 年)、毕洪娜《明初辽东都司人口及其地理分布探究:以辽东志中心》(东北师范大学硕士学位论文,2012 年)、时仁达《明代辽东卫所军役研究》(中央民族大学博士学位论文,2012 年)、程妮娜《明代辽东都司女真内迁与朝贡史事考》(《社会科学辑刊》2012 年第 6 期)、张德玉、刘彦红《辽东边墙以内的女真人:东宁卫及草河千户所的设置》(《满族研究》2012 年 3 期)等文;"九边"则有肖立军《明代中后期九边兵制研究》(长春:吉林人民出版社,2001 年)和《明代省镇营兵制与地方秩序》(天津:天津古籍出版社,2010 年)、赵现海《明代九边军镇体制研究》(东北师范大学博士论文,2007 年)、彭勇《明代北边防御体制研究》(北京:中央民族大学出版社,2009 年)、张鹏《明代山西行都司设置军事地理研究》(中央民族大学硕士学位论文,2010 年)、曹锦云《明代山西都司研究》(陕西师范大学硕士学位论文,2011 年)、赵现海《明代九边长城军镇史:中国边疆假说视野下的长城制度史研究》(北京:社科文献出版社,2012 年)、马静茹《明代宣大总督研究》(中央民族大学博士学位论文,2013 年)等论著。西北之地有梁志胜《"碾伯守御千户所"辨析》(《兰州大学学报》2000 第 2 期)、钱伯泉《明朝撒里畏兀儿诸卫的设置及其迁徙》(《西域研究》2002 年 1 期)、胡小鹏《察合台系蒙古诸王集团与明初关西诸卫的成立》(《兰州大学学报》2005 年 5 期)、施新荣《哈密卫研究》(北京师范大学博士学位论文,2005 年)、马顺平《明代陕西行都司及其卫所建置考实》(中央民族大学硕士学位论文,2005 年)、屈华《从榆林卫到榆林府——明代卫所制度在清代变革的个案研究》(陕西师范大学硕士学位论文,2006 年)、程利英《明代关西七卫探源》(《内蒙古社会科学[汉文版]》2006 年 4 期)、张小永《东胜卫相关问题探析》(《北方民族大学学报》2011 年第 3 期)、李新峰《明初撒里畏兀儿设卫考》(《民族研究》2012 年 4 期)、蔡彪《明代宁夏卫所述论》(青海师范大学硕士学位论文,2012 年)、杨林坤《论明代西北羁縻卫所的民族关系》(《中国边疆史地研究》2014 年第 2 期)等文。西南之地有陆韧《变迁与交融——明代云南汉族移民研究》(云南教育出版社,2001 年版)、郭红《明代贵州都司建置研究》(《贵州文史丛刊》2002 年第 1 期)、黄彩文《澜沧卫的设置及其在永胜历史上的进步作用》(《云南师范大学学报》2003 年 02 期)、彭勇《明代广西班军制度研究——兼论班军的非军事移民性质》(《中国边疆史地研究》2004 年第 3 期)和《建武兴文:明代建武守御千户所建置考论》(《明史研究专刊》第 17 期,明史研究小组印行,2013 年)、罗维庆《酉水千户所考》(《中央民族大学学报》2009 第 4 期)、孟凡松《明洪武年间湖南卫所设置的时空特征》(《中国历史地理论丛》2007 年第 4 期)、刘祥学《明代驯象卫考论》(《历史研究》2011 年第 1 期)、吴春宏《清初"一线路"上的驿站管理——以四边卫为中心的考察》(《珞珈史苑》2011 年卷,武汉:武汉大学出版社,2012 年)和《明清时期黔楚边境的府目纠纷:以黎平府与五开卫为例》(《中国历史地理论丛》2011 年第 2 期)、胡湘闽《明代安顺地区行政区划特点研究》(吉首大学硕士论文,2012 年)、刘灵坪《"汉"、"土"之分:明代云南的卫所土军——以大理诸卫为中心》(《历史地理》第 27 辑,2013 年)、施剑《清前期贵州卫所之裁撤及其屯田处置》(《历史档案》2014 年第 2 期)、聂焱《明初戍守贵州的将士与"南京人"》(《历史档案》2014 年 3 期)、魏超《明初交趾都司卫所建置研究》(《中国历史地理论丛》2015 年 1 期)等文。沿海卫所则有赵红《明清时期的山东海防》(山东大学博士学位论文,2007 年)、黄友泉《明代前期福建的海防体系》(厦门大学硕士学位论文,2009 年)、宋烜《明代浙江海防研究》(北京:社会科学文献出版社,2013 年)、薛理禹《清代屯丁研究:以江南各卫所及归并州县屯丁为例》(《史林》2012 年第 2 期)、王日根《明代东南海防中敌我力量对比的变化及其影响》(《中国社会经济史研究》2003 年第 1 期)、张金奎《明代山东海防研究》(中国社会科学出版社,2014 年)、尹泽凯等《中国古代城市规划"模数制"探析——以明代海防卫所聚落为例》(《城市规划学刊》2014 年第 4 期)、宫凌海《明代中叶沿海卫所的初步地方化——以浙江观海卫为例》(《历史教学问题》2015 年 1 期),等等。
③ 彭建英:《明代羁縻卫所制述论》,《中国边疆史地研究》2004 年第 3 期。

更为着力于论述卫所功能及评估其效用,换言之,这两地的卫所,基本被论述为一种防御性的卫所系统;四是区域性、单个卫所研究中的军户、屯田、军役等问题,大多呈现出鲜明的时代特征和地域特点。

其三、卫所官军的教育与文化传播。明代因军籍、卫籍的存在,早在洪武辛酉年(1381),朱元璋就命"都司建学"①,明中期以后,更是越来越多的卫籍人士读书应试。事实上,明代的都司儒学与卫学是都司、卫所制度的重要组成部分,然前几阶段的研究成果中,涉及者极为罕见。蔡嘉麟《明代的卫学教育》补此缺憾,是书从卫学设立背景、教育政策、建置沿革、卫学生员的督教、卫所的规制及与地方社会的互动、为学教育的评议六个方面对有明一代的卫学进行了全面研究,创见极多。②陈宝良《明代卫学发展述论》一文,赓续顾诚的"卫籍"之论,不仅全面论述了卫学的建立与发展,尤其注重揭示卫学对边疆地区文化事业发展的重要作用。③而随后有关明代儒学、学校的研究,卫学多仅成为其论述的一个部分。④不过,一些硕士论文开始对地方卫学及军籍进士开始进行了有益的探讨。⑤明代的卫所,因伴随着人群的移动,文化传播和各地域的文化交流与融合成为一个重要的议题。郭红就明代的卫所移民与地域文化的变迁进行了宏观的专论,认为卫所移民对不同地域文化的变迁起了很重要的作用。⑥彭勇不仅研究了明代"达官"的在内地卫所的分布及其社会生活状况,还讨论了福州三卫与闽都文化出现的关系,而在《明代河南的军卫移民与文化传播》一文中,指出武官是卫所移民社会中文化建设和文化传播的主导者,军卫群体是文化传播的重要参与者。⑦

其四、卫所城址(城市)的研究。明代制度史的研究中,并未对卫所城址有过太多的关注,直到李龙潜对明代"郡县城池"的研究中,尚直言不讳地说不包括"巡检司城和卫所司城"⑧。但在历史地理学界,并未放弃卫所城址得研究,钟铁军就从城市历史地理的角度,对明代贵州"郡邑"城镇选址过程进行复原,并对其与卫所城镇重合的原因做出了地理环境和政治经济方面的解释。⑨李孝聪根据文献史料和传世的明代舆图,并结合实地考察,对沿长城边墙及川边地区的明朝都司、卫、所城址之分布、选址、形制与功能做了全面分析,并就明代边防屯戍导致城址在农牧交错地带的大量出现,对该地区交通网络、城镇分布以及

---

① (明)吕原:《都司庙学碑记》,收入毕恭、任洛等重修:《辽东志》卷2《建置·学校》,《续修四库全书》第646册,上海:上海古籍出版社,2002年,据天津图书馆藏嘉靖刻本影印版,第513页上栏。
② 蔡嘉麟:《明代的卫学教育》,宜兰:明史研究小组印行,2002年。
③ 陈宝良:《明代卫学发展述论》,《社会科学辑刊》2004年第6期。
④ 陈宝良:《明代儒学生员与地方社会》,北京:中国社会科学出版社,2005年;郭培贵:《明代学校科举与任官制度研究》,北京:中国大百科全书出版社,2014年。
⑤ 比如王文慧《明代贵州卫学研究》,上海大学硕士学位论文,2008年;张东冬《明代辽东卫学初探》,东北师范大学硕士学位论文,2009年;孙经纬《明代军籍进士研究》,辽宁师范大学硕士学位论文,2011年。
⑥ 郭红:《明代卫所移民与地域文化的变迁》,《中国历史地理论丛》2003年第2期。
⑦ 彭勇:《明代"达官"在内地卫所的分布及其社会生活》(《内蒙古社会科学》2003年第1期)、《论明代福州三卫之设与闽都文化之建》(《闽江学院学报》2013年第4期)、《明代河南的军卫移民与文化传播》(《中州学刊》2014年第7期。
⑧ 李龙潜:《明代修建郡县城池的几个问题》,《明清论丛》第12辑,2012年。
⑨ 钟铁军:《释明代贵州之"州卫同城"》,《中国历史地理论丛》2004年第1期。

社会环境所产生得影响等方面进行了深入考察。① 另外一个重要的研究趋势,则是把卫所与作为"中心地"的城市结合起来。比如,张萍的系列论文便是这一研究的集中展示,她采用历史经济地理的视角,对陕西北部的军事城镇进行了较为深入的研究,她认为今天陕北地区的行政建制与明代的卫所体系密切相关,随着军事城镇的扩大化,军事消费也随之迅速增多,带来了卫所的商业化发展趋势,加速了这一区域商品流通的发展,奠定了今天陕北交通路线的走向,也奠定了陕北州县的区划格局。在此基础上,她又以陕北榆林为中心进行研究,她发现明代的蒙汉战事为榆林的发展提供了契机,由军事驻所到三边雄镇,并在清代成为地方行政中心,由此认为在中国北边民族交错地带,榆林的这一"从军城到治城"的发展历程具有典型意义。在接下来的研究中,她对明代延绥长城诸边堡又进行了细致考察,认为由于营堡与交通走廊互为一体,带动了经济发展,在明清时期发挥了重要的政治、经济与交通中心作用。② 这种以城市为中心的卫所研究,充分考虑蒙汉民族关系的周期性影响,亦重视卫所历史命运的研究,无疑具有重要的启发意义。

其五,卫所形成的屯堡研究。卫所作为地理单位,屯戍之地形成的屯所、堡寨等居住形态,在明清社会历史变迁中,演化为自然村落或集镇的并非少见,甚至卫所官军后裔集中居住在一起,形成具有鲜明特色的屯堡村落,这为探讨卫所制与地区社会变迁之间的关系提供极好的研究视角。最为典型事例当属贵州安顺的屯堡人。近是十多年来,贵州屯堡的研究数量激增。翁家烈《屯堡文化研究》一文,首先从屯堡人的概念讲起,对屯堡文化的内容、成因及其意义进行了较为全面的分析。③ 万明《明代徽州汪公入黔考——兼论贵州屯堡移民社会的建构》一文在对贵州安顺屯堡进行社会调查的基础上,从家族入手,追寻徽州汪氏家族一支与汪公入黔的关系,探讨作为社会文化现象的抬汪公仪式在屯堡移植和保存的意蕴,并以此为视角,说明明初大规模军事移民的国家行为,伴随着文化移植和文化认同的过程,国家观念通过文化传播深入民间社会,同时民间信仰起了社会整合作用。④ 另外,大量的论文集中讨论了屯堡人的来源、身份构建、开发边疆的贡献以及屯堡文化形成原因、影响等方面的内容。⑤ 这种选题极为相似的研究,其弊亦为一些学者指出:"屯堡文化研究的成果颇丰,但也存在研究视点过于集中、论题过多重复的问题,尤其是对文化事象的反复描述和低水平重复研究的现象比较突出,在近 400 篇(本)的研究成果中,关于地戏方面的研究成果近 100 篇(本),其中有一半以上是重复性、描述性的表浅层次的研究,缺乏理论深

---

① 李孝聪:《明代卫所城选址与形制得历史考察》,收入《徐苹芳先生纪念文集》,上海:上海古籍出版社,2012 年,第 59—78 页。
② 张萍:《明代陕北蒙汉边界区军事城镇的商业化》(《民族研究》2003 年第 6 期)、《从"军城"到"治城":北边民族交错带城镇发展的一个轨迹——以明清时期陕北榆林为例》(《民族研究》2006 年第 6 期)、《谁主沉浮:农牧交错带城址与环境的解读——基于明代延绥长城诸边堡的考察》(《中国社会科学》2009 年第 5 期)。
③ 翁家烈:《屯堡文化研究》,《贵州民族研究》2001 年第 4 期。
④ 万明:《明代徽州汪公入黔考——兼论贵州屯堡移民社会的建构》,《中国史研究》2005 年第 1 期。
⑤ 相关论文主要有周耀明:《族群岛:屯堡人的文化策略》,《广西民族学院学报》2002 年第 2 期;陈训明:《安顺屯堡人主体由来新探》,《贵州社会科学》2002 年第 5 期;蒋立松:《从汪公等民间信仰看屯堡人的主体来源》,《贵州民族研究》2004 年第 1 期;古永继:《从明代滇、黔移民特点比较看贵州屯堡文化形成的原因》,《贵州民族研究》2006 年第 2 期;吴斌:《试析明代贵州军屯及屯堡人的形成》,《贵州社会科学》2008 第 10 期;蒋立松:《试论西南少数民族地区汉族"孤岛文化"的内涵及其生成基础》,《中南民族大学学报》2009 年第 5 期;吴伟军:《从屯堡方言看屯堡人的族群来源及内部分化》,《贵州民族研究》2014 年第 3 期。

度和真知灼见"①。不过，近年从文化人类学、民俗学等视角观察屯堡文化的研究，对于进一步了解卫所制度的遗存，是有积极意义的。②

其六，"华南学派"的研究路径。由中国社会经济研究演变而来的所谓"华南学派"，其研究主题断代主要集中于明清时期，而明清卫所制度的推行与变革，对不同地域社会的形成，有极为重要和深远的影响，因此，其研究极难绕过卫所制度。③ 由此，区域社会史、历史人类学等不同的研究方法，自然而然地被运用卫所研究，这无疑是有助于相关研究的推进。比如萧凤霞、刘志伟《宗族、市场、盗寇与蛋民——明以后珠江三角洲的族群与社会》一文，就发现明初征服广东的过程中，明王朝企图把大批流动人口收编为编户齐民，而将许多蛋户登记为军户，进而编入卫所，并进一步以小榄镇的李姓宗族为例，介绍了从军户到民户转化的过程。④ 陈春声《明代前期潮州海防及其历史影响》是极为重要的一篇文章，既证实了顾诚提出的行政和军事两大独立系统的存在及其关系，又通过描述明初潮州海防系统建立的缘由、过程和制度变迁，揭示了明初中央王朝的一些政策在沿海边远地区的具体落实情形及地方社会的因应过程。⑤ 邓庆平对此总结到："在他们的研究视野中，卫所不仅仅是一种军事制度的规定，也是一种影响地方社会族群认同与划分、政治权力转移、基层社会变迁的契机和资源。这样，卫所制度的研究就转化为了区域社会史研究的一种分析视角，军事史、政治制度史与社会史之间的樊篱也就打破了"⑥。她对华北的研究，即表现出了这种努力。⑦

与此同时，更多的年轻学者逐渐受到"历史人类学"研究方法的影响，在展开不同区域明清以来的历史研究中，出现了越来越多样的研究。比如邓庆平以蔚州与蔚州卫为例，对明清时期两套帝国疆土管理体制的实际运作及其二者之间的复杂关系进行了理顺，认为蔚州从边疆军卫到腹里州县的变迁轨迹，是明清北部疆域扩张、民族关系、疆土管理方式等大

---

① 吴羽、龚文静：《屯堡文化研究述评》，《贵州民族研究》2009年第2期，第98页。
② 相关论著主要有：郑正强：《最后的屯堡——一个汉族移民社区文化探究》，贵阳：贵州人民出版社，2001年；安顺市文化局编：《图像人类学视野中的贵州安顺屯堡》，贵阳：贵州人民出版社，2002年；蒋立松：《从汪公等民间信仰看屯堡人的主体来源》，《贵州民族研究》2004年第1期；张金奎《贵州安顺屯堡社会调查报告》，收入万明主编：《万明社会变迁：问题与研究》，北京：商务印书馆，2005年；俞宗尧等：《屯堡文化研究与开发》，贵阳：贵州民族出版社，2005年；孙兆霞等：《屯堡乡民社会》，北京：社会科学文献出版社，2005年；杨友维等：《大明屯堡第一屯——鲍家屯》成都：巴蜀书社，2008年；贵州省民族事务委员会、贵州省民族研究所编：《贵州"六山六水"民族调查资料选编：仡佬族、屯堡人卷》，贵阳：贵州民族出版社，2008年；张原：《在文明与乡野之间——贵州屯堡礼俗生活与历史感的人类学考察》，中央民族大学博士学位论文，2008年；卢百可：《屯堡人——起源、记忆、生存在中国的边疆》，北京：民族出版社，2014年；吴斌：《嬗变与坚持——屯堡共同体的文化观察》，北京：中国社会科学出版社，2015年。
③ 历史学和人类学相结合的研究卫所，可追溯到1980年，当年，傅衣凌在日本发现了《崇武所城志》和《惠安政书》，促成了厦门大学人类学者对惠东地区的考察和研究，从1984年开始，蒋炳钊、陈国强、叶文程、石奕龙等人开始持续地对崇武及惠东展开田野调查，他们采用田野调查与历史文献相结合的研究方法，形成了丰硕的成果，比如陈国强：《崇武研究》，北京：中国社会科学出版社，1990年版；陈国强、蔡永哲：《崇武人类学调查》，福州：福建教育出版社，1990年；乔健、陈国强、周立方：《惠东人研究》，福州：福建教育出版社，1992年。
④ 萧凤霞、刘志伟：《宗族、市场、盗寇与蛋民——明以后珠江三角洲的族群与社会》，《中国社会经济史研究》2004年第3期。
⑤ 陈春声：《明代前期潮州海防及其历史影响》，《中山大学学报》2007年第2、3期。
⑥ 邓庆平：《明清卫所制度研究述评》，第20页。
⑦ 邓庆平：《卫所制度变迁与基层社会的资源配置——以明清蔚州为中心的考察》（《求是学刊》2007年第6期）、《卫所与州县——明清时期蔚州基层行政体系的变迁》（《"中研院"历史语言研究所集刊》第80本第2分，2009年）。

历史直接影响下的产物。同时,地方社会的具体实践又反过来促使国家政策进行重新调整。而蔚州人对于"边疆"和"腹里"的感知,则表现出大历史在地方的历史文化传统中被重新理解和记忆的过程。① 李扬以地权变动为主线,对卫所军户、藩王与州县之间发生了一系列纠纷进行了细致研究,并着重梳理了韶山毛氏家族在不同历史时期的地权变动与地方权力的获取过程。② 又如谢湜分析太仓从明初的卫所军事管治并兼辖民政的体制走向州县治理体制的过程,认为在不同地域中,从卫所到州县的转变过程,既体现了特定的地域特质,又反映了明清国家在地方行政体制上的整体转变态势。③ 而他最近有关南岭山地军户的历史变迁研究中,更显示出了这种历史人类学的旨趣。④ 再如张友庭所著《晋藩屏翰——山西宁武关城的历史人类学考察》,由其博士学位论文修改而来,是书开篇就宣称是一部有关卫所的历史民族志,通过对山西省西北部宁武县城的田野调查,以这一边疆卫所的城市形态和生命历程作为研究的出发点,对这一晋蒙边疆地带的文化图景及其历史进程进行了勾勒。⑤

概言之,不管是区域社会史还是历史人类学,都极为注意田野调查,注意民间历史文献(以族谱、碑刻、契约为大宗)的收集、整理和利用。换言之,若无田野调查与民间历史文献,这一研究路径将面临极大的困难,很难把"碎片化"的历史嫁接起来。这一研究路径,也就常常伴随着新资料和民间历史文献的大量发现,比如谢湜关于的南岭山地卫所军户的研究,就发现了《宁溪所志》,而邓庆平亦出版了蔚县碑刻资料这样的副产品。⑥ 因此,这一路径不仅于卫所制度研究的深入提供了可能,对历史学科的资料储备而言,亦多有助益。

五 不足与拓展

综合上述研究可知,卫所制度经过八十多年的研究,成绩斐然,通过这四个阶段的梳理,不难发现,卫所研究不管是制度史层面,还是所谓"活"的制度史,抑或重视制度中"人"的研究,都已得到了不同程度的展现,尤其有关军户、军屯、军役的研究,已经达到了极高的水准。其他如卫所武官、班军、"九边"与"海防"的研究,也多有创见性的研究。而多学科、多角度的研究方法和视野,也不同程度地被引进了卫所制度的研究中,对卫所制度的研究推进甚多。但是,针对已有的研究成果,也多有批评,比如邓庆平就指出,"从军制角度研究明代卫所的论著大多从宏观上把握制度的变迁,比较局限于制度的考证,即使有些个案分析的微观研究作品,也多是在宏观研究所提出的问题范畴和解释框架下进行补充性研究,

---

① 邓庆平:《州县与卫所:政区演变与华北边地的社会变迁——以明清蔚州为中心》,北京师范大学博士学位论文,2006年。
② 李扬:《移民、卫所与宗族——明清湘中地权变动与社会变迁》,北京师范大学博士学位论文,2010年。
③ 谢湜:《明代太仓州的设置》,《历史研究》2012年第3期。
④ 谢湜:《"以屯易民":明清南岭卫所军屯的演变与社会建构》,《文史》2014第4期。
⑤ 张友庭:《晋藩屏翰——山西宁武关城的历史人类学考察》,上海:上海社会科学院出版社,2012年。
⑥ 邓庆平编录、赵世瑜审订:《蔚县碑铭辑录》,桂林:广西师范大学出版社,2009年。

得出的结论并未超越军事制度层面的讨论"①。又如,有学者指出,明清卫所研究主要集中在"卫所军事制度(包括军户研究)、卫所经济制度(以军屯为中心)、卫所政治制度(包括与行政区划的关系)"等三方面,且"仍缺乏一种有效的纽带将这些研究综合起来,为我们呈现作为'整体性社会事实'的卫所形貌"②。于志嘉亦指出:"军户之外的兵源,有些连性质都不太确定,研究者间尚无法达成共识",即如军户,也应该重视逃军与逃民的比较等。③而李华彦在综述时,多对相关研究成果的缺憾进行了点击,比如于志嘉对江西的研究,"万历朝以后的事例较少",张金奎对军户的研究,"重点仍在洪武至永乐年间(1368—1424)的卫所成形期,鲜少涉及晚明军事"等等④,换言之,即是明代晚期的卫所制度研究,仍有诸多空缺的空间。近年颇受关注的以区域社会史、历史人类学等研究方法而进行的研究,彭勇亦敏锐地观察到:"与卫所制度相关的延伸研究,由于研究者对卫所制度的基本属性把握不准,或者仍然僵化地理解卫所制度,导致相关问题识读的错误"⑤,这种提醒,对于本身不是研究卫所制度出身而在地域社会研究中将涉及卫所制度的研究者,无疑应引起重视。

事实上,于历史研究而言,不管哪项研究成果,或多或少地存在着这样或那样的问题。就卫所制度的研究而言,资料尤其是档案、族谱与碑刻的全面开掘,仍然是极为重要的课题,因为卫所制度研究通过实录、方志、文集、笔记、奏疏及政书而于"骨架"的搭建,已基本具备,但于"血肉"的补充,仍任重道远,这也是人们对历史研究总是觉得不满意的地方。那么,卫所这一涉及明清历史的重要制度,其研究的出路何在?除了制度史仍需更全面、系统和深入的研究和资料仍需全面开掘之外,尚有较多需要拓展和加强的领域,兹不揣简陋,分述为如下四方面。

第一,卫所"细部"和区域的研究仍将是重要方向和可深化相关研究的重要路径。比如,鉴于概说性质的文章较多,于志嘉就指出,卫所研究"今后应跳出概说的范畴,进行比较精致的细部研究,才不致人云亦云,却始终弄不清楚真相"⑥。陈宝良在评述梁志胜《明代卫所武官世袭制度研究》时也指出:"若是作者在这本论著的基础上,选定一个区域,就卫所武官世袭与家族及明清移民等问题加以开拓性的研究,无疑会将相关问题的研究引向更为深层的一面"⑦。因此,卫所比较精致的细部研究和其运行于不同区域的实态,仍是以后研究卫所的重要领域。事实上,卫所制度天然地和不同地域社会联系在一起,制度史与地方史结合起来研究的趋向自研究初期就开始了。顾诚还曾把卫所分成"沿边卫所、沿海卫所、内地卫所、在内卫所"⑧加以区分和论述。近年来的区域研究除于志嘉对江西取得精深的研究成果外,其余各地的卫所运行状况,并未得到充分的而深入的研究,而各地区卫所的比较研究,更是值得进一步期待。

---

① 邓庆平:《明清卫所制度研究述评》,第16页。
② 张友庭:《晋藩屏翰——山西宁武关城的历史人类学考察》,第8页。
③ 于志嘉:《卫所、军户与军役:以明清江西地区为中心的研究》,第354页。
④ 李华彦:《近三十年来明清鼎革之际军事史研究回顾》,第138页。
⑤ 彭勇:《学术分野与方法整合:近三十年中国大陆明代卫所制度研究述评》,第69页。
⑥ 于志嘉:《卫所、军户与军役:以明清江西地区为中心的研究》,第354页。
⑦ 陈宝良:《武官世袭:明朝另外那些事》,《博览群书》2013年第3期。
⑧ 顾诚:《明帝国的疆土管理体制》,《历史研究》1989年第3期。

第二,卫所官军群体的司法研究。翻览有关明代的律法条文或法律事例,武官和军人犯罪事例俯拾即是,比如《皇明条法事类纂》中,就收录了宪宗和孝宗两朝大量关于武官犯罪的题本,程彩萍曾以之进行过有关明代武官犯罪及司法实践的研究。① 但距离明朗有明一代武官和军人犯罪的各种复杂形态,仍有很远的距离。鉴于这一问题的重要性,于志嘉在其"自述"中写道,她今后"仍将一秉初衷,持续完成一直以来关注的各项课题,并全面蒐集明代政书、明人文集、档案、族谱中散见的卫所武官与军馀犯罪事例,以期能掌握明代军官、军人犯罪型态,并分析不同类型犯罪之诉讼、审判程序,借以釐清军事审判、军民相涉民、刑事审判之实态"。由其列出的研究计划来看,卫所官军群体的司法活动,涉及面极广,并非仅仅犯罪一途。事实上,若以社会史与日常生活史的角度观察明代卫所官军的司法活动,尤其在地域社会中,其面相更加复杂多变,值得深入探讨。

第三,卫所官军的身份认同及其身份运用的研究。众所周知,卫所制度的废弛,在明代中期以后就极为严重,老弱病残不能打仗、冒充军人冒领军饷更是成为时人抨击的主要弊病。但问题在于,不仅明代卫所制度一直延续到明亡,在清初尚延续至雍正时期,贵州甚至嘉庆年间尚有重置的情形出现,何以如此?自然也是见仁见智的问题。然军户群体的形成②,应该是很重要的因素,这一拥有军籍、卫籍的群体,不仅在屯田、军饷等方面享有权利,而且在科举等方面的权利亦逐渐增加,尤其明代中晚期以后,几成寄生阶层。而卫所在清代的变革,顾诚曾指出对卫所人群至为关键的影响有两点:一是都司、卫、所官员由世袭制改为任命制,二是卫所内部的"民化"过程加速。③ 但卫所制度对这一人群的影响是否全部消除?显然需要有更深入的研究。事实上,在不同的地域社会里,卫所官军后裔不仅并未散去,而是不断地强化自己卫所后裔的身份,不仅以之来与地方政府打交道,而且也以之来与其他人群互动。因此,不管这一人群在明代的身份认同、还是清代甚至近代,都值得进一步研究。

第四,卫所官军移动与地域社会的形成。卫所官军的移动,在移民史的研究里是重要的领域,然而对于卫所官军后裔的去向问题,论述却不多见。顾诚曾专门论述过明代卫所制度对于民族分布的影响,不仅体现在卫所系统的汉人人户大量移居边疆地区,而且体现在这一系统内的少数民族人户随着卫所驻防散居于广阔的内地④,这种双向交叉的人群移动及其对各地引起的重要影响,并未引起人们足够的重视,即使有相关的研究,也多集中于汉人对少数民族地区的影响,贵州屯堡文化的研究即是显例。但少数民族对汉人地区、少数民族人群对少数民族地区的影响,则并未受到重视。举例而言,"苗人"作为明清以来贵州地区人群的标签,似无疑义,但即便是清代的文献里,苗却被分成了若干种类,先有30、

---

① 程彩萍:《明代武官犯罪及其司法实践——以〈皇明条法事类纂〉为中心的考察》,西南大学硕士学位论文,2012年。
② 张金奎:《试析明初卫所军户群体的形成》,《中国史研究》2007年第2期。
③ 顾诚:《卫所制度在清代的变革》,《北京师范大学学报》1988年第2期。
④ 顾诚:《谈明代的卫籍》,《北京师范大学学报》1989年第5期。

32、33、42、53、80、82 种等不同的分法①,后又有"百苗"之说②,"汉苗、熟苗"之表述亦一直存在,这作何解释? 事实上,细究之,这与卫所官军移动有密切关系,以贵州的回族而言,就是明初征讨云贵大军中的"回回",在普定卫屯军演变而来。③ 而卫所屯军后裔不断"土著化"④的历史过程,于各种"苗"的形成,注入了诸多社会文化活力。因此,卫所军户及其后裔的社会流动于明清以后的中国各地多元地域形态的演进,有着极为重要的作用,有待进一步的深入研究。

作者简介:吴才茂,西南大学历史文化学院博士研究生,凯里学院人文学院副教授。

---

① 张中奎:《改土归流与苗疆再造:清代"新疆六厅"的王化进程极其社会文化变迁》,北京:中国社会科学出版社,2012 年,第 69 页。
② 杨庭硕、潘盛之编著:《百苗图抄本汇编》,贵阳:贵州人民出版社,2004 年版;刘锋:《百苗图疏证》,北京:民族出版社,2004 年。
③ 保健行:《回族是何时迁入贵州的》,《贵州文史丛刊》1982 年第 2 期。按:"回回"同样落籍于湖广、江南等地,参见前揭顾诚:《谈明代的卫籍》。
④ 按:据《黔南识略》载:"(开泰)县属昔皆军籍,明初开泰地方辟之时,分兵筑砦(寨),以居大曰卫,小曰所,曰堡,曰屯,各据要害,挖控蛮夷,厥后渐立家室,族姓寖繁,率成土著。"参见(清)爱必达:《黔南识略》卷 23《开泰县》,收入《中国方志丛书·贵州省》第 151 号,台北:成文出版社,1968 年,据乾隆十四年修刊本影印版,第 160 页下栏。

"中古社会史研究再出发——第三届古史新锐南开论坛"会议综述

李 潇

历史是由无数真相构成的,随着时间的推移,这些真相淹没在卷帙浩繁的书海中。当代历史学者的任务就是利用有限的史料,尽量为我们重现历史的真相。近年来大量青年学者的涌现,使中古史的研究进入了新的发展阶段,新的理论范式的提出和研究视角的转变为中古社会史研究注入了新鲜动力。为推进中古史研究的进一步深化,加强青年学者的学习和交流,自2014年以来,南开大学中国社会史研究中心发起的古史新锐南开论坛已经成功举办了两届,2016年11月25日至27日,由南开大学历史学院、中国社会史研究中心合办的"中古社会史研究再出发——第三届古史新锐南开论坛"在南开大学津南新校区顺利召开。来自中国人民大学、中央民族大学、北京师范大学、首都师范大学、四川大学、武汉大学、复旦大学、上海师范大学、南京大学、浙江大学、郑州大学、河南大学、三峡大学、天津师范大学、西安碑林博物馆、保定莲池博物馆、河北省社科院、南开大学、台湾大学、台湾清华大学以及日本中央大学、日本金泽大学等国内外高校科研究所的30余位青年才俊,汇聚南开,发表宏论,以文会友,共同探讨中古社会史研究的新路径和新理念。

本次论坛延续了以往两届对于长时段和新视角的关注,众位学者打破了断代的限制,将新视角运用到长时段的研究中,力图将宏观与微观相结合,探索历史运行的轨迹。同时,此次论坛的另一特点是,提出了中古社会史研究再出发的理念,即在现有研究的基础上,运用新的理论范式和研究方法,力图创造一种自下而上的历史,关注历史研究中的下层视野。

南开大学历史学院院长江沛教授和南开大学中国社会史研究中心副主任李金铮教授在开幕词中表示了对本次论坛的热切期盼。江沛教授鼓励来自海内外的青年学者努力探索,为史学的繁荣贡献力量。李金铮教授对论坛的主题"中古社会史研究再出发"提出肯定,他指出本次论坛为青年学者们提供了充分学术自由讨论的空间,支持青年学者提出"新问题、新视角、新方法",同时也希望学者们能够坚持长时段的研究,打通史学研究的断代束缚。

在为期两天的论坛日程中,除了主题演讲之外,众位青年学者围绕理论与范式、人群与族群、制度与社会、信仰与文化、风俗与节日、生活与日常、政治与社会七个方面进行了报告和讨论,来自不同断代、不同研究领域的各位学者,从宏观与微观,个案与群体,社会与人群等不同视角,打破断代局限,为塑造多面相的中古社会史进行了综合探讨。

一 回归人群、生活的社会史研究

还原有血肉的历史是社会史研究追寻的目标,面对相对零散的史料,如何构建以"人"为中心的生动日常生活图景,是当代社会史研究所面临的一个重要挑战。在对士族、灾害、唐宋变革等传统问题的研究中,一些学者主张将"人"的生命体验作为研究对象,增加日常生活的内涵,探索历史描述背后的深层含义,构建更加生动、真实的历史图景。

夏炎在《还士族以血肉:魏晋南北朝士族研究的社会史范式重建》中指出,社会结构、日常社会生活和社会意识是社会史研究的三个重要面相,作为历史上社会结构中特定人群的中古士族应当是中古社会史研究的重要对象,然而近年来对士族的研究多数仍停留在政治史领域,对中古社会史研究的长期漠视和对社会史范式的理解不清,是导致士族研究社会史范式"式微"的重要原因。基于此种现状,士族研究亟需重建社会史理论范式,这种范式的学术理路应该是"在以往社会结构与社会意识研究的基础上,着重探讨士族日常生活的历史面相,以'人'的生存方式为核心,重建特定历史时期士族的社会生活图景"。除此之外,夏炎还为我们提供了士族日常生活史研究的十大专题类构想,基于日常生活史的士族问题研究,能够充分了解士族阶层的多个面相,进一步揭示士族阶层与社会变迁之间的互动关系,为传统课题的再认识提供了新的视角,重构了魏晋南北朝历史思维模式与解读体系。

以"人"为中心的社会史研究视角,对一些传统问题的研究也有新的成果出现。在灾害史的研究中,以往的研究集中在灾害发生的频度、时空分布规律和为当代提供的原始资料与引导等方面,而徐畅《唐永淳元年(682)关辅灾荒的社会史考察——基于出土石刻文献的新证》一文着眼于个案研究,以唐高宗永淳元年发生在关辅地区的灾荒个案为出发点,将官方记载与可用的亲历灾荒的官民墓志记载相对照,力图展示中下级官府和宗族个人在救灾活动中的具体表现,并试图贴近罹难者个人的灾难体验。作者指出此次灾荒不仅给国家的财政和政治造成的影响,更强调了灾荒事件中的个人的悲惨体验,充分体现了在社会史研究中以"人"为中心的研究视角。大灾中女性的遭遇虽然在资料中较少被提及,但对以人为中心的灾荒史和性别史的研究,其重要性不言而明。

自内藤湖南提出"唐宋变革论"之后,便引起了学界对唐宋变革问题的广泛探讨,主张变革的学者认为唐宋之际在政治体制、典章制度、经济运作、社会阶层和思想文化等方面皆发生了剧烈的变化。在对这个传统问题的探讨上,万晋《"唐宋之际"的城市:"变革"还是"延续"?》一文回归到人群生存和生活的社会空间,剖析以人为中心的生存空间的变化,认为唐宋之际的变革也许并不如想象中的那么剧烈,相反却包含着很大的延续性在其中。万晋以城市史为切入点,从"市"和"坊"两种制度的变化入手,指出其并未引起城市生活的巨大变化,保持了与前代生活的延续性。"市"周边里坊的商业活动在北魏至唐时早已存在并形成一定规模,而"坊墙倒塌"也不代表坊制废除和城市分区管理模式发生了根本性变化,从以上两点来看,坊市发展并不能作为唐宋变革论的主要论据,相反更证明了唐宋社会的变化经过了自然发生的较为缓慢的延续性过程。

除了赋予传统课题以新的研究视角外,也有学者将个人生命史同社会史的研究结合起来,使社会史的研究更贴近"人"本身。孙正军《被裹挟的司马妙玉——读新出〈元忠暨妻司马妙玉墓志〉》一文,通过对司马妙玉墓志的释读和社会背景的分析,观得在南朝司马氏北奔的历史背景中,女性作为维护政治势力之工具的悲惨境遇。文中将司马妙玉出生之前,生平和死后三个阶段同历史发展背景串联起来,可以见得在人生的关键节点上她的动静选择全部是出自父兄安排和社会大势所趋,司马妙玉的一生,很大程度上是时势决定的。对于历史的研究,应该回归到个人生命史的研究上来,通过司马妙玉的经历,也能窥见许多女子作为政治棋子的悲惨的遭遇。

从以上论文中不难看出,在以"人"为出发点的社会史研究中,墓志史料是学者较为关注的一个方面,以墓志中的具体的人为基础,可以了解当代一类人群的生活面貌。黄楼《〈唐故颍川韩炼师玄堂铭〉再研究——唐代官僚使用阉侍之一例》以一方唐代私白墓志为切入点,墓志中透露了唐代私白的若干生活细节和社会政治地位,在重构韩孝恭生平的基础上,力图再现唐代私白群体的生活面貌及其与政治、社会的关系。在对唐代节度使刘济的墓志的解读的基础上,张天虹探讨了中晚唐时期朝廷与藩镇关系的动态发展过程,《也释唐幽州卢龙节度使刘济的"最务恭顺"》一文,从节度使刘济"最务恭顺"和其晚年悲惨遭遇的矛盾出发,以此为背景讨论藩镇和朝廷之间的良性互动关系。作者认为"最务恭顺"是唐廷和藩镇之间互动与博弈的结果,也是刘济稳定内部统治秩序的重要环节。在刘济晚年,唐宪宗即位后,开始积极对藩镇用兵,朝廷和藩镇之间关系的改变是导致其悲剧的主要原因。刘济是幽州镇和唐廷关系的一个缩影,双方在沟通和良性互动的基础上维持着动态平衡的关系,"河朔故事"是中晚唐处理唐廷和幽州关系的稳定器。

除此之外,也有学者基于墓志史料进行传统家族史的研究。张葳《隋唐时期潞州的申屠氏与申氏》一文,将墓志资料与传世文献相结合,考证了隋唐时期潞州的申屠氏与申氏是同姓,出于同一血缘、地域群体,皆以金城为望,在此基础上继续追溯了申氏和申屠氏的祖先自河西至潞州的移民轨迹。作者通过对申氏和申屠氏的考证和追溯,为我们展示了一个家族在几个世纪内的发展变迁,为家族史的研究增添了新的内容。

在传统的中古史研究中,一直相对偏重于关注政治制度史,与社会史领域相比,政治文化因拥有较为丰富的史料,是历代史家关注的重点内容,研究相对成熟。但是随着新史料的不断发现和研究理念的不断转换,中古社会史的研究逐渐回归到"人"本身和日常生活中,一方面塑造了更加生动的中古时期历史情境,另一方面也为传统史学的研究注入了新的活力,丰富了社会史的内涵。

二 社会史视野下的物质和精神世界

近年来,随着对社会史研究的不断深入,学界对社会史的研究正经历着由"社会生活"向"日常生活"转向的过程。在本次论坛中,关于日常生活中的人的研究成果,主要集中在物质载体和精神需求两个层面。

物质随时代和环境的发展而变化,对物质的深入研究能够揭示民众生活需求和生产力发展的轨迹。作为日常生活的物质载体,房屋是民众的重要生存空间,刘尊志在《秦汉时期居住建筑装饰及相关内容》中,由外而内展示了多种装饰方式和风格并存的秦汉居住建筑。秦汉时期居住建筑装饰同时满足了实用和审美的双重目标,由此可以反映出秦汉时期居住环境与居住条件的不断发展和逐步完善,对研究秦汉时期物质生活面貌的全面发展有相应的参考价值。与居住空间有相同地位,人类赖以生存的另一个条件是饮食,方万鹏从粮食加工方面对中古时期生产力发展水平和民众生活方式进行了探讨。在《中古中国北方的水力磨坊——对几条核心材料的再认识》中,首先考证《晋书·褚陶传》中《水碓》赋的说法为误载,随后考察了在公元6世纪水力磨坊在中国的快速发展,最后通过对《新唐书·高力士传》中有关水磨记载的分析考证,大致推测了唐代水磨的加工效率。作者在史料分析的基础上,为我们展示了唐代以水磨为中心的农业生活图景,对研究唐代农业发展和农民生活有重要意义。

在对人的"衣食住行"等基本需求的研究之外,与身份地位或是政治传承相关联的"物"也是学者的关注点之一。阿部幸信的《南北朝时期的皇帝玺》一文,以皇帝持有及使用的由六玺或是更多的玺构成的一整套玺为研究对象,重点考察了魏晋南北朝时期的皇帝玺的材质、纽式等方面的变化。在此基础上作者所提出的一个重要观点是,唐代皇帝玺的制度看似继承汉制,但更多的承载了南北朝时期各朝代基于民族地域因素的新的玺印制度的特色,而在重视汉制正统性的前提下,地域因素较之民族因素发挥了更重要的作用。

除了对日常生活中物质文化的关注,我们也必须认识到,人是有独立思想的个体,思想的发展是推动社会变迁的主要动力。目前,学界在对个体和群体生命关注的同时,对于"人"的精神世界仍有很大的探索空间。

人的思想的形成受到社会历史环境的影响和制约,因此带有很大的社会性,这种社会性则具体表现在文化的传承与发展上。中古时期是中国历史上一个剧烈变动的时期,此时的人的精神世界不仅承载着前代人类文明的成果,也在不停地与复杂的周边环境发生着交融,在文学、音乐、宗教等方面构建了中古民众的独特精神世界。以文学为例,《文选》成书于南朝时期,而后在江淮、黄淮一带发源产生选学,在隋唐之际,南北复归于统一的背景下,选学的发展经历了一个由南向北传播过渡的过程。朱海《南北交融——以隋唐之际〈文选〉的传播为例》一文,通过《文选》的传播和对流传下来的六臣注的梳理和讨论,重现了隋唐之际《文选》学南北交融的过程,作者认为其在促进南北文化交流的同时,也借由科举试诗赋的文化环境而因缘附会,由庙堂走入民间,在提升整个民族特别是普通民众的文化素质方面起到巨大作用。此文虽以《文选》为例,但也从侧面论及隋唐文化的来源的问题。在对同一时段的研究中,王庆卫《新出郑译墓志所见隋初的乐治与国家》一文同样涉及了对隋唐渊源问题的讨论。此文由传世史料中的开皇乐议引出,结合出土郑译墓志进行分析,仔细梳理郑译的生平和社会政治地位,作者指出郑译乐论的寝罢不仅仅由于音乐本身的因素,而是包含了隋文帝的政治考量。隋文帝出于立国文化政策的依汉魏之旧,宣示隋王朝的合理性和皇帝的唯一性,抑制北周时掌权的关陇勋贵,隔绝与北周的政治因袭,放弃了郑译乐论。综观隋代音乐,郑译做出了很大的贡献并享有很高的地位,在开皇乐议中其乐论的寝罢受政治因素的影响较大。从以上两文,可以清楚地认识到隋唐时期文学和音乐发展的基本路径,但在研究重点上,前者倾向于文化的扩散传播,而后者侧重借文化进行精神引导的政治意涵。不同于《文选》和音乐的自上而下的传播趋势的是,冯金忠在《唐宋之际临济宗在北方的传衍》中指出,佛教临济宗建立于北方,在唐宋之际的发展中,呈现出以多途传播为主,并向政治中心靠近的趋向。

在精神文化的发展中,传统文化领域之外,民间信仰和习俗也是构建中古民众精神空间的重要方面,本次论坛对信仰和习俗的探讨集中在丧葬观念和礼俗。如李永生《住宅与生死:曹魏明帝建设洛阳宫的另一个背景》一文中指出,魏明帝将缺乏子嗣和子女的接连早夭的问题归咎为洛阳宫的不祥,在这种情感和思想的支配下东幸摩陂,策划了"青龙"祥瑞为中心的一系列政治活动,旨在改变国家的运势,而在洛阳宫的修建中也能够洞悉明帝祈求子嗣平安的愿望。在传统的政治史的研究中,作者从个人情感出发探究在历史活动中个体对历史发展趋势的影响,这是一个独特的视角,有助于还原多元化的历史情境。在对少数民族习俗的讨论中,张国文的《拓跋鲜卑殉牲习俗探讨》以考古材料为基础,论述了拓跋鲜卑殉牲习俗在游牧文明与农耕文明融合的背景下的变迁,同时运用科技考古的手段分析殉牲食谱,证明拓跋鲜卑由原有的游牧经济方式逐步与粟作农业经济融合的发展趋势。考古资料和科技手段的运用,为研究民族融合的发展提供了生动的历史资料,考古学资料与传世文献研究的结合将是中古史研究的一个新的发展方向。吕博《丧礼背后的身体史:汉唐间发须爪埋葬的礼与俗》一文,考证了甘肃高台前凉墓葬出土的衣物疏中的"搔囊"和"鬘囊",其背后隐藏的文化内涵反映了汉唐之间民众的身体观和生死理念的转化,同时衣物疏中关于"发须爪"习俗记载的消失,是人们的信仰由"巫俗"向"宗教"转变的过程,反映了儒释道等信仰的博弈。作者从衣物疏中微小事物入手研究汉唐间的身体观念与礼俗,以小见大,反映了一个时代思想观念和文化习俗的变迁,日后若能有新的考古资料的佐证,将会是一条全新的研究路径。

将人置于时间、空间的动态变化中,是社会史研究的一大特点,不同社会历史背景下,"人"会有不同的行为方式和精神追求,以上对于物质和精神世界的研究中,将人与社会的关系看成是一个变化与互动的过程,在一个相对固定的时期内,构建出一幅生动且富有变化的图景。

三 国家、社会与族群

冯尔康先生曾提到过,社会史既是一门专史,又与其他学科具有交叉性。将民众或者个人视角引入对国家、社会的研究中,从某一个体或群体出发,探讨政治制度的变迁,是当代社会史与政治史、制度史发展的新方向。本次论坛的多篇文章涉及国家、社会与族群的交流互动等方面的问题。

首先在中古史研究中的经典问题,即士族研究中,冯渝杰从神圣权力和宗教内涵方面,分析了中古时期士族谱系中存在的士族郡望的伪冒、攀附、混淆甚至虚构现象。《中古时期的神圣姓氏与虚拟族望——以刘、李、张氏为中心的考察》一文,以刘、李、张三个姓氏为研究对象,分别阐述了三个姓氏自汉以来神化的历史与宗教背景,基于这种神圣属性,更多的人以姓氏为假托参与了社会运动与权力的竞争。在神圣属性和宗教内涵的诱导之下,托称者代代而起,形成了无关血缘,以神圣姓氏为核心的"虚拟族望"。

边疆和民族是学者们关注较多的另一类族群,王万隽和冯立君分别就南朝时期三峡地区蛮人和唐代朝鲜郡王进行了探讨。王万隽以《南齐书·蛮传》为研究对象,对蛮传撰写过程进行分析,认为萧子显一方面擅长观察蛮人与北魏、萧齐等多方面势力的关系,同时也注意到蛮人内部多样性的人群结构。而关于"蛮传"书写的演变,作者提出萧子显一方面承袭了秦汉以来对蛮人风俗的认识,另一方面又将风俗背后的历史内涵进行了置换。冯立君《唐代朝鲜郡王考》考证了"朝鲜王"是"朝鲜郡王"的省称,并指出朝廷册封朝鲜郡王更是彰显出唐廷取代高句丽统领辽东地区、高句丽已由"外臣"甚至"不臣敌国"转为"内臣之藩"的政治意涵,兼有冀望高藏和高宝元能够安抚高句丽遗民、安定辽东局势等多重考量。

关于群体与社会的话题,许凯翔认为群体行为与社会空间的建构之间也存在一定的对应关系,《空间、祈祭与唐宋成都龙女祠的发展》一文,追溯了龙女信仰的形成和蜀地地理空间在唐后期西南军事情势变化中的扩张过程,他认为在这一过程中地理空间与宗教空间透过祈祭等因素实现了复杂的互动,这种祈祭行为的有效与否是人们构建或调整地理空间的一个重要依据。这就将人群的祈祭行为同社会空间布局的变化紧密联系在一起。

在对基层民众的社会治理上,国家和基层社会也存在互动。从民众风俗与国家制度的角度入手,党超的《观风纳谣:两汉民族风谣和风俗使略论》,考察了民众风谣作为一种民间舆论,与社会和政治有着密切的关系,在一定程度上使普通民众与统治阶级之间产生了一种良性互动关系。在两汉时期民众歌谣的内容涉及褒贬官吏、议论时政,部分童谣还涉及政治预言,作为下情上达的一个重要途径受到统治者重视,采用多种途径进行民间采风活动,调整统治政策,风俗使和"举谣言"制度也是在这种背景下应运而生的。在基层官职与基层统治方面,黄庭硕《从 P.2979〈唐开元廿四年岐州郿县县尉牒判集〉看唐代前期县尉职任与基层统治难题》通过对 P.2979 号文书内容和书写者的分析,展现了唐代两税法实行之前地方的税收徭役状况与难题,基层官吏在唐代基层统治中的作用。作为国家和乡里的中间机构的县尉,一方面要代表乡里发声,另一方面又要进行合理的基层统治以解决基层统治难题。两篇文章分别从制度和行政层面探讨了国家与基层社会的密切互动,前者重点在于国家对基层民众行为的关注,而后者的着眼点在基层统治如何得以落实。

关于中古时期的制度和社会演变的问题,本次论坛也有多篇论文有涉及。如朱华《论唐代官员谥法制度的源流——以汉唐间行状的功能演进为中心》一文通过对南北朝时期行状发展的研究,揭示了行状请谥制度的源流和发展,提出北朝领先于南朝的论断,北魏末期的行状请谥是后世私家请谥的可靠源头。张玉兴《唐代地方军府置狱与五代马步狱的来源》着力分析了马步狱的来源并兼论其对北宋制度产生的影响。作者认为马步狱不仅是唐末五代军府侵夺府州司法权力的重要媒介,而且成为北宋鞫谳分司与翻异移推司法制度的直接渊源。王安泰《汉末三国的"化"与王权》一文统计了汉末三国时期的王化、圣化、大化、德化、政化、教化六个词语在史书中的数量,阐述了这些词语的由来,产生的语境和象征含义。作者认为汉末三国时人更频繁使用王化等词,且将其导向皇帝统领天下的意涵,与魏蜀吴寻求正统、宣示王权有着密切的关系。

国家通过制度对地域社会和族群进行了有效统治,同时也实现了双方的良性互动,任何制度的发展都是国家、社会和族群相互适应、演进的过程,以往学界对于政治、制度的研究大多集中于宏观层面,但作为社会结构重要组成部分的"人"的角色和作用就被忽视了。在新的社会史研究的框架中,人的主体性行为就被突出出来,更好地揭示了社会结构中各阶层的定位和作用,尤其凸显了动态的交互关系。

四 结 语

本次论坛题为中古社会史研究再出发,即是在原有社会史研究的基础上,寻找新的视角、运用新方法、使用新史料,以期取得新成果,在七个专题方向的讨论中,众位学者打破断代的局限,以长时段的视角和独特的切入点,使中古社会史的研究呈现出一派新景象。一是使中古社会史的研究出发点和关注点落在"人"本身,原有社会史研究的重点多集中在较为宏观的社会结构和社会意识等问题上,社会史再出发使传统问题的研究深入到"人"的日常生活中,构筑了一幅生动的社会生活图景。二是充分利用出土文献,在本次论坛上,墓志史料和墓葬出土陪葬品成为许多学者的研究对象,相对传世文献,出土文献展示了更多的生活印记,将二者相结合进行研究,能够为我们探寻古人的生活细节提供更多的具体的情境。三是回归史料本身,近年来,学界对"文本解读"日趋关注,开始将目光放在史料形成的过程上,注意考察史料本身隐含的线索和隐藏的历史情境,也是接近真实历史情境的有效方法。正如李晓敏在《考古学视野下的玄奘研究述评》中提出的,在对玄奘的研究中,应当重新审视《大唐西域记》等基本史料形成的背景和过程,这对历史真相的探寻有很大的帮助。

历史的真相扑朔迷离,我们不能重现历史情境,只能尽可能接近历史真实,在历史研究的过程中感受"发现"的魅力。随着时代的发展,新材料和新的研究范式不断发现和提出,只有在不断交流学习的环境下,才能够将"创新"应用到史学研究中,促进史学繁荣。在古史新锐南开论坛搭建的平台上,众位学者围绕着"中古社会史研究再出发"的议题进行了为期两天的讨论,在新材料、新方法、新思维带来的启发下,我们也不禁思考,面对稀少而零散的日常生活的史料,如何避免落入"碎片化"的窠臼?如何能使我们构建的历史图景更加接近历史真实?在长时段的背景下,如何能创造以"人"为中心的自下而上的历史?上述问题的解决,还需要历史学者们的共同努力。探寻历史真相是一个长期的过程,吾辈需砥砺前行。

作者简介: 李潇,南开大学历史学院硕士研究生。

【书评】

近代中国民族主义思潮建构下女性身体之重塑

——周春燕《女体与国族：强国强种与近代中国的妇女卫生（1895—1949）》介评

徐晨光

台湾学者周春燕所著《女体与国族：强国强种与近代中国的妇女卫生（1895—1949）》一书①，为内地史学界认作是"目前台湾仅有的卫生史方面的专著"②，对于中国妇女史、医疗卫生史与身体史等相关领域的研究，均有重要的推动作用。然而，由于种种原因，目前两岸学界尚未对该书做出深入评论③，殊为遗憾。

作者周春燕毕业于台湾政治大学历史研究所，后入"中研院"近代史研究所从事博士后研究。据其自述，她本人"过去曾从事多年临床护理工作"，受此影响，其主要研究领域为近代妇女卫生史、公共卫生史、护理发展史等主题④，《女体与国族》一书即由其博士论文改写而成。⑤ 该书问题意识浓厚、征引资料丰赡、论证翔实可靠、研究创新性强，故此，笔者拟对该书突出特点与不足之处详加评述，以飨学界同好。

---

① 周春燕：《女体与国族：强国强种与近代中国的妇女卫生（1895—1949）》，台北：台湾政治大学历史学系，2010年，下文简称《女体与国族》。在此，对作者周春燕女士慷慨赐书、其夫邱仲麟先生代为转赠表示由衷感谢！
② 余新忠：《卫生何为——中国近世的卫生史研究》，《史学理论研究》2011年第3期。
③ 就笔者目前所见，仅有余新忠《卫生何为——中国近世的卫生史研究》、王瀛培《社会文化史视野下的中国女性与医疗卫生研究述评》（《妇女研究论丛》，2014年第3期），以及赵婧博士论文《近代上海分娩卫生研究（1927—1949）》（复旦大学博士学位论文，2009年）在学术史回顾中对《女体与国族》稍有提及，但对该书的主要内容与问题不足均未详论。
④ "中研院"近代史研究所研究人员，"周春燕"，"自我介绍"与"研究领域"。网址：http://www.mh.sinica.edu.tw/UserDetail.aspx?userID=104&mid=38&tmid=2
⑤ 《女体与国族》，"谢词"，第 iv 页。除该书之外，周春燕的其他研究还有：《走出禁忌——近代中国女性的经期卫生（1895 - 1949）》，《政治大学历史学报》（第28期），2007年11月，第231—286页；《胸哺与瓶哺——近代中国哺乳观念的变迁》，《近代中国妇女史研究》（第18期），2010年12月，第1—52页，等等。周春燕早期亦对清末城市生活中的照明、用水问题有所研究，可参见周春燕《清末中国城市生活的转变及其冲突——以照明、用水为对象的探讨》，台湾政治大学历史学研究所硕士学位论文，2000年。

一 女性与中国医疗卫生史研究之新貌

最近十几年间,海峡两岸"卫生史"研究方兴未艾,取得了一定的研究成果。① 加之,女性议题的融入,为女性与中国医疗卫生史研究另辟新途。② 尽管如此,该领域仍然具有广阔空间以待深入挖掘,周春燕《女体与国族》一书可谓该领域的开新之作。作者大量采用档案、方志、报刊、杂志、文集、笔记、传统医籍、医学专业文献,配合身体史、医疗史与医疗社会学的研究取径,重点研究以下内容:在近代"强国强种"的风潮之下,攸关全国女性健康的妇女卫生所发生的改变;近代女性对月经与妊娠的认知与处理方式以及与传统妇女的不同之处;对于正处于孕育国家宗嗣的孕妇,或是正面临分娩的产妇,近代中国人不同于传统的观念与照护方式;西医关于妇女卫生相关观念的移植到中国的过程里,与传统中医及固有社会习俗之间的互动以及在"强国强种"思维之下,政府对于妇女卫生推展所扮演的角色与具体政策等等。③ 这些内容既涉及近代妇女角色与地位在民族国家危亡中的社会变化,也探讨了新式西方医疗卫生观念、技术与政策在近代中国的散布、与传统中医理念及民间习俗的冲击与碰撞以及社会各阶层的反应与接受情况,这既丰富了妇女史的研究内容,也推动卫生史研究走向多元发展。

对于"妇女卫生"所讨论的对象与定义,周春燕采用现代公共卫生学者的看法,指出妇女卫生(maternal health)又称为"妇女保健",其内涵为"自青春期开始,就应促进其身心健全,维持良好家庭社会关系,灌输保健及家庭计划知识,指导照顾儿童技巧"④。进一步,周春燕明确该书所讨论对象亦以青春期至生育期的妇女为主,且以大多数女性生命中所必须经历的月经、怀孕与生产三个正常的生命历程为讨论主轴,"至于性别角度则无意列入考虑"。⑤ 虽说作者为集中论述焦点无意引入性别视角,但实际上在具体研究中对既有的性别视角展开了评述,并提出个人观点。例如,第一章作者认为20世纪初女性对社会所赋予的"国民之母"桂冠十分认同,期许自己能基于"母亲"的立场,为国家做出贡献。对于当时女权运动者反对"妇女回家"的言论,周春燕指出"女权运动者所反对者,在于不想成为男性的玩物,以及放弃就业之权利,其对于'贤母'的角色,并未有太大的异议",妇女卫生也正是"乘着这波'国民之母'的风潮,逐渐受到重视,并得到发展"⑥。另外,当代学者认为"国民之母"桂冠使新一代女性有着比传统妇女更多而沉重的责任必须承担,对此作者并不完全赞同,在她看来"近代妇女权益的深度与广度,均比过去进步,则是不争的事实,而妇

---

① 相关研究综述可参加余新忠:《卫生何为——中国近世的卫生史研究》,《史学理论研究》2011年第3期;李忠萍:《"新史学"视野中的近代中国城市公共卫生研究述评》,《史林》2009年第2期。台湾学界的最新研究成果可参阅祝平一编:《健康与社会:华人卫生新史》,台北:联经出版社,2013年。
② 王瀛培《社会文化史视野下的中国女性与医疗卫生研究述评》,《妇女研究论丛》,2014年第3期。
③ 《女体与国族》,第2—3页。
④ 《女体与国族》,第33页。
⑤ 《女体与国族》,第31页。
⑥ 《女体与国族》,第110页。

女卫生的改进更是明显"①,这表明作者关于近代妇女卫生对女性健康的影响持积极的肯定态度。与此同时,周春燕洞察出近代中国重要主题之一——民族主义对妇女卫生近代化所起到的推动作用,紧密围绕"强国强种"思潮与女体重塑之间的关联性展开论述,不仅怀有强烈的问题意识,也为相关研究提供颇具启发性的方法论意义。除此之外,周春燕在《女体与国族》中还整合中西医理,详细梳理与对比近代中西医学在月经、妊娠与生产以及接生助产方面的具体认知和实际推行的不同差异,打通近代妇女史与医疗卫生史交叉研究之屏障与藩篱,为今后学界从事相关研究提供坚实可靠的医学知识与研究范式。

二 贯穿全书的问题意识

甲午战败以后,近代中国日益衰颓之势愈加雪上加霜,整个中国社会笼罩在亡国灭种的忧患之中,原本讥讽清廷统治无能的"东亚病夫"一词,也因知识分子的危机感而被扩大成对近代中国人民身体状况的健康诊断,一时间弥漫全国。为提振国力、救国保种,时人多方谋划,先后引进各种西方思想,与中国现实相结合,提出各式或激进、或改良之民族主义思想,并由此掀起以实现民族主义为目的的改造中国社会的层层思潮。在此其中,由国势衰微进而忧虑种族存亡的思想进程,与严复所译《天演论》及从中所阐发出的"强国强种"思想紧密攸关。所谓"强国强种",是以近代西方进化论为思想来源,掺以近代中国救亡图存之时代主题,并与"种族"、"民族"等西方思想相结合所衍生出来的生存之道,希望通过强健种族进而达到强盛国家的历史使命。因此,"强国强种"是近代中国民族主义思潮中的重要内容之一。强健种族的途径不外乎有两种,一种是倡导"改造国民论",这是针对业已成人之国民,谋求其道德、品性,抑或智力、体魄等素质的提升与改良;另一种是采取一系列措施,通过培育先天良种,以保障种族的延续与健康。后种途径促使时人将目光转向具有生育功能的女性,希冀从注重女性身体健康着手,以孕育强壮的下一代为出发基点,可以在根本上将国家救起。由此一来,女性的身体健康,尤其是与生育相关的生殖健康,成为近代时人所重点关注的焦点之一,无论是男性知识分子、知识女性,还是医学专门人才、卫生行政官员,纷纷著述立说,围绕"强国强种"的时代主题对女性的身体健康展开探讨,并以"强国强种"为时代话语,对女性身体加以重新塑造。

周春燕正是"受当时资料之启发",从诸多历史文献中辨识出女体健康与塑造强种之间的关联问题,从而"意欲深入探索'女体'与塑造强健'国族'之间的关联性"②。因此,对于女体健康与强健国族之间关联性的探讨,成为贯穿全书始终的问题意识,这体现为作者在每一部分的具体研究之中,都紧密围绕"女体与国族"之间的关联性展开论述。

关于贯穿全书的关键概念之一——国族,并非为内地史学界所常用,因此有必要对作者的使用予以阐明。周春燕认为,"在清末民初知识分子的言论中,'国族'、'种族'、'民族'等名词,常出现交互使用的状况",因此为了论述准确、统一,该书采用台湾学者沈松侨

---

① 《女体与国族》,第404页。
② 《女体与国族》,第33页。

的做法,援引张君劢的定义,"'国族'一名,原文名曰:nationality,其意可以成一国之族也"①。之所以如此,在于作者认为"张氏之语,言简意赅,故笔者亦循此例,概以'国族'一词指涉 nationality"②。在该书具体行文中,因史料记载之故,作者又常将"民族"、"种族"、"国族"、"民族主义"、"国族主义"等词互相混用,率指 nation 及 nationalism 之意。③ 实际上,作者所使用的"国族"概念,是近代知识分子对源自西方的"nationality"一词的一种理解与翻译,蕴涵政治统一性与地域一体性之深意,为目前台湾史学界所惯用。相较而言,内地史学界则习惯将"nationality"译为"民族",这是袭用梁启超移借日语的做法。但从二词所指称的涵义上分析,其实质并无太大差别,所谋求之目的皆在于以"国族/民族"建构出一个政治独立的主权国家。这种政治诉求在近代中国救亡图存的时代环境里,促使知识分子积极建构出一个以黄帝轩辕氏为共同始祖、拥有一系列共同英雄的国族——"中华民族",以此来凝聚人心、一致对外。与创造"中华民族"的过程相伴的是,具有现代意涵的"国家"与"国民"概念相继输入,因此"中华民族"又被视为现代中国"民族国家"形成之主体。由此可知,该书"国族"一词的蕴意实质上就是"中华民族",女体健康与强健国族之间的关联性,实则是近代时人以重塑女体健康为手段,通过追求未来种群之强健,以实现中华民族对抗西方列强,最终达成国家独立与强盛的根本目标。

为了更好地梳理与解读"女体与国族"这一问题意识,周春燕选取与女性生育紧密相关的"妇女卫生"为研究主线,以青春期至生育期的妇女为讨论对象,并以大多数女性所必须经历的月经、妊娠与生产这三项生命历程及其近代化为讨论主轴,分别探讨了它们在近代中国与强国强种之间的关联性。作者之所以选取"妇女卫生"作为研究主线,原因在于它十分契合地架构起"女体与国族"之间相互关联的沟通桥梁:两者之间关联性的重要基础是女性具有诞育新国民的生理功能,关键环节在于新生国民代表了未来国家的富强希望,新生国民愈强健,国家富强就愈有希望。新生国民健康与否同孕育他们的母体健康,尤其是生殖健康直接相关,"母强而子强,子强而民强,民强而国强"④,因此女体健康与强国强种构建起紧密关联。女体生殖健康则主要体现在与女性生育相关的妇女卫生领域,具体包括月经、妊娠与生产三个方面。因此,对妇女卫生及其近代化历程与"强国强种"之间关联性的呈现与探讨,成功地处理了"女体与国族"这一贯穿全书的问题意识。在具体论述中,周春燕描述了近代国人为促进月经、妊娠与生产更加符合近代化的健康标准,以便达成诞育强健种群的各种努力,包括提倡废缠足以利于女子健康、提供西方医学对月经新知的介绍、倡导经期沐浴卫生、生产与销售新式月经用品,进而使月经走出禁忌的历史;同时还鼓励科学养胎、推崇卧式分娩、宣传科学照护和健康饮食等等。⑤ 除此之外,作者还着重讨论了接生助产问题。因为接生助产直接关系到妇婴的生死存亡,是攸关种族存续与健康之大事,所以与强国强种的大目标密不可分。为此,作者详细阐述了近代西医产科知识传入

---

① 《女体与国族》,第32页。
② 《女体与国族》,第32页。
③ 《女体与国族》,第32页。
④ 《女体与国族》,第100页。
⑤ 《女体与国族》,第111—256页。

后,与强国强种思潮相结合,对传统助产者——稳婆的接生方式与职业习惯发起挑战;并论述了南京国民政府成立后,以国家作为主导角色,在中央政府推动下,大力推广新法接生与妇婴卫生、培养新式助产人员与改造旧式产婆等现代助产事业。①

全书时段从1895年至1949年,横跨晚清、北京政府、南京国民政府、抗日战争、国共内战等各个时期,作者始终围绕以妇女卫生近代化为代表的女体健康之重塑展开论述,集中描述了月经、妊娠与生产在上述各时期中,遭遇"强国强种"时代要求后被重新解读与建构,并赋予时代使命的历史图景。由于作者对"女体与国族"关联性问题意识的梳理与解读贯穿全书始终,使本书的整体论述逻辑清晰明快,并具有较强的说服力。

三 兼采中西医理进行开创性研究

近代中国以"强国强种"为代表的民族主义思潮,为培育强健种族以对抗西方列强、实现国家富强的根本目标,遂对女性的身体健康,尤其是以月经、妊娠与生产为主要内容的妇女卫生加以关注、改造与建构,这一系列行为无不体现出对女性身体之重塑,这种重塑既包括知识观念与意识形态,也扩展及实际的社会生活领域。然而,无论是哪种层面的重塑,都离不开与妇女卫生相关的西方医疗卫生知识与技术,正是对这些知识与技术在近代中国的认知、批判、引入与革新,"强国强种"思潮才得以在女体健康领域真正实现。近代以来,西医东渐浪潮逐步将西方医学知识与技术传入中国,在此其中就包括与妇女卫生相关的妇产科学、助产学、妇婴卫生学等等,这些外来的知识与技术,作为近代国人努力实现"强国强种"目标的有力武器,成为他们重塑女体的重要手段。然而,拥有悠久历史的中国传统医学在月经、妊娠与生产等妇产科领域自成体系且根基深厚,千百年来广为民众所熟知与信任,因此在西医东渐与强国强种过程之中,近代西方医学与传统中国医学的激烈碰撞便无法避免。近代中国女体之重塑,实际上是以"强国强种"背景下妇女卫生近代化的方式来呈现的,而妇女卫生近代化实质上是西方医学逐步取代中国医学成为理解与促进妇女生殖健康的历史过程,国家则逐渐以主导角色介入其中,因此女体之重塑既呈现为分娩医疗化趋势又表现出国家化倾向。

由上可知,倘若欲深刻把握女体重塑之全貌,应对近代中西医学在妇女卫生领域的交锋与碰撞予以充分展现,这就要求历史学者不仅要掌握近代史的一般知识与材料,也应熟悉基本的中西医理,并作以比较研究,这无形中给历史学者制造了不小的研究难度,但同时也为开创性成果预留了广阔天地。《女体与国族》作者周春燕由于曾从事过临床护理工作,因而具有得天独厚的医学知识结构,与此同时,她广采古今中西医籍、多种医学报刊与各式医学报告资料,并参以其他相关史料,对妇女卫生近代化历程展开医学层面的分析与探讨,取得了独具开创性的研究成果。第一,作者首次从现代医学层面对缠足与生育的关系进行详细论述,为缠足与"强种"的关联性提供了科学论证,填补了相关学术研究之空

---

① 《女体与国族》,第257—392页。

白;第二,作者既追溯传统中医对月经、妊娠与生产的看法,又钩沉西医东渐以后,近代社会对这些生理现象的认知,并对其进行比较,呈现两者的不同与发展,进而考察"强国强种"思潮对女性身体在卫生知识与实际生活领域的双重重塑,以及在此过程中所展现的分娩医疗化与国家化倾向。

(一)从现代医学层面揭示缠足与生育之间的实际关系

在周春燕看来,近代中国"强国强种"思潮对女性身体健康的关注,最先始于不缠足运动,"这与千年来的缠足陋习有关"[①]。缠足问题之所以能在清末受到热烈而广泛的讨论,在于"时人认定缠足有碍母体健康,以致无法孕育强壮的下一代,将有弱种、害种之虞"[②]。正是时人从女性缠足与生育问题为出发点,进而逐步扩展至对女性月经、妊娠与生产等与生育有关的妇女卫生内容的关注,可以说缠足与生育问题是近代妇女卫生近代化之起点,也是重塑女体之发端。周春燕在充分考察现有关于缠足的研究成果后,认为"透过这些学者的努力,使千年以来的缠足真相,逐渐为人所知"[③]。然而,她同时也发现,清末不缠足运动与"强国强种"之关联,也成为当代多数史家朗朗上口、想当然尔的习惯概念。可是,"缠足对女性健康的实质影响到底如何?其对女性的生育能力是否真有损害?关于这类专业的医学问题,目前少有学者论及"[④]。

为了解决这一问题,周春燕首先探讨了甲午前后时人倡导反缠足依据的变化。传统中医气血运行理论认为缠足会使妇女血气受阻,因而上下半身不相称,致使女子终身体弱。甲午之前,这种看法广为世人所沿用,因此近代反缠足言论多半仅止于缠足对妇女本身的妨害,认为女性缠足有损人道、有碍日常活动、有害女子就学等等。[⑤] 甲午以降,在紧张的种战氛围中,有不少官员与士绅将缠足之害扩及种族良窳问题,多从缠足使母体衰弱,无法孕育良种的角度思考。[⑥] 周春燕认为在"强国强种"思潮背景下,时人对缠足之害的认识多为就缠足的痛楚与日常生活观察所得。为了从科学层面探究缠足对女性健康与生育所带来的实质影响,周春燕参考当代中外学者的研究论著、利用当代医学访谈及实验检测数据、借助现代妇产科理论、挖掘近代日籍医师角田秀雄与其他西方医师对中国缠足妇女骨盆研究的资料,从科学检验的路径探讨了缠足对女性足部与骨盆带来的影响。通过深入研究发现,在女性足部方面,缠足会使妇女经常因裹缠过紧以致双脚血流受阻引发坏疽;错误的裹缠方式与不当的照料,也可能造成伤口感染,引发毒血症和败血症;畸形的双脚导致只能以脚后跟行走,这会使背脊肌肉紧绷而进一步刺激脊椎,进而容易引发各种下背部疾病。[⑦] 另外,长时间缠足将会使背脊肌肉紧绷而进一步刺激韧带关节、骨骼产生、软组织显著变化,如脚弓加深、脚骨变形、足掌筋膜与肌肉萎缩,还会使脚部骨质疏松、脱钙、皮肤变薄脆弱、

---

① 《女体与国族》,第74—75页。
② 《女体与国族》,第75页。
③ 《女体与国族》,第11页。
④ 《女体与国族》,第11—12页。
⑤ 《女体与国族》,第11、68—71页。
⑥ 《女体与国族》,第71页。
⑦ 《女体与国族》,第78页。

足掌关节僵硬等等。① 在女性骨盆方面,缠足并未使妇女荐骨岬特别突出,而其骨盆真结合线亦达到一般妇女的长度,但缠足使妇女的骨盆总高度较低,骨盆整体也比一般天足为小,却也导致妇女的小骨盆发育较佳。②

以上述缠足对女性足部与骨盆影响的研究为基础,并参考现代产科理论,周春燕分析了缠足对妇女生育能力产生的影响,得出两点重要结论:其一,从分娩的角度观之,缠足对妇女骨盆的影响有利有弊;其二,缠足所带来的行动不便及运动不足,才是对妇女健康及分娩充满威胁的主要原因。对于第一点结论,周春燕列出四项原因。首先,中国缠足妇女的骨盆成圆筒状,此形状的骨盆在产科学上称为"女子型"骨盆,是一种有利于分娩的骨盆形状。其次,整体而言缠足妇女的骨盆要小于天足妇女的,因此分娩时有一定的危险,因为胎儿头部为了要通过各个较一般为小的径线,其变形会较为严重,有可能造成胎儿的脑损伤。第三,缠足妇女的小骨盆发育较佳,而小骨盆即是产科学所谓的"产道",其四壁均为骨盆壁,无伸缩性,故其形状、大小,于分娩时至为重要,缠足妇女的小骨盆发育较好,自然有利于分娩。第四,缠足妇女因双足无法完全支撑体重,代偿的结果促使骨盆入口横径扩大,以及耻骨弓加大,这两种代偿结果,亦有利于生产。③ 对于第二点结论,周春燕分析认为,妇女缠足会造成脚掌及相关肌肉萎缩,以致小脚妇女行走时几乎是用两脚跟着地走路,再加上脚弓被破坏的结果,使她们无法跳跃,甚至在平日走动之时,也会因脚接触地面的刹那,失去一个柔软、缓冲的结构,这些因素都使她们的行动辛苦万分。在此情况下,中下家庭的缠足妇女,能操持家务已是万幸,若是有人服侍的上阶层,自然是尽可能减少活动,以致运动不足、身体衰弱,间接无法提供良好的怀孕环境,同时导致身体耐力不佳,生产不能顺利。④ 周春燕的研究揭示了缠足对生育的实质影响,使我们明确了缠足与强种之间的关联性究竟何在,弄清了缠足所造成孕产不良影响的具体原因,从而深化了相关的历史认识,丰富了已有的研究成果。这种不盲目沿袭旧说、利用现代研究方式、深究事物原委的治学思路,为学者研究老问题、提出新看法给予重大启发。

(二)对比中西医理探究女性生育之医疗化与国家化

女性的生育功能在近代"强国强种"背景下得到前所未有的重视,沿袭千余年之久的缠足痼疾陋习,首当其冲地为"强国强种"思潮所挞伐,原因就在于时人对"缠足害种"的认识。然而,这股思潮并未仅停留在对女性双脚的关注,而是进一步深入到与女性生育直接相关的月经、妊娠与生产等生命历程,对以此为代表的妇女卫生展开从知识理念到实际推行的重塑之路。月经、妊娠与生产是女性特有的生理现象,也是古今中外各国医学所重点研究的内容,周春燕分别追溯与比较了近代中西医学在月经、妊娠与生产,以及接生助产方面的具体认知和实际推行的不同差异,探讨了近代西方新式卫生观念与医疗行为在实际推行中民众的接受情况,并据此分析近代女性生育所呈现出的医疗化与国家化的趋向与效果。

---

① 《女体与国族》,第82页。
② 《女体与国族》,第89页。
③ 《女体与国族》,第90—91页。
④ 《女体与国族》,第93页。

月经是女性身体发育成熟的标志,行经意味着女性开始具有生育能力。传统中医十分重视月经,将之喻为女性健康之轮,并以调经作为促进孕产的首要任务。传统中医对月经的理解大致有三项特色,一是经络血气之说,二是与《易经》卦名相提并论,三是将之对应于月亮、潮汐等自然现象。① 对于月经理解的神秘感,加上月经是从女性的私处流出,因此多数民众将月经视为污秽之物,赋予多种禁忌之说,在一向严于男女之防的中国社会,对于月经的态度是暧昧不明、隐晦不言的。近代以来,由于女性身负强国强种重任而备受重视,连带促使标志女性生殖力成熟的月经也受到关注,与种族繁衍强盛勾连起来。加之,西方医学知识不断输入,以妇女为阅读群体为主的女性杂志大量出现,都促使月经走出传统禁忌,成为中国人公开讨论的话题。由近代西方引介入华的月经新知,其核心理念在于对月经与卵子成熟之间关联性的阐述,这大异于中医的血气经脉理论与阴阳感应之说。至20世纪20年代以后,已有不少知识分子逐渐将月经视为一种正常的生理现象,并且从卫生的角度对过去一些经期照护的陋习加以改变,其中尤以注重经期沐浴与新式月经带的引入改变最大。②

在孕产方面,中西医学在胚胎形成及发育、孕期保养、清洁卫生、生产姿势、产后照护等方面均存在许多南辕北辙之差异。③ 传统中医妇产科自上古以迄近世,逐渐发展出承袭五行思想与经络理论混杂而成的逐月养胎论,维持注重胎教、分经轮养的看法,但西医却以更具体的精子、卵子结合之说,以及详细的解剖位置、胎儿确实生长尺寸与各器官实际发展等内容,逐步挑战中医学说。以孕期保养而言,尽管中医所提出的一般养护原则,均能符合孕妇所需,但毕竟不如详列各项营养素及妊娠病症的西医,那么详细、具体,具有说服力。在清洁卫生方面,中医主张自怀孕末期至产后一个月内,均不得洗浴,以防风寒侵入,罹病终身。反观西医,则从新陈代谢及细菌学原理着眼,以清洁、无菌与消毒等观念,鼓励妊娠妇女注重个人卫生,强调助产者之确实执行消毒,以预防产褥热为主要目标,并提出产妇死亡率等确切数据,证明注重清洁消毒之功效。另外,在生产姿势方面,双方的歧异也很大。传统中医虽不排斥卧式生产,但在讨论临产照护时,多以立式生产为讨论对象。近代西医则主张卧式生产,以避免产妇过于劳累,且有助于难产之处理,以及防止胎儿娩出时冲力过大,造成阴部撕裂伤。再者,对于产后照护的措施,中医认为分娩后产妇会有"血晕",故建议产妇在分娩后立即服饮童子尿,闻醋烟或饮醋汤,以助血瘀之去除,同时也主张产妇在产后最初二十四小时之内不可躺下或熟睡,以防止血晕造成不幸。但这些说法却被近代西医斥为无稽之谈,西医认为造成产妇死亡的最主要因素并非"血晕"而是产褥热,只要产前、产后严格执行清洁消毒,则产褥热无从发生。因此,西医建议应予产妇充足之睡眠,以利身体复元。还有,中医认为产后妇女身体各方面均非常衰弱,故不可外出,必须"坐月",以防风寒侵入。同时,又认为产后肠胃能力薄弱,所以产后前两周只能进食白米粥,不使肠胃增加负担。然而,西医建议只要是易于消化、富有营养之物,产妇均可食用,以提供身体修复之需。另外,西医也无"坐月"之说,甚至还设计成套的产后运动,促进血液循环。

---

① 《女体与国族》,第119页。
② 《女体与国族》,第147—179页。
③ 《女体与国族》,第254—255页。

与女性生产直接相关的是接生助产问题,这一问题处理得当与否直接关系到母婴之生死存亡,可谓是重中之重的环节。周春燕先是探讨了传统助产者——稳婆在历史上的独特地位,进而对比分析其在近代社会所遭遇的批判与过去的不同之处。由于传统中国男女之防甚严,宋代以来男性视生产为污秽之事,将产房列为男性禁区,以故多数正统男医被摒除在生产场域之外,接生一职不得不由出身底层的稳婆所掌控,而接生也被视为卑下行业,稳婆亦受到道学家和正统男医的批判。近代以前,批判主要聚焦于道德因素,如认为稳婆搬弄是非、盗取胞衣、协助溺婴等。[①] 尽管如此,由于稳婆无可替代的作用,其在民间社会被广泛信任与认可,自身拥有合理性与合法性。近代以来,稳婆在"西医东渐"与"强国强种"思潮下,所受之责难转为以专业知识不足、接生技能低下为主,其转变之因在于现代医学知识与技术,如解剖生理学、微生物学、消毒灭菌等观念以及产钳、剖宫产等技术已传入中国,使人们对于生产转机以及婴儿、产妇的死亡原因更加了解,并以此为标准来检视稳婆。由此,稳婆在接生中所凭恃的问诊察摸、投药催生、用力推挤、断脐洗三与埋胞等手段,也受到激烈的抨击与批判。[②] 除上述西方医学科学话语的批判外,近代稳婆还遭受国家卫生行政权力的实际管控与制约,周春燕对此展开了深入研究。1928年南京国民政府颁行《接生婆管理规则》,国家授权西医医疗体系对于愿意配合的稳婆施以基本的接生训练,在经过一定考核之后发给接生婆执照,由此规范稳婆业务,并取缔不法行为。此后,稳婆的生存境况愈发艰难,自身的合理性与合法性逐渐丧失。为培养不同于稳婆的新式助产者,清末民初部分教会及少数民间热心人士开始着手推广新式助产教育,但由于时局动荡、政局不稳,国家始终并未真正介入其中,因此推广效果并不明显。北伐成功之后,随着国内政局相对稳定,以及医界人士极力呼吁,国家力量开始介入助产事业,各级卫生行政体系相继建设,中央助产教育委员会也随之成立。透过层层的卫生机构,妇婴工作得以逐步推展。借由中央助产教育委员会的规划,国立北平第一助产学校因而创立,各省公立助产教育也随之开展。对于接受专业医学训练的助产士,政府颁布相关考试规程与《助产士管理条例》,进行严格监督与管控,以保障妇婴生命,提升助产素质。至此,中国的助产事业终于在政府的努力下,被有计划地纳入医疗化的轨道。[③] 抗日战争全面爆发以后,在外患日亟、国殇日重的情势压迫下,为能有效繁殖人口、提升国力,政府乃于20世纪30年代后期推广公医制度。政府仔细选派助产人员,设法补充妇婴设施,透过各层级的卫生机构,逐步于民间实施妇婴卫生宣传及免费接生服务。20世纪40年代后半期,政府更创设接生包,借由简单的接生设备及图示,将新法接生的步骤授于稳婆及民众。[④]

通过上述对月经、孕产与助产等领域内中西医理的对比,据此可以分析女性生育的医疗化与国家化倾向与效果。所谓"医疗化"(medicalization),周春燕借用西方学者Simon J. Williams 和 Michael Calnan 的概念,系指身体现象被科学化的过程,亦即,利用医疗科学观点的扩展,解释更多的身体现象,并导致基于科学所发展的医疗方式(西方医学),成为主

---

① 《女体与国族》,第317页。
② 《女体与国族》,第317页。
③ 《女体与国族》,第389页。
④ 《女体与国族》,第369—383页。

要的控制与医疗手段。① 由此可知,女性生育之医疗化是指以西方医疗方式为基准,对与女性生育相关的生理过程、分娩接生、照护保健等妇女卫生内容进行解释与实践的过程,在此其中国家作为主导角色的确立与介入,即为女性生育之国家化。通过周春燕对比中西医学在月经、孕产与助产等内容上之差异,可以看出西医逐步取代中医成为理解与促进妇女生殖健康的医学模式,医疗化也随之成为历史趋势。之所以如此,离不开西医对卫生行政话语权之掌控,国家作为主导角色逐步依靠医疗化手段,对女性生育进行干预、管理与监控,以期达成强国保种、国富民强之目的,因此女性生育在医疗化过程中,又逐渐呈现出国家化倾向。可以说,医疗化之形成与扩展,促使国家角色之介入,并利用医疗化手段确立与加强国家化措施,而国家化程度愈深,医疗化之速度愈快。简言之,医疗化先于国家化,并促立国家化,国家化则加速推进医疗化。作为本书主旨的女体重塑,实际上就是女性生育逐步医疗化与国家化的过程,在此其中,女性被讨论、被认同、被重视,其身体也历经一个被规训、被国家化的历程。在国族危机与医学救国的警惕之下,为了能塑造健康的"国民之母",产生优秀的民族后代,盛行千余年的缠足之风受到遏阻,被污名化以及隐晦阴暗的月经与生产过程,也在国族健康的前提下,被视为正常的生理现象,得以在媒体上公开讨论。在外患频仍的威胁下,为了减少妇婴死亡率,以保持人口优势与民族绵延力,政府积极运用国家力量,以西医教育培养新式助产人才,并配合公医制度推广妇婴卫生。换言之,女性自我保健与孕产的观念与行为,正由过去自由选择中医观念与民间习俗的行为模式,逐渐受到政府以西医观念为中心,积极宣导与干预,企图透过国家机器与资源,将妇女卫生的领域导向国家所认同的、具有科学基础的健康行为。于是,女性身体不再只是个人存在的生理结构,它同时也是国家所企图控制的社会结构。②

必须承认的是,虽然女性生育在近代中国具有医疗化与国家化倾向,但实际成效却并不乐观。尽管近代西方孕产理论传入中国数十年,但无论是通都大埠,抑或乡野边镇,无论是知识阶级,还是村夫渔妇,民间仍多以中医的孕产理论以及稳婆的指示为依循之据,如注重胎教、忌犯胎神、饮食禁忌、饮童子尿、坐月等,其中亦包含不少各地的迷信风俗。③ 在助产事业上,虽然1928年以后政府积极推展助产教育,但由于助产士养成人数与稳婆改造数量不足、民众经济状况艰难及思想意识所限等诸多原因,旧式稳婆依旧是民众选择的主要对象。④ 尽管如此,周春燕仍然极力肯定医疗化与国家化为女体重塑所带来的积极作用,她对此总结道:"中国妇女卫生的改革,自清末开始酝酿,旋因国难踵至而近乎难产,所幸在政府多方政策的催生之下,终于在近半个世纪之间,逐渐走向妇产科医疗化、助产人员专业化、助产管理国家化,以及接生公卫化的目标,而新式助产事业也在中国生根发芽。至此,中国的妇女卫生终于冲破传统的藩篱,向前跨出一大步,中国女性获得健康的途径,也更加多元。尽管在1949年之前,仍有不少妇女寻求旧式稳婆之协助,采取旧法接生;但新式助产事业之于中国,事实上是在兵马倥偬的乱局中,经历了'从无到有'的过程。在中华民国

---

① 《女体与国族》,第257页。
② 《女体与国族》,第404页。
③ 《女体与国族》,第255页。
④ 《女体与国族》,第390页。

政府筚路蓝缕的草创阶段奠定基础,中华人民共和国则在政局稳定之后,于此根基上继续耕耘,并逐渐获得成效。"①

四 问题与不足之处

目前对于《女体与重塑》的评价,由于缺少系统解读而有欠准确。② 为此,笔者根据该书内容,并结合以往学界与自身相关研究,拟从以下三个方面,对该书的问题与不足之处予以评述。

第一,助产者称谓问题。

周春燕对于近代中国新旧助产者称谓问题的认识与处理,在书中的一处注释有如下表述:

> 近代中国对旧式助产女性之称呼,以"稳婆"及"产婆"最为常见;另外,有相当少数的人,因受日本之影响,亦有将"助产士"称为产婆者。本文为求区分,除引文外,行文中对于传统未受教育之旧式助产人员,一律称为"稳婆"及"产婆";民国17年以后,则依当时政府之规定,将受过新式助产教育、且考试合格的稳婆,改称"接生婆"。至于在学院接受西医正规助产教育者,一律以"助产士"名之。③

由上可知,周春燕注意到近代新旧助产者称谓不一的现象,为方便区分、利于行文,将传统助产者依照惯习与法规分别称作"稳婆"、"产婆"或"接生婆",而接受西医产科教育者,一律以"助产士"名之。这种作法大致可行,然而分类动机与具体表述尚有几点值得商榷之处。首先,周春燕认为近代"有相当少数的人,因受日本之影响,亦有将'助产士'称为产婆者。"事实上,"产婆"为传统中国固有词汇,是"稳婆"同义词之一。然而,明治时期日本以中国"产婆"一词,指称受过西医助产训练且考试合格之女性,以"产婆学"命名西医助产科学,此种用法为近代国人所移借,并广泛使用,直至20世纪30年代仍见诸报刊媒体④,并非如周春燕所言为相当少数人所使用。只是,"产婆"一词因固有之贬义在近代卫生与

---

① 《女体与国族》,第406页。
② 如余新忠认为"该著从性别史和身体史的视角探讨近代中国妇女卫生,着重从月经应对和分娩处理两个方面,梳理了在'亡国灭种'、'强国保种'这一近代危机意识的促动下、由国家主导的妇女卫生近代化过程"(余新忠:《卫生何为——中国近世的卫生史研究》,《史学理论研究》2011年第3期)。由本文第一部分所论可知,周春燕为集中论述焦点,无意将性别视角列入,虽然作者在书中对性别视角有所评述,但若认为该书以"性别史"为研究视角,则有失妥帖。另外,"由国家主导的妇女卫生近代化过程"是在"强国强种"思潮影响下较晚产生的女性生育国家化的历史进程,这固然是该书的研究重点之一,但余先生如此表述却遮蔽掉其他重要内容,简化了该书的丰富意涵。
③ 《女体与国族》,第265页。
④ 张璐:《近世稳婆群体的形象建构与社会文化变迁》,南开大学博士学位论文,2013年,第161页;赵婧:《近代上海分娩卫生研究(1927—1949)》,复旦大学博士学位论文,2009年,第58—61页;徐晨光:《女学与医学:近代中国"女子宜习医"思潮之兴起》,收入梁景和主编:《社会文化史理论与方法:首届全国青年学者学术研讨会论文集》,北京:社会科学文献出版社,2014年,第213—218页。

性别语境中明显不合时宜,故其涵义与用法从包含新旧两种助产者,过渡到专指旧式助产者。其次,以"助产士"泛指接受西医正规助产教育者亦不严谨。原因在于,一方面西医正规助产教育自清末即已产生,受业者常被称为"产婆",这点上述已经谈到,但因作者并不视其为多数行为,故未加辨别而将之省略不述;另一方面,"助产士"一词最早出现于1928年7月内政部所颁《助产士条例》,该条例在前两款对"助产士"从业群体与资格有明确规定:从业人员既包括条例颁行前之开业者,也涵盖依据本条例规定所培养者,同时她们必须接受正规助产医学教育且合格毕业后登记注册,并由内政部核准给予助产士证书,否则不得执业。① 因此,接受西医正规助产教育但未合格毕业者,或毕业后未登记注册从事助产业者,不应称之为"助产士",所以周春燕将"在学院接受西医正规助产教育者,一律以'助产士'名之"的表述并不严谨。

第二,应增大抗战时期妇婴卫生事业的研究比重。

抗战全面爆发以来,国殇日重,半壁江山沦陷,自甲午战败以来近代中国的民族危机达至顶峰。在此之前,1928—1937年南京国民政府凭靠国家力量逐渐介入卫生领域,大力推行妇婴卫生工作,在抗战全面爆发前已初有成效。抗战期间,尽管国都西迁,时局动荡不安,但国民政府依然承担起妇婴保健之领导职责。此时,社会上对于攸关国民增加及妇婴健康之各项事业均愈趋重视,故而对国家所采取的一系列措施及其成效应当详加论述,以利更加深刻地阐发"女体与国族"之关联性。周春燕对此亦有所涉及,着重讨论了公医制度之设立及在大后方之实施,然而从使用材料与研究篇幅上来看,还有进一步深入扩展的研究空间。在材料运用上,作者主要依据当代学者黄庆林《国民政府时期的公医制度》一文以及抗战后时人之总结,导致研究篇幅与之前内容相比略显单薄,与内容本身之重要性不相匹配。如若能深挖战时诸项史料,扩充研究篇幅,则更能凸显"女体与国族"的研究主旨,更为深刻地展现出近代民族主义思潮对女体进行重塑之艰巨性、复杂性与必要性。

第三,可进一步思考"现代性"构成问题,并把握妇女卫生之复杂性。

台湾历史学者李贞德曾在研究中提出:"医疗作为一种科学,却和个人生活乃至社会结构密切相关,其建构的过程,以及和传统文化延续或决裂的发展,成为历史学者探索的一个重点。"②在这里,虽然李贞德谈及的是医疗建构与传统文化延续抑或决裂的关系,但也为我们提供了一种在近代史研究中如何思考与审视"现代性"构成的历史维度。具体而言,在近代民族主义思潮利用西方医学对女体进行重塑的过程中,对待中国传统文化与资源究竟是延续还是决裂。从《女体与国族》一书中可以看到,作者不仅详细梳理了中西医学在妇女卫生方面的特点与差异,更是观点鲜明地指出西方医学在月经、孕产与助产等各个领域相较传统中医的优越性。尽管作者也讨论了利用西方医学重塑女体的问题与不足,但对妇女卫生的医疗化倾向则持积极肯定的正面态度,而将产生问题与不足的原因一方面归咎

---

① 《助产士条例》第一条:"以助产士为业务者,须经内政部核准给予助产士证书,未经核准给证者不得执行助产业务。在本条例施行前开业者,限于六个月内依本条例之规定补请核发助产士证书";第二条:"年在二十岁以上之中华民国女子有左列资格之一者,得请给助产士证书:一、在本部认可之本国助产学校、产科学校或产科讲习所二年以上毕业,领有证书者;二、在外国助产学校二年以上毕业,领有证书者;三、修学不满二年,在本例施行前已执行助产业满三年以上者。"《中华医学杂志》,1928年第14卷第5期,第92~93页。

② 李贞德:《中国妇女史研究中的医疗照顾问题》,《四川大学学报》(哲学社会科学版),2005年第2期。

于传统因素,既包括稳婆的尾大不掉之害,也涉及民众保守的观念意识,或是归因于政治与经济等客观因素。可以说,作者将传统因素排除在近代中国重构"妇女卫生"这一"现代性"事件的构成部分之外,而是以西方医学作为衡量先进与否的唯一指针。然而,国家作为主导角色之介入,在推行妇婴卫生事业的过程中,并未完全抛弃传统社会文化与资源,比如,在"布新除旧"的助产教育方面,依然将女性作为助产士的唯一性别,甚至以法律形式予以确立,这实际上是强化与巩固了传统中国的社会性别分工;对于稳婆,国家虽有完全取缔之心,但因现实原因,却将改造后的稳婆纳入妇婴卫生体系,这无疑是利用传统社会资源所进行的现代性事业,作者对此虽予以呈现与探讨,但仅将此作为一种权宜策略之举,并未据此思考"现代性"之构成问题。另外,将西方医学作为近代妇女卫生先进与否的标准,也将其他有益于女性生殖健康的行为遮蔽掩盖,这与作者在绪论中所说"将一切有益于身体健康的行为,均列入讨论"①有所出入。以上问题表明,作者在理论分析上尚有欠缺,对近代妇女卫生的复杂性把握不够。

五 结 语

通过上述对《女体与国族》一书突出特点与问题不足的细致评述,可以看到该书选题立意紧跟学术前沿,史料的搜集、筛选与剪裁无不体现出扎实的史学功底以及深具医学背景的知识结构;在行文方面,立论严谨、逻辑清晰、用词考究。这些优点使该书的研究内容别具一格、运用方法博采众长、洞察视野贯通古今、文笔书写清新流畅,为当今史学界的相关研究渐入佳境助益良多,不仅推动妇女史与医疗卫生史的交叉互融,又为其他相关研究奠定重要的医学知识基础。该书虽然仍有不足之处,但瑕不掩瑜,可以说是一部资料翔实、立论精当、颇受启发的良史佳作。

作者简介:徐晨光,历史学博士,国家图书馆出版社编辑。

---

① 《女体与国族》,第34页。

编 后 语

十九卷三组十一篇论文。

宗族与社会收入五篇文章,牛敬飞从地方大族与王朝扩张的视角讨论汉隋间陇西辛氏的发展,于磊以河南巩县张氏家族为例论述金元交替华北地方家族及其在元代的发展,周晓冀以鲁中山地乡土志为中心探讨近世山东宗族的重构与地域开发问题,朱新屋就宗法与国法关系研究民国族谱编纂的现代性,朱忠飞就闽南客家地区的"复合姓"宗族来谈王朝制度、地方传统与宗族形态。

宗教与信仰一组四篇论文,谢一峰一篇讨论两宋间道教空间格局的变迁,赵树国另一篇论述山东博山颜文姜信仰,还有侯亚伟论述了天津的居士林,管俊玮探讨了中晚唐长安一个道教师门的沉浮。

此外,还有2篇文章,王凤翔、岳云艳探讨了中国古代多胞胎生育,马维强研究了《中国土地法大纲》在华北乡村的实践。

研究述评的两篇文章,夏炎回顾与展望了魏晋南北朝日常生活史研究,吴才茂评述了20世纪以来明代卫所制度研究,其中夏文提示范式引导与记忆整合在日常生活史研究中的重要性,尤其值得重视。还有一篇会议综述。

书评将周春燕《女体与国族:强国强种与近代中国的妇女卫生(1895—1949)》置于近代中国民族主义思潮建构下女性身体之重塑,予以详细介绍,也值得一读。

本卷总计14篇文章。

Summary of Articles

The local partriarchal clan and the expansion of empires: A research on the development of the Xins of Longxi from the Han Dynasty to the Sui Dynasty

Niu Jingfei

(History and Culture of College, Shanxi Normal University)

Abstract: The Xins(辛, a surname) of Longxi(陇西, a prefecture), as a local partriarchal clan in the northwest region of ancient China, migrated from Longyou(陇右, the west of the Long Mountain) to Hexi (河西, the west of the Yellow River) or to the central Shanxi plain, and respectively its branches became new local partriarchal clans. In seven hundred years from the Han Dynasty to the Sui Dynasty, the Xins had risen abruptly for three times. Joining in the expanding empires, a few members of those large local partriarchal clans turned into powerful elites of new dynasties. The development of the Xins of Longxi demonstrates that the regionality of a clan living together is the prerequisite of the local clan to maintain its political subjectivity and as a counterweight for local partriarchal clan to play game with expanding empires. In the same time, the local partriarchal clans can find their feet more easily in the expanding era of new dynasties, and great bureaucratic houses(士族, shi zu) are not their predetermined orientation.

Key words: the Xins of Longxi; the Sixteen Kingdoms; the expansion of empires; the local partriarchal clan; regionality

The Local Family of North China in Jin – Yuan Transition and Its Development in Yuan Dynasty—Focusing on Zhang Family of Gongxian in Henan Province

Yu Lei

(Department of History Nanjing University)

Abstract: Focusing on the local zhang family of Gongxian, this article shows the trend of local family in Jin – Yuan Transition and its evolution in Yuan Dynasty. Zhang family of Gongxian lived in Xiezhou of Shanxi, and then moved in Gongxian of Henan. When Mongol Regime conquered Henan area, this family cooperated with the Mongols, becamed local military family. Meanwhile, the Zhang Family kept their confucianism tradition and used it to maintain the order of local society. However, till the middle& later period of Yuan Dynasty, the members of Zhang Family promoted from clerks to officials appeared one after another, the Family turned into local official family. The building of Chongluo Hill Academy could prove it sufficiently. Different from the imperial examination society of Song and Jin Dynasty, the official career of intellectuals in Yuan Dynasty had changed a lot. Under the new circumstance in Mongol period, Zhang Family of Gongxian actively used its central and local networks for turning military family into official family successfully.

Key words: the Zhang Family of Gongxian in Henan Province; Confucianism tradition; Promoted from clerks to officials; Official family

The Reconstruction of Shandong Lineage and Regional Development in Modern Times—on the Basis of Luzhong Local Chronicles Since Qing Dynasty

Zhou Xiaoji

(The History School of Taishan College)

Abstract: In the Jin and Yuan Dynasties, Shandong plebeian clan developed than brefore. They worshiped ancestor and united clansman by sacrifice before the tomb. While the stonetablet genealogy of the traditional appeared. In the Ming and Qing Dynasties the clan gradually got into the organization process, repeated reconstruction of clan has become a common phenomenon. Through the Guangxu Dynasty Tailai area of local chronicles, known local immigrant families rely on agricultural production or in the examination official, to participate in the development of local society and growing up. At the same time, the original family gradually decline. The distribution of the clan organization tends to spread, and the social connection is loose. The final form of an imaginary clan community, clan category with lineage concept as the core.

Key words: LuZhong mountains area; Clan of immigrants; Pedigree Monument; Category of lineage

Patriarchal Clan System and National Law: the Modernity of Compiling the Genealogy During the Period of the Republic of China From the Perspective of Gao Yi

Zhu Xinwu

(Marxism College of Fujian Normal University)

Abstract: As the basic of patriarchal clan, the patriarchal clan system Changed with the times. After a national state has been founded in Late Qing Dynasty and early Republic of China, how the traditional patriarchal clan system combined with the national law was very important. By focusing on Gao Yi's activities of compiling the genealogy, this paper first analysis Gao Yi's concept of the Genealogy which Gao Yi called them local historical documents, and then reveal Gao Yi's specific practices. In the terms of Modernity, Gao Yi had his innovation in learning the traditional approaches. Behind all this activities, there was the cultural logic that loving the nation by loving his hometown.

Key words: Gao Yi; Patriarchal Clan System; National Law; Genealogy; Modernity

Imperial Institutions, Local tradition and the Lineage pattern: a study on Joint lineages in southern Fujian Hakka area

Zhu Zhongfei

(Hakka Research Center, Gannan Normal University)

Abstract: There is a lot of Joint lineages forms existing in southern Fujian Hakka area. There are two aspects of the reason. On the one hand, in order to strengthen the control of Fujian and Guangdong border, the Ming government set up a large number of new counties, more and more people achieve household through a variety of ways, incorporated into the country's dynastic system, becoming a national household Register of the common people. On the other hand, Joint lineages was used as a cultural strategy for the empire flowing population to use the local cultural tradition, forming the popular system at that time. Therefore, Joint lineages, as a cultural phenomenon is a result combined with the local community and cultural traditions during the process of dynastic system gradually penetrate the local.

Key words: Joint lineages; Imperial Institutions; local traditions; the lineage pattern

The Continuity in Changes:
The Transformation of Spatial Distribution of Daoism in Song

Xie Yifeng

(Yuelu Academy, Hunan University)

Abstract: The transformation of spatial distribution of Daoism in Song revealed the continuity in changes. From the general situation in the whole empire, the loss of remarkably official Daoist temples in North China between Northern Song (960 – 1127) and Southern Song (1127 – 1276), indeed considerably refreshed the landscape of Daoism in the early period of Southern Song, to lose its original center. However, the three core areas, including Jiangnandonglu, Jiangnanxilu and Sichuan, still kept their stability in this process. Furthermore, besides the three Daoist centers, Maoshan Mount, Longhushan Mount and Qingchengshan Mount, and other Daoist sacred spaces like Wudangshan Mount and Wulingyuan, the provincially spatial distribution of Daoism represented by Yudijisheng was still closely related to the administrative centers in the empire. To compare with the national influence of Kaifeng in Northern Song on Daoism, the influence of Hangzhou decreased obviously in Southern Song. However, the attenuation of influence did not mean the localization of Daoism, and also cannot be understood as the separation between Daoism and national government.

Key words: Daoism; Spatial Distribution; Yudijisheng; Localization

Lived as a filial piety woman, after death she became god: A study on the faith of god Yan Wenjiang

Zhao Shuguo

(School of History and Social Development, Shandong Normal University)

Abstract: Legend of Yan Wenjiang in Boshan was produced by integration between theory of 'Ruling the World with Filial Piety', theory of 'interaction between Heaven and Man' and the geological environment of mountains, springs in the locality. With the development of the Confucianism, the legend became more and more extensive, and took great changes in connotation and extension until today. The core of Yan Wenjiang's faith is the story of 'getting spring for her filial piety', for which, she was honored as a god and granted by Song Dynasty. Her role of Water god was recognized by government officials, scholars and ordinary people. After Ming&Qing dynasties, with the political economic and military development of Boshan, and ordinary people's unremitting effort, Yan Wenjiang changed from god of Water to god of Community. For the diffusion of Yan Wenjiang, 'morality' and 'efficacious' merged together, complied with the need of government. Therefore it gained support from government and civil society, promoted the development of this faith and filial piety.

Key words: Yan Wenjiang; Filial piety woman; morality

The Tianjin Lay Buddhists Study in Social History Perspective

Hou Yawei

(History and Culture of College, Shanxi Normal University)

Abstract: In1912, The Republic of China has been established. In this social context, a large number of social groups, including religious groups were created. As a religious group, how to adapt to the rapid changing society, maintain its existence, handle its career and realize its ideal? This is not only about the membership, but also closely associated with the resulting society. Social career of the religious group, reflects their ideal one side, also appears to play a positive role in their social image. There may be some dramatic social events around the religious group occurred, which tend to have a direct impact for its own survival and development.

Key words: Tianjin lay Buddhists; Membership; social network; social career

From Xingtang Daoist Temple to Xuanzhen Daoist Temple: a Story about a Branch of Taoist in Chang'an

Guan Junwei
(Department of History, Tsinghua University)

Abstract: Qie's sect started up in Emperor Dezong's Zhenyuan era. Qie Yisu knew political operation very well. So he who was very important in Emperor Xianzong's Yuanhe era, became to be in charge of Xingtang daoist temple. The next generation of Qie's sect was Qie Xuanbiao. He copied Qie Yisu's strategy and did very well in Emperor Jingzong and Wenzong' era. But the Ganlu incident changed political order, Qie's sect disappeared many years. Fortunately, Emperor Xuanzong knew Qie's sect and made the third generation Xuan Ji in charge of Chang'an Taoist again. Qie's sect ended up with Tang dynasty.

Key words: Qie's sect; Chang'an; Taoist; Xingtang Daoist temple; Xuanzhen daoist temple

Research on the Procreation and Nurture Multiple Births in the Ancient Time

Wang Fengxiang Yue Yunyan
(Teacher Education Department, History and Sociology Department, Binzhou University)

Abstract: Multiple Births is a common social phenomenon today. But in the ancient time of China, people had more different ideas in procreation and understanding of multiple births, because of the lack of material life and backward of medical science and technology. The phenomenon of multiple births has relatively few record in the ancient literature, perhaps because of the difficulties in procreation and low survival rate of multiple births, and high cost about the raising and education later in the ancient time. Ancient people in some regions and times had complex attitudes to multiple births between the recognition and negation.

Key words: ancient time of China; multiple births; horse hooves; procreation

Historical Perspective: The Practice of *the Chinese Land Law Outline* in North China

Ma Weiqiang   Bai Hui

(Reseach Center for Chinese Social History, Shanxi University; Kai Feng Technician College)

Abstract: During the period of Base Area, the CCP reformed the countryside and the rural people mainly through the land reform movement. This paper presents the historical details and characteristics of the Communist revolution through the study of the rural practice of the Chinese Land Law Outline. In the practice of the Chinese Land Law Outline, the CCP interacted with the news media, village officials and people from all walks of life, which played a common role in the trend of the land reform development. The news media analyzed the Outline in a way that was close to the public, and promoted the cognition, understanding and acceptance of the land reform policy by the public. On behalf of the will of the CCP, grass – roots cadres also had their own appeal in the transmission and execution of the Chinese Land Law Outline. And the advancement of the cadres in the CCP's consolidation movement promoted the practice of Outline in the countryside. The four classes: the poor peasants and farm labors, the middle peasants, the rich peasants and the landlords had a completely different feeling and position in the face of the Chinese Land Law Outline, which embodied their different thoughts and choices. The practice of the Outline was not only the result of the countryside's reform by the CCP, but also the result of people's self – experience.

key words: The Chinese Land Law Outline; North China; countryside; revolution

Review on the Study of Ming Dynasty Wei – Suo System since the 20th Century

Wu Caimao

(College of History and Culture, Southwest University; School of Humanities, KaiLi College)

Abstract: Wei – Suo is one of the important system in the Ming Dynasty, its scope is very wide, for example, the Ming dynasty territory, management system, land accounts, the household registration system, population movements, border management, and change it in the Qing Dynasty, etc. These are the basis for understanding social change since the Ming and Qing Dynasties, and also because of this, the Wei – Suo system is one of the important in issues the Ming History. This paper attempts to research the Wei – Suo system since the 20th century, summarized by "create, frustration, deepen and pluralism" and show the results of four periods, allowing readers to identify Wei – Suo system of characteristics and trends in different periods. These achievements can be time later to study issues related to providing strong research base, which can be dialogue and innovation.

Key words: Ming Dynasty; Wei – Suo System; Jun – Tun; Regional Social